경성일보로 보는 일제강점기 조선 1

전시동원 법령과 기구

강제동원 & 평화총서 23

경성일보로 보는 일제강점기 조선 1
전시동원 법령과 기구

초판 1쇄 인쇄 2024년 12월 15일
초판 1쇄 발행 2024년 12월 31일

저 자 정혜경

펴낸이 윤관백
펴낸곳 도서출판 선인

등 록 제5-77호(1998. 11. 4)
주 소 서울특별시 양천구 남부순환로48길 1, 1층
전 화 02-718-6252
팩 스 02-718-6253
E-mail suninbook@naver.com

정 가 35,000원

ISBN 979-11-6068-930-3 94900
      978-89-5933-473-5 (세트)

■ 저자와의 협의에 의해 인지 생략.
■ 잘못된 책은 교환해 드립니다.

경성일보로 보는 일제강점기 조선 1

전시동원 법령과 기구

정혜경

■ 경성일보강독반과 '경성일보로 보는 일제강점기 조선' 시리즈

『경성일보로 보는 일제강점기 조선1−전시동원 법령과 기구』는 일제강제동원&평화연구회 세미나팀인 경성일보강독반의 첫 번째 성과물이다. 경성일보강독반은 2021년 4월 10일 제1회 세미나를 시작으로 2024년 12월 현재 제39회 이어오고 있다.

경성일보는 1906년 9월 1일 창간했으나 현재 경성일보강독반은 1937년 7월 7일 중국 베이징(北京) 근교에서 발생한 중국과 일본의 군사 충돌 시기부터 기사를 읽고 있다. 강독 대상을 1937년 7월 7일을 기점으로 하는 이유는 일본이 일으킨 아시아태평양전쟁의 기점은 1931년 만주사변이지만 국가총동원체제 운용에 가장 큰 영향을 미쳤기 때문이다.

세미나 운영 방식은 경성일보 기사 가운데 참가자가 각자 관심 있는 주제를 정해 발제하는 것이다. 코로나 팬더믹 시기에 시작한 점도 있지만 참가자들이 국외(중국과 일본)와 지방(진주, 울산) 거주자들도 있어서 웨비나로 진행하고 있다.

토요일 오전 10시부터 2시간 이상 세미나에 집중하는 것은 쉬운 일이 아니지만 매달 5~8명 정도가 꾸준히 4년을 안정적으로 이어가는 동력은 경성일보라는 자료의 매력과 함께 참가자들의 전공(한국사, 일본문학, 일본사, 국제정치학, 독일음악사, 민속학)과 직업(건축감리사, 학예사, 연구자)이 다양해 여러 문제 제기와 분석이 가능하기 때문이다.

경성일보강독반은 처음부터 성과물 출간을 기획했다. 경성일보는 현재 자료적인 접근성이 매우 떨어져 경성일보를 활용한 연구성과도 매우 드문 편이다. DB도 공개되지 않아 신문 기사 목록을 확인하기도 어렵다. 그러므로 주제별 목록집을 내는 것이 필요하다고 생

각해서 처음부터 통일된 양식을 마련했다. 그러나 세미나가 진행되는 과정에서 참가자들의 생각도 달라져 목록집이라는 틀거리는 의미가 없어졌다.

발제 주제 가운데 하나인 '통치기구와 법령'은 『경성일보로 보는 일제강점기 조선1-전시동원 법령과 기구』라는 목록집 형태로 출간하지만, 또 다른 주제인 '토목건축과 건축가'는 다른 형태의 연구회 총서로 세상과 만나게 될 것이다. 이 주제의 발제자(장달수)는 현재 일제강제동원&평화연구회 뉴스레터인 P's Letter에 「경성일보 조금 더 읽기」 코너를 연재하고 있다. 이 코너는 「백화점-경성과 지방」, 「50년 뒤(1989년) 식민지 조선 경성의 미래」, 「『건축낙서』-'문화융합'일까 '21세기 내선융화'일까」 등 경성일보 기사 이면의 이야기를 풀어 낸 칼럼이다.

■ 매일신보에서 시작해 경성일보 강독으로

2천년대 초반에 수요역사연구회원으로 공부하던 시기에 조선총독부 기관지인 매일신보 강독 모임을 제안해 참여한 적이 있다. 지금이야 DB를 통해 매일신보를 접할 수 있지만 당시는 영인본 외에는 접할 수 없었고, 목록도 없던 시절이었다. DB도 목록도 없다 보니 매일신보는 연구에서도 거의 활용하지 못하는 자료였다. 시기별 주제별로 강독하기 시작하면서 여러 권의 연구서도 출간할 수 있었다.

매일신보 강독을 하면서 같은 조선총독부 기관지인 경성일보도 강독할 필요성을 느꼈으나 시도하지는 못했다. 당시에는 경성일보 영인본이 없었기 때문이다. 이후 영인본이 출간되었으나 영인본을 갖춘 도서관이 드물고, 전자책을 구입한 대학교 도서관도 있으나 다운

로드 방식이 불편해 자료 접근성은 여전히 불편하다.

그러다가 직장의 자료실에 1930년대 이후 경성일보 영인본을 구비하면서 읽을 수 있게 되었다. 1940년 영인본부터 읽으면서 엑셀 파일에 모든 기사의 주제별 목록을 작성하기 시작했는데, 하루에 4시간씩 작업을 해도 좀처럼 진전이 없었다. 겨우 약 2년치의 기사 목록 작업을 했는데, 이 때 설정한 대주제는 30개가 넘는다. 소주제로 들어가면 100개에 육박한다. 소주제가 100개에 이를 정도라는 것은 그만큼 연구 주제가 풍부함을 의미할 것이다.

목록작업을 하면서 경성일보가 매일신보와 다른 점이 생각보다 크다는 것을 알게 되었다. 동일한 사안에 대해 매일신보가 당국이 하달한 보도자료를 그대로 수록하는 정도라면, 경성일보는 취재 결과를 기사에 반영했기 때문이다. 이는 독자층이 다르다는 점도 크게 작용했다. 또한 경성일보가 갖는 자료적 가치에 비해 국내 학계에서 연구에 활용되지 못하는 아쉬움도 높아졌다.

일제강제동원&평화연구회는 연구자를 위한 세미나와 시민을 위한 대중강좌를 같이 운영하고 있는데, 대중강좌 운영과정에서 일본어 독해 수준이 높은 시민들을 알게 되었다. 그래서 연구회 카페와 SNS를 통해 참가자를 모아 2021년에 경성일보강독반을 시작했다. 여럿이 같이 읽는 경성일보의 효과는 이루 말할 수 없다.

■『경성일보로 보는 일제강점기 조선1–전시동원 법령과 기구』
『경성일보로 보는 일제강점기 조선1–전시동원 법령과 기구』는 목록집의 성격을 가진 일종의 도구서이다. 본문에서 다룬 375건의 기사를 포함해 1,164건의 관련 기사 목록은 부록으로 수록했다.

경성일보의 여러 주제 가운데 '전시동원 법령과 기구'를 첫 번째 시리즈로 출간하는 이유는 일본의 국가총동원체제가 법령에 근거해 중앙행정 단위와 지방행정 단위가 수행한 공적인 시스템이었기 때문이다.

한국과 일본의 역사부정론자들은 아태전쟁기 강제동원에 대해 '법에 의해 집행했으므로 합법적'이라고 주장한다. 더 나아가 합법적이므로 강제성은 없다고 주장한다. 그러나 그들이 간과하는 것은 '합법적'이라는 행위가 바로 국가권력이 저지른 행위의 책임성을 자인한다는 점이다.

일본 정부는 노무동원에 대해 '기업이 한 것이므로 정부의 책임이 없다'며, 마치 기업들이 자의적으로 행한 일인 듯 한 발뺌이다. 그렇다면 당시에 제정한 법령에 근거해 정부 기관이 집행한 행위는 무엇이란 말인가. 바로 법령과 동원 기구는 일본이 아태전쟁을 수행하기 위해 제국 일본 영역을 대상으로 어떻게 인적, 물적, 자금 동원을 집행했는가를 잘 보여주는 근거이다.

『경성일보로 보는 일제강점기 조선1-전시동원 법령과 기구』는 조선만을 대상으로 하지 않고, 제국 일본 영역을 포함했다. 당시 일본의 국가총동원체제는 일본, 조선과 대만 등 일본의 식민지와 점령지 등 제국 일본의 모든 영역을 대상으로 집행했다. 또한 조선의 행정기구는 일본 정부의 정책 방향에 따라 설치와 폐지를 반복했다.

이 책은 목록집의 성격을 갖고 있으나 관련 연구 성과나 자료의 소개도 충실히 하고자 노력했다. 기본적인 용어나 인명, 기관에 대해서도 필요한 설명했고, 해제를 통해 도움이 될 만한 내용을 담았다.

경성일보 DB는 국립중앙도서관의 대한민국 신문아카이브(https://www.nl.go.kr/newspaper/searchEla.do)에서 1920년대의 일부만을 찾을 수 있을 뿐, 전체 기사 목록이나 DB는 없다. 그러나 머지않아 경성일보 기사 목록과 DB를 활용할 수 있을 것이고, 연구에 활용되는 빈도도 높아질 것이다. 이 책은 경성일보의 전체 기사 목록이나 DB가 부재한 상황에서 유용한 연구 길라잡이가 될 것이라 생각한다.

마지막으로 늘 다양한 시각에서 토론의 장을 펼쳐주시는 세미나 참가자들과 훌륭한 책을 만들어주시는 도서 출판 선인 박애리 실장님께 깊은 감사를 드린다.

2024년 12월
경성일보강독반 간사 정혜경

- 대상 시기 : 1937년 7월 7일 중국 베이징(北京) 근교에서 발생한 중국과 일본의 군사 충돌 시기부터 일본 패전까지. 단 1945년 1월~4월은 자료 누락으로 포함하지 않음
- 대상 주제 : 대상 시기를 기준으로 제국 일본 영역(일본 정부, 조선총독부, 대만총독부, 만주국 등)에서 제정 공포한 통치 관련 법령과 주요 기구. 그 외 당시 일본과 교전국이었던 중국 정부나 연합국 정부의 기사도 포함
- 총 375건의 기사를 소개하고, 총 1,164건의 기사 목록(법령과 주요 기구)을 부록으로 수록
- 일부 기사는 원문 캡쳐본을 수록하고 주요 내용을 기재
- '반도' '반도인' '내지' '지나' '대동아전쟁' 등은 조선(*반도), 조선인(*반도인), 일본 본토(*내지), 지나(*중국), 태평양전쟁(*대동아전쟁) 등으로 기재
- '본부'는 조선총독부 본부를 의미하므로 총독부(*본부) 또는 조선총독부(*본부)로 기재
- 조선과 직접 관련이 없는 기사의 경우에는 목록에 해당 지역을 기재 : (일본), (만주국) 등
- 해당 주제의 관련 기사 목록을 수록해 관련 기사를 참고하도록 함
- 신문 기사 외에 조선총독부 관보에 수록된 법령이나 참고자료, 사진 등을 수록
- 해당 신문 기사 캡션은 생략
- 주요 인명, 사건, 법령, 기관에 대한 설명문 추가

|차 례|

순서	시기	면	단	기사 제목
1	19370707	석1	1	관방기구의 개혁-외사과를 부로 승격
2	19370707	조2	4	보건위생성(가칭) 설치, 관계 각료 어제 협의
3	19370710	석1	7	보험사무를 보험원에 통합
4	19370711	석2	3	드디어 방공계 실현!
5	19370722	석2	4	정보위원회 급히 설치
6	19370901	석2	7	하늘의 위협에서 조선(*반도)의 자원을 보호한다, 자원방호계 승격
7	19371017	조5	5	진주읍의 부제 시행
8	19371021	석2	1	조선[illegible]에 신문반을 신설
9	19371102	조2	8	대본영 설치는 이번 달 중순 예정
10	19371103	조2	8	남경 대본영의 특색은 방공부 신설
11	19371110	조2	4	국가총동원 훈령, 어제 결정 즉각 발령
12	19371113	조2	1	방공법 조선시행령 결정, 17일에 공포 실시
13	19371121	조2	1	칙어를 내리다, 대본영 설치에 관해
14	19371217	조5	8	도항보호사무소, 15일 개소식 거행
15	19371220	석1	1	북중국(*북지) 경제발전을 위해 중일합작기관 설치
16	19371225	조2	6	후생성으로 개칭
17	19380106	석1	10	후생성, 드디어 10일 정식으로 결정
18	19380109	조7	5	방공과 도시계획, 두 개의 계를 합병
19	19380116	조2	1	조선에 지원병 제도
20	19380117	석1	1	찬란한 지원병 제도, 역사상 다시 없는 금자탑
21	19380119	석1	5	전 조선에 청년훈련소를 확대
22	19380127	조2	1	시국대책위원회 설치 준비를 추진
23	19380128	석1	1	시국대책위원회 대강 성립
24	19380128	조2	1	중의원 본회의, 징병제도는 장래에 별개로 강구
25	19380202	조2	1	지원병 제도 칙령, 드디어 기원절 이전에 공포
26	19380204	석1	11	국가총동원법 급히 제정할 필요
27	19380205	석1	1	청년훈련소 규칙을 개정
28	19380205	석1	1	4개 도에 산업부를 신설
29	19380218	조2	2	지원병 제도(19일) 드디어 공포
30	19380219	석1	11	국가총동원법안 각의에서 결정
31	19380224	석1	6	개정 조선교육령 가결
32	19380302	석2	7	군수성 설치 의향 표명
33	19380303	조2	10	총동원 법안에 한 가닥의 서광
34	19380309	조2	9	총동원법을 외지에 적용
35	19380311	석6	1	임시물자조정과, 식산국 내에 설치 내정

순서	시기	면	단	기사 제목
36	19380320	조2	4	귀족원 총동원위원회, 본 법 시행과 동시에 군수공업동원법 폐지
37	19380325	조2	1	추가예산안 및 총동원 법안 가결
38	19380329	조2	1	국민정신 총동원을 다시 구체적으로 추진
39	19380329	조2	9	각 도에 산업부 설치
40	19380415	석1	1	도 산업부의 신설 드디어 실현, 행정기구도 개혁
41	19380505	석1	1	국가총동원법 드디어 발동, 군수공업법을 폐지
42	19380505	석1	6	관계 칙령 4일 공포
43	19380505	석1	3	지원병 훈련소 경성제국대학 내에 임시 개설
44	19380506	조1	1	내지 외지의 각 위술지에 육군묘지 신설
45	19380507	조2	1	요망의 소리 높은 동아성 신설
46	19380520	조1	9	식산국 내에 산금과 신설
47	19380521	석1	8	산금과 초대과장 기노(木野)씨 임명
48	19380524	조2	4	새로이 공사관 등을 두고 외무기구를 강화
49	19380525	조2	1	기획원 제안으로 동아연구소 구체화
50	19380628	조2	1	근로보국대를 조직
51	19380712	석1	7	조선에도 경제경찰, 약 3백 명의 경찰관 증원
52	19380721	조7	7	시국총동원과 신설, 경성부 비상시대책 마련
53	19380722	석1	1	폭리취체령 드디어 발동
54	19380722	조1	8	경제경찰제도 창설비, 대장성에서 대 삭감
55	19380726	석1	1	내각 제도개혁을 포함한 행정기구 개정
56	19380728	조5	7	일본 본토(*내지)와 조선의 선원 사무
57	19380729	석1	5	중앙물가위원회 창설, 이번 달 중에 규정을 공포
58	19380729	석1	1	선만척식훈련소, 오늘 강원도 세포에 개소식을 거행
59	19380731	석1	1	교학관 제도 실현, 주임관 2명을 학무국에 배치
60	19380801	석1	5	총동원법 제21조의 칙령안을 심의
61	19380802	석2	5	대정회제로 전진
62	19380807	조2	1	드디어 국민등록제 조선에 실시하기로 결정
63	19380808	석1	4	조선총독부 본부에 축산과를 신설
64	19380811	조1	7	총동원법 일부 발동의 2개 안을 심의에 올려 가결
65	19380813	석1	6	내년 봄 졸업자의 사용 제한, 내외지 동시에 시행
66	19380817	조1	4	조선인의 일본 본토(*내지) 도항 개혁
67	19380819	조1	8	총동원법 제6조 및 제21조 일부 발동
68	19380828	조1	1	시국대책조사위 진용을 갖추다, 어제 관제를 공포
69	19380903	조5	7	다시 농진과를 신설
70	19380909	석4	1	학교졸업생 할당, 일본 본토(*내지)와 호응, 규칙 제정

순서	시기	면	단	기사 제목
71	19380910	석1	7	외무고문관제 정식으로 결정
72	19380911	석1	5	경제경찰령 및 석유규정을 실시
73	19380916	조2	1	조선총독부 문서과의 기구를 확충 강화하기로 결정
74	19380917	조5	5	해주의 부 승격
75	19380928	조1	7	대지원(對支院)의 설치는 내각의 조직적 강화, 실질적 전시내각제로
76	19381001	조1	1	4상회의 협의 결과 대 중국기관 타협안 채택
77	19381002	석1	6	4상회의에서 결정한 대지원 관제안(요지)
78	19381012	조1	1	조선인 특설부대 만주국군에 신설
79	19381103	조2	5	기획부를 신설, 전시체제의 정비를 맡아
80	19381105	석2	2	조선군 보도부 설전부대를 편성
81	19381110	석1	4	조선경제경찰령 오늘 공포 즉일 실시
82	19381111	석1	1	총동원법 제11조 발동은 필지불가결인가
83	19381111	석2	1	신흥북선의 중심인 나진에 특별도제
84	19381112	석1	1	외무부 확충의 한편에 후생국 기획부를 신설
85	19381115	석1	3	총동원법 제6조 노동 2개 칙령안
86	19381119	조2	4	확충 후 조선총독부의 신 기구
87	19381201	조1	4	흥아원 관제 심사, 제1회 추밀원(*추부) 위원회
88	19381209	석1	1	(육군성 발표) 항공교육의 일원 강화, 육군항공총감부 신설
89	19390122	석2	5	6개 직업소개소를 국영으로 이관, '노동소개소'로 개칭
90	19390128	석2	1	지행합일을 기해 교학연구소 신설
91	19390203	석1	5	조선총독부 경무국 내에 드디어 방호과 신설
92	19390218	조1	6	제국총영사관 개설, 해남도 공략 후 여러 공작 진척
93	19390301	조1	7	병역법 개정안 가결, 양원 본회의 최초의 성립 법안
94	19390317	조1	1	총동원법 제11조, 다음 주 각의에서 결정하고 곧바로 발동
95	19390326	조1	1	조선지원병 실시 2개 칙령 27일 공포
96	19390401	조1	1	남지나해의 신난(新南)군도를 대만총독부 관하로 편입
97	19390407	석1	6	총동원법 제11조 발동 총독부시행규칙 공포
98	19390409	조1	1	총동원 제6조 종업자고입사용제한령 시행세칙 공포
99	19390412	석1	5	국민능력신고령 시행규칙 총독부 성안
100	19390413	석1	6	기능자양성령 드디어 5월 1일부터 실시
101	19390415	석1	3	국민 총병역제 실시, 만주국 정부 주지를 천명
102	19390416	석1	1	국민정신총동원 조선연맹을 강화, 관민협력 적극적 운동으로
103	19390430	조7	1	기술자총동원에 드디어 국민등록제
104	19390502	석1	5	인적통제의 최고 수단, 흥아근로봉사령(가칭), 드디어 이번 주 중에 마지막 조정
105	19390511	석2	6	국민등록령 오늘 발포, 6월 1일부터 실시

순서	시기	면	단	기사 제목
106	19390524	석1	7	외무부는 2과 제로
107	19390609	조1	4	상공성의 신기구 9일 발표, 15일 공포, 즉일 실시
108	19390610	석1	1	전시노무자동원령(가칭) 14일 총동원심의회에 부의 결정
109	19390613	조1	4	국민징용 외 1건 칙령안 완성
110	19390624	조1	4	조선(*반도)의 친족상속을 일본(*내지)과 마찬가지로 개정, 씨를 창설, 서양자 인정
111	19390627	조2	1	산업매진에 대응 식산국 개조 단행인가
112	19390628	석1	5	협화회의 통합적 기관, 중앙협화회 설치
113	19390708	조1	10	국민징용령 공포, 조선은 10월 1일부터
114	19390719	석6	3	재무국 기구개혁, 사계과를 분리해서 국으로 승격
115	19390720	석4	6	광주에 병사부 설치
116	19390724	조7	1	드디어 내년 4월을 기해 각도에 학무부를 신설
117	19390727	석1	3	총동원법 4개조를 발동, 물동계획 더욱 완벽
118	19390803	조1	9	조선(*반도) 거주 내지인 지도를
119	19390803	조1	10	육군예비사관학교 신설
120	19390804	석1	1	외사부 신관제 공포, 외무 척무 두 개 과의 소관 사무 제정
121	19390807	조5	7	경북에 이민훈련소, 곤란을 극복하고 설치
122	19390818	석1	9	부여신궁 조영위원회 및 사무국 설치
123	19390911	조1	10	기획부 신설 머지않아 실시
124	19390927	조1	1	국가총동원법등시행통할에 관한 칙령 공포
125	19390928	석1	1	국경취체법 시행령, 오늘 공포 10월 1일부터 실시
126	19390930	조2	1	조선(*반도)에도 국민징용령 10월 1일부터 실시
127	19391004	석1	5	무역성 설치를 협의
128	19391005	석6	3	무역과를 신설한다는 이야기
129	19391007	석1	4	조선총독부에 물가부 신설
130	19391025	조1	6	예후비장교 현역 편입 칙령안을 각의에서 결정
131	19391027	석1	1	국가총동원법에 따른 가격등통제령 드디어 조선에서도 시행
132	19391029	조7	1	애국의 지극한 정성에 호응해 지원병훈련소 다시 3개소 증설
133	19391030	석1	1	총동원법을 계속 발동, 노무동태조사규칙
134	19391107	조1	1	조선미곡배급조정령 사정 변화로 심의 중지
135	19391107	조1	6	배급통제응급조치령 6일 공포, 즉일 실시
136	19391108	조1	1	조선인(*반도인)에게 가를 창립해 성의 변경을 인정
137	19391109	조1	1	조선의 가족제도와 신제령-조선(*반도)통치에 획기
138	19391110	석1	1	조선인(*반도인)에게 가의 창립과 성변경의 자유를 부여, 내일 제령 공포, 1월 1일 실시
139	19391115	석1	1	기획부의 새로이 설치, 머지않아 각의에서 결정

순서	시기	면	단	기사 제목
140	19391116	석1	6	조선총독부에 조사과 신설
141	19391127	조1	6	청소년 고용을 제한, 국가총동원법 제6조를 발동
142	19391130	석1	2	조선총독부 기획부 관제 오늘 공포
143	19391217	조2	1	총동원물자사용수용령 16일 공포
144	19391221	석1	5	전 조선 경제경찰진의 강력 재편제를 단행
145	19391221	석1	5	물가조정과의 기구
146	19391228	석1	1	조선미곡배급조정령 오늘 발령
147	19400112	석1	2	전 조선 직업소개소 드디어 국영 이관을 실시
148	19400112	석2	3	청년훈련소를 증설
149	19400116	조2	1	총동원시험연구령 공포
150	19400204	석6	1	조선총독부에 물가조정과
151	19400216	석1	6	해운통제령 발포
152	19400216	조1	6	만주국에 징병제도, 내년 6월 1일부터 시행
153	19400229	조1	4	국민체력관리법안, 정부가 드디어 귀족원에 제출
154	19400313	조1	9	우생법안 상정, 어제 중의원 본회의
155	19400318	조2	1	중앙시험소 기구를 확충
156	19400331	조2	1	대학 전문학교 규정 개정
157	19400402	석1	5	병기본부 창설, 전시편성을 강화
158	19400406	조1	2	만주국병제도, 국무원 통과
159	19400420	조1	10	소년항공병을 현역병으로 취급, 육군지원병령 개정
160	19400423	석2	5	경성에 5개의 구
161	19400424	조1	12	마쓰에와 구마모토에 해군인사부 설치
162	19400504	조1	5	육해군공장사업장 관리규칙 전문
163	19400519	조4	5	고등해원양성소
164	19400525	석2	7	5천여 바다의 아들에게 따뜻한 법의 손길, 선원보험법 드디어 실시
165	19400604	조7	5	만주개척지원자훈련소를 머지않아 국영으로 이관
166	19400606	조7	5	각도에 방호과 신설
167	19400614	조2	1	해운통제령을 발동
168	19400622	석1	1	남양국과 남방국 탄생
169	19400702	석1	6	총동원 사무 확대에 따라, 기획부에 1개과 신설
170	19400713	조1	1	일본 본토(*내지)병비대개혁을 단행
171	19400804	석1	10	대만군 보도부 신설
172	19400811	조1	11	총력전연구소 신설
173	19400828	조5	8	부산에 해원양성소
174	19400903	조2	1	청소년고입제한 1일부터 실시
175	19400916	조1	7	사무재편성에 관해 각 외지당국에 통달

순서	시기	면	단	기사 제목
176	19400917	석4	2	일반행정관계상 조선총독부 광산국의 설치
177	19400918	석1	10	국민징용령 및 직업능력신고제 개정
178	19400921	조1	10	국민체력칙령안 어제 정식 결정
179	19401001	조2	6	국민징용령 개정 요점
180	19401001	조2	10	종업원이동방지 칙령 요강안 결정
181	19401015	석1	1	조선(*반도) 신체제 완성, 명칭은 국민총력연맹
182	19401016	조2	8	조선(*반도) 신체제 즉응 국민총력과 신설
183	19401029	석4	5	조선총독부 노무과 설치, 내년도 예산 요구
184	19401101	석1	3	조선총독부에 후생국, 내년도부터 실현
185	19401102	조1	10	각 지방체신국 12월 1일 개설
186	19401109	조1	1	근로신체제확립요강 결정
187	19401109	조2	1	선원징용령 실시
188	19401110	조2	7	철도국 새로이 편성, 지방철도국 편성
189	19401113	조2	1	선원사용등 통제령 25일 공포 실시
190	19401114	조1	6	남양국 신설 이유, 외무성 발표
191	19401115	조1	11	해군항공대 신설
192	19401127	석1	1	총동원법 개정안, 정부 오는 의회에 제출
193	19401208	석1	4	학무행정기구 확충, 의무교육수행에 매진
194	19401215	석2	1	경성대화숙 오늘 발회식
195	19401222	조4	1	총력운동의 강화로 군의 기구 개혁, 권업과 신설
196	19410121	석2	1	대망의 각도 방호과, 내일 일제히 개설
197	19410123	석1	7	후비병역제 폐지
198	19410124	조2	4	신체제에 즉응해 공장령 드디어 실시
199	19410131	조1	5	국방보안법안, 어제 중의원 본회의 상정
200	19410131	조1	1	조선(*반도)의 징병제, 장래를 고려해 연구
201	19410209	석1	1	국민노무수첩법, 조선(*반도)에도 적용
202	19410212	조2	3	사상범예방구금제도 공포에 대하여
203	19410219	석1	1	조선지원병 제도, 해군도 장래 고려
204	19410222	조1	8	국민학교령 드디어 공포
205	19410222	석1	1	노무과 신설, 4월초에는 드디어 실현
206	19410305	조1	1	조선(*반도)에 상업조합령, 각의결정
207	19410314	석1	4	조선노무협회 설립
208	19410402	석4	1	만선척식 합병, 오늘 가조인식
209	19410429	석1	1	화병감부 신설
210	19410502	석1	1	기획원의 기구 개조
211	19410509	조1	3	조선총독부 행정기구 전면적 개편을 단행

순서	시기	면	단	기사 제목
212	19410607	조1	7	국민우생법 일부 실시, 시행령 규칙 오늘 공포
213	19410614	조7	1	주택영단령 오늘 공포
214	19410615	조3	4	유능력자에 허가, 조선광업령 획기적 개정
215	19410621	조1	1	대만에 지원병제도 20일 각의에서 결정
216	19410622	조1	5	석탄통제회 요강 완성
217	19410628	조1	1	금치훈장제도의 획기적 개정
218	19410629	석1	1	조선노무협회 탄생, 오늘 창립총회를 개최
219	19410703	석1	1	천황폐하 친히 참석해 오늘 어전회의 개최, 중요국책 결정
220	19410730	석1	4	육군병사사무 확충, 병무부령 제정 오늘 공포
221	19410801	조1	8	해군시설본부 설치
222	19410815	조3	1	해사보국단을 결성
223	19410824	석1	4	여론지도에 신 발족, 조선군 보도부 기구 강화
224	19410830	조1	6	금속회수령 오늘 공포
225	19410906	조1	1	내무행정의 임전체제 정비, 방공국과 국토국을 새로이 창설
226	19410912	조1	1	노무동원체제 완성, 관계 4개 칙령안요강을 가결
227	19411001	조2	4	금속류회수령 총독부시행규칙을 발포
228	19411001	조2	7	항만운송사업통제령, 30일 시행규칙을 공포
229	19411001	조2	10	노무자이동방지, 국민수첩법 오늘부터 실시
230	19411016	조1	1	임시징병검사 실시, 대학 전문학교 졸업을 앞당겨
231	19411017	조2	1	청장년 징용을 실시, 무위도식자의 징용 단행
232	19411115	조1	1	제2국민병(1931년 이후)을 소집, 병역법시행령 대개정
233	19411119	조1	1	조선총독부의 기구개혁 완성, 식산국 기획부를 개조, 후생국 사정국 2개 국 신설
234	19411122	조1	1	국민근로보국협력령 오늘 공포
235	19411206	조1	9	해무원의 실현 머지않아, 각의결정
236	19411207	조1	10	새로운 노무조정령, 8일 공포, 1월 10일 실시
237	19411216	조2	10	국민징용령 일부 개정, 오늘 공포
238	19411218	조2	3	방공법 시행령 시행규칙 어제 공포
239	19411227	석1	5	조선임시보안령 내일 공포, 정보부 발표
240	19411230	석1	4	도쿄에 포로정보국 오늘 관제를 공포
241	19420130	조1	7	기술원 내일 개청, 오늘 관제 공포
242	19420225	조1	8	노무자관리령 오늘 공포 즉일 시행
243	19420510	조1	1	조선(*반도)징병제의 실시
244	19420514	조2	5	남방관리육성소, 쇼난시(昭南市)에 개설
245	19420523	석1	1	대동아전에 직접 협력, 미영인 포로 감시에 조선(*반도) 청년 수 천 명 채용

순서	시기	면	단	기사 제목
280	19430603	석1	3	일용노무자를 결집, 대일본노무보국회 창립
281	19430612	조1	1	생산의 긴급성으로 임기즉응의 체제, 공장법 전시특례안 결정
282	19430626	조1	8	노무직권이양 결정, 7월 20일 시행
283	19430626	조1	3	학도전시동원체제확립요강 발표
284	19430627	조1	7	중앙지도본부 설치, 학도동원에 만전의 태세
285	19430705	조1	1	학도 이제는 하늘의 결전에 일어나, 육군특별조종견습사관제 신설
286	19430729	조1	1	해군특별지원병령 공포, 시행규칙도 발표
287	19430731	조2	1	개정 징용령 8월 1일 실시
288	19430801	조1	1	위대한 광영 오늘 징병제 실시
289	19430803	석1	1	군 병무부를 획기적 강화, 각 도에 병사부 신설
290	19430803	석1	5	보도부를 분리 독립
291	19430805	조3	1	요점은 직역혼의 연성, 사봉대를 말하다
292	19430809	조1	1	조선식량관리령공포
293	19430810	조1	9	사장징용 머지않아 실시, 오늘 응징사복무규율 공포
294	19430812	조1	1	직장과 불리일체, 사봉대의 조직
295	19430814	조2	5	징용의 강력 추진, 국민징용원호회 발족
296	19430820	석1	4	공장사업주를 징용, 오늘 징용영서 전달식 거행
297	19430821	조1	1	과학연구의 총력 전쟁수행에 응집, 긴급정비방책요강 완성
298	19430825	조1	1	식량행정의 대전환, 검사과 식량부 신설, 총독부의 관제 개정
299	19430826	조1	1	행정 말단의 전력화 읍면제를 전면적 쇄신
300	19430911	조2	1	조선 각 도에 식량부 신설
301	19430914	석1	6	석탄 적정배급 강화, 수급통제의 새로운신 규칙 발포
302	19430923	조2	1	획기적 근로동원체제 완성, 남성의 취업을 제한 금지, 일할 수 있는 모든 여자를 동원, 여자근로정신대 결성
303	19430929	조1	1	기획원 상공성 폐지 군수성을 설치
304	19430930	조1	5	조선(*반도)에도 응징사 징용의 국가성 명확화, 국민징용부조규칙 발표, 사장의 징용도 실시
305	19431009	조1	1	전쟁에 조선(*반도)노무를 응집, 노무강화대책요강 결정, 여자노무의 활용
306	19431020	조1	1	조선(*반도)행정기구개혁 완성, 운수일원화로 교통국, 광공 농상 2개국 신설
307	19431020	조1	7	조선(*반도)학생도 전열로, 육군특별지원병 임시 채용
308	19431023	조2	1	군수회사 법안 성격, 기업의 국가성 앙양
309	19431101	석1	1	방공총본부를 창설, 방공국은 발전적 해소
310	19431201	조1	1	총독부 새로운 기구 오늘 실시, 3개국을 신설, 5개국을 폐지
311	19431203	조2	1	직업능력신고령 개정, 남자에 한해 5세 인상, 국민등록은 45세까지
312	19431215	조1	1	육군특별간부후보생제도 신설, 1년반으로 하사관

순서	시기	면	단	기사 제목
313	19431224	조1	7	징병 적령 1년 낮춰
314	19440119	석1	1	긴급국민학도근로동원방책 결정, 국민등록제도 확립
315	19440119	종합2	1	군수회사법 드디어 실질적 활동으로, 150개 회사를 지정
316	19440202	조3	1	조선(*반도) 방공에 철통의 진, 공습에 대비해 방위총본부 설치
317	19440208	조1	10	응징사에 전진훈 7개조
318	19440208	석1	1	국민징용령 발동, 중요 광산 공장에 현원징용을 단행
319	19440210	조1	1	4월부터 여자청년연성소 개설
320	19440211	조2	2	국민등록을 일원화, 직업능력신고령 개정
321	19440215	조2	1	민형사의 2심제, 1법률 5제령 제정 개정
322	19440216	조1	5	국민학교령 등 전시특례 공포
323	19440228	조2	1	현역 지원은 17세 이상, 모이자 젊은이
324	19440304	조2	1	드디어 조선 내에 군수회사법, 제1차로 중점산업
325	19440307	조3	7	지금은 훌륭한 군속, 무학여고 생도들
326	19440308	조2	1	결전비상조치요강에 기초한 학도동원실시요강
327	19440319	1	1	학도의 군사교육 강화
328	19440331	1	8	남녀 각종 중등학교에 최초로 학도동원령
329	19440401	1	6	조선인 문관에게도 근무 가봉 지급
330	19440405	3	1	조선(*반도)에 일정 연령층 남자의 징용, 여자징용 하지 않는다
331	19440408	1	4	공장 광산종업원에 제2차 현원징용
332	19440422	1	1	2개소의 지원자훈련소 개편, 군무예비훈련소를 설치
333	19440428	1	3	총독부와 각 도에 학도동원본부, 학교별 동원기준 결정, 조선총독부학도동원본부규정
334	19440502	3	1	국민등록을 일원화, 직업능력신고령을 개정
335	19440506	2	1	업학일체의 이념으로, 학도근로동원실시요령
336	19440507	1	8	채용 직후에 오장, 특별갑종간부후보생제도를 신설
337	19440607	2	1	여자정신대를 근로협력으로
338	19440620	1	1	일반징용 8월부터 실시, 국가적 책무도 중대
339	19440702	1	3	청년훈련소 별과합동훈련소 개설, 27일간 훈련
340	19440708	2	1	국민근로동원원호회(가칭) 설립
341	19440823	2	1	동원은 근로 즉 교육, 학도근로령 오늘 공포
342	19440823	2	5	여자에게도 근로령 실시, 사용표준율을 결정
343	19440826	3	1	조선(*반도)에서의 여자정신대
344	19440903	1	5	획기적인 증산을 기대하고 농업요원을 설치
345	19441015	1	1	조선총독부, 근로동원본부를 각 도에 설치
346	19441015	1	1	광공국에 3과
347	19441018	1	8	만 17세 이상에 방위소집의 영광, 17세 이하도 지원 가능

순서	시기	면	단	기사 제목
348	19441025	1	2	군수회사법 시행, 관계 법령 28일 공포
349	19441025	2	1	노무조정령 개정안 5칙령안 요강
350	19441031	1	1	가미카제특별공격대 돌격을 속행
351	19441101	1	7	중요국책 기획으로 종합계획국
352	19441101	2	1	학도근로령 조선(*반도)에 동원 법제화
353	19441125	1	11	60세까지 남자, 여자 40세까지 확대
354	19441225	1	1	조선(*반도)동포의 처우 구체화, 정치처우에 조사회
355	19450502	1	3	해운총감부 설치
356	19450513	1	1	군사외교정치의 보도선전, 정보국으로 통일
357	19450522	1	1	전시교육령 공포
358	19450524	1	8	전시요원긴급요무령 실시
359	19450525	1	6	이달 말까지 완료, 국민의용대 지방 조직
360	19450601	2	7	만주국의 의용봉공대 제정
361	19450607	2	1	대륙을 3개 부로 나누어 지하 지상 인적의 자전체제, 대륙자원과학연구소 신설
362	19450611	1	1	자급자전태세 확립, 새로이 전국 8개 지방에 지방총감부 창설
363	19450611	2	8	교통국 제1선, 고인과 용인에게 현원징용
364	19450612	1	5	긴급조치법안 중의원을 통과
365	19450614	1	8	육군에 임시육운국
366	19450617	1	1	전 조선(*반도) 황국호지로 총궐기, 국민의용대조직요강 발표
367	19450621	1	6	자수하면 벌하지 않는다. 징용기피를 단호히 막는다
368	19450624	1	10	주코쿠와 시코쿠에 군관구
369	19450625	1	1	본토결전의 기초, 국민의용대의 법적조치 완료
370	19450701	1	1	반도학도대를 조직, 대장에 정무총감
371	19450708	1	1	국민의용대조선총사령부 결성
372	19450716	1	1	설영의 총력 결집, 전시건설단령 발포
373	19450718	1	1	경성·인천·평양·부산 소재 국민학교 수업 정지
374	19450719	2	1	4개 도에 10월까지 2만 5천 호 건설
375	19450803	1	4	근로통솔강화 칙령안 가결

경성일보로 보는 전시동원 법령과 기구

1. 조선총독부 기관지 경성일보

   1) 경성일보의 구성과 성격

   2) 경성일보(일문)와 매일신보(국한문)

2. 법령 및 기구

   1) 법령의 구분 및 제정 과정

   2) 조선의 주요 동원 기구

   (1) 중앙행정 단위의 총동원·군인·군무원 동원·노무(학생, 여성) 동원 관련 부서 현황

   (2) 지방행정 단위의 총동원·군인·군무원 동원·노무(학생, 여성) 동원 관련 부서 현황

   (3) 주요 동원 기구를 통해 본 조선인 인력 동원

   3) 문관에 대한 이해

   4) 법령 및 기구 관련 주요 기사

   (1) 국가총동원법

   (2) 국민징용령

   (3) '북지사변'에서 '지나사변'으로

   (4) 신문기사가 만들어 낸 법령과 기구의 오류?

1. 조선총독부 기관지 경성일보

1) 경성일보의 구성과 성격

《경성일보》는 조선총독부 기관지이다. 이토 히로부미(伊藤博文)의 조선 통치 정책에 따라 탄생했는데, 창간 당시 과정에 대해서는 1933년 4월 27일자 당시 조선총독부 정무총감 고다마 히데오(兒玉秀雄)의 기고문인 〈창간 당시의 추억〉에 잘 나타나 있다. 고다마 히데오는 기고문에서 "조선 국내에서 배일주의 운동이 끊어지지 않고 있었는데, 그 책동의 중심이 《대한매일신보》였으므로 〈중략〉 그 세력을 몰아내기 위해 신문 창설이 필요하다고 생각해 《경성일보》를 설립했다"고 밝혔다.

이토는 통감으로 부임하자 곧바로 신문 창설 작업에 나서 '경성일보'라는 이름을 직접 짓고, 1906년 9월 1일 창간호를 냈다. 당시는 일본어 12항과 한글 8항의 일문과 조선어의 두 종류였는데, 1907년 4월 21일 조선어 발행을 폐지했다.

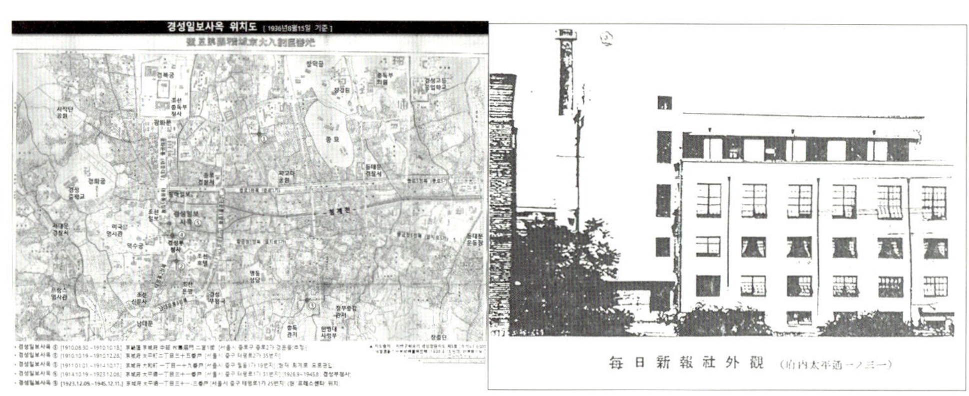

〈그림 1〉 사옥 위치도(장달수 작성)　　　　　〈그림 2〉 마지막 사옥의 모습(장달수 제공)

창간 당시 야마토마치(大和町. 현재 충무로역) 부근 신축 건물에 사옥을 두었다. 1910년 사옥을 경성부 중부 포전병문(布廛屏門) 2궁가(宮街)(현재 종로 2가 경운동)로 이전했다가 1914년에 태평통 1정목 31번호(番戶)로 이전했다. 1924년 6월 경성부 청사(현 서울도서관)로 이전했으나 1915년에 화재가 발생해 1916년에 동일한 장소에 개축했다. 그러나 1923년에 다시 화재로 전소

되자 태평통 1정목 31-3번지(현재 프레스센터)으로 이전해 신사옥 공사를 착공했다.[1]

1908년 발행 부수가 1만 부였고, 1913년부터 1944년 3월 초까지 조간과 석간을 발행했으며, 1918년부터 일본 도쿄·오사카·시모노세키(下關)에 지국을 개설했다.

■ 석간보다 늦은 조간

940년 10월까지는 석간-조간의 순서로 배포했다. 영인본의 배열 순서도 1940년 10월까지는 석간-조간의 순서로 되어 있다. 조간은 일본 본토의 기사를 전재(全載)하는 방식이었으므로 일본에서 기사를 받아 조판하는데 시간이 걸렸기 때문으로 보인다. 그러므로 조간은 당일이 아니라 하루 전날 조간인 셈이었다. 석간만 발간한 경우도 있었다.

1937년에는 조간 1면에 『이야기(講談)구락부』나 『모던 일본』 등 여성 잡지 전면 광고를 실기도 했다. 이 광고는 1937년 말부터 시사 잡지 광고나 제약 광고 등으로 대체되다가 1938년 4월부터는 사라졌다.

〈그림 3〉 1937년 7월 1일자 조간 1면 광고

〈그림 4〉 1937년 12월 2일자 조간 1면 광고

〈그림 5〉 1938년 3월 5일자 조간 1면 광고

석간의 1면은 중요한 일본 정치나 조선총독부 관련 기사를 수록했는데 이와 함께 국제

1　장달수 작성 「매일신보 경성일보 관련 간략 연표(1881~1945)」, 비공개 자료

면의 성격을 띠고 있어서 영국과 미국 등 구미와 중국의 정치 형세 관련 기사로 지면을 구성했다. 중일전쟁 발발 후 국제면 기사의 비중은 높아졌다. 주로 구미와 중국 장개석 정부가 정부 기구를 어떻게 변경하는지, 군수물자 생산 동향은 어떠한지 등등 당시 일본 입장에서 필요한 정보를 상세히 담으려 노력했다.

특히 영국이 일본을 공습할 가능성에 대해 지속적으로 관심을 보였다. 일본은 1931년 진저우(錦州) 도시폭격을 개시한 후 지속적으로 중국 민간인 지역을 공습했다. 일본 육군은 이러한 자신들의 행위가 빌미가 되어 영국이 일본을 공습할 것이라 우려했다.

그러한 점에서 《경성일보》는 서양사와 중국사 전공자들에게도 유용한 사료라 생각한다. 또한 1면은 일본군의 전황을 전하는 용도로도 활용했다.

〈그림 6〉 1940년 4월 13일자 석간 1면 기사. 지면 전체에 유럽 전황을 보도하고 있다.

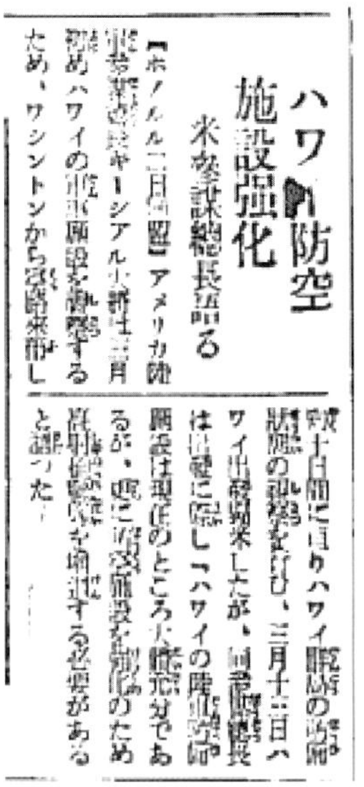

ハワイ防空
施設強化
米參謀總長語る

〈그림 7〉 1940년 4월 3일자 석간 1면

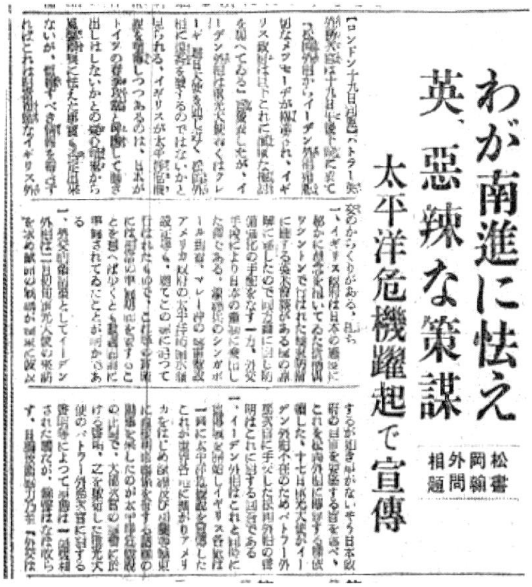

わが南進に怯え
英、惡辣な策謀
太平洋危機躍起で宣傳
松岡外相書翰問題

〈그림 8〉 1941년 2월 22일자 석간 1면

■ 《경성일보》 독자층은 누구?

《경성일보》는 일문이었으므로 당연히 독자층은 조선에 거주하던 일본인이었다. 그러나 그 외에 다양한 일본 본토의 정보를 원하는 조선인이나 조선의 정보를 필요로 한 일본 본토 거주인들도 독자층을 형성했다. 일본 본토에 3개소의 지국을 개설한 이유이기도 하다.

《경성일보》의 독자층이 폭넓을 수 있었던 이유는 지면 구성에서 조선과 일본의 정보를 다양하게 담았기 때문이다. 조선에 거주하던 일본인을 위해서는 일본 본토의 정치·사회·경제는 물론 일본인이 좋아하는 야구나 스모 경기 소식을 비롯해 연예계 소식까지 풍부하게 담았다. 그러므로 조선 거주 일본인은 마치 일본에 있는 듯 문화적 동질성을 느낄 수 있었다. 이러한 기사는 전황이 극도로 어려워진 1943년부터는 찾을 수 없다.

조선에 거주하던 조선인에게 《경성일보》는 일본 본토의 소식을 알려주는 매체이자 조선총독부의 통치 방향을 심도 있게 보도하는 매체이기도 했다. 같은 조선총독부 기관지인 《매일신보》가 당국의 보도자료를 그대로 게재하는 수준이었다면, 《경성일보》는 정책의 이면을 알 수 있는 기사를 실었다. 그러므로 기사 분량도 많았고, 기획기사 등도 있었다.

또한 일본에 거주하던 일본인들은《경성일보》를 통해 조선의 동향을 잘 알 수 있었으므로 투자나 이주를 결정하는데 도움을 받을 수 있었다. 이러한 이유로《경성일보》는 다양한 독자층을 유지할 수 있었다.

《경성일보》는 조선총독부 기관지로서 역할을 소홀히 한 적이 없었다. 창간 당시부터 통감부가 관리했다. 통감부의 기관지였으므로 모든 경비를 통감부가 제공하고 인사권도 통감부가 장악했다. 사장이 있었으나 이토 통감은 마음에 들지 않는 기사가 있을 경우 직접 기자를 해고할 정도로 세부적으로 관여했다. 통감부는 기사 내용에 따라 수시로 정간 처분을 내리고, 사장이나 편집진을 교체해 통감부 기관지로서 범주를 유지하도록 했다.[2]

이러한 통감부의 철저한 관리와 통제 아래《경성일보》는 통치기관의 기관지 역할을 수행했고, 폐간할 때까지 독립성은 찾을 수 없었다. 1945년 8월 일본 패전 후 기관지로서 성격이 끝나고 한국인들이 운영했으나 12월 10일 정식으로 폐간했다.

기관지로서《경성일보》의 역할은 조선 통치 정책의 주지 철저, 선전 및 정당화였고, 이러한 역할은 모든 지면에 반영되었다. 이같은 제약성은 통감부나 총독부나 어떠한 언론통제 정책을 채용하느냐에 따라, 그리고 대상 독자가 누구인가(일본 정부, 조선 거주 일본인, 조선인)에 따라 시기적으로 약간의 차이는 있었으나 큰 의미는 없었다.[3]

특히 사설은 정책 선전의 역할이 핵심이었다. 사회 각 방면에 걸쳐 '문명화'에 뒤처진 조선에 '문명'을 가르쳐 주는 듯한 태도로 열등감과 수치심을 조장하고 경고와 종용, 회유와 억압을 강조하는 글이 실리는 경우가 많았다. 1938년 이후 국가총동원기에는 조선 거주 일본인의 협력과 분발을 촉구하는 방향성을 명확히 하였고, 이를 위해 각종 '미담'을 발굴 소개함으로써 조선인의 분발과 협력 사례를 중점 보도했다.

2) 경성일보(일문)와 매일신보(국한문)

조선총독부 기관지였던《경성일보(일문)》와《매일신보(국한문)》는 1938년초까지 통합 체제

---

2   李相哲, 『朝鮮における日本人經營新聞の歷史(1881-1945)』, 角川學藝出版, 2009, 103~106쪽
3   시기별 논조의 차이에 대해서는 森山茂德, 「現地新聞と總督政治-京城日報について -」(『近代日本と植民地』7, 岩波書店, 1993) 참조

로 운영되었다. 《매일신보》는 영국인 베델이 발행한 반일 성향의 《대한매일신보》를 일제가
강제 인수해 조선총독부의 기관지로 만든 것이다. 《매일신보》 창간에는 《경성일보》 창간과
동일하게 1906년 9월 당시 통감 이토 히로부미가 자리하고 있었다.

이토 히로부미는 '대한(對韓) 보호정책의 정신을 내외에 선양하고 일선융화의 대의를 창
도할 것'을 내세우며 《경성일보》를 발행했는데, 《매일신보》도 그 연장선상에서 발간된 신
문이었으므로 두 신문은 동일한 성격과 배경을 가지고 있다. 이토 통감이 조선 통치에서
언론 정책의 중요성에 각별히 주목한 것은 바로 《대한매일신보》의 영향력을 견제할 필요
성 때문이었다. 1904년에 창간한 《대한매일신보》는 국한문 신문 외에 한글판과 영문판인
The Korea Daily News를 발간해 조선인들 사이에서 막강한 영향력을 발휘하고 있었다.

그러므로 통감부는 1909년 5월 1일 베델이 사망하자 후임 발행인 영국인 만함(萬咸,
Alfred Manham) 회유 공작에 힘을 기울였다. 만함이 1910년 6월 9일 신문사를 이장훈(李章
薰)에게 팔고 영국으로 돌아가자 총무 양기탁이 광고를 게재해 '자신도 신문에서 손을 떼었
음'을 알리면서 민족지로서 수명을 다했다.

이러한 과정을 거쳐 1910년 8월 30일 《대한매일신보》에서 '대한' 두 자를 생략한 《매일
신보》로 연장 발간하는 형식으로 《매일신보(每日申報)》가 탄생했다. 이후 대한제국 기관지였
던 《대한신문(大韓新聞)》의 후신인 《한양신문(漢陽新聞)》을 병합해 국한문판과 한글판 두 가지
신문을 발행하는 국내 유일의 한글 신문이 되었다. 1910년 12월 말에는 사옥을 《경성일
보》 구내로 이전해 《경성일보》 산하의 편집국으로 출발했다. 그러나 한글판은 1912년 3월
1일자로 폐지하고 국한문판 3면은 한글판으로 제작했다.

조선총독부는 《매일신보》를 통합한 후 《경성일보》의 책임자로 일본 언론계의 유력인사
로 《국민신문(國民新聞)》 도쿠토미 소호(德富小峯)를 임명했다. 그러나 도쿠토미는 조선에 머물
수 없었으므로 감독에 취임하고 사장(吉野太佐衛門)과 감사(中村健太郎)가 실질적인 경영을 담
당했다.[4]

《매일신보》는 1938년 초까지 《경성일보》와 통합 체제로 운영되다가 1938년 3월 10일자

4　수요역사연구회, 『식민지 조선과 매일신보-1910년대』, 신서원, 2002, 15~17쪽, 19쪽

로 독립하고 제호도 《매일신보(每日新報)》로 변경했다. 해방 후 1945년 11월 11일 폐간되고 1948년 '서울신문'으로 제호를 바꾸었다. 《서울신문》은 1998년 11월부터 《대한매일》로 제호를 변경했다가 2004년 4월 1일자로 다시 《서울신문》으로 변경했다.

2. 법령 및 기구

1) 법령의 구분 및 제정 과정

일제강점기 제국 영역에서 시행했던 법령(각의결정 포함)은 매우 다양하다. 이를 제정 및 공포 주체별로 구분하면 〈표 1〉과 같다.[5]

〈표 1〉 법령과 각의결정 등 구분

종류	내용
법률(法律)	의회가 제정하는 법률
칙령(勅令)	천황이 공포하는 법률
정령(政令)	내각이 제정하는 명령
각령(閣令)*	법률의 위임 또는 법률 시행을 위해 내각총리대신이 공포하는 내각의 명령
부령(府令)	내각총리대신이 내리는 명령
성령(省令)*	각 성(省)의 대신이 내리는 명령
훈령(訓令)*	상급 관청이 하급 관청에 대해 내리는 명령
제령(制令)*	법령에 정한 사항에 대해 조선총독이 천황 재가를 얻어 내리는 명령
총독부령 (總督府令)*	법령 외 사항에 대해 총독이 내리는 명령
규칙(規則)*	의회, 정부, 지자체 등 각 기관이 제정하는 명령
통첩, 통달*	행정기관의 상급 관청이 하급 관청에 내려 보내는 통지(通知)의 일종
각의결정	내각이 정부의 주요 국책과 정책, 시행 등의 지시, 강령 등을 밝힌 결정 합의체인 내각의 회의에서 일반 안건과 법률 등 국정에 관한 사항을 결정하는 방법 중 가장 중요한 것. 이밖에 각의요해(閣議了解), 각의보고(閣議報告) 등이 있음
내각훈령	내각이 각 성(省)과 하급 관청 등에 대해 직무수행과 권한 행사 등을 지휘하기 위해 내리는 명령의 하나
내각고유(內閣告諭)	내각총리대신이 국민에게 정부의 뜻을 알리는 전언문

*: 조선 해당

---

5 오일환·정혜경·허광무·김종구 편역, 『전시동원 기구와 제도(1)—총동원체제 관련 주요 법령 및 각의결정 등』, 동북아역사재단, 2022, 20쪽

〈표 1〉에서 제시한 법령은 제국 일본 영역에서 적용된 법령이며, 이 법제는 1889년 공포한 '대일본제국헌법'에 근거하고 있다. 대일본제국헌법은 당시 모든 일본인 공통의 절대 가치였던 '천황=국체'라는 원리를 토대로 두 가지 방향으로 구조화되어 있다.

일본 정치사상학자인 마루야마 마사오(丸山眞男) 주장에 따르면, 첫째는 '억압 이양의 구조'이다. 절대 가치인 천황에 의해 지배되는 신민들에게는 자유로운 주체적 의식이 존재할 수 없으며, 신민의 의식과 행동은 천황을 중심으로 하는 동심원 형태의 서열 질서 속에서 상위 존재에 의해 규정되어 있다. 이러한 구조 속에서는 억압의 이양에 의한 균형의 유지라는 현상이 발생하게 된다. 위로부터 억압을 아래에 대한 자의의 발휘에 의해 순차적으로 이양시켜감으로써 균형을 유지한다는 의미이다. 두 번째 구조는 '책임의 전가에 의한 무책임의 구조'이다. 주체적 의지를 가지지 못하고 단지 상위의 존재에 의해 규정되었던 신민의 행동에는 주체적 책임 의식이 따를 수 없으므로, 책임은 상위의 존재에게 돌려지게 된다. 그러나 상위의 존재인 천황은 권위와 권력을 조상신에게 부여받은 것이므로 천황의 책임 또한 조상신에게 거슬러가게 되는데, 조상신은 '신'이므로 인간적인 책임을 추궁당할 수 없다. 이러한 두 가지 구조로 된 법제이므로 다른 국가들과 다른 '특수성'을 갖고 있다.[6]

〈표 1〉에서 '*' 표시는 조선에 해당하는 법제이다. 일제는 강점기에 들어서기 전부터 이미 조선이 주체적으로 헌법을 시행할 수 없도록 했다. 1910년 6월 일제는 조선에 헌법을 시행하지 않고 대권을 위임받은 총독이 통치하는 방침을 확립했기 때문이다.[7] 강제병합과 함께 긴급 칙령 제324호 「조선에 시행해야 할 법령에 관한 건」(1910년 8월 29일)을 공포해 병합 당시의 법령을 잠정적으로 인정했다. 또한 1911년 3월 29일에는 법률 제30호 「조선에 시행해야 할 법령에 관한 건」을 공포해 조선의 법령 체계를 완비했다. 조선총독에 '독자적인 입법권'인 제령 제정권을 부여해 일본과 다른 독자적인 법역을 인정하는 내용이었다. 이 규정을 근거로 조선총독이 '제령' 제정권을 가졌으므로 권한이 막강하다고 생각하는데, 그렇다고 보기 어렵다. 총독이 마음대로 공포할 수 없었기 때문이다.

법률 제30호 「조선에 시행해야 할 법령에 관한 건」 제1조는 "조선에서 법률을 요하는 사

6　김창록, 「식민지 피지배기 법제의 기초」, 『법제연구』 제8호, 1995, 53~54쪽
7　정긍식, 「일제의 식민정책과 식민지 조선의 법제」, 『법제연구』 제14호, 1998, 67쪽

항은 조선총독의 명령으로 규정할 수 있다"고 제령 제정권을 규정했다. 그러나 제2조에서 "앞 조의 명령은 내각총리대신을 경유해 칙재(勅裁)를 청해야 한다"는 규정도 빠트리지 않았다. 물론 "임시 긴급을 요하는 경우"에 "조선총독은 즉시 제령을 발할 수"있지만 이 역시 즉시 칙재를 청해야 하고, 칙재를 얻지 못하면, 그 사실을 조선총독이 즉시 공포해야 한다는 규정(제3조)도 있었다. "법률의 전부 또는 일부를 조선에 시행할 필요가 있을 때에는 칙령으로 정해야 한다"(제4조) 등 제령 제정권을 제한할 수 있는 조항도 규정했다.

결국 일본의 법률을 제령의 형식으로 조선에 실시하기 때문에 법률처럼 일본 국회(제국의회)의 심사와 통과를 거쳐야 한다. 그 전에 법제국의 심사도 있었으므로 총독이 마음대로 제령을 공포할 수 없다. 그래서 택한 차선이 시행령에 해당하는 조선총독부령(부령)이다. 조선총독부령(부령)은 일본 정부가 제정 공포한 법률과 칙령을 조선에 적용할 때 '시행규칙' 등의 형식으로 공포하는 기능도 담당했다. 몇몇 사례를 살펴보자.

〈표 2〉 일본과 조선의 관계 법령 제정 사례

일본		조선	
법령	제정 일시	법령	제정 일시
국민징용령(칙령 제451호)	1939.7.8	국민징용령 시행규칙(부령 제164호)	1939.9.30
회사직원급여임시조치령(칙령 제706호)	1939.10.16	회사직원급여임시조치령 시행규칙(부령 제187호)	1939.10.27
소작료통제령(칙령 제823호)	1939.12.5	소작료통제령 시행규칙(부령 제 212호)	1939.12.18
청소년고입제한령(칙령 제36호)	1940.8.31	청소년고입제한령 시행규칙(부령 제199호)	1940.8.31
국민직업능력신고령 개정(칙령 제673호)	1940.10.16	국민직업능력신고령 시행규칙(부령 제218호)	1940.10.19
국민징용령 개정(칙령 제674호)	1940.10.16	국민징용령 시행규칙(부령 제219호)	1940.10.19
국민근로보국협력령(칙령 제995호)	1941.11.23	국민근로보국협력령 시행규칙(부령 제313호)	1941.12.1
학도근로령(칙령 제518호)	1944.8.2	학도근로령 시행규칙(부령 제360호)	1944.10.30

일제강점기에 일본 정부가 조선에 적용하도록 한 법령의 종류는 다음과 같다.[8]

■ 법률
칙령에 의해 특히 조선에 시행할 것을 정한 법률
조선에서 시행할 목적으로 특별히 제정된 법률

---

8   김창록, 「식민지 피지배기 법제의 기초」, 『법제연구』 제8호, 69~77쪽

▣ **칙령**

칙령

긴급칙령

각령 및 성령

▣ **조선총독부 법령**

제령

조선총독부령

훈령

지방행정법령 : 도령(道令), 도령(島令)

경무총감부령, 도경무총감부령

▣ **구 법령**

병합 당시 효력의 존속을 인정한 구한국 법령 및 일본국 법령

2) 조선의 주요 동원 기구[9]

1938년 4월 국가총동원법 제정에 따라 일본이 국가총동원체제를 제국 영역에 발동한 후 조선은 총동원 업무를 수행할 중요한 지역으로 역할을 감당해야 했다.

일본 정부는 1918년 물자동원 관련법(4.17 「군수공업동원법」 제정. 조선과 대만에 적용)을 제정하고, 1929년 자원통제운용계획을 수립했다. 중일전쟁 개전 후에는 물자동원 제도를 정비해 국가총동원법안준비위원회를 설치(1937.11)했으며, 1938년 1월 최초의 물자동원계획을 수립했다. 이 정책은 조선에도 적용되어 1930년부터 조선총독부 차원의 제도를 수립하고 운용했다. 조선총독부는 조선자원조사위원회 규정을 만들고(1930.6.9.), 1937년부터 관련법 14건을 제정 공포했으며 전담 기구를 설치해 업무에 들어갔다.[10]

일본 정부는 1938년 「국가총동원법」을 제정할 때 동원해야 할 물자의 종류를 규정하고, 생산력확충계획 등에 따라 조선에 물자 공출 대상 품목과 규모를 부과했다. 조선에 부과한 물자 내역을 보면, 군용물자에서 전매물자까지 매우 다양함을 알 수 있다.

---

9 상세한 내용은 정혜경·오일환·허광무·김종구 편역, 『전시동원 기구와 제도(3)—군인·군무원, 노무(여성, 학생)동원 기구 및 조직 관련 주요 법령 등』, 동북아역사재단.

10 상세한 내용은 안자코 유카, 「조선총독부의 총동원체제(1937~1945) 형성 정책」(고려대학교 사학과 박사학위논문, 2006) 참조

〈표 3〉 조선에 부과한 총동원 물자동원 내역

근거	내용
국가총동원법(1938.4.공포) 총동원물자 법조문	① 군용물자(병기·함정·탄약 기타) ② 피복·식량·음료·사료 ③ 위생용물자(의료품·의료기계기구 등) ④ 운수용 물자(선박·항공기·차륜車輪 등) ⑤ 통신용 물자 ⑥ 토목건축용 물자 ⑦ 조명용 물자 ⑧ 연료 및 전력
제1차 생산력확충계획 (1938~1941년)	• 조선의 광물자원(일본에서 거의 생산되지 않는 철광석과 특수광물 등의 군수자원)획득에 주목 * 조선총독부 식산국(광산과·수산과·상공과), 농림국(농무과·축산과·임업과) 담당 • 조선의 생산력확충계획의 주된 산업은 경금속, 비철금속 등의 금속공업과 철강이라 분류된 광공업, 석탄, 철도차량, 전력, 석유 및 대용품 산업
제2차 생산력확충계획 (1942~1943년)	• 1941년 7월 이후 선박 부족으로 인한 선박수송력이 물자동원계획의 큰 틀을 결정했고, 배선(配船) 계획화도 동시에 검토했으나 1942.10 물동계획 시행이 세비부족으로 차질을 빚자 육상수송에 주력해 대륙물자의 중계수송, 조선철도를 이용한 육송 등으로 계획을 수정 • 조선은 생산확충 품목의 22%를 담당
제3차 생산력확충계획 (1944~1945)	• 조선의 생산력확충계획은 1943년 90% 달성, 1944년 상반기 109%의 성과를 올림 * 1944.4.부터 실시한 군수생산책임제와 중요광물 중점증산정책, 군수회사법 시행(조선에서는 1944.10 시행)의 결과
생산책임제요강 (1944.3.31)	• 전매분야(소금·간수·연초·아편·인삼) 추가

한강 이북지역 공장에서 생산한 군수물자는 중국과 만주 전선으로, 이남에서 만든 군수물자는 일본으로 가져갔다. 일본이 전쟁을 위해 식민지 조선에 부과한 의무는 무거웠다.

물자동원보다 더 중요한 것은 물자를 생산하고 수송할 노동력의 확충이었다. 한반도가 감당해야 할 물자의 공출을 위해 연인원 6,488,467명(중복 인원 포함)의 조선인을 동원했다.

〈표 4〉 조선 내 조선인 노무동원 경로별 규모

연도별	국민징용	관알선						근로보국대, 모집
		군수	광업	교통	공업	토건	계(관알선)	
1938년		-	41	34		19,441	19,516	74,194
1939년		-	2,735	647		41,907	45,289	113,096
1940년		-	2,714	901		57,912	61,527	170,644
1941년		1,085	1,494	646		43,662	46,887	313,731
1942년	90	1,723	4,943	287		42,086	49,039	333,976
1943년	648	1,328	11,944	186	5,316	40,150	58,924	685,733
1944년	173,505	4,020	14,989	-	3,214	54,394	76,617	2,454,724

연도별	국민징용	관알선						근로보국대, 모집
		군수	광업	교통	공업	토건	계(관알선)	
1945년	129,581	4,312	2,071	252	-	37,628	44,263	1,636,483*
소계	303,824	12,468	40,931	2,953	8,530	337,180	402,062	5,782,581
계	6,488,467							

* 일본 정부 추정치

大藏省 管理局 編, 『日本人の海外活動に關する歷史的調査』 통권 제10책, 朝鮮篇 제9분책, 1947, 69쪽, 71쪽; 허수열, 「조선인 노동력의 강제동원의 실태」, 차기벽 엮음, 『일제의 한국식민통치』, 정음사, 1985

조선 외에 일본 본토와 남사할린, 중국, 만주, 중서부 태평양, 동남아시아 등으로 동원된 숫자를 포함하면 연인원 780만 명에 이른다.

⟨표 5⟩ 조선인 강제동원 피해 규모(중복인원 포함)

	노무자동원		계		군무원 동원		계
한반도 내	도내동원	5,782,581	6,488,467		일본	7,213	60,668
					조선	12,468	
	관 알 선	402,062			만주	3,852	
					중국	735	
	국민징용	303,824			남방	36,400	
					군인 동원		**계**
한반도 외	국민징용	222,217	1,045,962		육군특별지원병	16,830	209,279
					학도지원병	3,893	
	할당모집 관 알 선	823,745			육군징병	166,257	
					해군(지원병 포함)	22,299	
총계	7,804,376						

자료: 국무총리 소속 대일항쟁기강제동원피해조사 및 국외강제동원희생자 등 지원위원회, 『위원회 활동결과보고서』, 2016, 135쪽
1. (총계) 1인당 중복동원 포함
2. (동원 실수) 최소 2,021,995명(한반도 노무자동원 중 도내동원 제외한 수) 이상으로 추산
3. (지역 구분)
　−(국내) 6,552,883명[노무자 6,488,467, 군무원 12,468, 군인 51,948]
　−(국외) 1,251,493명[노무자 1,045,962, 군무원 48,200, 군인 157,331]
4. 군무원 총수는 피징용자 동원수를 제외한 수
5. 일본군 위안부 피해자 제외
6. 군인(병력) 가운데 1945년 8월 기준 한반도 주둔군 숫자는 51,948명

연인원 780만 명 이상, 실제 인원 약 200만 명을 동원하고 수송하는 일은 조선총독부와 지방 도부군도 및 읍면 단위 말단 직원의 몫이었다. 강제저축 등을 통해 조선인의 자금을 통제하는 것도 당국의 몫이자 국가총동원법이 규정한 총동원 업무의 영역이었다.

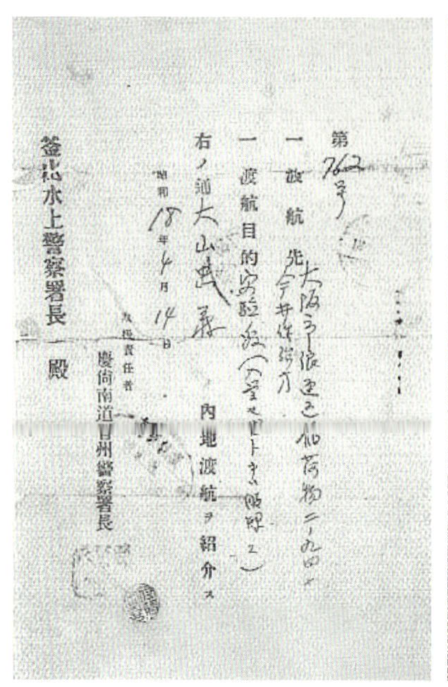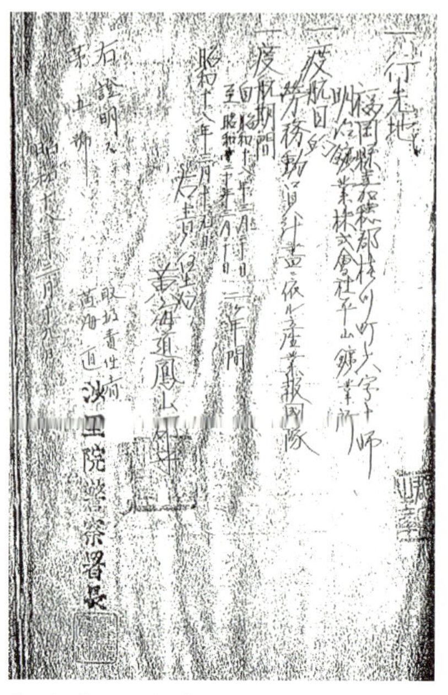

〈그림 9〉 노무자 수송을 위해 경남 진주경찰
서가 발행한 도항증명서(『재일한인
역사자료관 도록─사진으로 보는 재일코
리안 100년』, 明石書店, 2008)

〈그림 10〉 1943년 3월 19일에 황해도 봉산군 사
리원의 조선인 105명을 후쿠오카현
에 있는 메이지(明治)광업주식회사 탄
광으로 보낸다는 경찰서장의 공문(국
가기록원 소장 『일제하피징용자명부』)

(1) 중앙행정 단위의 총동원·군인·군무원 동원·노무(학생, 여성) 동원 관련 부서 현황

총동원 업무를 수행하기 위해 조선총독부 본부와 지방 도도부현에 이르기까지 관련 기
구를 정비했다. 관련 기구 정비는 1945년 8월 일본의 패망이 임박한 시기까지 계속되었다.
총동원체제 수행과 관련한 주요 기구의 정비 과정을 살펴보면 다음과 같다.

■ 중앙행정 단위의 총동원, 군인·군무원 동원, 노무(학생, 여성) 동원 관련 부서 현황
• 국가총동원 계획 수립 및 총동원 업무 담당: 조선자원조사위원회(1930.6.9.) → 총
  독관방 자원과(1937.9.1.), 식산국 임시자원조정과(1938.9.28.) → 기획부
  (1939.11.28.) → 총독관방 국민총력과(1940.10.16.) → 후생국 기획부, 사정
  국 국민총력과(1941.11.19.) → 총무국 기획실·국민총력과(1942.11.1.) → 광공국
  (1943.11.30.) → 총독관방 감찰과·지방과·조사과(1943.12.1.) → 총독관방 총무과, 농
  상국 농상과(1944.11.22.) → 총독관방 정보과·광공국 동원과(1945.4.17.)
• 물자 및 노무자 단속 업무 담당(경제경찰): 경무국 경무과 경제경찰계(1938.11.12.) → 경

무국 '(1940.2.3.)

- 군인·군무원 동원 업무 담당: 조선총독부 육군병지원자훈련소(1938.3.29.) → 조선총독부 중견청년수련소(1939.4.20.) → 체신국 고등해원양성소(1940.5.11.) → 후생국 사회과(1941.11.18.) → 조선포로수용소 분소(1942.7.27.) → 학무국 연성과(1942.11.1.) → 학무국 연성과·사회과, 경무국 경무과, 중견청년훈련소(1943.12.1.) → 학무국 학무과·연성과(1944.11.22.) → 청년학교(1945.3.31.) → 학무국 학무과·연성과·원호과·중견청년연성소, 경무국 경무과(1945.4.17.) → 국민의용대(1945.6)
- 노무(학생,여성) 동원 담당 업무: 내무국 사회과 노무계(1939.2.7.) → 내무국 노무과(1941.3.13.) → 후생국 노무과(1941.11.18.) → 사정국 노무과(1942.11.1.) → 광공국 노무과(1943.) → 광공국 근로조정과 · 광공국 근로동원과 · 광공국 근로지도과 · 근로동원본부(1944.11.22.) → 광공국 근로부 조정과 · 광공국 근로부 동원과 · 광공국 근로부 지도과(1945.1.27.) → 광공국 동원과 · 광공국 근로부 근로제1과 · 광공국 근로부 근로제2과(1945.4.17.)

　　주요 중앙행정 단위를 대상으로 각 담당 부서의 세부적인 업무 변천 상황을 해당 업무를 중심으로 살펴보면 다음과 같다.

〈표 6〉 주요 중앙행정 단위의 총동원, 군인·군무원 동원, 노무(학생, 여성) 동원 관련 부서 변천 상황

부서	총독관방 자원과	식산국 임시자원조정과	기획부	총독관방 국민총력과
연도	1937.9.1	1938.9.28	1939.11.28 1939.11.29	1940.10.16
근거	조선총독부훈령 제66호	조선총독부훈령 제58호	칙령 제793호 조선총독부훈령 제65호	조선총독부훈령 제56호
기타	- 자원과 신설 - 폐지(1939.11.29), 업무는 기획부로 이관	- 임시자원조정과 신설 - 폐지(1939.11.29). 업무는 기획부로 이관	- 기획부 신설 - 총 3개 과 - 1940.8.20. 칙령 제531호를 통해 '국민징용 사무' 분장	- 국민총력과 신설

부서	후생국 기획부, 사정국 국민총력과	총무국 기획실·국민총력과, 사정국 노무과, 학무국 연성과	광공국, 교통국
연도	1941.11.18 1941.11.19	1942.11.1	1943.11.30
근거	칙령 제980호 조선총독부훈령 제103호	칙령 제727호 조선총독부훈령 제54호	칙령 제890호 칙령 제891호
기타	- 후생국 신설, 4개 과 설치 - 내무국을 사정국으로 개편, 3개 과 - 외사부를 기획부로 개정 - 기획부 임시설치제 폐지	- 8월 22일자 조선총독부 행정간소화안 발표 후속 조치 - 후생국과 기획부 폐지 - 총무국과 사정국으로 대체	- 총무국, 사정국, 전매국 폐지 - 식산국과 농림국을 광공국과 농상국으로 개편 - 총동원 업무는 광공국이 담당 - 교통국에 선원징용 정원 배정

부서	총독관방 감찰과·지방과·조사과, 광공국 기획과·노무과, 학무국 연성과·사회과·중견청년훈련소, 경무국 경무과·경제경찰과	총독관방 총무과, 농상국 농상과, 학무국 학무과· 연성과	총독관방 정보과, 광공국 동원과, 학무국 학무과·연성과·원호과·중견청년연성소, 경무국 경무과·경제경찰과
연도	1943.12.1	1944.11.22	1945.4.17
근거	조선총독부훈령 제88호	조선총독부훈령 제96호	조선총독부훈령 제18호
기타	- 칙령 제890호 후속 조치 - 총독관방 감찰과·지방과·조사과, 광공국 기획과·노무과, 학무국 연성과·사회과·중견청년훈련소, 경무국 경무과·경제경찰과에 총동원 업무분장	- 총독관방 총무과, 농상국 농상과, 학무국 연성과에 총동원 업무분장	- 총독관방 정보과, 농상국 농상과·생활물자과·중앙농업수련도장, 광공국 동원과, 광공국 근로부 근로 제1과·근로제2과, 학무국 연성과·원호과·중견청년연성소, 경무국 경무과·경제경찰과에 총동원 업무분장

주요 중앙행정 단위의 총동원, 군인·군무원 동원, 노무(학생, 여성) 동원 관련 부서 변천 상황은 다음과 같다.

〈총동원체제 운용 주요 중앙행정기관의 변천〉

조선자원조사위원회 (비상설)	총독관방 자원과	기획부	후생국, 사정국	광공국
1930.6.9	1937.9.1	1939.11.28(임시)	1941.11.19	1943.11.30

〈징병과 지원병 훈련 기관〉

조선총독부 육군병지원자훈련소(지원병)	조선총독부 육군병지원자훈련소(지원병)	조선총독부 육군병지원자훈련소(지원병) 조선청년특별연성소(징병)	조선총독부 육군병지원자훈련소(지원병) 조선청년특별연성소(징병) 조선총독부 해군병지원자훈련소(지원병)	조선총독부 육군병지원자훈련소(지원병) 조선청년특별연성소(징병) 조선총독부 군무예비훈련소(징병)
1938.3.29	1939.4.20	1942.11.1	1943.7.28	1944.4.22

<노무동원 중앙행정기관의 변천>

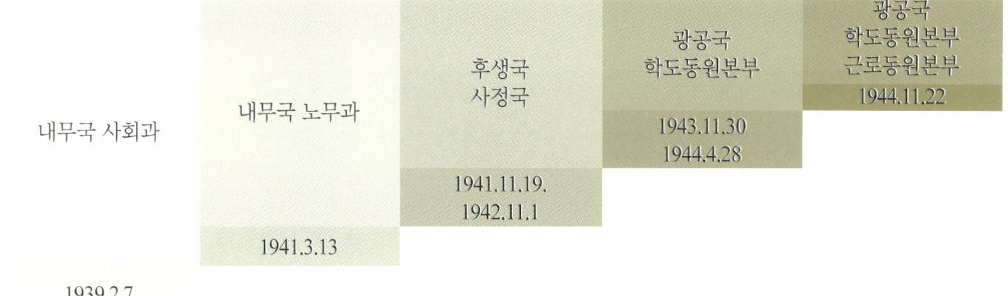

(2) 지방행정 단위의 총동원·군인·군무원 동원·노무(학생, 여성) 동원 관련 부서 현황

먼저 도 단위의 업무 변천 상황을 보면 다음과 같다.

〈표 7〉 도 단위의 총동원, 군인·군무원 동원, 노무(학생, 여성) 동원 관련 업무 변천

연도 부서	1938.6.23 내무부	1940.10.21 지사관방	1941.11.19 내무부	1943.11.30 -	1943.12.1 내무부·광공부·경찰부	1944.10.15 내무부·광공부
업무	2.국가총동원에 관한 사항	8.국민총력에 관한 사항	16.국민총력에 관한 사항	-	내무부 : 6.국민총력에 관한 사항. 10.국민연성 및 국민근로교육에 관한 사항. 12.군사원호 및 사회사업에 관한 사항 광공부 : 5.노무에 관한 사항. 6.국민등록, 국민징용 기타 국민동원에 관한 사항 경찰부 : 2.병사에 관한 사항	내무부 : 13-2.국민등록, 국민징용 기타 국민동원에 관한 사항. 13-3.국민근로원호에 관한 사항 광공부 : 5.국민근로관리에 관한 사항
기타	각 도에 산업부 설치	-	지사관방 업무를 내무부로 이관	각 도의 산업부와 식량부를 광공부 또는 농상부로 개정	지사관방의 업무였던 '국민총력에 관한 사항'을 내무부로 이관	광공부 업무의 일부를 내무부로 이관하고, 용어를 '노무'에서 '근로'로 변경
근거	조선총독부훈령 제35호	조선총독부훈령 제58호	조선총독부훈령 제105호	칙령 제896호	조선총독부훈령 제94호	조선총독부훈령 제90호
선행법령	-	- 조선총독부 관제 중 개정(칙령 제256호. 1940.4.15) - 조선총독부 사무분장 중 개정(조선총독부훈령 제56호. 1940.10.16)	- 조선총독부 사무분장 중 개정(조선총독부훈령 제103호. 1941.11.19)	- 조선총독부 관제 개정(칙령 제890호. 1943.11.30)	- 조선총독부 사무분장 중 개정(조선총독부훈령 제88호. 1943.12.1)	- 조선총독부 사무분장 중 개정(조선총독부훈령 제89호. 1944.10.15)

지방행정 단위 가운데에서 도의 역할은 관내 부군도읍면에서 총동원·군인군무원동원·노무(학생, 여성) 동원 업무를 수행할 수 있도록 큰 틀의 법적 근거를 마련하는 일이다. 총동원 체제·군인·군무원·노무(학생, 여성) 동원 실무를 담당한 것은 부군도읍면 단위였다. 도를 포함한 지방행정 단위의 관련 부서 현황은 다음과 같다.

〈표 8〉 규정을 통해 본 지방행정 단위의 총동원 체제, 군인·군무원 동원, 노무(학생, 여성) 동원 관련 부서

행정단위 별	총동원 관련 부서
도(道)	지사관방, 내무부, 재무부(산업부), 광공부
부	서무과, 내무과, 재무과
군·도(島)	서무계, 내무계
읍면	권업계, 사회계, 내무계, 호적계(호적병사계), 병사계(노무병사계)
경성부	총무부(호적과, 사회과), 구역소, 정회

(3) 주요 동원 기구를 통해 본 조선인 인력 동원

중앙행정 단위와 지방행정 단위의 조직과 기구에서 공통 사항은 인력동원 유형에서 군인과 군무원·노무로 대별된다는 점이다. 총동원 운영 업무와 군인동원 업무는 각각 다른 조직과 기구에서 담당한 데 비해 군무원과 노무동원 업무는 동일한 조직과 기구에서 담당했다. 군무원 가운데 노무자와 동일한 업무를 수행한 설영대나 특설수상근무대, 건축대 등 군시설 공사나 상하역 작업에 투입한 인력은 물론, 특수직이라 할 수 있는 포로감시원도 마찬가지였다. 포로감시원 제도의 정책을 수립한 것은 일본 육군 소속의 포로정보국과 포로관리부였으나 모집 업무는 노무동원 담당과였던 사회과나 내무과가 담당하였다. 이같이 군무원 동원 정책은 군이 수립했지만 업무 기구·조직은 노무동원 업무 기구·조직이 담당했다. 이에 비해 군인의 경우, 중앙행정단위에서 일반적인 병사(兵事)업무는 경무국 담당이었고, 지원병과 징병 동원을 위한 훈련기관은 조선총독 소속이나 학무국 업무로 명시하였다. 그러나 실제로는 군이 관리했다.

지방행정단위에서도 군무원·노무동원 담당 업무를 노무계나 사회계, 권업계가 담당한 데 비해 군인동원 업무는 병사계가 담당했다. 노무병사계로 통합 운영한 지역도 있었다.

군인과 군무원·노무로 대별되는 이러한 특징은 업무의 효율성을 위한 조치였지만 이를

통해 업무의 유사성도 생각해볼 수 있다.

인력동원의 범주와 성격에 대해 김영달을 비롯해 관련 연구자들은 군무원을 군의 범주(병력 또는 준병력)로 인식해왔다. 동원 주체가 군이고, 군의 요원이라는 사전적 의미를 중시하였기 때문이다. 이에 대해 정혜경은 크게 군 노무자(설영대, 특설수상근무대, 건축대 등)와 특수직(포로감시원, 문관, 운전수, 선원, 전화교환수, 간호부, 감옥 간수 등)으로 구분해야 한다고 제안했다.[11] 현재 논의는 진전을 보지 못하고 있다. 그러한 점에서 법령과 규정을 통해 본 동원 업무 기구·조직은 향후 인력동원의 범주와 성격 논의에 시사점을 제공할 것이라 생각한다.

《경성일보》 기사를 통해 조선총독부가 관련 기구를 정비하는 과정은 철저하게 일본 정부의 이해에 따라 좌우되었음과 조선총독부 단독으로는 단 1명의 정원도 늘릴 수 없었음을 알 수 있다. 조선총독부 본부의 기구는 모두 일본 정부가 관제를 제정하고 예산을 확보하지 않으면 불가능했기 때문이다. 또한 조선총독부의 입장이나 상황을 반영하기도 어려웠다. 조선총독부가 총동원 물자 공출에 필요한 최소한의 기구라고 판단했으나 일본 정부의 승인을 받지 못해 무산되거나 지체된 사례는 적지 않다. 기획부나 경제경찰제도가 대표적인 사례이다.

〈표 9〉 주요 부서 설치 관련 경성일보 기사 현황

해당 부서	시기	면	단	기사제목
기획부	19381103	조2	5	기획부를 신설, 전시체제의 정비에 당면해, 본부의 기구개혁 내년 봄 실시인가
	19390911	조1	10	기획부 신설 머지않아 실시, 식산국장
	19391115	석1	1	기획부의 신설치 머지않아 각의에서 결정, 관제 이달 말까지 공포
	19391121	조1	7	본부에 기획부 신설
	19391122	조1	7	신설의 기획부 관제 25일 공포, 즉일 실시
	19391123	조1	7	기획부관제안 추밀원 본회의에 상정 가결
	19391125	석1	8	기획부 관제, 오늘 각의에서 정식 결정
	19391126	조1	6	기획부 초대 부장 니시오카 수석 사무관으로 결정
	19391130	조2	1	기획부의 신설
	19391130	석1	2	본부 기획부 관제 오늘 공포, 총동원 계획에 획기적 의의
	19400702	석1	6	총동원 사무 확대에 따라, 기획부에 1개 과 신설, 초대과장은 安田연료과장이 겸임

11 정혜경, 『조선인 강제연행 강제노동Ⅰ : 일본편』, 도서출판 선인, 2006, 19〜22쪽

해당 부서	시기	면	단	기사제목
경제경찰	19380712	석1	7	조선에도 경제경찰, 약3백명의 경찰관 증원
	19380722	조1	8	경제경찰제도 창설비, 대장성에서 대삭감
	19380911	석1	5	경제경찰령 및 석유규정을 실시
	19380928	조2	1	조선의 경제경찰 드디어 다음달 개시
	19381103	석1	11	경제경찰법 5일 공포 실시
	19381106	석1	8	경제경찰제도 공포는 9일
	19381110	조1	4	반도경제경찰제의 중추 경기도 경제경찰과 드디어 활동개시
	19381110	석1	4	조선경제경찰령 오늘 공포 즉일 실시
	19391221	석1	5	전 조선경경진의 강력 재편제를 단행, 총독부, 각도에 독립 과를 신설
	19400114	석3	6	경제경찰과 신설
	19400115	조3	5	과장 경시는 밖에서 이입, 총 세 100여의 대세대, 평남경제경찰과 진용 착착 정비
	19400115	조3	2	초대는 누구인가, 충남경제경찰과장
	19400203	석2	2	경제경찰진을 강화, 경관 500여 명 증원
	19400204	조2	9	경제경찰 확충
	19400212	조5	9	경경과 신설
	19400213	조5	9	경경과 신설, 강원도의 인사이동
	19410213	조1	6	경제경찰진을 강화
광공국	19370930	석6	4	광산과 계관 증원
	19390712	조2	1	드디어 광산국 설치, 식산국의 방침 결정, 내년도 예산에 소요경비요구
	19400917	석4	2	일반행정관계상 본부 광산국의 설치, 신중한 검토가 필요
	19401029	조2	1	광산산금사무조정에 광산국 설치 구체화
	19401104	조2	7	광산국 신설, 특히 광산도로
	19410114	조2	1	당당한 반도의 신 설계! 지하자원-광산부를 신설
	19410615	석1	3	지하자원의 대갱광 총독부 기구개혁 2부국의 신설, 법제국과 절충 진행
	19411025	조1	5	광산부에 대신해 관계3과를 신설, 칙임사무관을 두고, 후생국은 원안대로 통과 실현
	19441015	1	1	광공국에 3과

기사에 따르면, 당국은 국가총동원체제 운영을 주관할 기획부와 노무동원 업무를 전담할 노무과, 인적 물적 자원의 원활한 운영을 위한 경제경찰, 광산부(광공국으로 신설)에 대한 당국의 관심이 매우 높았다. 그러나 기획부는 설치 논의부터 설치까지 1년 이상이 걸렸고,

이후 실제 운용까지 다시 1년 이상이 걸렸다. 대장성의 예산을 확보하지 못했기 때문이다.

《경성일보》가 기획부 설치 기사를 처음 보도한 것은 1938년 1월 3일(기획부를 신설, 전시체제의 정비에 당면해)이었으나 실제 설립한 시기는 1939년 11월 25일이었고, 설립 예정 기사는 7건이나 되었다.

경제경찰제도는 일본과 거의 같은 시기에 논의를 시작해 설치시기는 큰 차이를 보이지 않는다. 그러나 대장성이 예산을 크게 삭감하면서 매우 부실한 기구로 출발했다. 더구나 1938년 11월 5일 공포한 제도는 독립된 과가 아니라 경무국 경무과의 경제경찰계로 출범하도록 했다. 도 단위에서도 경기도에만 경제경찰과를 설치하고 다른 도는 보안과 내에 계(係)를 두는 정도였다.

조선총독부가 설치를 요망했던 광산부는 4년 후에야 광공국으로 발족할 수 있었다.

조선총독부 조선직업소개소에 대해서도 기사에서는 '노무수급의 만전을 기할 수 있는' 기구의 탄생으로 표현했으나 실제로는 업무 수행에 필요한 최소한의 정원을 배분받지 못해 개점휴업 상태를 벗어나지 못했다.[12]

이 같은 사례는 일본 당국이 총동원전쟁 수행 과정에서 '대륙전진병참기지' 운운하며 조선의 중요성은 인정했으나 예산의 배분이라는 점에서 우선순위를 부여하지 않고 있었음도 함께 보여준다. 이러한 모순은 일본 당국의 식민지 조선의 역할에 대한 인식의 단면을 보여줌과 함께 조선총독부의 조선 민중을 상대로 한 인적 물적 자원 수탈의 심각성으로 이어질 수 밖에 없었음을 보여주는 사례이다.

〈표 10〉의 '담당주체'에서 중앙행정기구와 지방행정기구 외에 여러 단체를 볼 수 있다. 직업소개소와 조선노무협회, 동아여행사 등이다.

직업소개소는 「조선직업소개소령」과 시행규칙(1940년 1월 20일 공포)에 따라 발족했다. 1939년 한반도 외 노무자 송출을 위해 기존 제도를 정비해야 할 필요성에서 탄생했다. 기존 제도란 1918년 일본이 경제 호황을 누리던 시절에 조선인을 노동자로 데려가기 위해 만든 「노동자모

---

12 1938년에 설립한 일본의 직업소개소는 전국 384개소에 직원이 3,079명이었다. 그에 비해 조선의 직업소개소는 1940년 관제에 따르면 174명에 그치는 수준이었고, 부읍면에는 설치하지도 않았으므로 명목상의 조직으로 존재했다. 도노무라 마사루(外村大) 지음·김철 옮김, 『조선인 강제연행』, 뿌리와이파리, 2012, 53, 65쪽

집취제규칙」이었다. 이 규칙은 조선인 상대의 사기행위 등을 방지하려는 목적으로 만들었는데 1939년 한반도 외 지역으로 강제동원을 실시하려다 보니 맞지 않았다. 그래서 생각해 낸 것이 국영 직업소개소를 통해 노무인력을 조달하는 일본의 직업소개소 제도(1938년 4월 1일 「직업소개소법」 개정)였다.

조선총독부는 일본 직업소개소 제도를 준용해 국영직업소개소를 설치했으나 실제로는 무용지물이었다. 조직을 제대로 갖추지 못했기 때문이다. 총 174명의 전국 국영직업소개소 인력으로 전국 각지의 대상자를 찾아내고 인솔·수송하는 일은 불가능했다. 부읍면에도 직업소개소를 설치할 수 있었으나 설치한 지역은 없었다. 인력을 동원하고 인솔해서 수송하는 일은 부읍면 등 지방행정조직과 관할 경찰서의 몫이 되었다.

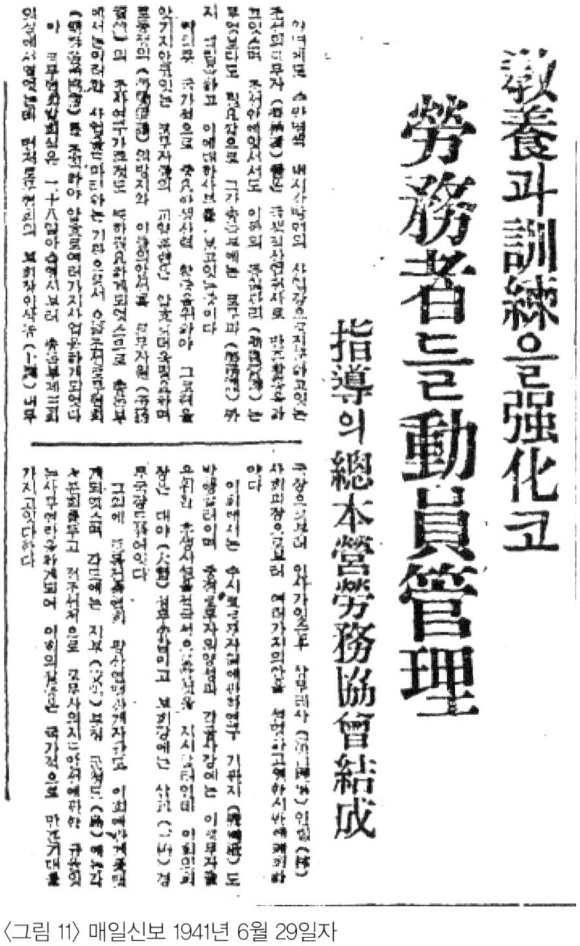
敎養과 訓練을 强化코
勞務者들 動員管理
指導의 總本營 勞務協會結成

〈그림 11〉 매일신보 1941년 6월 29일자

이름에 그쳤던 직업소개소와 달리 조선노무협회는 적극적으로 활동했다. 당시 신문은 '노무자 동원 관리 지도의 총본영'이라 보도했다. 1941년 6월 28일 발족한 조선노무협회는 조선총독부 후생국 노무과가 설립한 행정보조단체로서 한반도 외 노무동원 송출 업무를 담당했다. 본부를 후생국 노무과에 설치하고 국고 보조와 도비로 운영했다.

중앙에는 회장(정무총감)과 부회장(내무국장, 경무국장), 상무이사(노무과장, 경무국 보안과장), 이사(위촉직), 참여(임명직)를 두었는데, 건축업자와 조선상공회의소·기업 대표를 제외하면 모두 조선총독부 소속 직원이었다. 전국 13도에 지부를 두고 산하에 분회를 설치했다.[13]

조선노무협회는 회칙 제3조에 사업을 '노무자의 교양훈련·노동사정 및 직업문제에 관한 조사연구 및 보급선전·노무자원의 개척·노무관리의 지도·노무자 및 가족의 보호 지도·관청 및 민간과의 연락·기타 필요한 사항'으로 규정했다. 이에 따라 동원과 수송에서 지방행정조직을 보조하는 역할은 물론, 전남노무지도원훈련소 개설(광주, 1942.2), 노무관리강습회 개최(경성·평양함흥, 1942.9), 노무훈련도장 개소(경기도 지부, 1942.10) 등 역할도 수행했다.

〈표 10〉 노무동원의 송출 과정

단계	내용	담당 주체
노동력 조사 및 등록	노동력 조사를 하고 직종별로 등록 ※ 그 결과를 매년 노무 동원 계획에 반영	일본 정부·조선총독부
요청(要請)	일본기업, 사업주와 신청 수를 결정해 부·현 장관을 통해 모집 신청 → 일본 정부(후생성 등)가 사정(査定) 후 인원 조정을 하고 조선총독부에 요청 → 조선총독부, 일본 후생성과 인원을 조정하고 지역별로 할당	일본기업(사업주)·일본 정부(후생성)·조선총독부·남양청
동원(動員)	조선총독부, 해당 도에 업무 하달 → 읍과 면의 담당자(면서기·이장·경찰서·주재소·읍면 유력자), 관련 단체(국민정신총력연맹·직업소개소·조선노무협회·조선토목건축협회 등) 하달 → 노무자 선정 업무를 수행[각 읍,면] → 선정 결과를 조선총독부에 보고 → 수송 일정에 따라 송출 준비 완료[각 읍·면] ※송출 수속 : 호적등본 확인, 공출자 명단 작성, 도항증 발급	조선총독부(경찰)·지방행정기관·국민정신총력연맹·직업소개소·조선노무협회·사업주
수송(輸送)	조선총독부, 수송 업무 지휘 : 수송 관련 부서, 수송 담당 → 조선총독부, 수송 완료 직후 해당 지역 관련자(사업주, 일본 부와 현의 장관·후생성)에게 통보 → 현지 도착	조선총독부(경찰)·지방행정기관·조선노무협회·동아여행사·사업주

노무동원에 관여했던 단체의 역할은 크게 노무자 동원과 수송으로 나눌 수 있다. 수송은 노무동원의 최종 단계로써 조선총독부·일본 정부·기업의 공통 현안이었다. 1942년 5월 11~12일 4개 통제단체(석탄통제회·광산통제회·철강통제회·토목공업회)는 원활한 계획수송을 위해 시모노세키에서 기획원·상공성·후생성·철도성·내무성·해무원·조선총독부 노무담당자와 함께

---

13 안자코 유카 편, 「해제」, 『朝鮮勞務』 총 4권, 綠陰書房(복각판), 2000

수송협의회를 개최하고 '계획수송'의 방법을 결정했다.[14]

이들이 결정한 수송방법은 동아여행사를 전문기관으로 지정해 조선~일본을 일원화하는 단체 수송을 계획적·조직적으로 실시하는 일관 체계였다. 이를 위해 4개 통제단체는 동아여행사와 「이입조선인노무자단체수송취급수속요강」을 체결하고 수송 사무 일체를 일임했다.

동아여행사는 1912년 일본교통안내소라는 이름으로 창립해 1942년 동아여행사와 1944년 동아여행공사를 거쳐 일본 패전 후에는 일본교통공사로 이름을 바꾼 후 지금까지 운영하고 있다. 일제강점기에는 본사를 도쿄에 두고 용산에 조선내지부(경성부 용산철도국 운수과 사무실)를 설치 운영했다. 동아여행사는 노무동원을 담당하던 조선총독부 후생국 노무과와 논의해 노무자들의 숙박과 도시락, 수송을 전담했다. 단체수송신고서를 철도국에 보낸 후 '단체수송계획표'를 작성해 각 사업장이 수송하는 노무자 인원수별로 관리하는 방식이었다.

〈그림 12〉 부산 수미르공원이 된 부관연락선 출발 항구(2018.10. 촬영)　〈그림 13〉 부관연락선의 종착지 일본 시모노세키(下關) 항구(2002.6. 촬영)

3) 문관에 대한 이해[15]

각종 관리 등급은 동원 기구를 이해하는데 필요하다. 관제나 사무분장 규정에 명시한

14　4개 통제단체는 조선에도 경성사업소를 설치, 운영했다. 김민영, 「식민지시대 노무동원 노동자의 송출과 철도·연락선」, 『한일민족문제연구』 제4호, 2003, 57~58쪽. 동아여행사가 담당한 구체적인 수송 과정은 모리야의 연구에 상세히 정리되어 있다. 守屋敬彦, 「朝鮮人强制連行における募集·官斡旋·徵用方式の一貫性」(『道都大學紀要』 제14호, 1995) 참조

15　内閣官房行政改革推進本部事務局, 「戰前の官吏制度等について」, 資料4(chrome−extension://efaidnbmnnnibpcajp-cglclefindmkaj/https://warp.ndl.go.jp/info:ndljp/pid/12251721/www.gyoukaku.go.jp/senmon/dai13/siryou4.pdf)

친임, 칙임, 주임, 판임 등의 등급과 관계성을 파악해야 하기 때문이다. 일본 정부는 관리 등의 등급을 크게 '관리'와 '고원 용인' 등으로 구분했다. 관리는 다시 고등관(친임, 칙임, 주임)과 비고등관(판임)으로 구분된다.

■ **관리** : 1889년에 공포(1890년 11월 29일 시행)한 대일본제국헌법 제10조 규정 '천황은 행정 각 부의 관제 및 문무관의 봉급을 정하고 문무관을 임명한다'에 따라 행정조직이나 관리 제도는 천황이 내리는 칙령에 의해 정하도록 헌법에 규정했다. 이 근거에 따라 「고등관관등봉급령」, 「관리복무기율」, 「문관임용령」, 「문관분한령」, 「문관징계령」 등을 각각 제정했다.

대일본제국헌법 제정 이전에도 관리 제도에 관한 규정은 있었다. 메이지(明治) 정부가 들어선 후 1869년에 공표한 「직원령부록관위상당표」는 최초의 관리 임용제도였다. 7월 8일 공포 후, 7월 27일에 칙임관, 주임관, 판임관 별로 관위(官位)를 구분했다. 1885년 12월 23일 내각제도를 창설하면서 내각총리대신인 이토 히로부미는 「관기5장(官紀五章)」에 관리 등용 관련 규정을 기술했고, 1887년 7월 20일 「문관시험시보 및 견습규칙」을 공포했다. 이 규칙은 법제화를 통해 메이지 정부의 관리 임용을 일원화한 규정이라 평가받는다.

일본 정부는 1882년 7월 27일 제정한 「행정관리복무기율」과 이를 개정한 1887년 7월 「관리복무기율」(칙령 제39호)을 통해 관리의 일반복무규율을 정립했다.[16] 「행정관리복무기율」 제1조는 "모든 관리는 법률 및 직제장정에 따라 직무를 다해야 한다"고 규정했다. 이에 비해 「관리복무기율」은 "모든 관리는 천황 폐하 및 천황 폐하의 정부에 대해 충순 근면을 주로 법률 명령에 따라 그 직무를 다해야 한다"(제1조)고 규정해 '관리의 신분은 천황이 부여하고, 신분에 따라 복무 의무를 가지며, 신분에 따라 봉급을 지급'하도록 했다.[17]

1890년에 개정한 제1조는 1947년 5월 「관리복무기율」 개정(칙령 제206호)을 통해 "국민 전체의 봉사자로서 성실근면을 주로 법령에 따라 그 직무를 다해야 한다"로 개정했다. '천황에 대한 충순근면의무를 정한' 이 규정이 전후 제정될 일본국헌법 제15조와 전혀 맞지 않

---

16 内閣官房行政改革推進本部事務局, 「戰前の官吏制度等について」, 資料4는 「관리복무기율」을 「관리복무규율」로 기재. 1쪽
17 https://www.digital.archives.go.jp/DAS/meta/Detail_F0000000000000014183; https://dl.ndl.go.jp/pid/787970/1/272

앉기 때문이다. 다만, 신헌법 제정까지의 사이에 관리제도의 근본적인 개혁을 실시하는 것은 어려웠으므로, 신헌법 제정의 관계 법안 작성을 위해 설치되어 있던 임시법제조사회의 답신을 받아 1947년 5월 2일, 응급적인 조치로서 제1조를 개정했다.[18]

■ **고원**(雇員)**과 용인**(傭人) : 정부가 민법상의 위임 계약 또는 고용 계약을 통해 사용하는 존재이므로 임시직의 개념이다. 고원과 용인의 구별이 명확한 것은 아니지만 대체적으로는 고원이 행정관청에서 통상의 행정사무를 담당하고, 용인은 육체적 단순 작업에 종사하는 자로 구분할 수 있다. 「문관임용령」이 판임관의 임용 자격으로 '5년 이상 고원인 자'를 언급하고 있어서 고원은 신분적으로 관리에 가까운 존재로 볼 수 있다.

■ **친임, 칙임, 주임, 판임**

관제나 사무분장 규정에 명시한 친임, 칙임, 주임, 판임 등은 1871년 8월 개정한 일본 제국 관료제도의 관원 등급으로써 현재는 폐지된 등급이다. 근거 법령은 1893년 제정한 「문관임용령」이다. 일본 정부는 교관, 기술관을 제외하고 관리 임용은 문관 시험(문관 고등시험, 문관 보통 시험)을 거치도록 하였다.

친임, 칙임, 주임, 판임 등 등급의 기준은 일본 천황과 신분적 거리였다. 고등관은 천황이 직접 임명하는 관리로서 전체를 9등급으로 나누고, 등급에 따라 친임관·칙임관·주임관으로 구분하였다. 대우관(待遇官)은 실질적으로는 칙임·주임·판임대우를 받지만 형식상으로 관리가 되지 못한 이들이다.

– 친임관(親任官) : 대일본제국헌법에서 규정하는 관료제 계급 최상위 등급이다. 임용 자격에 관한 규정이 없다. 일반 관등의 가장 위에 위치하며, 천황의 친임식을 거쳐 임명된다. 관기(官記)에 천황이 친서(親書)하며 호칭으로 각하를 사용한다. 친임관은 일본 내에서는 수상과 대신 급에 해당했는데 조선에서는 조선총독과 총독의 보좌역이면서 총독부 업무를 실질적으로 총괄했던 정무총감이 유일했다.

18　鵜養幸雄,「公務員制度の中の服務紀律というDNA」,『政策科學』24-4, 2017, 282쪽

- 칙임관 : 1~2등 고등관을 지칭하며 호칭으로 각하를 사용한다. 처음에는 임용 자격에 관한 규정이 없었으나 「문관임용령」에 따라 1899년에 다음과 같은 네 가지 자격을 두었다. '고등관 3등(주임관의 최고 등급)인 자, 만 1년 이상 칙임문관의 직에 있었던 자, 칙임문관의 직에 있던 자로서 문관고등시험 합격자, 만 2년 이상 칙임검사의 직에 있었거나 있는 자'. 각의결정을 거쳐 상주하고 관기에 천황이 어쇄를 찍고 내각총리대신이 연월일을 기입했다.
- 주임관 : 3~9등 고등관을 지칭하며, 「문관임용령」(1893년)에 세 가지 임용 자격을 규정했다. '고등문관시험 합격자, 만 3년 이상 고등문관의 직에 있던 자, 만 3년 이상 판사와 검사의 직에 있던 자'. 관례상 고등시험 합격자가 속(屬)을 거쳐 주임관을 임명받았다. 내각총리대신이나 각 성 대신이 천황에게 임명을 주청하고 천황이 주천서(奏薦書)에 어쇄를 찍으며, 관기에는 내각의 도장을 찍고, 내각총리대신이 연월일을 기입했다.
- 판임관 : 관공청에 근무하는 관리의 등급으로 가장 하위이며, 비고등관이다. 「문관임용령」(1893년)에 네 가지 임용 자격을 규정했다. '문관보통·고등시험 합격자, 관립·공립중학교 등의 졸업자 또는 문부대신이 동등 이상으로 인정한 자, 만 3년 이상 문관의 직에 있던 자, 만 5년 이상 동일 관청에 재직하는 고원으로 문관보통시험 위원의 전형을 거친 자'. 임명 행위에 관해 법률상 규정은 없고, 천황의 임명 대권을 각 행정관청이 위임하는 형식을 취하여 임명했다. 조선의 경우 총독이 판임관 인사를 담당했다. 국가와 공법상의 관계에서 관원이며, 1등에서 4등급까지 있었다. 고등관의 최하위인 주임관 아래에 위치했다. 보통 시험 합격자가 고원을 거쳐 판임관으로 임용되는 것이 관례였다.
- 대우관(待遇官) : 국가에 대해 공법상의 의무를 지지만 국고에서 봉급을 받지 못하는 등의 이유로 인해 정식으로 고등관이나 판임관이 되지 못하고 그 대우를 부여받은 자를 의미한다. 예를 들면 공립학교 직원이나 읍면장, 순사, 간수, 명예영사 등이다. 순사와 간수는 판임관 대우, 읍면장은 주임관 대우를 받았다.

〈문관 구분〉

관공청 근무자	관리	고등관	친임관
			*칙임관(1~2등 고등관)
			*주임관(3~9등 고등관)
		*판임관	
	관리가 아닌 자 : 임시직 개념(고원, 용인, 촉탁 등)		

* : 대우관

1942년 7월 현재 문관의 등급별 징원표(총 1,577,455명. 중앙 정부 47,660명)를 보면 다음과 같다.

칙임 1,848명
주임 23,827명
주임대우 8,209명
판임 250,788명
판임대우 143,791명
촉탁 11,694명
고원 662,490명
용인 474,808명

문관은 직무에 따라 등급을 나누었지만 무관은 계급으로 나누었다. 경찰의 경우 경부·경부보가 판임관이며, 순사부장·순사는 판임대우였다. 군인은 하사관이 판임관에 해당했는데, 징병된 사병은 남성 신민의 의무인 징병을 통해 입영 입단한 것이라는 명분을 들어 관등을 인정하지 않았다.

칙임관과 주임관, 판임관 용어는 갑오개혁 당시인 1894년 7월 조선에도 도입되었다. 갑오개혁 당시 문관은 정1품~종2품을 칙임관, 3~6품을 주임관, 7~9품을 판임관으로 분류했다. 이후 통감부가 설치된 1906년 9월 대한제국 칙령으로 「문관임용령」을 공포하고, 칙임관, 주임관, 판임관의 임명 기준을 명시했다.

1910년 강제병합 이후에는 일본의 「문관임용령」을 적용해 조선총독부 관리를 크게 고등관과 판임관, 대우관으로 분류했다. 일본 정부가 조선총독부에 배정한 총동원, 군인·군무원, 노무(학생, 여성) 동원 업무 담당 관리의 등급은 대부분 칙임관 이하였다.

4) 법령 및 기구 관련 주요 기사

(1) 국가총동원법

《경성일보》 기사는 일본 당국이 제1차 세계대전 직후 수립한 국가총동원 체제를 중일전쟁 발발 후 실제 가동하는 과정을 잘 보여준다.

일본은 제1차 세계대전 과정에서 국가총동원 체제 수립의 필요성을 절감하고 일본 육군을 중심으로 유럽의 총력전 개념[19]을 수용해 1918년 3월 전쟁과 유사시에 대비한 「군수공업동원법(軍需工業動員法)」을 제정했다. 그러나 1937년 중일전쟁 이전까지는 가동할 기회가 없었다. 제1차 세계대전 종전 후 세계는 평화를 정착시키려는 노력과 함께 경제공황의 여파를 겪고 있었기 때문이다.

제1차 세계대전 종전 직후 미국과 영국, 프랑스 등 열강과 일본 내 국민 여론은 전쟁에 대한 염증과 자유주의 확산의 기조 아래 군비축소를 기치로 내걸었다. 군비축소가 대세인 가운데 총력전을 상정한 군수공업동원법의 구체적 적용과 후속 조치 마련, 집행 기관의 정비 등에 대한 동력은 크게 떨어졌다. 군수공업동원법을 시행할 기관으로 설치된 군수국(軍需局)은 국세원(國勢院)으로 합병했다가 폐지되었고, 군부가 반발하자 다시 1927년 내각자원국(內閣資源局)을 설치했지만 별 다른 활동을 하지 못했다. 이후 1930년대에 들어서 세계적인 대공황의 심화와 함께 전 세계에 보호무역의 확산과 블록경제(Bloc economy)가 대두되면서 국제적 차원의 대결과 갈등이 반복되는 악순환에 빠져들었다.

대공황의 여파로 일본의 국내 정치·경제 상황이 악화되자 지배계층과 군부는 국내의 모순과 위기를 모면하기 위해 자원과 시장의 확보를 명분으로 영토 확장이라는 침략주의 노선을 채택했다. 만주 침략과 중국 대륙의 분할과 지배, 소련에 대한 견제, 남방 진출이라는 침략주의 노선은 국제사회의 비난과 미국, 영국 등 구미 국가와 전쟁을 염두에 둔 국가전략이었다.

일본이 침략주의 노선과 국가전략을 추진하기 위해서는 군부의 절대적 영향력 확보와 국가총동원체제 수립이 필수적이었다. 국가총동원체제의 계획 수립과 조속한 발동에 가장 열을 올린 것은 군부 내에서도 도죠 히데키(東條英機)를 중심으로 한 강경파와 만주와 관동군에서 기반을 닦은 관료 그룹이었다. 도죠는 나가타 테쓰잔(永田鉄山)[20], 오카무라 야스

19 '총력전' 사상은 제1차 세계대전을 경험하면서 유럽을 비롯해 일본까지 전해진 세계적으로 일반화된 근대 전쟁관이다. '총력전'이라는 용어가 개념으로 정착하기 시작한 것은 1935년 독일의 루덴도르프(Ludendorff, Erich) 장군의 『Der Totale Krieg(국가총력전)』가 발표되면서부터였다. 1937년 영국에서는 이를 'Total war'라는 용어로 처음 사용하였고, 이후 국제적인 용어로 정착했다. 총력전 사상과 일본의 국가총동원체제 수립에 대한 상세한 내용은 안자코 유카, 「조선총독부의 '총동원체제(1937~1945)' 형성 정책」; 허광무·정혜경·김미정, 『일제의 전시조선인 노동력 동원』, 동북아역사재단, 2021; 오일환·정혜경·허광무·김종구 편역, 『전시동원 기구와 제도(1)-총동원체제 관련 주요 법령 및 각의결정 등』 참조
20 육군 군인으로서 통제파(統制派)의 중심인물이다. 육군 내에서 최고의 수재로 손꼽히는 리더였는데 육군성 군무

지(岡村寧次)[21], 이시와라 간지(石原莞爾)[22], 스즈키 데이치(鈴木貞一)[23] 등과 함께 '국가총력전체제(國家總力戰體制)' 등을 주장했다.

1931년 만주사변이 발발할 당시 도죠는 참모본부의 편제동원과장(編制動員課長)이었는데, 만주에서 전개되는 관동군의 작전을 포함해 군의 편제와 군수 동원을 책임진 책임자로서 국가적 총동원체제로 전환을 절감한 최고위급 장교였다. 그는 만주 지역의 산업정책을 총괄하는 기시 노부스케(岸 信介)[24] 등과 교유하며 국가총동원체제에 군수물자 동원과 이를 위한 만주, 중국, 조선의 자원과 인력 동원이 필수적이라는 인식을 확고히 했다.[25] 국가총동원법이 만주에서 먼저 제정(1938년 2월)된 이유를 짐작할 수 있다.

1937년 7월 7일 중국 베이징(北京) 교외의 루거우차오(蘆溝橋)에서 일어난 일본군의 군사적 도발에 의한 중일 양군의 군사적 충돌을 전면전으로 확대한 일본 정부는 기존에 제정 공포한 「군수공업동원법」만으로는 부족하다고 판단하고 국가총동원법 제정에 나섰다.

국가총동원법의 제정 과정을 살펴보면 다음과 같다.[26]

1920년대 후반에 설치된 내각자원국은 1929년 「자원조사법」(법률 제53호. 1929년 4월 12일 제정) 제정과 「총동원계획설정처리업무요강」(1929년 6월 18일)의 각의결정을 이끌어냈다. 이와 함께 일본 정부는 1935년 5월과 1936년 7월에 각각 총동원체제 기획과 실행에 필요한 기구로서 내각심의회, 내각조사국, 정보위원회 등을 설치했다. 아울러 내각 자원국은 프랑스와

국장 시절 통제파와 황도파(皇道派) 갈등 와중에 1935년 황도파 청년 장교에게 살해당했다.

21 육군 군인으로서 지나(支那)파견군 총사령 등을 지냈다. 중국에서 해군 위안소를 참고해 육군 위안소를 설치한 인물이다.

22 육군 군인으로서 조선에서 근무했으며 관동군 참모 시절 만주사변의 도화선이 된 '남만주 철도 폭파 사건'을 조작해 일으킨 인물이다. 이 사건은 관동군 상부의 허가를 받지 않고 무단으로 일으킨 사건이었다.

23 육군 군인으로서 도죠 히데키의 측근이다. 만주 침략과 지배 정책에 관여했으며, 군부에서 일본의 국제연맹 탈퇴를 주도한 인물이다. 아시아태평양 기간 중 총동원체제를 총괄하는 기획원 총재를 지냈고 국무대신 등 관료로서 활약했다. 전후 A급 전범으로 기소되어 종신형 판결을 받았으나 1955년 가석방되었다.

24 1930년대 만주국의 산업부 차관으로서 만주의 재계와 산업계를 지배한 인물이다. '경제개발 5개년계획'의 최초 기획자이자 총동원체제의 동원계획을 입안한 인물이다. 도죠 내각에서 상공대신을 지냈으며 사실상 총동원체제의 경제, 산업 분야를 진두지휘했다. 전후 A급 전범으로 체포되었으나 불기소 처분으로 석방되었다. 1950년대 정계에 복귀해 1957년 총리대신이 되었다.

25 오일환·정혜경·허광무·김종구 편역, 『전시동원 기구와 제도(1)-총동원체제 관련 주요 법령 및 각의결정 등』, 23∼25쪽

26 상세한 내용은 오일환·정혜경·허광무·김종구 편역, 『전시동원 기구와 제도(1)-총동원체제 관련 주요 법령 및 각의결정 등』, 28∼32쪽 참조

체코슬로바키아의 국가총동원법안, 독일의 전시법령 등을 두루 조사하며 일본의 사정에 적합한 총동원체제 법제화에 나섰다.

일본 육군은 중일전쟁 발발 2개월 전인 1937년 5월 내각자원국에 '총동원법 입안에 대한 의견'을 보내 국가총동원법의 제정을 재촉했다. 중일전쟁 발발 직후 전쟁의 확대와 장기화가 예상되는 가운데 국가총동원법의 제정을 촉구하는 군부의 강력한 요청을 받은 정부와 내각은 국가총동원법의 제정에 착수했다.

아울러 1937년 10월 25일 일본 정부는 내각자원국을 기존의 기획청(企劃廳)과 통합해 기획원(企劃院)으로 확대, 개편했다. 기획원은 중일전쟁 장기화와 전면전에 대비한 국가총동원 정책을 총괄하는 최상위의 입법적 정책 수립 및 집행 기관으로 태동했다.

제1차 고노에(近衛) 내각은 11월 9일 국가총동원법 제정에 관한 기본방침을 결정하고 기획원의 주도 아래 입법안의 제출을 준비했다. 다음날인 10일 기획원은 국가총동원법안준비위원회를 설치하고 법률안의 기초에 착수했다. 1938년 1월 각의에서 법률안 제출을 결정함에 따라 2월 24일 제73회 제국의회에 '국가총동원법률안'을 제출했다. 그리고 강압적인 분위기 속에서 3월 24일 귀족원에서 무수정으로 통과되었고 4월 1일 관보 제3371호에 법률 제55호로 공포되어 5월 5일부터 시행되었다.

국가총동원법은 총 50개 조와 부칙으로 구성되어 있다. 정부가 법률에 근거해 전시에 대비한 평시와 전시 및 사변 시에 국가의 모든 자원과 물자, 인력, 기업과 단체, 자금과 물가, 언론과 출판 등을 망라해 총동원 및 통제할 수 있다는 내용을 담은 법령이다. 전시와 사변 시는 물론 이에 대비한 평시의 모든 국가의 물적 및 인적 자원을 총동원할 수 있게 한 전시전권위임법(戰時全權委任法)이다.

제1조에서 제3조까지는 국가총동원, 총동원 업무, 총동원 물자를 제4조에서 제20조까지는 전시 규정으로서 노무와 인적 동원에 관해서, 그리고 물자, 무역, 자금, 물자 등의 사용과 수용(收用), 통제, 언론 및 출판의 통제 등을 명시했다.

인적 동원의 근거가 된 조항은 국가총동원법 제4조(징용), 제5조(국민 협력), 제6조(노무 통제)이다. 제13조 제2항은 종업원의 공용(供用), 제21조는 국민등록(國民登錄), 제22조는 기능자 양성 등에 관해 명시했다.

<표 11>에서 볼 수 있는 바와 같이 이 조항에 근거해 일제는 「국민징용령」을 비롯해 통제와 동원에 관한 법령을 제·개정함으로써 남녀노소를 망라한 전 국민의 신병과 취업, 취학, 일상을 구속하고 강제했다.

또한 국가총동원법은 강력한 처벌 규정을 명시했는데, 제7조의 노동쟁의금지 명령을 위반하거나 총동원 업무와 물자의 수용 등을 거부, 기피한 경우에 5천 엔 이하의 벌금에 처하는 등 무거운 처벌을 규정했다.

국가총동원법은 50개 조에 이르는 비교적 방대한 법률이지만 국가와 사회의 전 분야를 망라한 총동원의 구체적 분야와 방법 및 범위 등을 모두 담을 수 없으므로 별도의 칙령과 시행령 및 시행규칙 등에 위임한 사항이 많았다. 또한 국가총동원법이 공포되었다고 해서 모든 분야에 걸친 총동원체제가 곧바로 시행될 수 있는 여건과 환경이 조성되지 않았으므로 각 분야마다 국가총동원법을 적용하거나 구체적 하위 시행령 등을 제정해 본격 시행에 들어간 시기는 달랐다.

<표 11> 「국가총동원법」 발동으로 제정된 주요 칙령(인력동원) 현황

국가총동원법	칙령	제정 공포일	비고
제4조	국민징용령	칙령 제451호(1939.7.8.)	국민근로동원령으로 통합
	선원징용령	칙령 제687호(1940.10.19.)	
	의료관계자징용령	칙령 제1131호(1941.12.15.)	
	국민근로동원령	칙령 제94호(1945.3.5.)	
제5조	국민근로보국협력령	칙령 제995호(1941.11.23.)	국민근로동원령으로 통합
제6조	학교졸업자사용제한령	칙령 제599호(1938.8.24.)	국민근로동원령으로 통합
	종업자이동방지령	칙령 제750호(1940.11.8.)	노무조정령으로 통합
	공장취업시간제한령	칙령 제127호(1939.3.30.)	
	청소년고입제한령	칙령 제36호(1940.2.1.)	노무조정령으로 통합
제6조	노무조정령	칙령 제1063호(1941.12.6.)	국민근로동원령으로 통합
	선원사용등통제령	칙령 제749호(1940.11.8.)	
제13조	공장사업장관리령	칙령 제528호(1937.9.25.)	
제21조	의료관계자직업능력신고령	칙령 제600호(1938.8.24.)	
	국민직업능력신고령	칙령 제5호(1939.1.6.)	
	선원직업능력신고령	칙령 제23호(1939.1.28.)	
	수의사직업능력신고령	칙령 제26호(1939.2.4.)	

국가총동원법	칙령	제정 공포일	비고
제22조	학교기능자양성령	칙령 제130호(1939.3.30.)	
	공장사업장기능자양성령	칙령 제131호(1939.3.30.)	
	선박운항기능자양성령	칙령 제780호(1939.11.21.)	

국가총동원법의 적용과 시행 지역도 차이가 있었다. 기본적으로 국가총동원법은 일본 제국의 관할권이 미치는 내지와 외지는 물론 점령지역에 이르기까지 적용이 당연하지만 각 지역을 특별히 언급해 각각의 시행 시기를 명시했다.

국가총동원법은 별도의 칙령을 통해 조선, 대만, 화태(남사할린) 및 남양군도(중서부태평양)에 시행하도록 했고, 국가총동원법에 따른 각 분야별 하위 법률과 칙령 등에서도 각각의 행정관청으로서 조선총독부와 대만총독부, 화태청(樺太廳), 남양청(南洋廳)을 구분했으며 주무대신과 지방장관의 경우 조선총독과 도지사 등을 따로 명시했다. 다만, 관동주(關東州)는 시행에 관한 칙령[27]을 두었으나 별도의 하위 시행령은 공포하지 않았다.

1940년 제2차 고노에(近衛) 내각은 경제신체제(經濟新體制) 수립과 대정익찬회(大政翼贊會) 결성으로 집약되는 이른바 신체제(新體制)운동을 내걸었다. 본래 대정익찬회 결성의 취지는 전쟁 수행 주체가 국무(정부)와 통수권(군부)으로 분열된 것을 통합하고, 정치·사회의 각 정당과 단체를 하나로 통합해 국방국가(國防國家)체제, 즉 총동원체제를 강화시키는 데 있었다. 하지만 군부의 반발과 비협조로 군정의 통합체 또는 정당이 아닌 파시즘적 국민운동 단체로 남게 되었다. 이에 따라 대정익찬회는 먼저 출발한 국민정신총동원운동 등 교화운동을 흡수하면서 총동원체제의 슬로건을 익찬체제 또는 익찬운동으로 바꾸었다.[28]

경제신체제 강화를 위해 기존의 국가총동원법을 개정한다는 방침에 따라 1941년 3월 1일 경제통제 조항의 미비점을 보완하는 내용으로 개정했다.(1941년 3월 1일, 법률 제19호). 개정을 통해 종업자의 해고뿐만 아니라 다른 곳으로 취업, 퇴직, 그리고 임금 외에 급여, 종업 조건까지 통제하도록 했다. '총동원물자'를 '물자'로 개정함으로써 모든 물자에 대한 통제가

---

27 「관동주국가총동원령」(1939. 8. 26. 칙령 제609호)는 1939년 9월 11일부터 시행되었다.

28 대정익찬에서 대정(大政)은 '천황이 행하는 정치'를, 익찬(翊贊)은 '천황을 보좌해 정치를 행하는 것'을 의미한다. 익찬체제에 관해서는 김봉식, 「도죠(東條)내각기의 의회세력, 요쿠소(翼壯)의원을 중심으로」, 『국제·지역연구』(제16권 1호, 2007년 봄);「戰時체제하 의회세력 재편 과정」(『日本學誌』제18집, 1998) 등 참조.

가능해졌다. 자금과 산업단체 등에 대한 통제도 더욱 강화되었다.

국가총동원법은 일본 패망 후 1945년 12월 20일 공포된 「국가총동원법 및 전시긴급조치법 폐지 법률」(1945년 법률 제44호)에 따라 1946년 4월 1일 완전히 폐지되었다. 아울러 그동안 「국가총동원법」에 의해 제정된 각종 통제 법령 약 70여 건도 모두 폐지되었다.[29]

《경성일보》에서 국가총동원법 제정 관련 기사는 총 38건(개정 관련 기사 포함)인데, 1938년 2월 4일부터 찾을 수 있다. 일본 정부는 중일전쟁으로 전환한 후 기존의 군수공업동원법을 적용해 국가총동원 체제를 가동하고자 했다. 1937년 11월 10일자 기사 〈국가총동원 훈령, 어제 결정, 즉각 발령〉이다. 기사에 따르면 훈령을 발동해 기획원이 중심이 되어 '생산력 확충, 수입 지출 수급 조절, 배급 적정 등' 군수물자 조달에 필요한 조치를 하고자 한 것이다. 국가총동원법 제정의 전 단계 조치로 보인다.

이 기사의 배경이 되는 훈령은 5월 27일 발령한 「내각훈령」 제2호 "국가총동원 준비에 관한 건"[30](조선총독부 관보 1937년 6월 3일, 제3113호 수록)을 의미한다.[31]

38건의 기사를 통해 법안 심의 과정에서 추밀원과 정부의 입장 차이나 고노에 후미마로(近衛文麿. 1891~1945) 총리대신의 우유부단한 대응 모습을 볼 수 있다. 일본 정부가 제국 영역 전체에 적용하는 과정도 잘 볼 수 있다. 그러나 먼저 법령을 제정한 만주국 제정 과정이나 제국의회 석상에서 일본 군부가 의원을 상대로 행했던 폭압적인 상황은 찾을 수 없다.

---

29 이후에도 관련 법령의 하위 시행령과 시행규칙 등 수 백 여 건의 법령 등이 전후 수 년 간 개정 또는 폐지되었다.

30 내각훈령 제2호의 건명은 명시되지 않았다. 소위 "국가총동원 준비에 관한 건"이라는 제목은 일반적으로 알려진 건명이다.

31 오일환·정혜경·허광무·김종구 편역, 『전시동원 기구와 제도(1)-총동원체제 관련 주요 법령 및 각의결정 등』, 121쪽

"국가총동원 준비에 관한 건"

각 관청에 대해

현재 내외의 정세가 급박해지는 가운데 안으로는 서정(庶政)을 일신하고 밖으로는 비상한 변화에 대비함으로써 제국이 존영할 기초를 다지고 마땅히 거국적으로 약진해야 할 기운을 맞이하고 있다. 만약의 경우 유사시에 대비한다면 반드시 군비의 충실이 긴요하며 널리 각 분야의 인적 및 물적 자원을 통제, 운영하며 국력의 모든 분야를 최고도로 발휘하는 총동원 준비에 빈틈이 없어야 하는 것이 이전의 경험에 비추어 보거나 근대국방의 의의를 살펴보더라도 실로 명백하다.

생각건대 국가총동원 준비의 핵심은 무릇 인적 및 물적 자원에 관해 정확하고 세밀한 최신의 조사에 근거해 주도면밀한 계획을 수립하는 동시에 이를 총동원 하려는 요청을 평상시의 시설에 조화 및 종합시키고 자원의 원만한 육성과 개발을 도모하는 데 있다. 즉, 국민능력을 함양하고 국력을 종합적으로 충실히 하는 것이 일반 시정의 요체이다. 동시에 특히 자원의 해외 의존도가 큰 우리나라의 현 상황을 감안하는 것은 필수 요건이다.

이 때문에 공직자는 깊이 생각해 매일 일변하는 시국에 따라 맡은 바 직책은 서로 다르지만 이러한 견지에서 성찰하는 것을 게을리하지 않으며 제반 시정을 함에 있어 항상 국가총동원 준비의 요청에 부합하도록 대비할 것을 염두에 두며 일치협력하고 항상 처리업무의 핵심에 착목하고 본말과 경중을 분별하고 선후와 완급을 조절해 모두 능숙하게 현 시국의 요구에 적절히 대응하기를 바란다.

1937년 5월 27일

내각총리대신 하야시 센주로(林銑十郎)

　국가총동원법은 전시와 준전시 상태에서 의회의 기능을 대신해 정부가 재량으로 국민의 자유와 경제활동 등을 무한대로 제한하고 통제하게 되고, 정부 역시 천황의 대권과 통수권을 보위하고 있던 군부의 영향 아래 놓이므로 사실상 군부의 독재를 용인하는 결과로 이어질 것이 명확했다. 이러한 폐단을 예견한 일부 야당 정치인들이 반발했으나 중의원 국가총동원법위원회의에 출석한 육군성 설명원으로 출석한 군무국 군무과 국내반장인 사토 겐료(佐藤賢了) 중좌가 항의하는 의원들에게 "입 닥쳐!"하고 소리를 지르고 자리를 박차고 나가버리는 험악한 분위기 속에서 심의했다. 그러나 기사에서 이런 모습은 찾아볼 수 없다.

　다만 귀족원 심의 과정에서 법률 집행 과정상 책임 문제에 대한 우려는 드러났다. 1938

년 3월 25일자 기사 〈추가 예산안 및 총동원 법안 가결, 귀족원 본회의〉에 따르면, 귀족원 총동원위원회에서 야마오카 만노스케(山岡萬之助)의원은 '신민의 권리 의무를 제약하는 내용이 있고, 헌법상 입법사항과 관계가 없는 부분이 있으며, 칙령위임은 무리'라는 문제를 제기했다.

야마오카의 문제 제기는 천황의 이름으로 제정하는 '칙령'에 위임함으로써, 책임 소재가 천황에게 돌아갈 것을 우려한 것이었다. 이에 대해 아오키 기획원 차장, 우에무라 기획원 조사부장, 시오노 법무상, 귀족원 의원(미즈노, 쓰키모토)이 논박을 벌였다. 이 논박은 모리야마 법제국 부장의 발언으로 정리되었다. 모리야마는, 일반적으로 법률에서 '칙령이 정하는 바에 따라'라고 규정한 적은 없으나 개별적으로 '본 법의 시행에 관해 명령이 정하는 바에 따라'로 규정한 예가 있다고 설명했다. 논의의 결과, 법률안에 있었던 4조부터 30조까지 '필요한 경우에는 칙령이 정하는 바에 따라'로, 31조는 '필요한 경우에는 명령이 정하는 바에 따라'로 변경하게 되었다.

(2) 국민징용령

■ 제정 과정의 논의

국민징용령은 두 가지 면에서 주목할 법령이다. 하나는 제정 과정에서 진행된 논의이고, 다른 하나는 조선 적용 문제이다.

먼저 진행 과정의 논의를 살펴보자.

「국민징용령」은 제1조에 "국가총동원법 제4조 규정에 의거 제국신민의 징용 및 국가총동원법 제6조 규정에 의거 피징용자의 사용 또는 임금, 급료, 기타 종업조건에 관한 명령은 별도로 정하는 것을 제외하고 본령이 정하는 바에 따른다"고 규정해, 「국가총동원법」 제4조를 발동해 국민징용을 칙령으로 정했음을 밝히고 있다. 「국가총동원법」 제4조는 "정부는 전시에 있어서 국가총동원상 필요할 때는 칙령이 정하는 바에 따라 제국 신민을 징용해 총동원 업무에 종사시킬 수 있다"고 규정하고 있다.

1939년 7월 8일에 제정되어(칙령 제451호) 같은 해 7월 15일부터 시행했으나 조선과 대만은 같은 해 10월 1일부터 시행했다. 그런데 국가 명령에 의한 노무동원을 가급적 자제해 "특별한 사유가 있는 경우 외에 국민직업지도소의 직업소개, 기타 모집 방법으로 소요 인원을 얻을 수 없는 경우에 한해" 발동하는 것으로 제한했다(제2조).[32]

국민징용령 제정 및 개정 관련 《경성일보》 기사는 총 17건이다. 이 가운데 최초의 기사는 1939년 5월 2일자 〈인적 통제의 최고 수단, 흥아근로봉사령(가칭)〉이고, 다음 기사는 〈전시노무자동원령(가칭), 14일 총동원심의회에〉(1939년 6월 10일)이다. '국민징용령'이라는 명칭은 6월 13일자 기사에 나타난다. 이를 통해 5~6월 간 '흥아근로봉사령 → 전시노무자동원령 → 국민징용령'으로 명칭이 변경되었음을 알 수 있다.

명칭을 둘러싸고 논의를 거듭한 이유는 무엇인가. 1939년 5월 2일자 신문 기사에 따르면, "극히 친밀한 명칭을 붙여 현재 징병령과 같이 널리 국민들에게 이해되고 사랑받는 법령으로 하려는 의향" 때문에 '흥아근로봉사령'을 고려했다. 징용은 징용이되 징용이라는 인식을 드러내지 않으려는 의도가 담긴 명칭인 셈이다. 일본 정부가 국가 명령에 따른 노무동원이 어떠한 사태를 가져올 것인지 의식했음을 알 수 있다.

일본 정부는 국가 명령으로 발동하는 '징용'의 성격과 정부의 책임이라는 부담을 고려해 당초 「국민징용령」에 따른 징용 대상자도 "국민직업능력신고령에 의한 요 신고자에 한해" 시행하기로 했다.(제3조). 「국민직업능력신고령」은 「국가총동원법」 제21조를 발동해 1939년 1월 6일에 제정(칙령 제5호)되었다.

「국민직업능력신고령」은 후생대신이 지정하는 사업에 종사하거나 기능을 소지한 자를 신고대상자로 삼아 징용 대상으로 상정했다. 신문 기사는 이에 대해 '당분간' 조치임을 강조했다. "당분간 국가 주요 사업장의 총동원 업무에 한정"하는 것이라 보도했다.[33]

「국민징용령」 제정 당시 적용 대상을 제한한 이유는 정부의 부담을 줄이고 책임을 피하기 위해서였다. 국민징용이란 국가의 명령으로 징발하는 것이므로 모든 소요 비용과 사망 및 노동재해의 책임은 정부의 몫이었다. 막대한 전비를 감당하는 정부 입장에서는 매우 부담스

---

32 허광무·오일환·정혜경·김종구 편역, 『전시동원 기구와 제도(2)−군인·군무원, 노무, 여성, 학생동원 관련 주요 법령 및 각의결정 등』, 동북아역사재단, 2023, 302~303쪽
33 《경성일보》 1939년 6월 10일자 〈요 신고자를 징용〉

러운 상황이었다. 또한 징용 대상자의 저항도 고려해야 했다. 가장 강한 강도의 인신적 구속이었기 때문이었다. 피징용자는 군인과 마찬가지로 생업과 일상성을 포기해야 했다. '산업전사'라는 표현이 성격을 잘 보여준다. 그러므로 일본 민중의 저항도 매우 심했다.[34]

징용 대상자를 파악하는 국민등록제도도 완비해야 했다. 특히 조선인의 거주지를 파악하는 기류제도는 1943년까지 마련하지 못했으므로 징용 대상자 파악에 많은 행정력이 필요했다. 결국 일본 정부는 전 제국 영역의 신민을 대상으로 '징용'제도를 운영할 만한 여건을 마련하지 못한 상태였다. 그러므로 가능하면 기업이 부담하는 '모집'의 방식으로 노동력을 확보하고자 했고, 해당 기업에 여러 혜택을 줌으로써 기업의 호응을 유도했다.[35]

■ 국민징용령에 따른 징용의 종류

「국민징용령」에 따른 징용은 크게 '신규징용'과 '현원징용'으로 나눌 수 있다. 신규징용에 대해 국민정신 총력연맹은 특수징용과 일반징용으로 구분된다고 설명하고 있다.

> "신규징용에는 특수한 기능을 갖고 있는 자의 징용, 즉 특수징용과 특별히 특수한 기능을 갖고 있지 않지만 평범하게 노동할 수 있는 자, 즉 일반인을 대상으로 하는 일반징용이 있습니다. 일정 연령층의 징용이라는 것은 일반징용을 시행하는 경우의 한 방법입니다."[36]

현원징용이라 함은 현재 근무처에서 징용령이 발동되는 것으로 동일 직장에서 동일 업무를 계속함을 의미한다. 즉 근무하던 직장이 징용처로 지정됨으로써 구성원들은 모두 징용되는 것이다. 신규징용은 현재 근무처에서 다른 근무처의 다른 업무로 징용령이 발동되는 경우를 의미한다. 예를 들면, 농업에 종사하던 사람이 군함제조의 조선소로 동원되는 경우이다. 무직자가 공장, 사업장으로 징용령이 발동되는 경우도 신규징용에 해당된다.

---

34 이에 대해서는 사사키의 연구(佐佐木 啓, 「戰時期における徵用制度の展開過程」, 早稻田大學 修士論文, 2003; 佐佐木 啓, 「徵用制度下の勞資關係問題」, 『大原社會問題研究所雜誌』 第568號(法政大學, 2006)에 잘 나타나 있다.

35 이에 대해서는 (佐佐木 啓, 「戰時期における徵用制度の展開過程」; 「徵用制度下の勞資關係問題」; 정혜경, 「국민징용령과 조선인 인력동원의 성격—노무자와 군속의 틀을 넘어」, 『한국민족운동사연구』 제56호, 2008; 허광무·정혜경·김미정, 『일제의 전시조선인 노동력 동원』; 佐佐木 啓, 「「産業戰士」の時代 ― 戰時期日本の勞働力 動員と支配秩序』) 등 선행연구가 있다.

36 国民總力朝鮮聯盟, 『国民徵用の解説』, 1944, 28쪽

「국민징용령」에 따른 징용의 종류[37]

그런데 아직도 국민징용령에 근거한 징용의 종류를 이해하지 못하는 연구자가 많다. 일본군사사의 대가인 요시다 유타카는 '여성의 경우에는 법적 강제조치를 동반하는 징용이라는 형태의 노동력 동원은 이루어지지 않았다'고 기술했다. 이미 현원징용으로 통째로 징용된 사업장의 여성은 생각지 못한 것이다.[38] 이상의는 징용제도를 '육해군요원징용(1941)과 학도징용(1943)을 제외한 현원징용(1944)과 일반징용을 '국민징용'으로 파악해 1944년 이후부터 실시했다'고 도표(314쪽, 표25번)로 정리했다. 그리고 1943년까지는 일반징용과 현원징용을 구분하지 않았다. 그러나 이 도표는 '국민징용' 규정을 제외하면 재일사학자 박경식(朴慶植)의 저서 『조선인 강제연행의 기록(朝鮮人强制連行の記錄)』(未來社, 1965, 58쪽)의 도표와 동일하다. 박경식은 국민징용의 범주에 육해군요원징용을 포함한 통계를 '국민징용' 통계로 제시했는데, 이상의는 박경식이 제시한 통계를 그대로 수록하면서 제목만 '일반·현원징용 상황'으로 변경했다.[39]

네가지 종류(신규징용, 현원징용, 특수징용, 일반징용) 외에 다른 용어도 있다. 일정 연령층을 대상으로 징용령을 발동하는 경우도 있는데, 당시에는 '연령징용'이라 표현했다. 《매일신보》 1944년 8월 23일자 기사는, "연령징용으로 조선인의 징용을 개시"한다는 경기도 노무과장 노다(野田傳三)의 설명을 소개하고 있다. 일본 히로시마시 소재 미쓰비시(三菱) 히로시마(廣島) 조선소에 징용된 박상재는 1944년 10월에 징병을 면한 1923년생을 '연령징용'으로 동원해

---

37 허광무·오일환·정혜경·김종구 편역, 『전시동원 기구와 제도(2)-군인·군무원, 노무, 여성, 학생동원 관련 주요 법령 및 각의결정 등』 306쪽
38 요시다 유타카 지음, 최혜주 번역, 『아시아태평양전쟁』, 어문학사, 2013, 146쪽
39 이상의, 『일제하 조선의 노동정책 연구』, 혜안, 2006, 306~315쪽

배치했다고 구술했다.[40] 이같이 현장에서는 '보통징용과 일정연령층 징용' 등 다양한 표현을 사용한 것으로 보인다. 학생들에게 징용령을 발동한 경우는 학도징용이라 부르기도 했다.[41] 「국민징용령」에 따라 영장을 받고 동원된 조선인은 어느 정도일까. 지역별로 구분하면 아래와 같다.

〈표 12〉 동원지역별 조선인 피징용자 현황

	조선 내		일본 본토 (신규징용)	남양 (신규징용)	합계
	신규징용	현원징용			
1941년	-		4,895		4,895
1942년	90	-	3,871	135	4,096
1943년	648	-	2,341	-	2,989
1944년	19,655	153,850	201,189	-	374,694
1945년	23,286	106,295	9,786	-	139,367
	43,679	260,145	222,082	135	526,041

출전: 大藏省管理局, 『日本人の海外活動に関する歴史的調査』朝鮮編 第9分册, 1947

〈표 12〉를 통해, 총 52만 6,041명의 조선인이 「국민징용령」에 의해 동원되었고, 그 가운데 57.8%가 조선 내 작업장으로 징용되었음을 알 수 있다. 특히 조선 내 작업장에 징용된 경우는 현원징용이 압도적으로 많았다. 이를 통해 「국민징용령」이 1939년 7월 8일에 제정되어 조선에서는 같은 해 10월 1일부터 시행되었으나 조선인에게는 1941년부터 발동되었고, 인원도 적었음을 알 수 있다.

이러한 실태는 조선인에게만 부여한 특혜였을까. 그렇지 않다. 「국민징용령」 제정 초기에는 기술직에 국한했으므로 제국 일본 영역의 일반적인 현상이다. 일본 본토에서도 징용제도가 확대된 것은 1940년 후반 이후이다. 1939년의 일본인 신규 징용자는 850명이었다. 1939년 7월 만주 및 중국 대륙 방면 육군 관련 건축 작업에 투입할 건축기술자였다.[42] 일

---

40 《매일신보》 1944년 8월 23일 〈결전증산 총 돌격, 일정 연령층 징용 개시(上)〉; 일제강점하강제동원피해진상규명위원회, 『내 몸에 새겨진 8월』, 2008, 87쪽

41 허광무·오일환·정혜경·김종구 편역, 『전시동원 기구와 제도(2)-군인·군무원, 노무, 여성, 학생동원 관련 주요 법령 및 각의결정 등』, 307쪽

42 「第2編 第6章 戰時勞務動員諸製作とその違法措置」, 法政大學 大原社會問題研究所, 『日本勞働年鑑 特輯版 太平洋戰爭下の勞働者狀態』, 1964

본인 신규징용자는 1940년 10월 제1차 개정과 1941년 12월 제2차 개정을 거치면서 1940년에 52,692명, 1941년에 258,192명으로 증가했다.[43]

그렇다면 일본인과 조선인 징용자의 종류별, 연도별 분포는 어떠한가.

⟨표 13⟩ 연도별 민족별 징용자 현황

	신규징용자		신규+현원	
	일본인	조선인(한반도 동원)	일본인	조선인(한반도 동원)
1939년	850	-	850	-
1940년	52,692	-	221,085	-
1941년	258,192	4,895	928,567	4,895
1942년	311,649	4,096	469,388	4,096
1943년	699,728	2,989	283,558	2,989
1944년	229,448	220,844	1,973,129	374,694
1945년	47,771	33,072	불상	139,367

출전: 大蔵省管理局, 『日本人の海外活動に関する歴史的調査』朝鮮編 第9分冊; J.B.コーヘン, 『戦時戦後の日本経済』, 岩波書店, 1952, 71쪽; 勞働行政史刊行會, 『勞働行政史』下, 1961, 948쪽, 1103~1104쪽

■ 국민징용령의 개정을 통한 동원 대상의 확대

전황이 불리하게 작용하자 일본 정부는 기술직에 제한적으로 적용했던 징용 대상을 확대해야 했다. 개정의 배경을 살펴보면 다음과 같다.

1940년의 제1차 개정은 1939년 하반기부터 꽉 막힌 중국 전선이 원인이었고, 1941년 제2차 개정의 배경은 1941년 6월, 독소개전 직후 일본이 태평양전쟁을 목전에 앞둔 시기에 일본 정부가 전면적으로 수정한 1941년도 노무동원 계획이다. 8월 29일 각의결정 「노무긴급대책요강」은 이러한 분위기를 잘 반영한다. 요강의 큰 틀은, 근로보국정신의 앙양, 노무의 재배치 및 직업전환, 중요산업요원 충족을 위한 국민등록제 확충과 국민징용제 개정, 근로 조직 정비, 노무배치 조정을 위한 법령 정비, 근로봉사의 제도화 등이다.

일본 정부는 이 요강에 따라 관련 규정을 정비했다. 먼저 노무배치 조정을 위해 「종업자이동방지령」과 「청소년고입제한령」을 폐지하고 새로운 법령인 「국민근로보국협력령」을 제정

43 佐佐木 啓, 「徵用制度下の勞資關係問題」, 25쪽
44 일본 거주 조선인 피징용자 통계는 포함되지 않는다.

해 일반 청장년들이 30일 이내의 노동을 하도록 했다. 「국민직업능력신고령」도 개정해 등록대상자를 확대했다. 이로써 1940년에 수립한 청년국민등록제도(16세 이상 징병 적령에 달하지 않는 남자)를 확대했다. 일본 정부는 청년국민등록 확장에 관한 후생성령을 고시해 1941년 10월 16일자로 청장년국민등록제도를 시행함에 따라 16세 이상 40세 미만의 남자와 16세 이상 25세 미만의 여자를 새로이 등록대상자에 포함했다. 이 제도에 따라 등록한 일본의 등록 상황을 보면, 1941년 10월 31일 현재 남자 5,255,704명과 여자 3,485,641명 등 총 8,741,345명이다. 이는 1939년 국민직업능력신고령 제정 당시 등록 상황(2,766,586명)과 비교해보면, 3배 이상 늘어난 수치이다.

국민징용령 3차 개정 내용의 토대는 1943년 1월 20일자 각의결정 「생산증강근로대책긴급요강」에 명시된 국민징용제도의 쇄신강화방책이다. 1942년 4월 미드웨이 해전의 패전을 기점으로 일본은 태평양의 해상권을 빼앗기면서 전황의 악화를 맞았다. 전황의 악화를 늦추기 위해서는 더욱 적극적인 군수물자의 보급이 필요했다.

1941년 12월 대미전쟁 개전 당시부터 일본과 미국은 자원 및 물자 상황이 큰 격차를 보였는데, 개전 후 격차가 더욱 벌어지며 보급의 어려움을 겪기 시작했다. 개전 당시 미국의 국민총생산은 일본의 12배였고, 철강 생산량은 12배였으며 석유 생산량은 776배였다. 개전 당시 미국의 함재기 보유 비율은 일본의 106.85였는데, 1942년 말에 291%로 늘었고, 1943년 말에는 321%에 달했다. 항공모함은 개전 당시 75%였으나 1942년 말 89.9%를 거쳐 1943년 말에는 332.1%가 되었다. 이러한 격차는 모든 군수물자 생산에 동일한 상황이었다. 선박의 상실률은 1942년도에 이미 100만 톤을 넘었다.[45] 전쟁에 필수적인 군수물자 생산률은 미국에 뒤처지고, 소유하던 선박 상실률은 증가하는 열악한 상황이었다.

이러한 상황에서 나온 요강은 "사장의 징용까지 포함하는 징용제도의 쇄신과 강화, 남은 인적 자원 동원의 철저화" 등을 내용으로 하고 있다. 이 요강에 따라 6월에 노무조정령과 국민근로보국협력령을, 7월에 국민징용령을 각각 개정했다.

4차 개정의 배경은 1943년 9월 8일 이탈리아의 항복과 태평양 전선에서 연이은 패퇴

---

45 요시다 유타카 지음, 최혜주 옮김, 『아시아태평양전쟁』, 47쪽, 110쪽, 179쪽

였다. 이탈리아의 항복은 유럽 전선이 줄어듦에 따라 연합군이 전력을 남은 전선에 집중할 수 있음을 의미했다. 또한 일본군은 태평양 전선에서 패퇴를 거듭해 10월 2일에 솔로몬군도 코론반가라섬에서 1만 2,000명이 철퇴했고, 10월 6일에 배라라배라섬에서도 철퇴했다. 11월 21일에 미군이 길버트제도의 마킨과 타라와에 상륙하는 과정에서 일본군 수비대 5,400명이 전멸했다. 이제는 일본 본토에서 결전을 대비해야 하는 절박한 상황이 되었다.[46]

〈표 14〉「국민징용령」의 주요 개정 사항[47]

개정·폐지	주요 내용	비고
1차 개정 (1940.10.19.) 칙령 제674호	제3조 군사상 특히 필요한 경우에는 앞의 항 규정에도 불구하고 명령이 정하는 바에 따라 **요신고자 이외의 자**를 징용할 수 있다. 제13조 후생대신 앞의 조 규정에 의한 청구 또는 신청이 있을 경우 필요하다고 인정할 때는 피징용자를 사용하는 관아 또는 관리공장, 피징용자가 종사하는 총동원 업무, 직업 혹은 장소 또는 징용의 기간을 변경할 수 있다.	징용 대상자 확대
2차 개정 (1941.12.15.) 칙령 제1130호	제3조 '군사상 특히 필요한 경우'를 '**특별히 필요한 경우**'로 개정 제4조에 1개 항 추가 "특별히 필요한 경우에는 앞의 항의 규정에도 불구하고 **후생대신이 지정하는 공장 사업장 기타 시설**(이하 지정공장이라 함)에서 시행하는 총동원 업무에 종사시킬 수 있다." 제19조 3항 "피징용자가 징용됨으로 인해 그 가족과 세대를 달리하게 이를 경우, 기타 특별한 사정이 있는 경우, 또는 피징용자가 고의 혹은 중대한 과실로 인하지 않고 업무상 상이(傷痍)를 입어 혹은 질병에 걸려 그 때문에 징용을 해제될 경우에 본인 또는 **가족이 생활하기 곤란할 때** 명령이 정하는 바에 따라 이에 대해 부조할 수 있다."	현원징용의 근거를 명시 (제4조 추가 항목) 피징용자의 종사 업무를 확대 : 피징용 대상자를 군사상 필요한 경우에 동원하는 것에서 '특별히 필요한 경우'로 변경 부조규정 신설
3차 개정 (1943.7.20.) 칙령 제600호	제2조 징용은 **국가의 요청에 따라** 제국신민으로서 긴요한 총동원 업무에 종사할 필요가 있을 경우 이를 행하도록 한다. 제7조 4항 후생대신 **관리공장 또는 지정공장의 사업주(사업주 법인인 경우에는 그 대표자)를 징용**해 해당공장에서 시행하는 총동원 업무에 종사시킴에 있어서 제6조 내지 앞 조 규정에도 불구하고 명령이 정하는 바에 따라 징용명령을 내려 해당공장 소재지를 관할하는 지방장관에게 이를 통달하고 지방장관으로 해금 징용령서를 발급해 징용되어야 할 자에게 이를 교부시키거나 또는 징용령서를 발급해 징용되어야 할 자에게 이를 교부한다. 제16조 5항 피징용자로서 관리공장 또는 지정공장에서 시행하는 총동원 업무에 종사하는 자는 이를 응징사라 칭한다. 응징사의 징계, 복제 기타 응징사 복무에 관해 필요한 사항은 명령으로 이를 정한다.	사장 징용 규정 징용 대상자 확대 응징사 규정

---

46 정혜경, 『징용 공출 강제연행 강제동원』, 도서출판 선인, 2013, 68〜80쪽
47 굵은 표시, 인용자

개정·폐지	주요 내용	비고
4차 개정 1944.2.18.) 칙령 제89호	제3조 징용은 국민직업능력신고령에 따른 요신고자에 한해 이를 시행한다. 단 징용 중 요신고자의 자격이 사라진 자를 계속해 징용할 필요가 있을 경우는 이에 구애되지 않는다. **특별히 필요한 경우에는 앞의 항 규정에도 불구하고 요신고자 이외의 자를 징용할 수 있다.** 제4조 본 령에 따라 징용하는 자는 국가가 시행하는 총동원 업무 또는 공장사업장관리령에 따라 정부가 관리하는 공장사업장 기타 시설(이하 관리공장이라 칭한다)에서 시행하는 총동원 업무에 종사하는 것으로 한다. **특별히 필요한 경우에는 전 항 규정에도 불구하고 후생대신이 지정하는 공장사업장, 기타 시설에서 시행하는 총동원 업무에 종사시킬 수 있다.**	징용 대상자 확대
폐지1945.3.5.) 칙령 제94호	부칙 "학교졸업자사용제한령, 국민징용령, 노무조정령, 국민근로보국협력령 및 여자정신근로령을 폐지한다"	「국민근로동원령」 제정에 따른 폐지

노무동원의 강제를 법제화한 「국민징용령」은 1939년에 제정되었으나 제정 당시에는 직업소개소 소개와 모집에 의해 노무자를 충족할 수 없는 경우에 한해 발동하는 보조적인 성격이었다. 이는 모든 제국 영역에 공통된 사항이었다. 그 후 개정을 통해 "국가가 필요로 하는 경우" 동원령을 발동할 수 있는 것으로 확대하면서 국가성을 명료하게 하고, 징용대상에 사업주를 포함함으로써 사장부터 직원까지 '몽땅 동원'을 실현했다.

■ 국민징용령에 저항하는 제국 신민

여러 차례 개정을 통한 「국민징용령」의 확대를 제국의 신민들은 어떻게 받아들였을까. 「국민징용령」 제정 당시 후생성은 「국민징용에 관한 칙령안 요강」 취지 설명을 통해 "징용은 국가의 전시 목적에 따라 총동원 체제의 일익을 담당해야 할 임무를 가졌다는 점에서 병역과 동일한 것"이므로 "국민은 응소(군대 입대)와 동일한 각오로 흔연히 참가해야 한다"고 강조했다. 즉 징용은 병역과 동등한 것으로 애국심을 가지고 받아들여야 한다는 의미이다. 그러나 제국 신민은 '기꺼이 애국심으로 흔연히' 징용을 받아들이려 하지 않았다.

일본인의 저항도 적지 않았다. '실업자로 전락한 징용공'의 노동 의욕은 매우 낮았다. 이미 1942년 후반부터 '지각 조퇴자의 증가', '결근자의 격증', '도주자의 속출', '직장에서 태업 경향'은 전국적으로 퍼지고 있었다.

사법성 형사국 자료인 『사상월보』 제88호(1941년 10월)에서는 1941년부터 이미 저항하는 일본 국민의 사례를 보여주고 있다. 1941년에는 주로 징용령서 수령 거부를 비롯해 징용 후 '실정을 비판 공격하거나 불만을 과대하게 알리거나' 징용원호가 제대로 이루어지지 않는 상황에 처한 피징용자 가족의 불만 사례가 다수이다. 같은 시기 내무성 경보국의 자료인 『사회운동의 상황』는 관리자 폭행 등 '징용공 불량화의 현저한 현상과 범죄 행위 상황'을 지적했다. 1942년에 들어서면 폭력적인 저항이 강해지고, 1943년부터는 빈도가 높아졌다. 내무성 당국이 1942년 '징용공원의 사상적 악화'가 '노동정세의 악화' 원인이라고 평가할 정도로 징용공의 불만은 높았다. 『사상월보』 1942년 1월호는 "징용 기피의 경향은 우려할 만"하다고 지적했다.[48]

1941~1942년은 대규모 징용이 이루어지지 않던 시기였다. 그럼에도 일본의 제국 신민은 「국민징용령」 적용 초기부터 '천황 폐하의 명령'인 칙령으로 발동한 「국민징용령」을 뜨거운 충성심으로 받아들이지 않았다.

당국은 일본인 징용공의 '악질적인 결근 상황'을 주목하고 적극적인 단속과 '연성'으로 대응했다. 전국에 연성소를 설치하고, '징용사범' 재교육에 나섰고, 오사카 검사국은 "일벌백계" 원칙 아래 1942년 총 6차의 검거를 통해 총 283명을 검사국에 송치하는 강경 대응에 나섰다.[49] 그러나 결근율은 줄어들지 않았다. 1943년 4월 주요 항공기 관련 공장의 결근율을 보면, 나카지마(中島)비행기 오타(太田) 제작소의 결근율은 남 11.7%, 여성 12.9%였고, 같은 시기 무사시(武藏) 제작소는 남 14.5%, 여성 20.0%였다. 미쓰비시중공업 나고야(名古屋) 항공기제작소는 남 18.4%, 여성 26.7%였다. [50]

조선인들은 「국민징용령」을 어떻게 받아들였을까. 먼저 당시 일본에 거주하던 조선인의 실태를 살펴보자. 기주 조선인(강제동원 이전 시기에 도일한 조선인)을 대상으로 한 최초의 징용은 1942년 9월 21일 해군이 발동했다.[51] 이 징용령은 해군진수부 소속 직할 사업장에 필요한 토목건축 관련 노동자를 확보하기 위해 발령한 최초의 징용이었으나 성과는 목표 미달이

---

48 佐佐木 啓, 「戰時期における徵用制度の展開過程」, 71〜110쪽, 147쪽; 佐佐木 啓, 「徵用制度下の勞資關係問題」, 25쪽

49 佐佐木 啓, 「戰時期における徵用制度の展開過程」, 152〜162쪽

50 요시다 유타카, 앞의 책, 184쪽

51 內務省 警保局, 「社會運動の狀況」(1942年), 『在日朝鮮人關係資料集成』 제4권, 1975, 934〜937쪽

었다. 총 17,188명에게 출두 명령을 내렸으나 9,818명이 출두했고, 이 가운데 4,293명만이 징용령서를 수령했다. 이에 대해 경찰 당국은 '징용 후 가족의 생계 곤란, 임금 지급이나 징용기간, 징용 후 업태와 장소 등에 대한 염려와 불안으로 기피자가 속출'했다고 파악했다. 또한 "거주 조선인 청장년의 시국인식이 아직 지극히 낮다"며 향후 징병제 실시에도 영향을 미칠 것이라 우려했다.

그러나 여기에는 제도적 결함이 자리하고 있었다. 출두명령을 받은 인원의 40% 이상이 불참한 것은 소재 파악을 하지 못해 '징용령서 송달이 불능'했기 때문이다. 당시 기주 조선인의 호구조사는 경찰이 담당하고 있었으나 "경찰력 부족으로 철저하게 할 수 없었"다.[52] 조선인에게 기류제도를 적용하지 않았던 상황에서 수시로 일자리를 찾아 이동하던 조선인의 소재 파악은 쉬운 일이 아니었다. 이러한 상황은 이후에도 계속되었다. 기주 조선인의 동태 파악이 어려워짐에 따라 징용 대상은 해당 구역에 정주하며 생업을 영위하는 '비교적 성실한 사람'에게 편중되었다.[53]

1943년 「조선기류령」 제정 공포와 당국의 적극적인 대응의 결과, 기주 조선인의 징용 출두율은 점차 높아져서 1944년에는 61%가 되었다. 그러나 동시에 무단 장기 결근자 비율이 늘어났다. 1944년 2월 중순부터 말까지 나고야 지역 기주 조선인 징용자의 무단 장기 결근자 비율은 36%에 이르렀다. 이러한 현상은 도쿄에서도 마찬가지였다.

> "반도 출신자는 내지인에 비해 일반적으로 징용 기피적 경향이 강해 불출두자를 보면, 내지인 1할 9푼에 비해 반도인은 4할 5푼이다. 불출두자 중에는 주소 부정자가 많다는 점도 상당히 있다. 응징 후의 수입 감소를 꺼려 부정 임금이나 암거래에 의한 이익을 좇아 행동하는 상황이다."[54]

기주 조선인들의 탈출과 현장 이탈 사례는 그치지 않았다. 기주 조선인은 불출두자 비율도 반수(4할 5푼)에 달할 정도로 높은데, 출두 후 현장 기피 현상도 높았다. 이들이 징용 현장을 기피한 이유는 대부분 자유노동이나 장사에 종사하며 비교적 고액의 수입을 거두

---

52 内務省 警保局, 「社會運動の狀況」(1942年), 『在日朝鮮人關係資料集成』 제4권, 900～904쪽

53 하종문, 「2007년도 일제강점하강제동원피해진상규명위원회 연구용역 보고서-전시기 일본 본토지역 노무동원정책에 관한 기초 연구」, 2007, 45쪽

54 勞働運動史料委員會 編, 『日本勞働運動史料』 제9권, 1965, 464쪽

던 이들을 징용하고 징용 범위를 확대해 30세 이상 세대주 중심으로 옮긴 결과였다. 징용으로 수입이 격감하게 되면서 결근 현상은 심해졌다.[55] 당국 입장에서는 고액의 수입을 거두는 조선인을 징용에 종사하도록 하는 관리도 쉽지 않았는데, '상당한 지위의 사람'들을 징용하자 기피 현상은 더욱 커졌다.

국민징용령 제3차 개정으로 몽땅 동원과 응징사 체제에 들어선 1944년에도 기주 조선인을 대상으로 한 징용 운용은 당국의 골치거리였다. 기주 조선인의 현장 이탈은 빈번했다. 1916년 경북 달성군에서 태어나 남편을 찾아 도일한 박선이는 야마가타현(山形縣)에서 폐품회수업을 하면서 구두나 냄비 등을 수선하거나 군밤 행상으로 생활했는데, 남편이 징용령서를 받고 군수공장에 가게 되었다. 생계 걱정에 군수공장이 공습 목표가 될 것을 염려한 부부는 해군이 지바현 다테야마(館山)에 지하비밀공장(다테야마 특공기지-인용자)을 세운다는 소문에 다테야마로 갔다. 방공호에 숨어 지내며 터널을 파다가 해방을 맞았다.[56]

조선에서는 어떠한 상황이었는가. 조선에서도 당국은 징용령서 전달 과정에서 조선인의 저항과 맞닥뜨려야 했다. 일본 공안 당국의 자료는 「국민징용령」 발동에 대해 조선인이 어떻게 저항했는지 잘 보여준다.

▣ 1944년 제85회 제국의회 설명자료(司計)

4. 노무동원에 따른 민심의 동향 및 지도 단속 상황에 대하여

조선에 대한 전시 요청 중 노무의 수요는 매년 비약적으로 증가해 금년도에는 당초 일본과 북방 남양으로 출발하는 약 30만, 군요원 3만 명 등 조선 내에서 71만 3,700명, 합계 1백 4만 3,700명의 동원 전망이다. 그러나 이미 해마다 상당한 노무자를 동원하고 있는 관계로 공급원(供給源)도 곤궁해져서 올해는 관알선만으로는 도저히 동원하기 곤란하다고 생각하고 있다. 일반징용의 전면적 실시에 따라 올봄 이후 실시하는 조선 내 중요 공사, 광산과 공장에서 노무자의 충족을 도모함과 동시에 종래 관알선도 더욱 병행 강화해 조선 내 수요에 충족해야 하는 준비를 진행하고 있다.

그런데 이번에 전황의 요동에 따라 갑자기 새로이 일본에서 해군시설부, 조선(造船)공장, 석탄 및 금속광

---

55 思想對策係, 「半島人問題」(1944년 8월), 水野直樹, 『戰時期植民地統治資料』 제7권, 柏書房, 1998(하종문, 「2007년도 일제강점하강제동원피해진상규명위원회 연구용역 보고서−전시기 일본 본토지역 노무동원정책에 관한 기초 연구」, 46쪽 재인용)

56 이붕언 지음, 윤상인 옮김, 『재일동포 1세, 기억의 저편』, 동아시아, 2009, 193〜194쪽

산, 기타 요원으로 8월과 9월 10월 중에 12만 명까지 노무자의 추가 송출 방침을 요망해오고 있다, 물론 조선의 현황으로서는 앞에서 언급한 바와 같이 감당할 수 없는 무리한 상황이고 전황의 추이로 볼 때 어려움을 피할 수 없지만 요청에 응하기로 결정했다. 그러나 요즘 노무자 계층은 생활 환경의 호전에 따라 동원에 응하거나 이입(移入) 알선노무자가 되는 것을 좋아하지 않으므로, 일부 전선(戰線)이 불리하다거나 일본에 대한 빈번한 공습의 우려로 기피 행위에 나서는 자가 점차 증가하고 있다.

그러므로 금년 초 이후 오로지 지도 계몽에 중점을 두고 전 조선의 각 경찰서가 소규모 강연회, 좌담회, 그림연극 등을 반복 개최해서 시국 인식의 앙양과 국체 관념의 계도에 도모함으로써 근로에 따른 순국 정신을 주입하는데 노력하는 등 여러 방법으로 노력을 기울이며 수긍하지 않는 자에 대해서는 일벌백계로 단속을 가한 결과, 점차 효과를 보고 있다,

최근 일반징용 실시의 취지를 발표하자 일부 지식계급과 유한계급 중에 일찍부터 중국 만주 방면으로 도주하거나 또는 주거지를 옮겨 당국의 실태조사(주거조사)를 어렵게 만들거나 또는 갑자기 징용을 제외한 부문으로 취직하고자 하며, 일반 계층에서도 의사를 통해 가짜 질병으로 입원하거나 성병(花柳病)에 감염된 것으로 속여 징용을 면하고자 기도하는 일이 있다. 그 가운데에는 자기의 손발에 상처를 내서 불구자가 되어 기피하는 자, 심지어는 읍면 직원 내지 경찰관이 자의적 결정(專恣)에 기인한 때문이라 오해하여 이를 원망하여 폭행, 협박하는 등 실로 일일이 헤아릴 수 없고 최근 보고한 사범(事犯)만으로도 20여 건에 헤아리는 상황이다. 지난번 충청남도에서 발생한 송출 독려차 부임한 경찰관을 살해한 사범은 그간의 동향을 말해준다.

특히 최근 주목되는 집단기피 내지 폭행 행위로서 경상북도 경산경찰서에서 검거한 불온기도사건과 같은 것은 징용 기피를 위해 청장년 27명이 결심대(決心隊)라는 단체를 결성해 식도, 죽창, 낫 등의 무기를 휴대하고 산 정상에서 농성하며 끝까지 목적관철을 기도하는 것에서 첨예화한 노동계층 동향의 일단을 알 수 있다.

이상과 같은 상황에서 이번에 급거 대규모 동원은 쉽지 않은 일이므로 경찰서에서 철저하게 지도 단속하지 않는다면 소기의 동원 성과는 거두기 어려울 뿐만 아니라 치안 문제에까지 미치는 영향이 심대하다. 이 점을 감안해 다시금 지도 계몽을 강화 실시함과 동시에 노무동원을 방해하는, 앞에서 살펴본 것과 같은 사안에 대해서는 엄중 단속을 계속하고 있다

국민징용령 제3차 개정에 즈음해 조선총독부가 제85회 일본 제국의회(1944년)에 보고한 내용이다.[57] 이를 통해 개인적 차원의 저항이나 거부를 넘어선 집단기피와 폭력적 저항은 이미 조선 민중 사이에서 흔히 볼 수 있는 현상이었음을 알 수 있다.

폭력적 저항의 사례는 다양한데, 그 가운데에서 조직적인 대응 사례의 대표는 위 자료

---

57 한국학술정보, 『일제하전시체제정책사료총서』 제21권, 2000, 369~371쪽

에서 소개하고 있는 '결심대(決心隊)' 사건이다. 결심대란 비밀결사인 대왕산결사대(경산 결심대)를 말한다. 이들이 벌인 대왕산죽창의거는 대표적인 징용거부 투쟁이다. 이 사건은 사건 주모자가 남산면 서기나 농회 기수 등 '지도적 지식계급'이었고, 29명이라는 대규모였다는 점, 특공대를 조직해 경찰에 상해를 입히는 등 적극 대응했다는 점에서 당국에 적지 않은 충격을 주었다. 이들은 징용번호 일제고지를 받은 직후 행동에 옮겼는데, 장기 저항에 대비해 사전에 식량용 보리 4되(升)와 취사도구, 징용사무 담당자의 방해 배제용으로 죽창이나 철창, 산에서 움막을 짓기 위한 도구 등을 소지하는 등 계획적인 저항이었다.

이들은 모두 검거되었는데, 검거된 29명 가운데 24명은 재소자인명부와 독립유공자공훈록에서 이름을 찾을 수 있다. 29명은 모두 보안법 및 치안유지법(6명은 보안법 및 폭력행위등에 관한 법률 위반)으로 1944년 10월 4일에 수감되었는데, 가혹한 고문으로 안창률이 옥중 순국(1945.4.6)했고 8명이 병보석으로 출옥했으며, 김경룡은 병보석(1945.6.23) 직후인 1946년 3월 사망했다. 광복 출옥한 14명 가운데 2명도 1950년과 1951년에 사망한 것으로 볼 때, 검거 후 고문 등 가혹행위를 짐작할 수 있게 해준다.[58]

『고등검찰요보』는 이 외에도 「응징사(應徵士)의 경찰관 구타상해 사건(영변지청검사 보고)」 등 다양한 저항 사례를 담고 있다. 이 사건은 응징사 13명을 수송하던 경찰 순사부장을 공격해 전치 2개월의 상해를 입힌 사건이다. 피고인 3명은 각각 징역 1년~4년이라는 중형을 언도받았는데, 이 사건에 대해 당국은 "최근 이 건과 같은 징용불응죄 사범의 범죄 양상이 매우 악질 흉포화하는 경향이 있음"을 주목해야 한다고 강조했다.[59]

「국민징용령」을 적용하려는 조선총독부 당국의 걸림돌은 증가하는 노무 사범이었다. 조선총독부 경무국 자료에 따르면, 1944년 1~6월간 노무관계사범 1,643건(1,897명) 중 국민징용령 위반자는 265건(270명)이고, 이 가운데 134건(137명)이 검거되었다.[60]

조선인의 저항 사례는 고등법원 검사국이 간행한 『고등검찰요보』에서 많이 볼 수 있다. 그 가운데 하나는 고등법원 검사국이 1944년말 대규모 일반징용 확대에 즈음해 조선에 국

---

58 정혜경, 「일제말기 경북지역 출신 강제동원 노무자들의 저항」, 『한일민족문제연구』 제25호, 2013, 99쪽
59 고등법원검사국, 『고등검찰요보』 제12호, 1945년 2월, 32~33쪽
60 조선총독부 경무국, 「소화19년 상반기 국민징용 등 노무사범 취체상황표」, 독립기념관 소장 자료

민징용령을 적용한 후 발생한 위반 사건에 대해 작성한 보고서이다.[61] 보고서는 크게 '국민징용령 위반 사건의 통계상에서 본 추세'와 '사범의 개요, 처리 상황 등'으로 구분해 기술했다. 보고서는 "노무동원의 강화에 따라 국민징용령 위반 기타 노무관계 사범(事犯)은 근래 더욱 증가하는 경향이고, 이들 사범의 처리 문제는 현재 경제검찰이 담당하는 가장 중요한 과제"라고 명시하고, 위반 사건의 통계를 제시했다. 또한 "전 조선 검사국에서 국민징용령 위반 사건은 1941년까지 거의 없었는데, 1942년에 12건 12명, 1943년 16건 16명, 1944년(1월부터 10월) 316건 330명이 되었고, 1944년에 이르러 급격히 증가한 것은 국민징용의 강화에 따른 필연적인 추세"라고 평가했다.

〈표 15〉 연도별 노무사범 처리 현황

연도별		수리재판	기소			불기소				이송	계	미결(未濟)
			약식	계	유예	중지	기타	계				
1942	건수	12	3	2	5	3	2	2	7		12	
	인원	12	3	2	5	3	2	2	7		12	
1943	건수	16	5	3	8	3	3	1	7	1	16	
	인원	18	5	3	8	3	3	3	9	1	18	
1944 (1~10월)	건수	316	28	157	185	49	34	34	99	9	293	23
	인원	330	29	162	191	50	38	38	105	10	306	24
총계	건수	344	36	162	198	55	39	39	113	10	321	23
	인원	360	37	167	204	56	43	43	121	11	336	24

위 표에서 1944년 기소 내용 중 약식명령 청구사건이 압도적 다수를 점하고 있는 것은 「조선전시형사특별령」[62] 시행에 따른 결과이고, 대부분 체형을 구형했다. 매우 엄중히 다루었을 알 수 있다.

보고서는 '형량이 점차 엄벌의 경향을 거듭하고 있는 것으로 보이는데, 징용불응사건이 격증함에 따라 현재 조선(半島) 노무동원에 장애를 계속 불러오는 우려할 만한 정세에서는 다시

---

61 고등법원검사국, 『고등검찰요보』 제10호, 1944년 12월, 5~11쪽
62 「조선전시형사특별령」은 1944년 2월 15일 제령 제4호로 공포되었는데, 일본에서 제정된 「전시형사특별법」(1942년 2월 24일 법률 제64호 제정)을 근거로 제정되었다. 전시형사특별법 제29조2에 '구(區) 재판소는 사안의 내용이 단순하고 범죄의 성립이 명백하다고 인정하는 사건에 관해서 약식명령으로써 1년 이하의 징역이나 금고 또는 구류를 부과할 수 있다'고 규정하고 있다.

한층 강력한 엄벌주의가 필요하다'고 평가하고, '현원징용에 근거한 조선 내 응징사(應徵士)의 무단 퇴직이나 장기 결근 등의 사안은 최근 장기적인 경향'에 있는 것으로 예측했다.

그러나 당국의 예측과 적극적 대응에도, 「국민징용령」 적용을 강요받은 조선인의 저항은 동원 과정에서 그치지 않았다. 일본의 군 공사장에서도 발생했다. 대표적인 사례는 히로시마 구레(吳)해군시설부 집단 폭동 사건인데, 1943년 8월 9일 발생해 해군이 진압했다. 김선근(金善根. 1921년 경북 선산 출생)과 전병렬(田炳列. 1921년 경남 의령 출생)[63]의 유족들이 일본 정부를 통해 확보한 히로시마(廣島) 형무소 수형기록(廣刑甲收 제332호. 소화 19년 3월 26일 판결선고. 소화 19년 3월 27일 判決確定錄事. 작성자 히로시마형무소장 津田哲郎)을 공개하면서 알려졌다.

이 사건의 주도자인 김선근은 오사카 소재 전문학교 법과에서 중퇴하고 1943년경 히로시마 구레(吳)해군시설부에 징용되었으나 취역거부 주모자로 피체 후 해군형법 제68조 제2호 등에 따라 징역 4년 형을 언도받았다. 김선근은 해군형무소에 수감 중 1개월 남짓한 기간이 지났을 때 위독해지자 1944년 5월 6일 형 집행정지처분을 받고 가석방되었다. 일본에 살던 형(김중근)이 입원시켰으나 위독하다는 것을 알고 고향에서 생을 마치기 위해 귀국한 지 3일 만에(6월 19일) 자택에서 사망했다.[64] 전병렬도 징역 4년 형을 언도받고 수감하다가 일본 패전 후 출옥했다.[65]

판결문에 의하면, "2등 토공으로 7백여 명의 공원과 함께 동원된 김선근은 2료 료장으로써 고등교육을 받아 반도인 공원 사이에 신망이 있었는데, 1943년 8월 9일 오후 7시 30분경 숙소에서 제1료 24반 반도인 공원 문인태(文山寅泰)가 지도원에게 폭행당하자 700명 공원을 선동해 일본인 지도원들에게 폭력을 가하도록 지휘"했다.

사건으로 송치된 김선근을 포함한 29명은 모두 징역 1년에서 4년의 중형을 언도받았다. 이같이 중형을 언도한 이유는 바로 이 사건이 미친 영향력 때문이었다. 이들이 '폭동'을 일으킨 곳은 일본의 대표적인 군항인 구레이고 해군 관할하 군 작업장인 해군시설부 소속이

---

63 전병렬은 오사카 일본고무공업사 공원으로 근무하며 일신상업학교 야간부를 졸업한 후 구레해군시설부로 징용되었다.

64 수형기록(廣島형무소) 및 위원회 피해조사서서

65 판결문 사본과 내용 설명은 곤도 노부오, 「히로시마 해군시설부 조선인징용공 폭동사건 판결문」,(『한일민족문제연구』 제25호, 2013) 참조

었으며, '군인과 동일한 의무를 부여받은 징용공'이었다. 이들은 구레해군시설부 소속으로 오하라(大原) 해군병학교 비행기지확장 공사장에 동원되었다.[66] 조선인이 7백여 명의 징용공을 이끌고 공무를 중단시켰다는 것은 당시 일본의 상황이나 군 당국의 입장에서 보면, 엄청난 일이었고, 미친 여파가 상당했을 것으로 보인다.

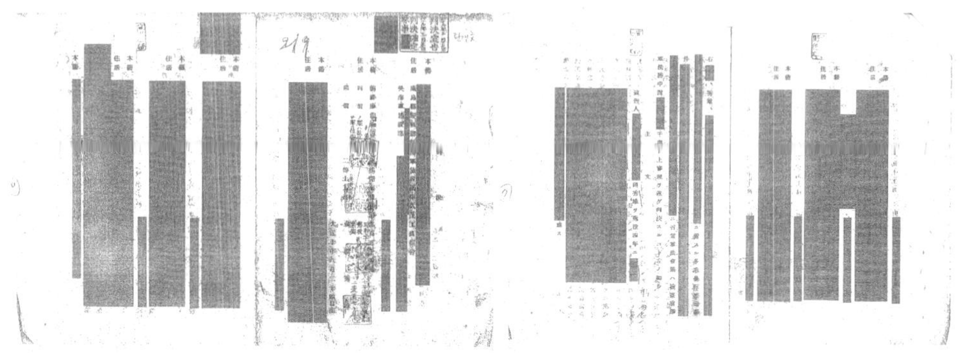

<그림 14> 김선근의 수형기록

<그림 15> 기록물을 발급할 때, 먹줄을 그어 내용을 알 수 없다.

「국민징용령」 적용과 관련한 조선 민중의 저항은 일본 당국에게도 중요한 현안이었다. 한반도에서 필요한 노동력을 조달하는데 장해물이었기 때문이다. 1944년 6월, 식민지 행정을 관할하던 일본 내무성 관리국은 조선의 민정 동향 및 지방행정 현황을 조사하기 위해 직원(小暮泰用)을 조선에 출장 보냈다. 직원은 1944년 7월에 관리국에 출장복명서를 제출했는데, "그 밖의 어떤 방식을 통하더라도 출동은 오로지 납치와 같은 상태"이며, "조선인을 인질처럼 약탈, 납치"하고 있다고 보고했다. 그렇게 하지 않으면 다 도망쳐버리기 때문

---

66 해군시설부는 진수부와 경비부에 설치된 상설 부서이다. 최초에는 해군건축부(1920)로 편성되었다. 1943년 8월 17일자 「해군시설부령」(직령 제673호)으로 시설부로 개편되었다. 명칭은 진수부와 경비부의 소재지명을 부여하였다. 해군시설부 외 특설해군시설부가 있다. 특설해군시설부는 진수부와 경비부에 상설로 설치되는 해군시설부와 달리 주요 거점 및 점령지역에 설치되었다. 해군시설부의 경우 설치된 진수부와 경비부의 지명을 관칭하여 부대명으로 하였다.(예 : 구레해군시설부) 1940년 10월 1일자 「특설해군건축부령」(내령 제604호)에 따라 특설해군건축부로 출발해 1943년 8월에 특설해군시설부가 되었다. 이 두 부대는 모두 해군에서 군사시설의 건축을 담당하였다. 해군시설부는 마이즈루(舞鶴)·사세보(佐世保)·오미나토(大湊)·오사카(大阪)·요코스카(橫須賀) 등 5개소에 두었다. 해군경비부는 오미나토·조선 진해·마공(馬公)·여순(旅順)·오사카·대만 고웅(高雄)에 두었고, 해군진수부는 구레(吳)·요코스카·사세보·마이즈루 진수부 등을 설치 운영하였다. 해군 편제에서 구레는 「해군조례」에 따라 1889년 해군진수부를 개칭하고 해군공창을 운영했다. 上杉和央, 『軍港都市の150年－橫須賀·吳·佐世保·舞鶴』, 吉川弘文館, 2021, 14〜26쪽, 88쪽, 99쪽, 166〜175쪽

이라고 기술했다.[67] 이 보고서는 '약탈, 납치'라는 방법에 의지할 수 밖에 없었던 당시 상황을 잘 보여주고 있다.

■ 「국민징용령」의 조선 적용

그렇다면 「국민징용령」은 언제부터 조선에 적용된 것인가.

> "조선에서는 이미 1939년 10월 1일 일본에 이어 국민징용령이 공포되었다. 그러나 조선총독부는 1941년 군 관계 노동력에 대해서만 징용을 실시하였고, 다른 방면은 시기상조라 하여 실시하지 않았다. 이후 **국민징용령이 조선에서 시행된 것은 1944년 9월에 이르러서였다.** 노동력 동원의 필요성에도 불구하고 징용령의 공포에서 실제 적용까지는 시간상의 간극이 컸다. 총독부는 징용령 실시 연기의 이유를 공장 사업장의 노무관리가 극히 불충분하기 때문이라고도 했다. 그러나 무엇보다 직접적인 원인은 징용령의 발동이 조선인의 정서에서 저항을 부를 염려가 컸기 때문이었다. 따라서 1939년 조선에서 시행규칙이 제정된 후 징용령은 한동안 시행되지 못하고 이후로 미루어졌다가 1944년 일제가 전쟁 막바지에 패배의 위기에 몰려 여타의 여건을 더 이상 고려할 수 없게 된 시점에서 전면적으로 추진되기에 이르렀다."[68](굵은 표시-인용자)

'「국민징용령」 1944년설'의 대표적인 연구이다. 일제의 조선인 노동정책을 통해 일제 지배정책을 규명한 중요한 연구성과이지만 「국민징용령」에 대해서는 오류를 피하지 못했다. 이 연구 이전에도 '1944년 징용설'을 담은 연구서는 차고도 넘친다. 강제동원 연구의 기념비적 성과로 평가받는 박경식의 연구서(『조선인 강제연행의 기록』)가 출발점이라 할 수 있다.

이러한 연구를 근거로 한국과 일본의 역사부정론자들은 1944년 9월~1945년 8월까지 약 8개월 간이라 주장한다.[69] 그러나 이들의 주장은 명백히 틀렸다. 「국민징용령」의 조선 적용은 1939년 10월 1일부터이다. 제정 법령 부칙에 "본 령은 1939년 7월부터 이를 시행한다. 단 조선, 대만, 화태 및 남양군도에서는 1939년 10월 1일부터 이를 시행한다"고 명시했고, 이후 개정령에서도 조선은 빠짐없이 적용 대상이 되었다. 1939년 10월 1일 「국민징용령」의 조선

---

67 小暮泰用, 내무성 관리국장 앞 「復命書」(1944.7.31), 水野直樹 편, 『戰時期植民地統治資料』 제7권, 柏書房, 1998, 수록(도노무라 마사루 지음·김철 옮김, 『조선인 강제연행』, 198~199쪽 재인용)

68 이상의, 『일제하 조선의 노동정책 연구』, 306~307쪽

69 이들의 주장에 대한 논증은 정혜경·허광무·조건·이상호, 『반대를 론하다-'반일종족주의'의 역사부정을 넘어』(도서출판 선인, 2019) 참조

적용에 대해《경성일보》는 9월 30일자 기사 〈반도에도 국민징용령 10월 1일부터 실시, 인적 자원의 통제 합리화, 29일 관계 부령 공포〉을 통해 대대적으로 보도했다.

신문 기사는 '오늘 조선총독부령 제64조 국민징용령 시행규칙이 공포됨에 따라 10월 1일부터 조선에 시행'되었는데, 법령을 적용한 이유는 '지나사변의 장기화에 따라 인적자원을 다시 강화해 국가 총력을 최고도로 할 필요가 있기' 때문이다.

〈그림 16〉《경성일보》1939년 9월 30일 조간 2면 1단 기사

1939년 9월 30일 기사에 이어 〈표 11〉에서 보는 바와 같이 조선인이 실제 징용령이 발동되어 통계에 잡힌 것은 1941년부터이다. 그런데도 강제동원의 동원방식 중 징용령에 따른 노무동원에 대해서는 오랫동안 1944년 9월부터라는 인식이 강하게 자리잡고 있다. 이는 모집, 관알선, 징용의 단계로 노무동원의 강제성이 강화되어 간 것으로 이해하는데 빌미를 제공하기도 했다. 명백한 오류이다.[70]

이러한 오류를 연구자들이 검증 없이 반복한 결과, 한국과 일본의 역사부정론자들이

---

70 오류에 대해 지적한 연구는 다음과 같다. 정혜경, 「국민징용령과 조선인 인력동원의 성격」, 『한국민족운동사연구』 제56호, 2008; 『징용 공출 강제연행 강제동원』, 도서출판 선인, 2013; 정혜경·허광무·조건·이상호, 『반대를 론한다』, 도서출판 선인, 2019; 허광무, 「일제말기 국민징용령에 따른 조선인 노무동원의 시기와 실태」, 『한일민족문제연구』 제44호, 2023

강제성을 부정하는 근거로 활용되고 있다. 그러한 인식이 나타나게 된 배경과 문제점에 대해 선행연구를 통해 살펴보면 다음과 같다.[71]

오랫동안 학계에서 통설로 굳어진 '「국민징용령」에 따른 조선인 노무자의 강제동원 = 1944년 9월부터'의 이유는 무엇인가? 첫째, 1944년 8월 8일의 각의결정 「반도인 노무자의 이입에 관한 건」에 의미를 둔 때문으로 보인다.

이 '각의결정 후 조선인에게 징용령이 적용되어 같은 해 9월부터 징용이 개시되었다'는 인식은 일본 패전 직후부터 일본 학계에서 널리 확산되었다.[72]

그러나 1944년 8월 8일 각의결정 이전에 이미 조선인은 「국민징용령」에 근거해 '징용'되고 있었다. 징용된 지역은 일본을 포함해 조선과 남양군도(중서부 태평양) 등 광범위했다. 〈표 11〉은 1941년에 일본 본토에서 이미 신규징용에 의한 노무동원이 있었음을 보여준다. 조선은 그 이듬해인 1942년에 징용령

〈그림 17〉《매일신보》 사설(1942.1.10)

이번에 조선에서도 국민징용령을 발동하기로 되어 8일 이시다(石田) 후생국장은 담화를 발표해 총후와 응징자(應徵者)의 주의를 환기한 바 있었다. 국민징용령은 지난 1939년(* 소화 14년) 7월 7일 공포되어 동년 10월 1일부터 조선에도 실시하게 후 금번 처음 발동된 것인데, 주지하는 바와 같이, 이 령은 국가총동원법 제4조에 의한 것으로 징용된 자는 국가의 총동원 업무에 종사하게 되는 것이다. 따라서 이 징용령 발동에 의해 반도청년도 근로를 통해 직접 성업(聖業)의 일단(一端)을 부담하게 된 것으로 이 국민징용령 발동은 문자 그대로 반도청년의 무상의 광영이 아닐 수 없다.

---

71 상세한 내용은 허광무·오일환·정혜경·김종구 편역, 『전시동원 기구와 제도(2)-군인·군무원, 노무, 여성, 학생 동원 관련 주요 법령 및 각의결정 등』, 318~321쪽 참조

72 구체적인 사례는 허광무, 「일제말기 국민징용령에 따른 조선인 노무동원의 시기와 실태」(『한일민족문제연구』 제 44호, 2023), 9~16쪽 참조

(신규징용)을 발동한 지역이다. 1942년 1월 10일자 《매일신보》는 〈국민징용령 발동〉이라는 제목의 사설을 실었다.

또한 1941년 3월 13일자로 설립된 내무국 노무과의 업무분장을 규정한 「조선총독부 사무분장 규정 중 개정」(조선총독부훈령 제23호) 제5조 제3항에는 '국민직업능력 등록 및 국민징용에 관한 사항'이 명시되어 있다. 조선총독부 동원 기구 업무에서 처음으로 규정한 '징용' 업무이다. 이를 통해 국민징용령에 의거한 '징용'이 1941년 3월을 기점으로 공식적인 업무로 개시되었음을 알 수 있다. 〈표 11〉에서 「국민징용령」에 근거해 조선인을 징용하기 시작한 시기가 1941년이므로 일제가 노무과 업무에 '국민징용' 업무를 분장한 시기와 일치한다.

1942년 이후에도 조선에서 신규징용에 의한 노무동원은 계속되었다. 그러다가 1944년에 들어서면서 당국은 처음으로 중요 공장, 광산에 대해 현원징용에 의한 「국민징용령」을 발동했다. 1944년 2월 8일 징용령서 전달식이 거행된 자리에서 고이소 구니아키(小磯國昭) 조선총독은 그 의미를 다음과 같이 설명했다.

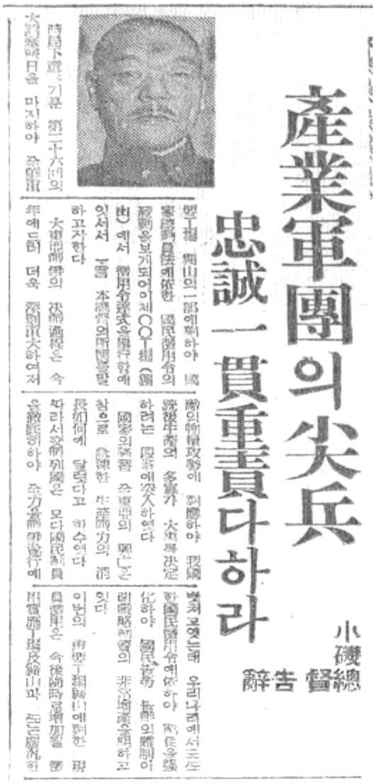
産業軍團의 尖兵
忠誠一貫 重責다하라
小磯總督 告辭

〈그림 18〉 고이소 조선총독의 훈시. 《매일신보》 1944년 2월 9일자

고이소 총독의 설명에 따르면 현원징용은 앞으로 있을 '광범한' 일반징용을 단행하기 위한 전제이기도 했다. 이 점은 제85회 제국의회에서 설명한 바 있었다.

> 시국 하 의의 깊은 제26회의 대조봉대일(大詔奉戴日)을 맞이해 전 조선(全鮮) 중요 공장, 광산의 일부에 대해 국가총동원법에 의한 국민징용령의 발동을 보게 되어 이제 OO공장(광산)에서 징용령서 전달식을 거행함에 있어서 본 총독의 소회를 말하고자 한다.
> 대동아전쟁의 결전 과정은 금년에 들어 더욱 심각 중대해져 적의 물량 공세에 대응해 우리나라 총후 생산의 다과가 대사를 결정하려는 단계에 돌입했다. <중략>
> 이번의 중요 공장, 광산에 대한 현원징용은 금후 수시로 증가될 징용실시 공장 및 광산과 또는 광범한 일반징용의 준비적 전제를 이루는 것으로서 금일 솔선 영예로운 응징사가 된 제사(諸士)는 당연히 금후 제사의 뒤를 따를 응징사에 대한 수범자(垂範者)의 입장에 있으며 <후략>

"중요 공장 광산의 일반징용 실시의 전제 조치로 할 목적과 아울러 노동이동 방지를 기하기 위해 금년 2월 이후 조선 내(鮮內) 중요 공장 사업장의 현원징용을 실시했는데 현재까지(8월 20일)의 징용 개소(個所)수, 공장 73개소, 광산 56개소, 계 129개소로 사장이하 종업원 징용수 147,480명에 달하며 실시 후 성적 극히 양호해 노무자의 이동 격감함은 물론 가동률도 징용 전에 비해 전반적으로 현저하게 상승해 〈후략〉"

1944년 4월 8일 《경성일보》는 〈공장·광산 종업원에 제2차 현원징용〉이라는 제목 아래 지난 2월 8일에 이어 "이번에 그 범위를 더욱 확대해 공장, 광산 종업원의 제2차 현원징용을 시행했다"고 보도했다. 제국의회에서 한 설명에 따르면, 이와 같은 현원징용을 계속 시행하다가 8월 8일의 각의결정 「반도인 노무자의 이입에 관한 건」에 따라 9월부터 조선에서 일본 본토로 '집단이입'하는 조선인에 대해 일반징용이 발동되었다고 이해할 수 있다.

〈그림 19〉《매일신보》 1944년 1월 6일 1면 기사

<중략> 조선은 유래로 물자가 풍부하여 이 점에서 대동아전쟁에 기여하는 바가 극히 다대하여 내지 조야로부터도 자못 기대가 컸음에도 불구하고 종래 그 생산개발이 아직 충분했다고 말할 수는 없다. 이제 국운을 건 결전을 목전에 앞두고 적을 격멸하고 급속한 생산전력의 충실을 기하고자 종래의 노무동원 방법의 강행과 병행하여 드디어 머지않아 국민징용령을 발동하여 유위한 청장년을 국가의 긴요한 업무에 종사하게 하기 위한 조치를 강구하기로 했다.

내지에서는 이미 다수의 내지인 청장년이 총후긴급생산에 종사하고 있다. 내지와 달리 지금까지 비교적 전

국을 직접으로 엄하게 경험함이 적었던 조선으로서는 당연한 봉공이라 하지 않으면 안 된다. 이미 궐기한 학도는 총을 메고 전선으로 달리고 있다. 반도 총후 또한 이에 응하여 긴급 생산에 총궐기할 때 적의 습상은 당연히 예상을 벗어난다. 그리고 그 업무의 종별은 본부로부터 지정될 터이며 출동기간은 대개 2개년 공장 사업장의 설비를 감안하여 순차 범위를 확충해갈 터이다. <이하 생략>

'1944년 징용설' 확산의 또 다른 이유는 앞에서 설명한 「국민징용령」에 따른 징용의 종류를 이해하지 못한 때문이다. 신규징용과 현원징용 등 징용의 종류에 대한 몰이해는 「국민징용령」 제3차 개정 이후 조선총독부가 기관지를 통해 유포한 언설을 잘못 해석하는 결과로도 이어졌다. 1944년 1월 6일 《매일신보》는 〈조선에도 국민징용령 발동−유위(有爲)한 청장년 동원 결승전력 비약생산〉를 통해 '드디어 조선인이 산업전사가 될 영광을 입었음'을 대대적으로 보도했다. 총력연맹 등 관변단체도 이러한 언설 유포에 앞장섰다.

그러나 이 기사에서 강조한 '드디어'는 최초의 징용이 아니라 '대대적인 일반징용' 즉, '대규모 징용의 길'을 의미한다. 이전에도 《매일신보》는 국민징용령 발동과 관련한 기사에서 줄곧 '드디어' 등의 표현을 통해 마치 '최초의 징용'인 듯 표현했다.

1942년 1월 6일자 〈반도 청년들의 광영−국민징용령 드디어 발동−만일 기피하면 1년 이하의 징역〉, 1944년 1월 8일자 〈국민징용령이란 어떤 것인가. 징용은 명예의 참전. 백지(白紙)응소의 광영을 알라〉에서도 "국가총동원법에 의거한 국민징용령은 5년 전인 소화 14년(1939년) 10월 1일(내지는 그해 7월 15일)부터 이미 실시되었는데 그동안은 노무사정이 그리 옹색하지 않아 한 두 차례 부분적으로 적용했을 뿐이고 전면적으로 발동하는 것만이 새로운 사실임에 불과한 것이다."라며 '최초의 징용'이 아님을 밝혔다. 그럼에도 1944년의 '대대적인 일반징용의 개시'는 '1944년 최초의 징용'으로 오랫동안 학계의 통설로 자리했다.

이상의 내용을 정리하면, 조선 내에서는 1942년에 처음으로 「국민징용령」이 발동된 바 있었고(신규징용), 1944년에는 노무자 이동방지와 일본 본토로의 일반징용 발동에 대비한 조선 내 최초의 현원징용이 발동되었다. 그럼에도 「국민징용령」에 의한 노무동원을 1944년 9월 이후로 보는 견해는, 조선에서 일본 본토로 '이입'하는 조선인 노무자를 「국민징용령」 중 신규징용(특히 일반징용)을 발동한 사례에 대한 해석이다.

「국민징용령」의 조선 적용에 관한 학계의 오류에 관해서는 최근 더 상세한 연구성과도 발표되었다. 허광무·정혜경·김미정, 『일제의 전시조선인 노동력 동원』(동북아역사재단, 2021)과 허광무의 논문 「일제말기 국민징용령에 따른 조선인 노무동원의 시기와 실태」(『한일민족문제연구』제44호, 2023)이다. 이제는 「국민징용령」이 조선 적용에 관해 법령과 실태를 통해 진부한 '1944년 징용설'을 퇴출해야 한다. 기존의 오류를 재생산하는데 기여한 연구자들도 스스로 인정하고 퇴출 작업에 동참해야 한다. 그렇지 않으면, 연구자 본인의 의지와 무관하게 역사부정론자들의 '강제동원 부정설'을 인정하는 꼴이 되어버리고 만다.

(3) '북지사변'에서 '지나사변'으로

1937년 8월 7일 조간 2면 기사 제목은 〈북지사변 관계 법안 전부 원안대로 가결되다〉이다. 기사에서 지칭한 '북지사변'은 중일전쟁을 의미한다. 이를 통해 전쟁 발발 초기에는 '지나사변'이 아니라 '북지사변'이라 불렸음을 알 수 있다. '북지사변'은 중국 전체가 아니라 화북 지역을 중심으로 하는 중국 북부 지역을 대상으로 한 군사행동이라는 의미를 가졌다. 그러나 머지않아 중국 전체를 의미하는 '지나사변'으로 바뀌었다. 이후《경성일보》기사에서도 더 이상 '북지사변'을 찾을 수 없다.

8월 12일 조선총독부가 제정 공포한 제령 제14호의 제목은 「조선북지사건특별세령」(제령제14호)이다. 9월 4일 각의결정 「북지사변에 적용해야 할 국가총동원계획요강」에서는 '북지사변'을 사용했으나 9월 9일 제정한 「군수공업동원법의 적용에 관한 법률」(법률 제88호)에서는 '지나사변'을 사용했다.

용어는 중요하다. 사실(事實)을 규정하는 잣대가 되기 때문이다. 중일전쟁은 당시 일본 사회에서 '전쟁'으로 불리지 않았다. 중지나파견군사령부는 '보상을 위한 군사행동'이라 했고, 고노에 총리는 '토비전'이라 했다. 대장성 예금부 과장으로 있던 모리 히데오토(毛里英於菟)는 1938년 11월 기고문 「동아 일체로서의 정치력」에서 '자본주의와 공산주의가 지배하는 세계에 맞서 일본 등의 동아 각국이 일으킨 혁명'이라 표현했다. 이러한 결과 대부분의 일본인은 전쟁이라 생각하지 않았고, 그러한 식의 인식은 지금까지도 일본 사회에 남아 있다.[73] 1937년 7월부터 일본 정부와 사회가 '사변'으로 불러 온 결과였다.

'북지사변'이라는 용어를 '지나사변'으로 변경한 인물은 고노에 총리였다. 그는 1937년 7월 7일 중국 베이징 교외의 루거우차오에서 일어난 일본군의 군사적 도발에 의한 중일 양군의 군사적 충돌을 중일전쟁이라는 전면전으로 확대하는 데 결정적인 역할을 했다.

7월 7일 충돌이 발생하자 고노에 총리는 7월 8일 각의에서 '불확대' 방침을 결정했다. 그러나 7월 11일 각의에서 고노에는 결국 현지 파병을 결정하고, 성명을 발표해 '이번 사태는 중국의 계획적인 무력 항일'이라고 단정했다. 7월 11일은 현지의 중일 양군이 정전협정을 조인한 날이다.

고노에 내각은 이후 '북지사변'을 '지나사변'으로 부르며 중일 간 격돌을 중국 전 지역으로 확장함을 공포했다. 또한 1937년 12월 일본군이 난징(南京)을 점령한 후 소련의 동향을 우려하던 참모본부가 전쟁을 조속히 수습하자는 입장을 제시했으나 고노에는 육군성의 입장을 지지했고, 1938년 1월에는 정식으로 중국 정부와 교섭 중단을 결정해 중일전쟁을 조기에 수습할 기회를 버렸다.[74]

---

73 가토 요코 지음, 윤현명·이승혁 옮김, 『그럼에도 일본은 전쟁을 선택했다』, 서해문집, 2018, 283〜284쪽
74 김봉식, 『고노에 후미마로』, 살림, 2019, 15〜20쪽

■ 연표로 보는 중일전쟁 발발 전후의 제국 일본 영역의 상황[75]

일시	일본 정부(일본군)	조선총독부(조선군)	항일운동 세력
1937.7.7	루거우차오(蘆溝橋)에서 중일 양군 충돌 스기야마 육군성 장관, 각의에서 일본 본토의 3개 사단 파병을 제안했으나 고노에 총리가 기각		
7.8	일본 각의, 불확대 방침을 결정		
7.11	현지 정전협정 조인 일본 각의, 「노부교사건 처리에 관한 건」 결정. 현지 파병을 결정 고노에 총리, 성명을 발표해 '중국의 계획적인 무력 항일'이라 단정	조선총독부, 극비리에 국장 긴급회의 개최. 중일전쟁에 따른 인적·물적 자원 징발 문제 토의	
7.15		미나미(南) 조선총독, 임시 도지사회의를 소집해 향후 전쟁 추이에 대해 민심 3대 방침을 제시	
7.20		고이소 구니아키(小磯國昭) 조선군 사령관, 조선 주둔 제20사단에 응급동원령 하달	
7.22		조선총독부, 조선정보위원회 설치 : 「조선정보위원회 규정」(조선총독부 훈령 제5호)	
7.27		조선총독부, 중일전쟁 발발로 각도에 전시체제령 통첩	대한민국임시정부, 중국 전장(鎭江)에서 국무회의 개최해 군무부에 군사위원회 설치 결정
7.28	일본군, 화북에서 총 공격 개시 일본 각의, 「총동원계획의 일부 실시」 결정		
8.1			한국광복운동단체연합회 결성 : 한국국민당·한국독립당·조선혁명당·한인애국당·미주 5개 단체 연합
8.2		조선총독부, 일본의 긴급 각의결정에 따라 조선재정을 전시체제로 급히 전환	
8.12		조선총독부, 「조선북지사건특별세령」(제령 제14호) 제정 공포	
8.13	일본 각의, 육군의 상하이 파견 결정 일본군, 해군육전대와 중국군과 교전 개시(제2차 상하이 사변)		
8.14	중국군 비행기, 상하이 일본 군함 폭격		

---

75 정혜경, 『일제강점기 조선인 강제동원 연표』, 도서출판 선인, 2018, 82∼92쪽

일시	일본 정부(일본군)	조선총독부(조선군)	항일운동 세력
8.15	일본 정부, 긴급 각의를 열어 전면 전쟁 개시를 결정 일본군, 해군항공대가 난징(南京)·난창(南昌) 공습		
8.24	일본 각의, 「국민정신총동원실시요강」 결정 일본 척무차관, 조선총독부 정무총감 앞으로 통첩 「국민정신총동원 실시에 관한 건」 송찰	조선총독부, 일본 척무차관 통첩에 따라 국민정신총동원운동 개시	
9.1	일본 정부, 「임시자금조정법 공포」 : 전시금융통제기본법, 9.27 일본 시행	조선총독부, 자원과 신설 : 자원조사에 관한 사항, 총동원 계획에 관한 사항, 방공에 관한 시행 등 담당	
9.2	일본 정부, 1937.4.2. 제정 공포한 「방공법 시행령」 공포 : 10.1 시행. 중일전쟁 발발로 기존 계획보다 6개월 앞당겨 시행하게 됨. 내무성 관제 개정에 따라 내무대신 관장 아래 방공과 도시계획에 관한 사항을 담당할 계획국을 신설해 국민방공 업무 관장		
9.4	일본 각의 「북지사변에 적용해야 할 국가총동원계획요강」 결정		
9.9	일본, 「군수공업동원법의 적용에 관한 법률」(법률 제88호) 제정. '지나사변' 용어 사용		
9.14		조선에 군수동원법 실시 결정	
10.11	일본 정부, 「군기보호법」 개정 공포(법률 제72호)	일본 정부가 「군기보호법을 조선에 시행하는 건」(칙령 제283호)를 개정함에 따라 조선에 적용	
10.20		조선군 사령부, 신문반(여론 통제 기구) 설치	
11.5	트라우크만 중국 주재 독일대사, 일본의 화평조건을 중국에 통고. 중국을 상대로 한 일본의 화평공작 개시		
11.9	일본 각의, 「국가총동원 훈령」 발동 일본 각의, 국가총동원법 제정에 관한 기본 방침 결정		
11.10	「국가총동원실시에 관한 건」(내각총리대신의 훈령) 일본 기획원, 국가총동원법안준비위원회 설치 : 국가총동원계획을 실시하기 위한 법제 정비에 착수. 1938.2.19. 각의, 국가총동원법 제정 결의. 2.24. 제국의회에 상정		
11.17	일본 정부, 「방공법 조선시행령」 (칙령 제661호) 제정		
11.20	일본 정부, 대본영 설치		

일시	일본 정부(일본군)	조선총독부(조선군)	항일운동 세력
12.13	일본군, 중국 난징 점령		
12.24	일본 각의, 「조선통치에 관한 방침」 결정 : 지원병 제도 실시 내용 일본 각의, 「지나사변대책요강」 결정		
1938.1.16	고노에 총리대신, 중국 정부와 교섭 중단을 결정하고 성명을 발표 일본 각의, 「1938년도 물자동원계획」 결정		
2.1	일본 육군대신, 내각총리대신에게 칙령안 「육군특별지원병령안에 관한 건」을 제출하고 각이 결정을 청원		
2.22	일본 각의, 육군대신이 청원한 칙령안을 육군특별지원병령으로 제정해 시행하도록 함 일본 정부, 「조선인육군특별지원병령」 공포(칙령 제95호)		
3.23		미나미 조선총독과 경무국장, 일본 척무대신과 척무성 조선부장 앞으로 전문 「조선인의 내지도항 제한에 관한 건」 송달	
3.28	중화민국 유신 정부, 일본군의 지도로 난징에 성립		
3.30	일본 정부, 「육군특별지원병 시행규칙」 제정 공포(육군성령 제11호)		
4.1	일본 정부, 국가총동원법 제정(5.3. 조선에 공포)		

(4) 신문기사가 만들어 낸 법령과 기구의 오류?

법령과 정부 기구에 대한 내용과 표기가 정확하지 않은 것은 비단 《경성일보》만의 문제는 아니다. 오류는 대부분 정확한 법령이나 기구의 명칭을 기재하지 않고 뭉뚱그려서 의미를 전달하는 과정에서 발생한다. 당국의 보도자료를 그대로 준용한 결과이다.

경제경찰제도와 관련한 사례를 보면, 《경성일보》 기사에서는 「경제경찰령」이나 「경제경찰법」이라는 용어를 사용해 마치 별도의 경제경찰제도를 근거로 하는 법령이 있는 듯 기술했다.[76] 그러나 별도의 법령은 없었고, 1938년 11월 12일자 「조선총독부 사무분장규정 중

---

76 《경성일보》, 1938년 9월 11일자, 석간 1면 5단, 〈경제경찰령 및 석유규정을 실시〉; 1938년 11월 3일자, 석간 1면 11단, 〈경제경찰법 5일 공포 실시〉

개정」(조선총독부훈령 제67호)이 근거 법령이었다. 그러므로 법령 자료에서 아무리 열심히 경제경찰령이나 경제경찰법을 찾는다 해도 찾을 수 없다. 존재하지 않았기 때문이다. 기사에서 지칭한 경제경찰령이나 경제경찰법은 '경제경찰 관련 법령'이라는 의미였다.

단순한 오기(誤記)도 적지 않다. 「응징사복무기율」은 「응징사복무규율」로 기재하고 있다.

또 다른 오류 발생의 배경은 예정 기사 때문이다. 특히 기관의 설치에 대해 확정되지 않은 상황에서 기대감을 토대로 한 예정 기사가 적지 않다. 대부분의 기관 설치 관련 예정 기사는 기관명이나 부서명에서 오류를 포함하고 있다. 심의를 거치는 과정에서 변경되는 경우가 적지 않기 때문이다.

여러 사례 가운데 앞의 〈표 9〉에서 본 바와 같이, 광산 관련 부서 기사를 보면 마치 광산부가 설치된 것으로 오해할 수 있다. 그러나 실제 설치한 부서는 광공국이었다. 광산부 설치 논의는 1939년 7월 12일부터 보도하기 시작했는데, 여러 논의를 거쳐 1943년 12월 1일 광공국으로 출범했다.

그러므로 신문기사에서 보도한 내용은 관련 법령을 확인해 사용해야 한다. 그러나 현재 연구 성과에서 법령에 대한 확인 절차 없이 신문기사만을 준용한 결과 또 다른 오류를 생산한 사례는 적지 않다. 이제는 법령을 직접 확인하는 방법으로 오류의 파도를 넘어서자.

1937년 주요 기사

1937년 7월 7일(석간)

지면 : 1면 1단

제목 : 관방기구의 개혁 – 외사과를 부로 승격, 3계를 신설, 진용 강화(官房機構の改革 - 外
事課を部に昇格, 三係を新設, 陳容强化)

주체·해당 지역 : 조선총독부

※ 1937년 7월 16일자 조선총독부 훈령 제50호 「조선총독부 사무분장 규정 중 개정」 제정 공포 관련 기사

관련 기사

1937년

7월 17일(석간) '총독부 외사부, 오늘 징용 강화를 실시'

1939년

5월 24일(석간) '외무부는 2과제로, 마쓰자와(松澤) 외무부장 부산에서 말하다', '외무와 척무 등 2과 제를 설치
운영하는 방안을 입안 중'

8월 4일(석간) '외사부 신관제 공포, 외무 척무 두 개 과의 소관 사무 제정', (조간) '외사부 독립 실현(사설)', '신설
외사부의 사명, 본부 외무부 기구확충에 대해 마쓰자와 부장 말하다'

주요 기사 내용

'북과 서를 발전시키자'는 정책에 따른 외사과 기구개혁 확대 강화를 기획하고 먼저 동양 8개소 영사에 통상사
무를 위탁하고 다시 선만일여(鮮滿一如) 정책에 따라 신징(新京)에 2명의 사무관을 주재하도록 하며, 북중국(北支)
기타 주요 도시에 파견원과 주재원을 운영하기로 결정

그 일환으로 조선총독부는 사무분장
규정을 개정해 과를 부로 승격하고
부에 통상, 이민, 외사 3계를 신설해
외사 사무의 진용을 강화
이번 기구개혁은 향후 통상, 이민,
외사 3계를 과로 승격시켜 외사국
을 설치하는 전제로 평가

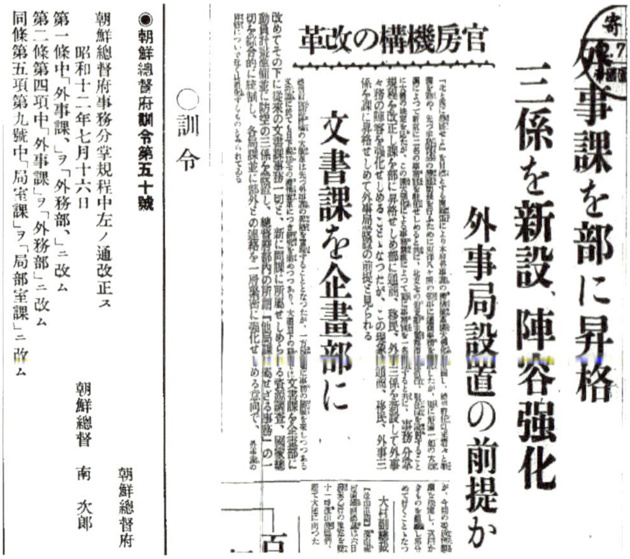

〈그림 20〉 법령

◎朝鮮總督府訓令第五十號

○訓令

朝鮮總督府事務分掌規程中左ノ通改正ス

昭和十二年七月十六日

　　　　　朝鮮總督　南　次郎

第一條中「外事課、」ヲ「外務部、」ニ改ム

第二條第四項中「外事課」ヲ「外務部」ニ改ム

同條第五項第九號中「局室課」ヲ「局部室課」ニ改ム

■ 대한제국 및 조선총독부 외무 관련 기구 변천

1905년 외국과 설치

1907년 4월 외무부

1910년 10월 1일 조선총독부 총무부 소속 외무국

1912년 4월 1일 총독관방 외사과(1928년 외사과 폐지)

1929년 11월 8일 총독관방 외사과 설치

1937년 7월 16일 외사과를 외무부로 개칭

1939년 8월 2일 외무부를 폐지하고 외사부 신설(칙령 제532호 「조선총독부 관제 개정」)

1941년 11월 19일 외사부 폐지, 사정국 소속 외무과, 척무과로 업무를 이관(조선총독부 훈령 제103호 「조선총독부 사무분장 규정 중 개정」)

1937년 7월 7일(조간)

지면 : 2면 1단

제목 : 보건위생성(가칭) 설치, 관계 각료 어제 협의(保健衛生省(假稱)設置, 關係閣僚きのふ 協議)[1]

주체·해당 지역 : 일본 정부

1　여러 논의를 거쳐 1938년 1월 10일 후생성으로 발족

관련 기사

1937년

7월 8일(석간) '신설 기구 명칭은 보건사회성으로 내정'

7월 10일(조간) '보건사회성 - 기구요항 결정'

12월 25일(조간) '후생성으로 개칭, 생명보험 행정감독은 종래와 같이 상공성으로'

1938년

1월 6일(석간) '후생성, 드디어 10일 정식으로 결정'

1월 7일(조간) '신설하는 후생성 대신, 문부성 대신의 겸직으로 결정'

1월 8일(석간) '후생성의 인사, 10일 각의에서 결정'

1월 11일(조간) '기대되는 후생성 신설'

1월 12일(조간) '후생성, 드디어 개청'

1937년 7월 9일(석간)

지면 : 1면 7단

제목 : 보험사무를 보험원에 통합(保險事務を保險院に統合)

주체·해당 지역 : 일본 정부

관련 기사

1937년

12월 25일(조간) '후생성으로 개칭, 생명보험 행정감독은 종래와 같이 상공성으로'

1937년 7월 11일(석간)

지면 : 2면 3단

제목 : 드디어 방공계 실현!(愈よ防空係り實現!)

주체·해당 지역 : 조선총독부

관련 기사

1937년

9월 1일(석간) '하늘의 위협에서 조선(*반도)의 자원을 보호한다, 자원방호계 승격'[2]

1938년

1월 9일(조간) '방공과 도시계획, 두 개의 계를 합병, 올봄 4월경 도시계획과로 승격'

---

2 자원방호과 독립 관련 기사

1939년

2월 3일(석간) '총독부 경무국 내에 드디어 방호과 신설, 조선(*반도) 방공진영을 강화', '경성부청에 방공과'

2월 5일(조간) '조선(*반도) 방공진 완벽을 기하다, 방호과 신설에 대해'

6월 23일(석간) '각도에 방호과를 신설, 조선(*반도)의 하늘을 지킨다. 경찰서에도 전임 계관을 배치'

1940년

2월 20일(조간) '전 조선에 선두로, 병차방공계'

6월 5일(조간) '경남 방호과, 7월부터 신설'

6월 6일(조간) '각도에 방호과 신설, 총후 보호에 만전'

8월 25일(조간) '체신국에 방공계'

12월 14일(조간) '13도에 방호과, 내년 봄에 실현'

1941년

1월 14일(조간) '경북 방호과 이달 중 설치'

1월 21일(조간) '방호과 신설에 대해', '대망의 각도 방호과, 내일 일제히 개설'

1월 23일(조간) '각도 방호과 일제히 업무 개시, 시국 아래 담당할 중책'

1월 24일(석간) '각도 방호과 신설에 따른 이동'

2월 9일(석간) '피난은 강제하지 않는다, 공습에 겁나지 않는다, 방호과가 항간의 우려를 경고'

주요 기사 내용

방공강화의 직진, 장래는 본부 방공과로 확대, 위원회를 설치해 통제

최근 제공기의 발달 및 성능 증대에 따라 작년 여름 이후 각지에서 방공계를 설립

조선에서도 공습에 대한 방호진을 완성시키고 기구의 통제 강화를 이루기 위해 올해부터 조선총독부 문서과에 방공계를 신설하기로 하고 관제안을 일본 정부에 제출해 9일 통과

방공계에는 속 2명, 촉탁 2명을 배속하고 방공법 실시에 따라 기능을 점차 확대해 과로 승격할 방침. 특히 군부 방면과 긴밀한 관계를 강화해 군부 출신자를 활용할 예정

지면 : 2면 4단

제목 : 정보위원회 급히 설치, 중앙에 준해 각도에도 설치(情報委員會急設, 中央に準じく各 道にも設置)[3]

주체·해당 지역 : 조선총독부

■ 조선정보위원회[4]

1936년 히로타(廣田) 내각 시절에 일본 정부가 설치한 정보위원회를 모태로 한 기관

1937년 7월 7일 중일전쟁 발발 직후인 7월 15일 미나미(南) 조선총독이 임시 도지사회의를 소집해 향후 전쟁 추이에 대해 민심 3대 방침을 제시하고 언론관계자와 재계, 중추원 참의, 종교인, 교육자 등을 대상 으로 적극 협력을 요청한 후, 선전 활동을 구체화하기 위해 7월 22일에 「조선정보위원회 규정」(조선총독부 훈령 제5호)에 따라 설치

정보 선전과 관련된 중요사항을 심의했으며 정부 소집과 시국 선전, 관련 기관과 연락 등 기능을 수행

중앙 조직 외에 각 도에 도지사를 위원장으로 하는 도 정보위원회를 설치해 중앙과 지방을 연결하는 수직 적인 정보 선전 라인을 작동

주요 기사 내용

관련 업무를 종래 조선총독부 관방 소속 문서과에 실시 하려 구상했으나 시국의 중대에 따라 급히 정보위원회를 설치하기로 하고 조선총독부령에 따라 22일 설치 시행

위원회 역할은 각종 정부 수립, 조사 연구, 각종 선전 업 무 담당

위원장은 오노(大野) 정무총감이고, 위원은 각 국장·관방과 장·사무관·도지사·조선군 참모장·조선헌병대 사령관 등

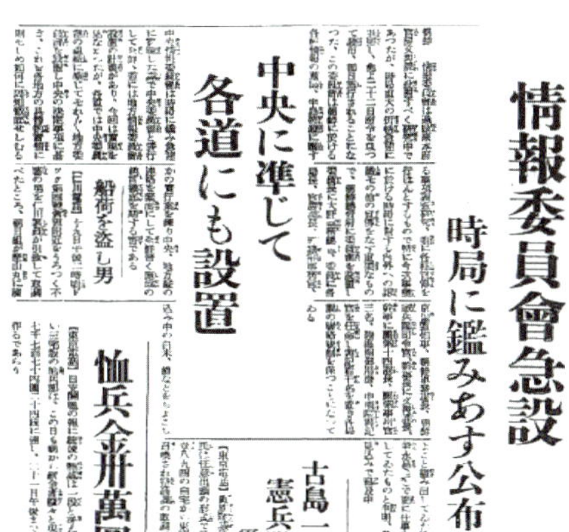

---

3 1937년 7월 22일 설치한 조선정보위원회를 의미

4 김봉식·박수현, 『전시 동원체제와 전쟁협력 ― 총동원 계획과 관제운동』, 동북아역사재단, 2022, 125~126쪽

지면 : 2면 7단

제목 : 하늘의 위협에서 조선(*반도)의 자원을 보호한다, 자원방호계 승격(空威脅から半島の資源を護る, 資源防護係の昇格)

주체·해당 지역 : 조선총독부

주요 기사 내용

'조선(*반도)의 하늘을 지키자'는 당면과제를 이루어야 하는 때, 조선총독부는 방공의 긴급성을 통감하고 문서과에 자원방호계 기능을 강화하기 위해 자원방호과를 독립시키고 그 아래 방공계를 설치하기로

※ 자원방호과 신설?

기사에서는 '자원방호과를 독립'시킨다고 보도했으나 신설된 과는 자원과

조선총독부는 조선총독부훈령 제66호 「조선총독부 사무분장 중 개정」(1937년 9월 1일)에 따라 자원과를 신설

자원과의 업무는 총 3개 항 : 자원조사에 관한 사항, 총동원계획에 관한 사항, 방공에 관한 사항

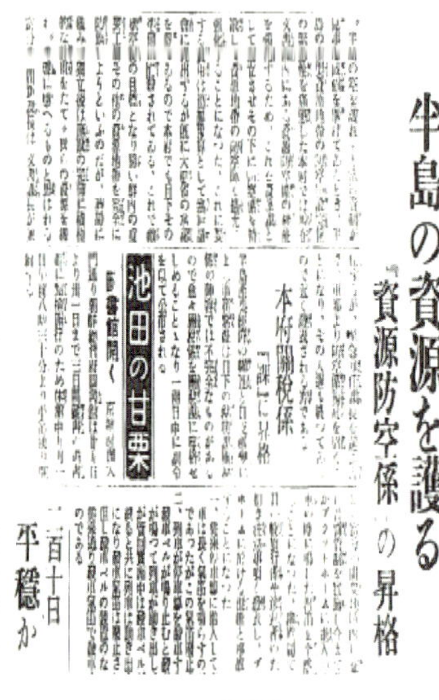

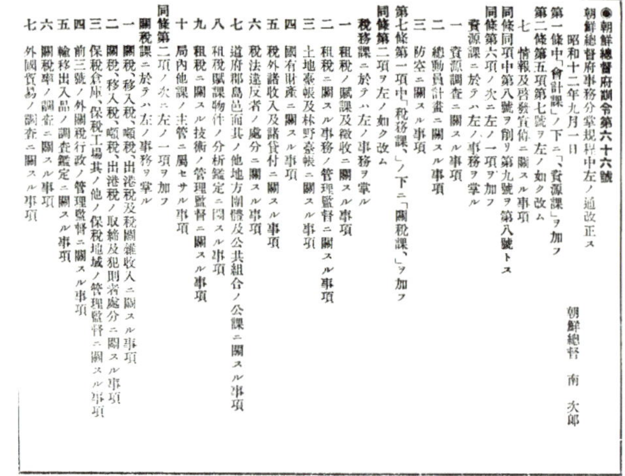

●朝鮮總督府訓令第六十六號

昭和十二年九月一日

朝鮮總督　南　次郎

第一條中「會計課」ノ下ニ「資源課」ヲ加フ

第二條第五項第七號ヲ左ノ如ク改ム

七　情報及啓發宣傳ニ關スル事項

同條同項中第八號ヲ削リ第九號ヲ第八號トス

同條第六項ノ次ニ左ノ一項ヲ加フ

資源課ニ於テハ左ノ事務ヲ掌ル

一　資源調査ニ關スル事項

二　總動員計畫ニ關スル事項

三　防空ニ關スル事項

第七條第一項中「稅務課、」ノ下ニ「關稅課、」ヲ加フ

同條第二項ヲ左ノ如ク改ム

稅務課ニ於テハ左ノ事務ヲ掌ル

一　租稅ノ賦課及徵收ニ關スル事項

二　租稅ニ關スル事務ノ管理監督ニ關スル事項

三　土地臺帳及林野臺帳ニ關スル事項

四　國有財產ニ關スル事項

五　稅外諸收入及諸貸付ニ關スル事項

六　稅法違反者ノ處分ニ關スル事項

七　道府郡島邑面其ノ他地方團體及公共組合ノ公課ニ關スル事項

八　租稅賦課物件ノ分析鑑定ニ關スル事項

九　租稅ニ關スル技術ノ管理監督ニ關スル事項

十　局內他課ノ主管ニ屬セサル事項

同條第二項ノ次ニ左ノ一項ヲ加フ

關稅課ニ於テハ左ノ事務ヲ掌ル

一　關稅、移入稅、噸稅、出港稅及稅關雜收入ニ關スル事項

二　關稅、移入稅、噸稅、出港稅ノ取締及犯則者處分ニ關スル事項

三　前三號ノ外關稅行政ノ管理監督ニ關スル事項

四　保稅倉庫、保稅工場其ノ他ノ保稅地域ノ管理監督ニ關スル事項

五　輸移出入品ノ調查鑑定ニ關スル事項

六　關稅率ノ調查ニ關スル事項

七　外國貿易ノ調查ニ關スル事項

〈그림 21〉 조선총독부훈령 제66호 법령 내용

지면 : 5면 5단

제목 : 진주읍의 부제 시행(晋州邑の府制施行)

주체·해당 지역 : 조선총독부

주요 기사 내용

도 당국은 최근 도내 산업 발전과 교통 발달에 따라 진주읍 부제 시행을 조선총독부 본부에 건의

도 당국이 내무부장회의라는 좋은 기회를 이용해 작업한 결과

현재 진주읍은 일본인 2,733명, 조선인 30,353명, 외국인 95명 등 총 33,181명 거주

지면 : 2면 5단

제목 : 조선군사령부에 신문반을 편성(朝鮮軍司令部に新聞班を編成)

주체·해당 지역 : 조선군

관련 기사

1938년

11월 5일(석간) '조선군 보도부 설전부대를 편성, 전 조선에 파견 여론지도'

1939년

12월 14일(석간) '중등학교 졸업생들에게 지원병을 대량 모집, 보급 강연에 나선 군보도부'

1940년

8월 4일(조간) '대만군 보도부 신설'

1941년

8월 24일(조간) '여론지도에 신 발족, 조선군 보도부 기구 강화, 절대 정의와 진실'

1943년

8월 3일(석간) '보도부를 독립 분리' '보도부 변천의 궤적'

1945년

5월 13일 '군사외교정치의 보도선전, 정보국으로 통일, 대본영 보도부 편성'

주요 기사 내용

조선군사령부는 조선의 상황(만주와 본국의 중간에 위치)과 시국의
중대성을 고려해 참모 등 장교 약간 명을 배치해 신문반을 편
성하고, 일반 관리도 협력
20일부터 업무 개시
전쟁(*사변)을 계기로 획기적으로 높아진 조선인(*반도민)의 애
국심을 강화하고, 국방 사상을 철저히 하며 제국의 일대 비약
에 대비를 위한 조치

■ **신문반**

일본군이 전시 해당 지역의 언론과 여론을 통제하고 그에
따른 여러 정책을 주도(補導)하는 기구, 이후 보도부가 됨
일본에서는 1919년 육군성 신문반이라는 이름으로 운영
하다가 1938년 11월 대본영 육군보도부에 편입하면서 하
나의 기구로 두 개의 위상을 갖는 조직이 됨
1938년 8월 육군성 정보부로, 1940년 12월 육군보도부
로 개칭
조선에서는 참모부 내에서 그 역할을 담당하다가 1937년
10월 신문반을 설치한 후 1938년 1월 보도반으로 개칭했다
가 10월 보도부로 독립하면서 확대 개편[5]

---

5   조건, 「전시 총동원체제기 조선 주둔 일본군의 조선인 통제와 동원」, 동국대학교 대학원 사학과 박사학위논문,
     2015, 62~88쪽

지면 : 2면 8단

제목 : 대본영 설치는 이번 달 중순 예정(大本營設置は今月中旬の豫定)

주체·해당 지역 : 일본 정부

주요 기사 내용

중일전쟁(*지나사변)의 전과를 신속히 달성하기 위해 대본영을 정부 내(도쿄)에 설치

관련 기사

1937년

11월 3일(조간) '거국일치 체제의 강화 확립으로, 대본영 설치는 10일경'

11월 12일(조간) '대본영 설치로 결정, 급속한 실현에 의견 일치하다'

11월 17일(석간) '신군령에 따른 대본영 드디어 실현, 양 3일 중 설치조령 공포'

11월 19일(석간) '대본영과 내각, 연락기관 설치 모색', '대본영령 공포'

11월 21일(조간) '어제 대본영을 설치, 육해 양 보도부가 발표', '칙어를 내리다, 대본영 설치에 관해 육해군 양성이 발표'

1940년

7월 26일(조간) '정부, 대본영 연락회의, 27일 개최 결정'

7월 28일(석간) '대본영 정부 연락회의 개최, 정전(政戰) 양 전략의 일원화 확립'

■ **대본영**

전시(戰時) 중 또는 사변(事變) 중에 설치된 일본 제국 육군 및 해군의 최고 통수 기관

천황의 명령(봉칙명령奉勅命令)을 대본영 명령(대본영 육군부 명령(大陸命), 대본영 해군부 명령(大海令)으로 발하는 최고 사령부로서 기능을 가지는 기관

1893년 5월 19일에 칙령 제52호 전시 대본영 조례(條例)에 의해 설치

청일전쟁과 러일전쟁 때도 설치되었으나 이 때는 종전 후 해산. 그 후 중일전쟁 때 전시 외(外)에도 설치할 수 있도록 변경해 패전 때까지 존속

1945년 3월까지는 대본영 회의에 내각총리대신도 참석할 수 없었음

지면 : 2면 8단
제목 : 남경 대본영의 특색은 방공부 신설(南京大本營の特色は防空部の新設)
주체·해당 지역 : 중국 장개석 정부

지면 : 2면 3단
제목 : 국가총동원 훈령, 어제 결정 즉각 발령(國家總動員訓令, きのふ決定直ちに發令)
주체·해당 지역 : 일본 정부

주요 기사 내용

일본 정부는 중일전쟁(*사변)의 중대 시행으로 전시체제 고도화를 목적으로 기획원을 중심으로 전시에 매진하기 위해 어제 9일 각의에서 훈령을 결정
훈령의 내용은 국민정신을 고양한 생산력 확충, 수입 지출 수급 조절, 배급 적정 등

지면 : 2면 1단

제목 : 방공법 조선시행령 결정, 17일에 공포 실시, 방공위원회령도 각의에서 결정(防空法 朝鮮施行令決定, 17日に公布實施, 防空委員會令も閣議で決定)

주체·해당 지역 : 조선

관련 기사

1941년

12월 18일(조간) '방공법 시행령 시행규칙 어제 공포, 내외지 동시에 시행'

12월 21일(석간) '방공법 조선시행령 오늘부터 실시', '한 사람 한 사람이 방위업무'

■ **방공법**

1937년 4월 5일 일본 정부가 제정 공포하고 10월 1일부터 시행

전시나 사변이 발생했을 때 항공기 공습으로 발생할 수 있는 위해(危害)를 방지하고 피해를 줄일 목적으로 제정

1941년 11월과 1943년 10월에 각각 개정했고, 1946년 1월 31일 폐지

■ **방공법 조선시행령**

1937년 11월 17일(칙령 제661호) 제정

총 5개 조항에 부칙 1개 조로 구성

주요 내용은 '방공법을 조선에 시행할 것을 명령'하고, '방공법에 따른 보상과 변상 등에 관한 규정', '조선 방공위원회에 관한 규정' 등

※ 1931년 9월 일본 육군이 만주사변을 감행한 후 그 해 10월 8일 중국 진저우(錦州)를 공습(제1차 세계대전 종결 후 처음 실시한 도시폭격)하는 등 중국의 민간 지역에 대한 공습을 빈번히 자행하면서 일본도 적의 공습 대상 지역이 될 것을 예상한 일본 정부는 중일전쟁 발발 이전부터 방공(防空)정책을 수립하고 일본과 조선을 대상으로 관련 행정조직을 설치해 방공훈련 등을 실시

지면 : 2면 1단

제목 : 칙어를 내리다, 대본영 설치에 관해 육해군 2개 성이 발표(勅語を賜はる, 大本營設置に關して陸海兩省より發表)

주체·해당 지역 : 일본 정부

20일 오후 7시 대본영 설치 관련해 오후 2시 반에 칙어 발표

'육군의 충절을 기쁘게 생각'

육해군 2개 성은 보도부를 통해 이번 전쟁(*사변)에 대응하기 위해 대본영을 설치한다고 발표

※ 육군성 보도부 발표 내용 수록

1937년 12월 17일(조간)

지면 : 5면 8단
제목 : 도항보호사무소, 15일 개소식 거행(渡航保護事務所, 15日開所式擧行)[6]
주체·해당 지역 : 조선총독부

1937년 12월 20일(석간)

지면 : 1면 1단
제목 : 북중국(*북지) 경제발전을 위해 중일합작기관 설치(北支經濟發展のため中日合作機關設置)
주체·해당 지역 : 중국 정부

중화민국 임시정부는 민생 향상을 달성하기 위해 행정부에서 연구 중이지만 국내 자본산업개발이 미비해 외자 도입을 요망하던 중, 임시정부에 이해를 가진 일본의 경제자본과 인적 요소를 개발에 반영하기 위해 중일경제협회와 같은 중추기관 설치를 희망

---

6 부산에 설치한 부산도항보호사무소를 의미한다. 1941년에는 여수에도 여수도항보호사무소를 설치했다.

일본 정부는 단지 필요한 정치적 지도를 담당하며 기술, 자본, 인적 요소의 합작과 완전한 제휴를 도모하고자 함

1937년 12월 25일(조간)

지면 : 2면 6단

제목 : 후생성이라 개칭, 생명보험 행정감독은 종래와 같이 상공성으로(厚生省と改稱, 生保
行政監督は從來通り商工省へ)

주체·해당 지역 : 일본 정부

주요 기사 내용

24일에 열린 정례 각의에서 보건사회성 문제를 논의한 결과 후생성으로 개칭하기로 하고 총리가 제안한 제
정안을 결정

관제는 정부의 양보에 따라 추밀기관과 원만히 해결하고 내년 봄에 실시할 것으로 예상

1938년 주요 기사

1938년 1월 6일 (석간)

지면 : 1면 11단
제목 : 후생성, 드디어 10일 정식으로 결정(厚生省, 愈よ十日正式に決定)
주체·해당 지역 : 일본 정부

■ 후생성

1938년 1월 10일 설치
육군 의무국장(1934~1938)을 지낸 고이즈미(小泉親彦)가 징병검사 결과를 검토하면서 '장정의 체위저하' 등 국민보건위생 문제에 관심을 갖고 후생성 신설을 주장
이후 육군대신 데라우치(寺內寿一)의 제창을 계기로 각계의 관심을 환기한 결과, 1938년 후생성 설치. 국민 체력 향상이나 결핵 등 전염병 방지 외에 상이군인이나 전사자 유족에 관한 업무를 담당하는 행정기관으로 운영
설치 당시 1개 관방, 5개 국(체력국, 위생국, 예방국, 사회국, 노동국)과 외국(外局)으로 보험원을 설치 운영
여러 차례 개편을 거쳐 현재 후생노동성으로 이어짐

관련 기사

1937년

7월 7일(조간) '보건위생성(가칭) 설치, 관계 각료 어제 협의'
7월 8일(석간) '신설 기구 명칭은 보건사회성으로 내정'
7월 10일(조간) '보건사회성 - 기구요항 결정'
12월 25일(조간) '후생성으로 개칭, 생명보험 행정감독은 종래와 같이 상공성으로'

1938년

1월 7일(조간) '신설하는 후생성 대신, 문부성 대신의 겸직으로 결정'

1월 8일(석간) '후생성의 인사, 10일 각의에서 결정'

1월 11일(조간) '기대되는 후생성 신설'

1월 12일(조간) '후생성, 드디어 개청'

1938년 1월 9일(조간)

지면 : 7면 5단

제목 : 방공과 도시계획, 두 개의 계를 합병(防空と都市計劃, 二つの係を合併して)

주체·해당 지역 : 조선총독부

주요 기사 내용

중일전쟁(*지나사변)에 의해 방공의 중요성은 군관민이 강조함에 따라 어제 방공령이 실시되자 조선총독부에서는 방공과가 중심이 되어 군관민 유력자를 하나로 하는 방공위원회를 설치해 반도 방공에 만전을 기하게 되었음

도시계획과 방공이 밀접히 관련됨에 따라 조선총독부에서는 내무국 토목과내에 있는 도시계획계와 관방문서과 방공계를 합병하고 도시계획과로 승격시켜 관방에 두기로 함

사무관 과장 아래 사무관과 기사 각 1명을 두고 장래에 조선(*반도)의 도시계획을 방공 중심으로 설정

올 4월까지 실시하기로 함

1938년 1월 16일(석간)

지면 : 1면 1단

제목 : 조선에 지원병제도(朝鮮に志願兵制度)

주체·해당 지역 : 일본 정부·조선

1938년

1월 17일(석간) '찬란한 지원병 제도, 역사상 다시 없는 금자탑'

2월 2일(조간) '지원병 제도 칙령, 제반의 수속 순조롭게 진행'

2월 3일(조간) '사카이(堺)시에 조선(*반도)청년학교'

2월 18일(조간) '지원병 제도(19일) 드디어 공포'

2월 19일(석간) '지원병 제도, 군사령관의 담화, 공포와 동시에 발표'

2월 23일(석간) '지원병령 23일에 공포' '지원병제도 오늘 공포, 육군특별지원병령'

5월 5일(석간) '지원병 훈련소 경성제국대 내에 임시 개설'

6월 10일(석간) '지원병 훈련소 부지를 결정, 공덕리에 약 2만 평을 매수'

1939년

10월 29일(조간) '지원병훈련소 다시 3개소 증설, 대구·평양·함흥 각지'

1940년

11월 5일(조간) '이 총후에 이 지원병의 아내'

1942년

12월 2일(조간) '제2지원병 훈련소를 개설, 이달 중순에는 입소식, 당분간 평양에서 훈련 실시'

■ 조선인 지원병 제도 결정 과정

1937년 7월 2일 조선군사령부, 1937년 6월에 일본 육군성이 요청한 '조선인지원병제도에 관한 의견' 제출

※ 조선 민족의 사상변천 개요·일소 개전에 대한 조선의 관찰·조선인 경제상태 개관·조선 아동 취학 상황 등 총 4개 항목

8월 4일 제71회 제국의회에서 박춘금(朴春琴)이 '조선인에 대한 병역의무 부여'를 청원했으나 일본 정부위원이 시기상조라는 이유로 반대

9월 4일 일본 육군차관, 조선군 참모장에게 조선인 지원병 문제에 관한 의견 조회 요청

11월 14일 조선군 참모장, 육군차관에게 '조선인 지원병 문제에 관한 건 회답' 보고

※ 지원병훈련소와 초등교육 강화 등 조선인에 대한 교육제도와 시설을 마련해 지원병을 채용하고 당분간 조선 내 부
　대에 배치하는 것이 바람직하다는 내용

1938년 1월 15일 미나미 총독, 천황에게 조선인의 지원병제도 실시를 상주(上奏)

2월 1일 육군대신, 칙령안 '육군특별지원병령안에 관한 건'을 내각총리대신에게 제출해 각의결정을 청원

2월 22일 육군대신이 청원한 칙령안을 「육군특별지원병령」으로 제정

조선총독부 허가를 마친 기사

조선에 지원병 제도, 17세 이상으로 재영(在營) 기간 2년, 실시 시기는 4월로 예정, 6개월간 훈련, 조선사단에 분산 편입[7]

육군성, 척무성, 조선총독부의 관계 당국이 신중히 심의해 정부의 방침으로 결정. 만주사변에서 중일전쟁(*지나사변) 발발 이후 조선인의 애국적 정신의 발로를 감안할 때 신속히 실시해야 할 일임

머지않아 칙령을 통해 '병역의무는 일본 본토(*내지)에 본적을 가진 애국 신민에 한정한다'는 내용을 개정해 조선에도 적용시키도록 하는 지원병제도를 공포하게 되었음

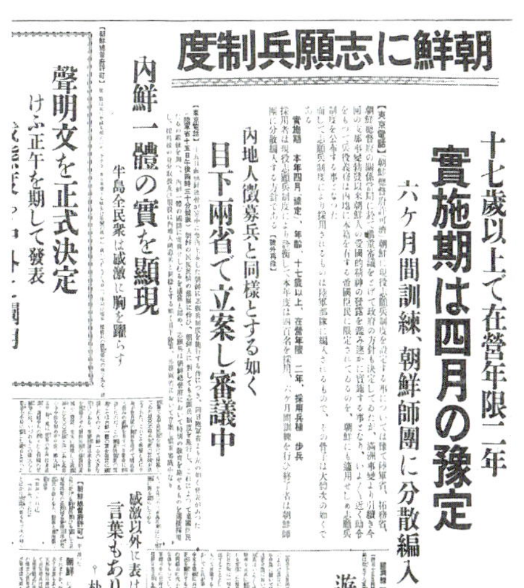

1938년 1월 17일(석간)

지면 : 1면 1단

제목 : 찬란한 지원병제도, 역사상 다시 없는 금자탑(燦たり志願兵制度, 史上空前の金字塔)

주체·해당 지역 : 일본 정부·조선

■ 조선인 육군특별지원병 제도[8]

일본 정부의 법령에 근거해 영장을 받고 일본군에 동원된 조선인 인력(지원병과 징병) 가운데 하나

지원병은 육군특별지원병·해군특별지원병·학도지원병·기타 다양한 소년지원병으로 나눌 수 있는데, 그 가운데 하나가 육군특별지원병

1943년 조선인 징병제도를 시행하기 전에 병력 부족을 해결하기 위해 조선인 16,830명을 동원

■ 조선인 육군특별지원병 제도 운영 연혁

1938년 2월 22일 일본 정부, 「조선인육군특별지원병령」(칙령 제95호) 공포. '호적법의 적용을 받지 않는 나이인 17세 이상의 제국신민 남자로서 육군의 병역에 복무하기를 지원하는 자는 육군대신이 정한 장소에서 전형한 후에 현역 혹은 제1보충병역에 편성할 수 있다'(제1조)

4월 2일 「조선총독부육군특별지원자훈련소 규정」 공포(조선총독부령 제70호)·「조선총독부육군병지원자훈련

---

7   전날인 1월 15일자 경성일보에 미나미 총독이 천황에게 교육령 개정과 지원병 제도 실시를 상주했다는 보도가 있었다.

8   상세한 내용은 표영수, 「일제강점기 조선인 지원병제도 연구」, 숭실대학교 대학원 사학과 박사학위논문, 2008 참조

소생도채용규칙」 공포(조선총독부령 제71호)·「조선총독부육군병지원자훈련소생도채용수속」 공포(조선총독부 훈령 제18호)

4월 4일 「1938년 3월 30일 육군성령 제11호 「육군특별지원병령 시행규칙」 공포

4월 10일 1938년도 전기 지원병지원자 신청 접수 마감

6월 15일 임시훈련소 설치(경성제국대)

9월 5일 조선육군병지원자훈련소 이전(경기도 양주군 노해면 공덕리)

1940년 7월 3일 「육군특별지원병 훈련소 규정과 채용 규정」 개정 ※ 훈련기간을 단축하고 인원을 5배 증원

1944년 10월 14일 육군특별지원병령 개정 ※ 병역에 복무하지 않는 자 가운데 지원자에 한해 전형 후 일본 군대에 입영하거나 17세 미만자로서 지원 후 제2국민역에 복무하게 함

1938년 1월 19일(석간)

지면 : 1면 5단

제목 : 전 조선에 청년훈련소를 확대, 지도자를 조선 내 4개 연대에 입소시켜(全鮮に靑訓を擴大, 指導者を在鮮四箇聯隊に入れ)

주체·해당 지역 : 조선군

관련 기사

1938년

1월 19일(석간) '지원병을 수용할 육군 예비훈련소, 경성 부근에 신설'

1월 22일(석간) '1군 1개소에 청년훈련소, 청년학교 정도로 진보시킨다'

2월 5일(석간) '청년훈련소 규칙을 개정, 청년학교에 근접'

1939년

10월 29일(조간) '지원병훈련소 다시 3개소 증설, 대구·평양·함흥 각지'

1940년

1월 5일(조간) '지원병훈련소'

1월 6일(조간) '지원병 제도와 청훈(靑訓)'

1월 12일(석간) '청년훈련소를 증설, 전 조선에 800개소'

1월 23일(석간) '증설의 전 조선 청년훈련소 후보지를 조사'

1월 26일(석간) '청년훈련소(靑訓)를 대 확충, 1천7백 개소를 증설' '국민훈련의 확고, 청년훈련소 약 1천7백 개소 증설, 관계자 타합회 개최, 획기적 대사업 - 총독 훈시'

2월 1일(석간) '인적자원 확보로, 1읍면 1청훈(靑訓), 충북 99면에 신설'

10월 24일(조간) '두(兩) 청년훈련소 준비 사열'

1941년

11월 15일(조간) '청년훈련소를 청년학교로, 총독부에서 개편안을 준비'

1944년

7월 2일 '청년훈련소별과 합동훈련소 개설, 27일간 훈련, 전 조선 120개소에서 실시, 소장은 내무부장, 전기
7월 6일 후기 8월 5일'
7월 3일 '청훈별과 합동훈련소 개설'
7월 6일 '훈련은 최상의 마무리, 청훈별과 합동훈련 6일부터 개시'
7월 17일 '청훈별과 합동훈련생 연성 10일간'

1938년 1월 27일(조간)

지면 : 2면 1단

제목 : 시국대책위원회 설치 준비를 추진, 총독 관저에 관방과장이 모여, 어젯밤 중대 협
의(時局對策委員會の設置準備を進む, 總督官邸に官房課長參集, 昨夜重大協議を行ふ)[9]

주체·해당 지역 : 조선총독부

관련 기사

1938년

1월 28일(석간) '시국대책위원회 요강 완성, 미증유의 상설적 강력 기관, 가공적인 토론을 배격, 위원장은 오노
정무총감'
1월 30일(조간) '시국대책위원회, 신속히 위원과 간사를 임명'
8월 28일(조간) '시국대책조사위 진용 갖추다'
8월 30일(석간) '시국대책조사위 자문안 오늘 발표'

■ **시국대책준비위원회, 시국대책조사회**[10]
시국대책준비위원회 : 시국대책조사회를 설치하기 위해 1938년 2월 8일 설립한 사전 준비 기관
시국에 대한 중요한 정책의 입안을 목적으로 구성. 조선총독부의 내무·재무·식산·농림·법무·학무·경무·체
신·철도·전매 국장을 포함해 총 87명의 관료로 조직
1938년 2월 18일 제1회 회의를 시작으로 8월까지 총 10회의 준비위원회를 개최하고, 18개 항목에 이르
는 조선총독 자문 사항을 결정
※ 시국대책준비위원회는 8월 「시국대책조사회관제」 공포에 따라 폐지
시국대책조사회 : 1938년 8월 27일 관제 공포와 함께 설치하고 시국대책준비위원회가 준비한 기본안(조
선대책, 소련대책, 중국대책, 만주대책)에 대한 논의를 개시

9　시국대책준비위원회를 의미
10　김봉식·박수현, 『전시 동원체제와 전쟁협력 − 총동원 계획과 관제운동』, 97~99쪽

1938년 1월 28일(석간)

지면 : 1면 1단

제목 : 시국대책위원회 대강 완성, 미증유의 상설적 강력 기관, 가공적인 토론을 배격, 위원장은 오노 정무총감(時局對策委員會大綱成る, 未曾有の常設的強力機關, 架空的討論を排擊, 委員長は大野政務總監)

주체·해당 지역 : 조선총독부

1938년 1월 28일(조간)

지면 : 1면 1단

제목 : 중의원 본회의, 조선인 징병제도는 장래에 별개로 강구, 오노 정무총감 답변하다(衆議院本會議, 徵兵制度は將來別個に講究, 大野政務總監答ふ)

주체·해당 지역 : 일본·조선

관련 기사

1941년

1월 31일(조간) '조선(*반도)의 징병제, 장래를 고려해 연구, 도죠 육군대신(陸相) 답변 내용', (석간) '조선에 징병제 고려, 오늘 중의원 분과회에서 육군대신 답변'

1942년

5월 10일(조간) '조선(*반도) 징병제의 실시', '내선일체 큰 결실, 소집된 반도의 광영', (석간) '대망, 조선동포에 징병제 시행, 치열한 요망 결실 1944년도부터 실시'

5월 12일(석간) '내선일체의 극치, 징병제 실시에 즈음한 총독 담화', '준비위원회 설치'

7월 30일(조간) '징병제 실시에 앞서 호적의 정리'

9월 16일(석간) '징병제 시행에 대응, 준비위원회 기구 확충, 정보과 발표, 징병제시행준비위원회 규정'

10월 1일(조간) '징병제도 실시의 전제, 조선청년특별연성령 공포', '조선의 병역법은 내지 그 자체, 기류제도는 급속 실현'

1943년

1월 12일(조간) '징병제 실시를 맞아 내지 거주 반도 남성 호적조사를 시행'

1월 28일(조간) '조선(*반도) 징병제에 만전의 준비, 서류제출은 11월까지 내지 거주자는 기류지에서 수검'

2월 21일(조간) '병역법 개정안 성립, 반도황화사상 한 시대를 긋다'

3월 2일(조간) '어젯밤 전 조선에서 일제히 호적조사'

7월 30일(조간) '조선에 징병제가 공포되기까지(상)'

8월 1일(조간) '위대한 광영 오늘 징병제 실시' '조선에 징병제가 공포되기까지(중)', '개정 병역법 시행'

8월 3일(조간) '조선에 징병제가 공포되기까지(하)'

1944년

2월 28일(조간) '현역 지원은 17세 이상, 모이자! 젊은이, 당당한 검사'

4월 1일 '대망의 날이 왔다. 오늘 당당한 검사'

■ **조선의 징병제 연혁**

1942년 5월 1일 육군대신 도죠 히데키(東條英機) 등, '조선의 징병제 시행 준비의 건' 요청

5월 8일 일본 정부, 조선인 징병제 실시를 결정하고 1944년부터 시행한다고 발표.

5월 9일 일본 각의, 「조선에 징병제 시행준비의 건」 공포

※ 일본 내각정보국은 "8일 각의에서 조선동포에 대한 징병제 실시를 결정해 1944년부터 이를 시행하기로 결정했다"
   고 발표

10월 20일 조선총독부, 조선징병제도 실시요강 결정

1943년 2월 2일 경성부, 징병제 운영에 대비한 「호적정비동원령」 발포

3월 1일 일본 정부, 조선인 징병제 실시를 위해 병역법 개정 공포, 8월 조선에 적용. 조선총독부, 조선기류
령 운영을 위해 조선인 호적 기류자 일제 조사

※ 20세 이상 남자 대상, 징병 시행을 목적으로 한 조사. 조사결과 징병 예정 적령자 266,643명 중 254,753명 신고

8월 1일 일본 정부, 조선에 징병제 실시 결정(개정 병역법 시행). 전 조선 징병적령자 신고. 조선총독부, 「조선
청년특별연성령」에 따라 징병제 실시를 위한 조선인청년특별연성 개시

1944년 4월 군무예비훈련소 설치. 4월 1일 제1회 징병검사 실시(~8월 20일)

9월 1일 입대 대상자 입영 시작

1938년 2월 2일(조간)

지면 : 2면 1단

제목 : 지원병제도 칙령, 드디어 기원절 이전에 공포, 제반의 수속 순조롭게 진행(志願兵
制度勅令, 愈よ紀元節前に公布, 諸般の手續順調に進む)

주체·해당 지역 : 일본 정부·조선

■ 기원절

일본 『고사기』나 『일본서기』에서 일본 초대 천황으로 꼽히는 진무(神武)천황의 즉위일을 명절로 정한 공휴
일로 2월 11일. 일제강점기 일본 4대 명절 중 하나
1873년에 결정. 2월 11일이라는 날짜는 일본서기에서 진무천황이 즉위한 것으로 알려진 진무천황 원년
(기원전 660년) 1월 1일을 메이지에 들어와 그레고리력으로 환산한 날
1948년 7월 20일 「국민의 공휴일에 관한 법률」공포·시행에 따라 기원절을 포함한 4대 명절이 폐지되었
으나 1966년에 2월 11일을 '건국기념의 날'로 국경일을 삼았고 이듬해부터 적용

1938년 2월 4일(석간)

지면 : 1면 11단
제목 : 국가총동원법, 급히 제정할 필요(國家總動員法, 急に制定が必要)
주체·해당 지역 : 일본 정부

관련 기사

1938년

2월 17일(조간) '국가총동원법안에 추밀원(*추부)의 공기 험악'

2월 18일(석간) '국가총동원법안 일부 수정'

2월 19일(석간) '국가총동원법안 각의에서 결정', (조간)'총동원법 운용에 심의회를 설치'

2월 25일(조간) '이번 의회 개회 이래의 긴장, 총동원 법안을 상정'

2월 26일(석간) '총동원 법안 전도(前途)에 일단의 난항 예상'

3월 1일(석간) '국가총동원법안 위원회 개최 – 벽두에 외상이 설명', (조간)'총동원안 위원회 재개'

3월 3일(조간) '총동원 법안에 대해 귀족원의 태도 신중', '총동원 법안에 한 가닥의 서광'

3월 9일(조간) '총동원 법안을 외지에 적용'

3월 12일(조간) '국가총동원법의 운용기구 내용'

3월 16일(석간) '국가총동원 법안 내일 중의원 통과'

3월 17일(조간) '관리(官吏)제도를 개혁, 대외공작을 확립하자(부대결의)', '총동원 법안 최후의 위원회', (석간)'총동
원 법안 중의원을 무상 통과'

3월 18일(석간) '국가총동원 법안 특별위원에 위탁'

3월 20일(조간) '귀족원 총동원위원회, 본 법 시행과 동시에 군수공업동원법 폐지'

3월 21일(조간) '칙령 문제로 육박, 귀족원 총동원위원회'

3월 24일(석간) '국가총동원법안 귀족원도 수정 없이 통과하자'

3월 25일(석간) '총동원 법안 원안대로 가결', (조간)'추가예산안 및 총동원법안 가결, 귀족원 본회의(24일)'

3월 30일(석간) '국가총동원법 4월 조속히 공포'

5월 5일(석간) '관계 칙령 즉일 공포', '국가총동원법 드디어 발동, 군수공업법을 폐지, 제13조(일부)를 시행', '동
　　시에 심의회 설치, 위원 인선에 착수', '심의회 관제를 결정, 5일 공포 즉일 시행'

5월 6일(석간) '시국 중대의 가을, 총동원체제의 완비가 절대로 필요'

1940년

11월 27일(석간) '총동원법 개정안, 정부 다음 의회에 제출'

1941년

1월 31일(조간) '총동원법 개정안, 1일 중의원 본회의 상정, 법안 조문'

2월 4일(석간) '총동원법을 심의

2월 9일(석간) '총동원과 국방보안법, 오늘 중의원 본회의에서 가결'

3월 20일(석간) '총동법 개정법, 벌칙 규정 20일부터 적용', (조간)'총동원법 개정 실시'

3월 23일(조간) '광범 25개조에 달하는 국가총동원법 개정, 국민생활에 관계 많아, 22일 실시'

주요 기사 내용

스기야마(杉山) 육군대신이 3일 중의원 병역법개정위원회에서 사회대중당 야마자키 의원(山崎□二)의 질문에 대해 국방정세에 대응하기 위해 총동원법을 제정할 필요가 있다고 답변

그 이유로

1. 인적 총동원의 문제에 관해 제국의 인구만으로는 어렵다는 점, 국민의 체위를 향상시켜야 하는데 개정 병
　　역법만으로는 대응이 어렵고,

2. 장래 전쟁에 대비하기 위해서는 병역법 개정만으로는 충분하지 않고 정세의 중대화와 전시체제 아래 국
　　가를 위해 필요한 조치라고 답변

1938년 2월 5일(석간)

지면 : 1면 1단

제목 : 청년훈련소 규칙을 개정, 청년학교에 접근(青年訓練所規則を改正, 青年學校に接近)

주체 · 해당 지역 : 조선총독부

지면 : 1면 1단

제목 : 4개 도에 산업부를 신설, 황해 전북 강원 함남 평남북 6개 도에서(四道に産業部を新設, 黃海 全北 江原 咸南 平南北の六道中から)

주체 · 해당 지역 : 조선총독부

주체 · 해당 지역 : 조선총독부

관련 기사

1038년

2월 19일(조간) '평남도에 산업부 신설'

3월 1일(조간) '위태로운 '산업부 신설', 도회의 조치를 주목'

3월 3일(조간) '산업과에서 농무과를 분리'

3월 29일(조간) '각도에 산업부 설치'

4월 15일(석간) '도 산업부의 신설 드디어 실현, 행정기구도 개혁, 조선(*반도) 지방행정의 대 비약'

1940년

2월 2일(석간) '산업과(産業課) 분리, 독립된 1과를 증설, '산업 황해도' 더욱 1보 전진'

2월 13일(석간) '물자의 수급을 조정, 평남도 산업과를 확충'

주요 기사 내용

당국은 국민총동원에 따른 인적물자자원개발에 의한 5개년계획을 수립 중인데, 조선총독부(*본부)에서도 이에 순응해 산업부를 전국 13개 도에 설치할 예정

이 가운데 미나미 총독의 조선인 관리 우대 방침에 따라 황해, 전북, 강원, 함남, 평남북 6개도 중에서 4개 도에 산업부를 신설하기로 결정

四道に產業部を新設
黃海、全北、江原、咸南、平南北の六道中から

지면 : 2면 2단
제목 : 지원병제도(19일) 드디어 공포(志願兵制度(十九日)愈よ公布)
주체·해당 지역 : 일본 정부

지면 : 1면 11단
제목 : 국가총동원법안 각의에서 결정(國家總動員法案, 閣議で決定)
주체·해당 지역 : 일본 정부, 조선, 대만, 중국 관동주, 남양군도, 화태

지면 : 1면 6단
제목 : 개정 조선교육령 가결, 오늘 추밀원 본회의에서 원안 통과, 드디어 4월 1일 실시
　　　　(改正朝鮮教育令可決, けふ樞府本會議で原案通, 愈よ4月1日實施)
주체·해당 지역 : 일본 정부·조선

> ■ **추밀원**
> 국무에 관한 천황의 최고 자문기관이고 황실 전범(典範)이나 헌법에 관한 사항, 외교에 관한 사항 등을 자순(諮詢. 윗사람이 아랫사람에게 의견을 물어 의논)하는 기관
> ※ 대미전쟁 발발 후 '사후 승인기관'으로 형해화 : 1938년에 추밀원 관제를 개정함에 따라 새로운 자순사항을 추가했는데, 그 중 하나에 선전포고가 있었다. 그러나 1941년 12월 8일 대미전쟁을 개시할 때, 정작 정부가 추밀원 심사위원회에 「미국 및 영국에 대한 선전포고의 건」을 부의한 시간은 8일 오전 7시 40분으로 이미 진주만 공습을 시작한 지 4시간이 지난 후였다. 이후 10시 50분에 추밀원 회의를 개최해 10분 만인 11시에 가결했다. 이후 추밀원은 사후 승인기관으로 형해화되었다.[11]

지면 : 2면 7단
제목 : 군수성 설치 의향 표명(軍需省の設置意向を表明)
주체·해당 지역 : 일본(중의원 본회의. 기획원 총재 발언)

11　요시다 유타카 지음, 최혜주 번역, 『아시아태평양전쟁』, 56~57쪽

1938년

3월 12일(조간) '군수성 명칭은 불명이지만 연구하고 있다'

1943년

9월 29일(조간) '기획원 상공성 폐지, 군수성을 설치, 11월 1일 개청을 앞두고'

9월 30일(석간) '군수성 설치의 의의'

10월 9일(조간) '군수성 이관에 만전, 3성 설치 요강을 발표'

11월 1일(조간) '결전행정의 칙령안 가결, 각 관제 일제 공포 즉일 실시, 군수성 1총국 8국의 기구, 항공병기총국에 총갈'

11월 2일(조간) '신설 3개 성 일제히 발족', '각성 분과규정 결정'

1938년 3월 3일(조간)

지면 : 2면 10단

제목 : 총동원 법안에 한 가닥의 서광(總動員法案に一縷の曙光)

주체·해당 지역 : 일본 정부

주요 기사 내용

국가총동원법안이 제출 후 좋지 않은 기류가 더해져 고노에 총리가 의회에 결석함에 따라 정부 진영의 불통일과 준비 부족이 드러나며 더욱 상황이 악화되는 추이를 보이거나 중대한 걸림돌이 예상되었는데

정부 측에서 히로타 외무대신과 법제대신이 나서서 법안의 취지 설명에 노력하고

비상시 법 제정의 필요성에 대해 군부대신으로부터도 객관적인 설명이 있어 이 법 지지의 태도가 명확해지고, 입원 중이었던 고노에 총리도 등원해 정부의 소신과 결의를 적극 밝힌 결과, 급박한 상황에서 한 가닥 서광이 열리게 되었음

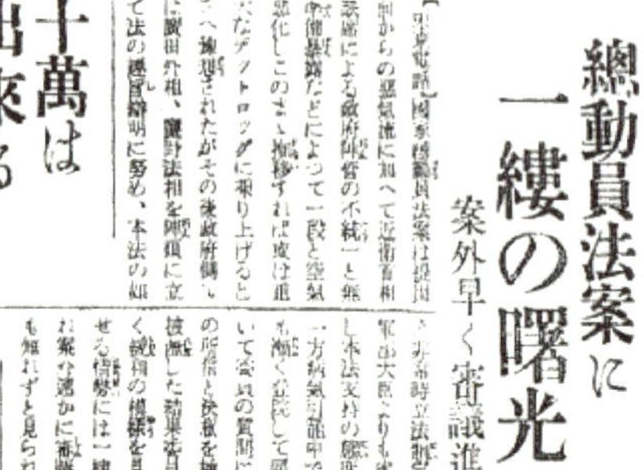

※ 1938년 3월 3일 중의원 국가총동원법위원회 심의에 출석한 육군성 군무국 군무과 국내반장인 사토(佐藤賢了) 중좌가 의원들을 향해 '입 닥쳐'라고 하여 한때 소동이 일었으나 기사에서는 찾을 수 없고, 오히려 '한 가닥 서광'이라고 표현

1938년 3월 9일(조간)

지면 : 2면 9단

제목 : 총동원법을 외지에 적용(總動員法を外地に適用)

주체·해당 지역 : 일본(국가총동원안 위원회)

1938년 3월 11일(석간)

지면 : 6면 1단

제목 : 임시물자조정과, 식산국 내에 설치 내정(臨時物資調整課, 殖産局內に設置內定)

주체·해당 지역 : 조선총독부

주요 기사 내용

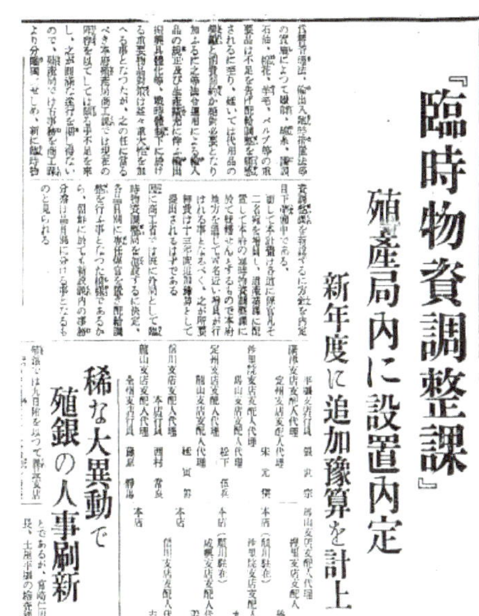

환율(爲替)관리법과 수출입임시조치법 등 실시에 따라 석유, 면사, 양모 등 중요 물품의 부족 등에 대응하기 위해 식산국 상공과에서 분리해 임시물자조정과를 신설하기로

1938년 3월 20일(조간)

지면 : 2면 4단

제목 : 귀족원 총동원위원회, 본 법 시행과 동시에 군수공업동원법 폐지(貴族院總動員委員會, 本法施行と同時に軍需工業動員法を廢止)

주체·해당 지역 : 일본

지면 : 2면 1단

제목 : 추가 예산안 및 총동원 법안 가결, 귀족원 본회의(24일)(追加豫算案及び總動員法案可決, 貴族院本會議)

주체·해당 지역 : 일본

주요 기사 내용

귀족원 총동원위원회에서 야마오카 만노스케의 문제 제기 : 신민의 권리의무를 제약하는 내용이 있고, 헌법상 입법사항과 관계가 없는 부분이 있으며, 칙령위임은 무리함

아오키 기획원 차장, 우에무라 기획원 조사부장, 시오노 법무상, 귀족원 의원(미즈노, 쓰키모토)의 논박 끝에

모리야마 법제국 부장 발언 : 일반적으로 법률에서 '칙령이 정하는 바에 따라'라고 규정한 적은 없으나 개별적으로 '본 법의 시행에 관해 명령이 정하는 바에 따라'로 규정한 예는 있음

※ 4조부터 30조까지 '필요한 경우에는 칙령이 정하는 바에 따라'로, 31조는 '필요한 경우에는 명령이 정하는 바에 따라'를 명시

지면 : 2면 1단

제목 : 국민정신총동원을 다시 구체적으로 추진(國民精神總動員を更に具體的に進む)

주체·해당 지역 : 일본

28일 총리 관저에서 열린 각의에서, 장기전에 대응하는 거국일치를 강화하기 위해 국민정신총동원운동을 다시 구체적으로 조직해 운동으로 발전시킬 것에 의견 일치. 시행을 위한 중요 국책은 4월 상순에 결정하기로

■ **국민정신총동원 운동**

1937년 8월 24일 각의가 「국민정신총동원실시요강」을 결정한 후, 일본 척무차관의 통첩(국민정신총동원 실시에 관한 건)에 따라 국민정신총동원운동 개시

일제는 당일 척무차관의 통첩을 조선총독부 정무총감 앞으로 송달해 조선에서도 실시하도록 함. 이 지침에 따라 1938년 7월 22일 정무총감이 「국민정신총동원조선연맹조직대강」이라는 통첩을 하달하고 1939년 4월 「국민정신총동원위원회규정」(조선총독부훈령 제21호)를 제정하면서 조선에서 본격화

이 규정은 '국민정신총동원에 관한 중요사항을 조사 심의'하는 기구라는 점과 함께 위원회 위원장을 정무총감으로 충원하고 위원 및 임시위원, 간사와 서기를 두도록 명시

이 때 발족한 국민정신총동원연맹은 일본 당국의 정책 결정에 따라 1940년 10월 국민총력연맹으로 개편

지면 : 2면 9단
제목 : 각도에 산업부 설치(各道に産業部設置)
주체·해당 지역 : 조선총독부

조선총독부, 2월 5일자로 산업부를 설치한 4도 외에 전 도에 설치하기로

1938년 4월 15일(석간)

지면 : 1면 1단
제목 : 도 산업부의 신설 드디어 실현, 행정기구도 개혁(道産業部の新設愈よ實現, 行政機構も改革)
주체·해당 지역 : 조선총독부

부제 : 조선(*반도) 지방행정의 대 비약

21일 관제를 공포

참여관을 산업부장으로 겸임해 산업부를 신설

산업부 설치와 동시에 농무, 지방, 산업 등에 분산되어 있던 농촌진흥운동 관계의 행정사무를 통합하고 농촌진흥과를 신설하고 또 학무 지방 등에 분산하고 있는 사회사업 및 사회교화 관계의 행정사무를 통합하여 사회과를 신설

기구개혁 후 도 행정기구는 지사관방, 내무부(지방과, 사회과, 토목과, 학무과, 회계과 이재과), 산업부(상공과, 또는 상공수산과·산림과·수산과·농무과·농촌진흥과), 경찰부(경무과, 고등경찰과, 보안과, 위생과 또는 외사경찰과 형사과)로 운영

신설된 사회과장은 이사관 혹은 사회주사를 임명하고, 농촌진흥과장은 이사관 또는 산업주사를 임명

1938년 5월 5일(석간)

지면 : 1면 1단

제목 : 국가총동원법 드디어 발동, 군수공업법을 폐지, 제13조(일부)를 시행(國家總動員法 愈よ發動, 軍需工業法を廢止, 第13條(一部)を施行)

주체·해당 지역 : 일본 정부

> ■ **국가총동원법 제13조**
>
> 정부는 전시에 국가총동원에 필요한 경우에는 칙령이 정하는 바에 따라 총동원 업무 사업에 속 하는 공장, 사업장, 선박, 기타 시설 또는 이를 전용할 수 있는 시설의 전부 또는 일부는 관리, 사용 또는 수용할 수 있다.

정부는 앞의 항에 든 것을 사용 또는 수용하는 경우에 칙령이 정하는 바에 따라 그 종사자를 제공하여 사용하거나 해당 시설에서 현재 시행하는 특허발명 또는 등록실용신안을 사용할 수 있다.
정부는 전시에 국가총동원에 필요한 경우에는 칙령이 정하는 바에 따라 총동원 업무에 필요한 토지 또는 가옥 기타 공작물을 관리, 사용 또는 수용하거나 총동원 업무를 수행하는 자에게 이를 사용 또는 수용하게 할 수 있다.

지면 : 1면 6단
제목 : 관계 칙령 4일 공포(關係勅令4日公布)
주체·해당 지역 : 일본

주요 기사 내용

국가총동원법 공포 관계 칙령은 총 5건
「국가총동원법 시행 기일의 건」(5월 5일)
「국가총동원법을 대만, 조선, 화태에 시행하는 건」(5월 5일)
「남양군도에 국가총동원법을 시행하는 건」(5월 5일부터 시행)
「공장사업장관리령」(5월 5일)
「국가총동원심의회관제」(5월 5일)

지면 : 1면 3단
제목 : 지원병훈련소, 경성제국대학 내 임시 개설(志願兵訓練所, 城大內에 臨時開設)
주체·해당 지역 : 경성

〈그림 22〉 훈련소 연병장에 도열한 조선 청년들(대일항쟁기 강제동원피해조
사 및 국외강제동원희생자 등 지원위원회, 『조각난 그날의 기억』, 2012)

1938년 5월 6일(조간)

지면 : 1면 1단

제목 : 내지 외지의 각 위술지에 육군묘지 신설(內地, 外地の各衛戍地に陸軍墓地を新設)

주체·해당 지역 : 일본

※ 호국의 영령을 합장해 각지 국민 존숭의 중심으로 함. 이 조치에 따라 조선에서도 1939년에 경성 용산(제20사단)과 나남
(제19사단) 지역에 호국신사를 건립하기로 결정하고, 1940년에 건립 기공식을 거행

주요 기사 내용

5일 성령 제16호로 「육군묘지규칙」을 공포하고 즉일 시행

지금까지는 공무로 사망한 병사들은 「육군매장규칙」에 따라 육군매장지에 안장했으나 이 규칙은 '시대의 변
천에 따라 여러 가지 불비한 점이 많고, 특히 장교 및 하사관 등 구분해 묘지를 나누는 등 황군 건군의 정신
상'에서 보더라도 좋지 않음

1938년 5월 7일(조간)

지면 : 2면 1단

제목 : 요망의 소리 높은 동아성 신설, 척무대신이 도쿄로 돌아온 후 실현할 것인가(要望
の聖昴まる東亞省の新設, 拓相歸京後に實現か)[12]

주체·해당 지역 : 일본

12 그러나 일본 정부는 1938년 5월에 동아성을 신설하지 못하고 1938년 12월 흥아원, 1942년 11월 대동아성을 설립

지면 : 1면 9단

제목 : 식산국 내에 산금과 신설(殖産局內に産金課新設)

주체·해당 지역 : 조선총독부

관련 기사

1938년

4월 8일(조간) '체신국 전기과에 산금계 설치'[13]

1938년 5월 21일(석간)

지면 : 1면 8단

제목 : 산금과 초대과장 기노(木野)씨 임명(産金課初代課長木野氏任命)[14]

주체·해당 지역 : 조선총독부

1938년 5월 24일(조간)

지면 : 2면 4단

제목 : 새로이 공사관 등을 두고 외무기구를 강화, 만주국에서 대강을 결정(新に公使館等を置き外務機構を強化, 滿洲國で大綱を決定)

주체·해당 지역 : 만주국

1938년 5월 25일(조간)

지면 : 2면 1단

제목 : 기획원 제안으로 동아연구소 구체화(企劃院の提案で東亞研究所具體化)[15]

※ 아시아 전체 국(全局)의 조사기구로서, 군부도 적극적으로 지지

주체·해당 지역 : 일본

13 체신국에서 식산국으로 옮겨서 조직을 신설한다는 내용

14 기노 : 오이타현 출신. 동경대 법문학부 졸업, 내무국 근무

15 1941년 4월 총력전연구소(내각 직속) 설립. 상세한 내용은 이노세 나오키 지음, 박연정 옮김, 『쇼와 16년 여름의 패전』(추수밭, 2010) 참조

관련 기사

1940년

8월 16일 '총력전연구소 설치, 16일 각의에 부의'

9월 13일 '총력연구소 1일 개설'

1938년 6월 28일(조간)

지면 : 2면 1단

제목 : 근로보국대를 조직, 국민정신총동원의 실천책(勤勞報國隊を組織, 國民精神總動員の 實踐策)

주체·해당 지역 : 조선총독부

관련 기사

1938년

6월 14일(조간) '근로보국대 요항'

1943년

5월 21일(석간) '생산전력 증강에 획기적인 노무관리, 오늘 본부에서 협의하고 머지않아 전 조선에 시행'

> **■ 근로보국대 제도**[16]
>
> 중일전쟁 발발 후 심각한 한반도 도내(道內) 공공사업과 국책공사에 도내의 노동력을 이용하기 위해 당국이 수립 운영한 인력동원 제도
>
> 1938년 6월 26일 조선총독부 내무부장이 도지사를 상대로 통첩을 발동하고, 6월 28일 근로보국대 실시 요령을 발표한 후 7월 1일 내무부장이 각 부윤(府尹), 군수에게 지방 하위 단위까지 근로보국대 조직 결성 지침인 통첩「국민정신총동원근로보국운동에 관한 건」을 하달함으로써 근로보국대를 결성
>
> 근로보국대의 조직은 각 지역별로 구성한 일반근로보국대, 학생들로 구성한 학생근로보국대, 각종 단체에서 구성한 각종연맹근로보국대, 특별근로보국대 등으로 구분
>
> 일반근로보국대는 도·부·군·도·읍·면(道·府·郡·島·邑·面) 행정단위로 지방조직을 결성하고, 아래로 정동회(町洞會)·부락 등을 단위로 조직
>
> 근로보국대의 구성 단체는 국민정신총동원연맹, 농촌진흥단체, 청년단, 부인회, 학교 등을 중심으로 하며 형무소 직원과 수인으로 조직한 형무소 보국대, 맹아원 등도 운영. 명칭도 청년근로봉사대·노동봉사대(청년)나 부인노동단·이앙단·노동봉사대(여성), 학교근로보국대·아동근로보국대(학생) 등 다양
>
> ※ 1940년 지역별 근로보국대인 일반근로보국대가 동원한 규모는 연인원 65만 명

16 상세한 내용은 김윤미,「근로보국대 제도의 수립과 운용(1938~1941)」(부경대학교 석사학위논문, 2007);「총동원체제와 근로보국대를 통한 '국민개로' – 조선에서 시행된 근로보국대의 초기 운용을 중심으로(1938~1941)」(『한일민족문제

1941년 11월 22일 일본 정부의 「국민근로보국협력령」(칙령 제995호)[17] 제정에 따라 법령에 근거한 제도로 정착해 1945년 일본 패전까지 운영

국민근로보국협력령 공포 후 조선총독부는 12월 1일 조선에 시행규칙(조선총독부령 제313호)을 공포하고 시행. 이 법에 따라 남자 14~40세·여자 14~25세 미만의 미혼 여성을 동원 대상으로 규정하고, 이외 나이 해당자의 지원을 포함하도록 함. 이 법은 1945년 「국민근로동원령」(칙령 제94호. 3월 6일 공포, 3월 10일 실시)에 포함

주요 기사 내용

올여름 휴가를 이용해 전 조선의 중등 학교 이상의 학생들이 산림개발과 도로 개수 등 국책사업에 참가

조선총독부 사회과에서는 학생의 근로 보국대 편성과 병행해 오는 7월 7일 중 일전쟁(＊지나사변) 1주년 기념일을 기점 으로 일반대중에게도 전 조선적으로 근 로보국대를 편성해 국민정신총동원의 실천책으로 삼기로 결정

※ 운동실시 요강, 시오하라(鹽原) 학무국장 담화 수록

〈그림 23〉 1938년 10월 19일 강천면 근로보국대 출동 모습(『조각난 그날의 기억』)

〈그림 24〉 1939년 3월 경기도 수암면 근로보국대 모습 (『조각난 그날의 기억』)

연구』14, 2008); 허광무·정혜경·김미정, 「일제의 전시 조선인 노동력 동원」

17 국민근로보국협력령은 령 제1조와 시행규칙 제1조에 '국민근로보국대에 의한 협력' 업무를 구체적으로 명시해 국민근로 보국대를 법적으로 규정

〈그림 25〉 1940년 평안부두 정주지역 철도공사장에 출동한 광양산업보국대. 앞 줄에 어린이들이 앉아 있다.(『조각난 그날의 기억』)

〈그림 26〉 1940년 10일 평양선 철도공사징에 출동한 평양근로보국대. 노인과 아이의 모습이 보인다.(『조각난 그날의 기억』)

1938년 7월 12일(석간)

지면 : 1면 7단
제목 : 조선에도 경제경찰, 약 3백 명의 경찰관 증원(朝鮮にも經濟警察, 約3百名の警察官增員)
주체·해당 지역 : 조선총독부

관련 기사

1938년

7월 22일(조간) '경제경찰제도 창설비, 대장성에서 대 삭감, 기구 축소 불가피'

9월 11일(석간) '경제경찰령 및 석유규정을 실시'

9월 28일(조간) '조선의 경제경찰 드디어 다음 달 개시'

11월 3일(석간) '경제경찰법 5일 공포 실시'

11월 6일(석간) '경제경찰 제도, 공포는 9일'

11월 10일(석간) '조선경제경찰령 오늘 공포 즉일 실시', (조간)'조선(*반도) 경제경찰제의 중추 경기도 경제경찰과 드디어 활동 개시'

1939년

12월 21일(석간) '전 조선 경제경찰진의 강력 재편제를 단행, 총독부, 각도에 독립 과를 신설'

1940년

1월 14일(석간) '경제경찰과 신설'(신의주)

1월 15일(조간) '초대는 누구인가. 충남 경제경찰과장' '과장 경시는 밖에서 이입, 총 세 100여의 대 세대, 평남 경제경찰과 진용 착착 정비'

2월 3일(석간) '경제경찰진을 강화, 경관 500여 명 증원'

2월 4일(조간) ‘경제경찰 확충, 미하시(三橋) 경무국장 말하다’

2월 12일(조간) ‘경경과 신설’

2월 13일(조간) ‘경경과 신설, 강원도의 인사이동’

8월 26일(조간) ‘생선식료 부당한 가격 인상에 철퇴, 전 조선 경제경찰진을 총동원한다’

1941년

2월 13일(조간) ‘경제경찰진을 강화’

3월 20일(조간) ‘전쟁하는 일본인의 오욕, 경제경찰방범주간으로 불식’

철재, 귀금속 등 국책에 따라 사용 및 가공 제한을 받는 물품에 대한 위반행위를 단속하고 물건 절약 강화 등을 위한 경제경찰관을 배치해 국책에 따르지 않는 부도덕한 자를 처분할 방침으로 총독부 경찰국이 주체가 되어 식산국과 구체 협의를 거쳐 전 조선 160 경찰서에 1~2명의 경부를 배치할 예정

1938년 7월 29일 경제경찰 150명을 부산과 평양에 배치
11월 9일에 경제경찰제도를 도입
11월 12일 경제경찰계 설치해 경찰이 노동문제 전반과 노동행정을 관장하도록 함

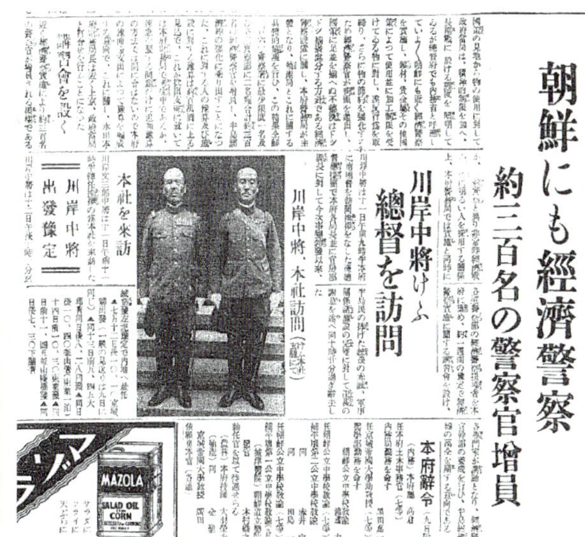

1938년 7월 21일(조간)

지면 : 7면 7단

제목 : 시국총동원과 신설, 경성부의 비상시 대책 마련하다(時局總動員課新設, 京城府の非常市對策成る)

주체·해당 지역 : 경성부

지면 : 1면 1단

제목 : 폭리취체령 드디어 발동, 오늘 부령을 공포 당일 실시(暴利取締令 愈よ發動, けふ府令を公布即日實施)

주체·해당 지역 : 조선총독부

■ **폭리취체령**

1917년 9월 1일 제1차 세계대전의 인플레이션 물가등귀를 억제하기 위해 일본 농무성이 발표한 「폭리를 목적으로 하는 매매의 취체에 관한 건」에서 출발

1937년 8월 개정 강화했고, 1939년 7월 전 중요상품으로 확대 적용. 1939년 12월 26일 「폭리행위등취체규칙」으로 다시 개정

※ 조선 적용

1937년 5월 12일 「폭리를 목적으로 하는 매매의 취체에 관한 건」 시행(철 종류의 폭리를 목적으로 한 매점매석 단속을 내용)

1937년 7월 21일, 조선총독부령 제60호 「폭리를 목적으로 하는 매매의 취체에 관한 건 개정」(29개 품목에 대한 매점매석을 금지하고 중앙물가위원회와 경제경찰제 실시를 내용으로 함)

7월 21일 실시, 단 제1조 제2 규정(흑연 운모, 석면 및 제품)은 7월 27일부터 실행

지면 : 1면 8단

제목 : 경제경찰제도 창설비, 대장성에서 대 삭감, 기구 축소 불가피(經濟警察制度創設費, 大藏省より大削減, 機構の縮小は不可避)

주체·해당 지역 : 일본

■ **조선의 경제경찰 제도**

경무국 경무과 경제경찰계(1938년 11월 12일 설치) → 경무국 경제경찰과(1940년 2월 3일).

※ 조선총독부 훈령 제67호(1938년 11월 12일)에 따르면, 경기도는 경제경찰과를 신설하고 그 외 도는 보안과에 경제경찰관을 배치[18]

---

18 조선총독부, 「朝鮮總督府施政三0年史」, 1941, 508쪽

지면 : 1면 1단

제목 : 내각 제도개혁을 포함한 행정기구 개정(內閣制度改革を含む行政機構の改正)

주체·해당 지역 : 일본

주요 기사 내용

고노에 총리가 추진을 결의

무임소 대신의 신설, 내각정보부
개조 등

지면 : 5면 7단

제목 : 일본 본토(*내지)와 조선의 선원 사무(內地,朝鮮の船員事務)

주체·해당 지역 : 인천

주요 기사 내용

업무 상호 위탁에 관해 인천해양출장소가 일본 관선국(管船局)과 협의 중인데 8월 1일부터 실시 예정. 업무를
일본 측과 상호 위탁하며, 단속 등 업무는 조선총독부 체신국 부산해양출장소가 총괄

지면 : 1면 5단

제목 : 중앙물가위원회를 창설, 이번 달 중에 규정을 공포(中央物價委員會を創設, 今月中に 規定を公布)

주체·해당 지역 : 조선총독부

주요 기사 내용

자문기관으로 전문위원회를 설치 운영하며, 12개 도에 지방위원회를 설치

지면 : 1면 1단

제목 : 선만척식훈련소, 오늘 강원도 세포에서 개소식 거행(鮮滿拓殖訓練所, 江原道洗浦に 於てけふ開所式を擧行)

주체·해당 지역 : 조선총독부

관련 기사

1938년

7월 31일(조간) '세포의 이민훈련소, 낙성개소식 거행(28)'

1940년

2월 20일(석간) '개척의용대'

2월 29일(조간) '선만척식회사의 사업 착착 진척'

3월 29일(조간) '만주개척청년의용대 기구를 확충 강화'

4월 10일(조간) '단련하는 개척전사, 세포훈련소 규정 개정'

5월 7일(조간) '개척의용대원' '경남의 의용대원 결정, 세포훈련소 입소 예정'

6월 4일(조간) '만주개척지원자훈련소를 머지않아 국영으로 이관, 오는 5일에 관제 공포'

7월 13일(석간) '세포개척인훈련소 개소식'

7월 18일(석간) '세포만주개척민지원자훈련소 개소식'

9월 27일(석간) '내외지 정세변화에 따라 특수회사 기구 쇄신'

10월 26일(조간) '개척민훈련소 29일 준공식'

1941년

2월 9일(조간) '개척훈련소 규정, 8일 오후 공포'

3월 17일(조간) '선,만척식 합병, 올 6월 실현 가능'

4월 2일(석간) '만선척식 합병, 오늘 가조인식'

5월 4일(조간) '만척 선척 합병, 6월 1일에 정식 조인'

■ **선만척식훈련소**

선만척식이민훈련소. 선만척식㈜가 운영하도록 한 조직

만주개척5개년 계획에 따라 1936년 6월 4일 「선만척식주식회사령」 공포에 따라 창설, 만주 조선인 척식 사업 운영 전담 회사

※ 1941년 12월 20일 「선만척식주식회사령」 폐지

조선총독부는 일본 각의 승인(1937년 11월 30일)에 따라 1938년 1월 21일, 강원도 평강군 고삽면 세포리에 만주개척의용대 양성을 위한 세포(洗浦)이민훈련소를 개소(청장년 105명 수용 시설)

일본 각의(1937년 11월 30일) : 「만주에 대한 청년이민송출에 관한 건」 승인. 일본 척무성이 제출한 건으로써 만주개척청년의용대 제도를 실현하기 위한 내용. 이 결정에 따라 1940년부터 심상소학교 과정을 종료한 16~19세 조선인도 대상에 포함

교육제도 : 세포에서 훈련(1개월) → 일본 시즈오카현 소재 우치하라(內原) 훈련소(2개월) → 만주 대훈련소(1년) → 만주 소훈련소(2년) 등 3년 3개월의 훈련을 거쳐 개척단으로 배치하는 계획

■ **만주개척청년의용대**

둔전병 성격의 준(準)군사조직

처음에는 일본인 청년이 대상이었으나 1940년 조선인 편성

의용대원은 훈련소에서 군사훈련 등을 받고 1940~1944년까지 600여 명을 북만주 일대에 배치

15세 이상 20세 이하 남성으로 소학교, 간이학교, 기타 동등한 학력을 소지한 자만이 입대 가능

조선총독부는 지방별로 인원을 할당하고 말단 행정기관을 동원에 활용

만주개척의 중견인물 양성을 위해 총독부에서는 만선척식에 보조금을 주고 강원도 세포(洗浦)에 선만척식훈련소를 신설해, 현재 생도 70명이 입소해 이민사업에 대한 적극적 훈육을 받고, 8월 5일에 150명의 청년이 입소할 예정

훈련소의 모든 설비를 완성했으므로 선만척식 회사에서는 28일 오후 1시 반부터 훈련소에서 성대한 개소식을 거행

鮮滿拓殖訓練所

江原道洗浦に於て けふ開所式を擧行 南總督から告辭

南總督告辭

七月二十八日江原道洗浦鮮滿拓殖調練所開所式に於ける南總督告辭

鮮滿 拓殖調練所の銳設成り茲に本日を以て開所式を擧行せらるるに至りたるは洵に慶賀に堪へざるところなり、惟ふに日滿兩帝國は一德一心に

총독부에서는 총독 대리로서 외무부 송(宋) 사무관이 임석해 대원 생도에 대해 미나미 총독의 훈시를 대독하고 새로운 땅의 개척자를 격려하였으며 회사 측에서도 니노미야 도쿠(二宮德)와 와타나베(渡邊) 이사가 출석
※ 미나미(南) 총독 고사(告辭) 수록

1938년 7월 31일(석간)

지면 : 1면 1단
제목 : 교학관 제도 실현, 주임관 2명을 학무국에 배치(敎學官制度實現, 奏任官二人を學務局に配置)
주체·해당 지역 : 조선총독부

주요 기사 내용

27일자 관보에 칙령으로 게재
교학관은 학무국 내에 설치한 시학관과 긴밀히 연계해 학교교육과 사회교육 각 방면에서 조사 및 지도 감독을 수행

1938년 8월 1일(석간)

지면 : 1면 5단
제목 : 총동원법 제21조의 칙령안을 심의, 머지않아 제1회 심의회를 개최(總動員法第21條の勅令案を審議す. 近く第1回審議會を開催)
주체·해당 지역 : 일본

주요 기사 내용

후생성에서는 전시의 □□기술자 중용 계획에 대비해 총동원법 제21조 규정을 발동해 의사, 치과의, 간호부를 등록하기로 하고 칙령안을 작성
이 안은 이미 기획원에 송부해 □□심의를 마쳤는데, 이미 안을 작성(成案)했으므로 머지않아 제1회 국가총동원심의회를 개최해 논의할 예정
시기는 8월 상순으로 예정하며, 심의회에서는 학교졸업자고용규제위원회 칙령안도 심의에 붙이기로

■ **국가총동원법 제21조**
정부는 국가총동원에 필요한 경우에는 칙령이 정하는 바에 따라 제국 신민 및 제국 신민을 고용 또는 사용하는 자에게 제국 신민의 직업능력에 관한 사항을 신고하게 하거나 제국 신민의 직업능력에 관하여 검사할 수 있다.

■ 국가총동원법 제21조에 근거해 제정된 칙령

「의료관계자직업능력신고령」(칙령 제600호. 1938.8.24. 제정 공포)

「국민직업능력신고령」(칙령 제5호. 1939.1.6. 제정 공포)

「선원직업능력신고령」(칙령 제23호. 1939.1.28. 제정 공포)

「수의사직업능력신고령」(칙령 제26호. 1939.2.4. 제정 공포)

總動員法第廿一條の
勅令案を審議す
近く第一回審議會を開催

1938년 8월 2일(석간)

지면 : 2면 5단

제목 : 대정회제로 전진, 오늘 신 구역과 규정 등을 발표(大町會制へ前進. けふ新區域, 規定 等を發表)

주체·해당 지역 : 경성부

■ **대정회제**

총동원체제기 민중 통제 강화의 방식

1914년 4월 1일 조선총독부가 경성부에 부제(府制)를 시행하면서 거류민단과 한성위생회를 철폐하고 모든 사무는 경성부가 승계

1916년 행정업무의 효율성을 위해 1916년 정·동총대(町·洞總代)를 마련. 일본인 거주 지역인 정(町)과 조선인 거주 지역인 동(洞)에 각각 주민 대표를 두어 행정을 보조하고 동리 고유의 사무도 담당토록 함

240개에 달하는 경성부의 정회(町會) 가운데 재정상의 곤란으로 정회 자체의 기능을 충분하게 발휘하지 못하는 정회가 50여 개나 되어 부정(府政) 운행에 막대한 지장을 초래하자, 경성부에서는 1938년 초부터 정회의 통제 강화 방안을 모색. 그 후 4월 28일 경성부 4층 위원회실에 부윤과 총무부장, 내무과장 및 관계자, 각 총대회 대표자들과 경찰서장들이 모여 정회 합병과 기구개혁안에 대해 협의

경성부의 정회 개혁안에 대해 중앙총대회가 격렬히 반대하자 경성부가 원안을 수정해 8월 1일 정회규정을 개정해 종래의 181개 정회를 92개 정회로 합병하고, 전통적 특이성이 있는 나머지 59개 정회는 새 정회 24개 설치를 목표로 그 실현에 노력함으로써 현존할 정회는 151개로 되고, 예상대로 계획이 수행될 때는 전부 116개 정회가 되어 종전의 반수 이하로 감소하도록 함

1938년 8월 7일(조간)

지면 : 2면 1단

제목 : 드디어 국민등록제 조선에 실시하기로 결정, 인적자원의 확립을 기하다(愈よ國民登錄制 朝鮮に實施決る, 人的資源の確立を期す)

주체·해당 지역 : 조선총독부

※ 「국민직업능력신고령」(칙령 제5호. 1939.1.6. 제정 공포)을 조선에 적용하기 위한 조치에 관한 예정 기사

관련 기사

1938년

6월 17일(조간) '국민등록에 관한 제21조 발동'

7월 19일(석간) '국민등록령 만 14세~60세 남녀 전부에 적용'

12월 9일(석간) '조선(*반도)에 국민등록령, 내무국 내년 5월부터 신고 개시'

1939년

4월 30일(조간) '기술자 총동원에 드디어 국민등록제, 임금통제령 공장시간제한령도 발동, 조선(*반도)의 인적자원 확보'

5월 11일(석간) '국민등록령 오늘 발포, 6월 1일부터 실시'

5월 16일(석간) '국민등록제 드디어 6월 1일부터 실시. 오늘 오다케(大竹) 내무국장 담화 발표'

5월 30일(조간) '국민등록제도 해설(상)'

5월 31일(조간) '국민등록제도 해설(하)'

7월 23일(조간) '국민등록 신고자는 대상자의 6분의 1'

8월 6일(석간) '국민등록은 영구하다, 점차 발생하는 신고의 의무'

'국가총동원법의 일부가 8월 1일부터 실시되었는데, 21조 발동에 따른 인적자원제도에 대응해 전시 노동력 부족에 대비해 국민의 직무 및 능력, 학력, 특기 제도를 신고하도록 하고 직업능력에 관한 적성확충 소위 국민등록제에 의한 실업자구제 노무수급조정을 실행하게 되어

조선에서도 이에 따라 실시하는데, 조선에서는 일본 본토(*내지)의 방법과 □□가 어려운 사정이 있고 조사기관에 상당한 비용이 필요하므로 예산에서 절충하고 있음

조선에서는 부군도(府郡島)에 조사원부(調査原簿)를 비치하고 각 공장의 각 기술자, 직공, 여공 등의 등록을 실시하고 이 등록에 따라 수첩을 교부해 신분 경력을 명료하게 하고 다시 인적자원을 확립하는 방법으로 추진할 것으로 보임

■ 「국민직업능력신고령」 조선 적용 조치

일본 정부 : 1939년 5월 13일 「조선총독부 부내 임시직원설치제 중 개정」(칙령 제301호)를 시행해 국민직업능력등록 담당자 3명 추가한 총 61명의 정원을 부여

조선총독부 : 1939년 5월 15일 3건의 법령을 공포

「국민직업능력신고령 시행규칙」 제정 공포(조선총독부령 제77호. 6월 1일부터 시행)

「국민직업능력등록사무취급규정」 제정·시행(조선총독부훈령 제28호)

「국민직업능력신고령 제2조 제1호에 따른 직업의 지정」(조선총독부고시 제423호)

愈よ國民登錄制
朝鮮に實施決る
人的資源の確立を期す

지면 : 1면 4단

제목 : 조선총독부 본부에 축산과를 신설, 수리과를 토지개량과에 통합(本府に畜産課を新設, 水利課を土地改良課に統合)[19]

주체·해당 지역 : 조선총독부

1938년 8월 11일(조간)

지면 : 1면 7단

제목 : 총동원법 일부 발동의 2개 안을 심의에 올려 가결(總動員法一部發動の2案を上議可決)

주체·해당 지역 : 일본

주요 기사 내용

국민등록제 관련 사항[20]

심의회 제1회 총회를 개최

총동원법 일부 발동 칙령안 요항 수록

1938년 8월 13일(석간)

지면 : 1면 6단

제목 : 내년 봄 졸업자의 사용 제한, 내외지 동시에 시행, 자원과가 협의를 실시(明春卒業者の使用制限, 內外地同時に施行, 資源課打合せを行ふ)[21]

주체·해당 지역 : 조선총독부

> ※ **관련 법령** : 「학교졸업자사용제한령」(칙령 제599호. 1938.8.24.)
> 국가총동원법 제6조에 의거해 대학의 이공학부·이공전문학부·공업학교 출신자를 고용할 경우 후생성(조선은 총독부)의 인가를 요구하는 내용. 1939년 3월 졸업생부터 적용
> 조선총독부 : 「학교졸업자사용제한령 시행규칙」(조선총독부령 제189호. 1938.9.8.) 공포 및 시행

---

19 8일자 관보로 공포했다.

20 「국민직업능력신고령」을 의미

21 칙령안 동시 시행에 따른 조치

지면 : 1면 4단

제목 : 조선인의 일본(*내지) 도항 개혁, 내선일체에 기여(경무국 발표)(朝鮮人の內地渡航改革, 內鮮一體に寄與. 警務局發表)

주체·해당 지역 : 조선총독부

관련 기사

1938년

9월 22일(석간) '내지도항의 개선, 내선관계자의 대평정'

9월 27일(조간) '비노동자 도항으로 내선일체 방침 결정, 부산의 협의회 좋은 성적'

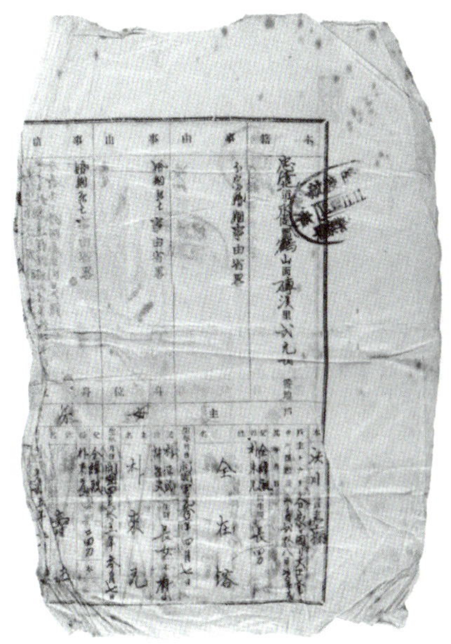

〈그림 27〉 경찰서가 발행한 도항증명서, 호적등본에 직인을 찍는 방식으로 발행(재일한인역사자료관, 『재일한인역사자료관 도록－사진으로 보는 재일코리안 100년』, 2008)

朝鮮人の內地渡航改革　內鮮一體に寄與（警務局發表）

- **도항 정책**

1929년 8월 3일 일본 내무성 경보국, 일시귀선증명제도 실시

1934년 10월 30일 일본 각의, 「조선인이주대책의 건」 결정. 조선인의 일본 도항을 저지하고 조선 남부지방의 농민을 대상으로 조선총독부의 통제 아래 조선북부와 만주로 대량 이민 실시를 결정

1938년 3월 23일 미나미 조선총독, 경무국장, 일본 척무대신과 척무성 조선부장 앞으로 전문(電文) 발송 「조선인의 내지도항 제한에 관한 건」

7월 13일 일본 내무성 경보국장, 각 청 부현에 통첩 「조선인 노동자 증명에 관한 건」을 보냄. 일시귀선증명서 제도 완화

1939년 7월 28일 일본 내무성, 후생성 차관이 정책 통첩 「조선인 노무자 내지 이주에 관한 건」 송달. 9월부터 일본지역으로 모집 형식의 조선인 노동력 동원 개시

1938년 8월 19일(조간)

지면 : 1면 8단

제목 : 총동원법 제6조 및 제21조 일부 발동. 오늘 각의에 부의하기로 결정(總動員法 第6條 及び第21條 一部發動. けふ閣議に附議決定)

주체·해당 지역 : 일본

- **국가총동원법 해당 조항**

제6조 : 정부는 전시에 국가총동원에 필요한 경우에는 칙령이 정하는 바에 따라 종업자의 사용, 고용 또는 해고 또는 임금, 기타 노동조건에 대하여 필요한 명령을 할 수 있다.

제21조 : 정부는 국가총동원에 필요한 경우에는 칙령이 정하는 바에 따라 제국 신민 및 제국 신민을 고용 또는 사용하는 자에게 제국 신민의 직업능력에 관한 사항을 신고하게 하거나 제국 신민의 직업능력에 관하여 검사할 수 있다.

1938년 8월 28일(조간)

지면 : 1면 1단

제목 : 시국대책조사회 진용을 갖추다. 어제 관제를 공포(時局對策調査會陣容成る. きのふ官制を公布)

주체·해당 지역 : 조선총독부

내선(內鮮)의 권위자를 망라한 조선 최초의 큰 위원회

※ 시국대책조사회 관제(총 6조, 부칙 1조) 수록

※ 회장 및 임원 명단 수록

■ 시국대책조사회

총독의 자문기관 : 회장(정무총감), 위원 97명, 사무촉탁 5명, 간사 12명 등 총 114명. 일본과 조선, 만주의 각 방면 관련자로 구성

8월 30일 자문심의안을 발표하고 1938년 9월 6~9일 회의 개최

심의 항목 18개. 총 3개 분과로 운영

제1분과 : '내선일체(內鮮一體)의 강화 철저에 관한 건'(제1항)과 '조선·만주·북중국의 연계 촉진에 관한 건' 등 사회 전반에 관한 7개 항목

제2분과 : '군수공업 확충에 관한 건'과 '지하자원 개발에 관한 건' 등 산업 정책 관련 6개 항목. 특히 군수공업에 대해서는 부문별 담당 기업과 1941년 생산 목표량이 구체적으로 적시된 자문 사항 심의

제3분과 : 주로 운송·통신시설에 관한 5개 항목

1938년 9월 3일(조간)

지면 : 5면 7단

제목 : 다시 농진과를 신설(更に農振課を新設)

주체·해당 지역 : 충북

격증하는 시국사무를 감당하기 위해 지난 조직개편을 통해 산업과를 학무와 산업의 2개 과로 증설하고 사회교화업무를 지방과에서 학무과로 이관했는데, 산업부 소속으로 농촌진흥과를 신설. 1일 과장 발령, 과원 9명

지면 : 4면 1단

제목 : 학교졸업생 할당, 일본 본토(*내지)와 호응, 규칙 제정(學校卒業生割當, 內地と呼應, 規則制定)

주체·해당 지역 : 조선총독부

주요 기사 내용

「학교졸업자사용제한령」을 8일자로 공포하고 당일부터 실시

「학교졸업자사용제한령」 법령 설명

■ 학교졸업자사용제한령

1938년 8월 24일 제정 공포(칙령 제599호)

1941년 11월 22일 개정(칙령 제996호) 1945년 3월 6일 폐지(칙령 제94호)

※ 근거 법령 및 제정 과정

국가총동원법 제6조 : 정부는 전시에 국가총동원에 필요한 경우에는 칙령이 정하는 바에 따라 종업자의 사용, 고용 또는 해고 또는 임금, 기타 노동조건에 대하여 필요한 명령을 할 수 있다.

각의결정 : 「군수품 생산에 필요한 노무대책요강」(1938년 6월 28일)

국가총동원심의회 결정, '학교졸업자 사용 제한에 관한 칙령안의 요강'(1938년 8월 10일)

※ 주요 내용

후생대신이 지정하는 학교와 학과를 수료하고 졸업하는 자를 사용하려면, 사업주는 고용할 인원수를 후생대신에게 보고해 허가를 받도록 하는 것

후생대신이 지정하는 학교 : 대학의 연구과(대학원) 및 공학부, 공업·광업 전문학교, 공업학교의 제2부, 이와 같은 등급이거나 그 이상의 학교

후생대신이 지정하는 학과 : 기계, 조선, 항공, 조병, 전기, 응용화학, 채광, 야금, 연료, 화약과 관련된 학과

※ 조선 시행

1938년 9월 8일 「학교졸업자사용제한령시행규칙」(조선총독부령 제189호), 9월 14일 조선총독부 통첩

지면 : 1면 7단

제목 : 외무고문관제 정식으로 결정(外務顧問官制正式に決定)[22]

주체·해당 지역 : 일본

지면 : 1면 5단

제목 : 경제경찰령 및 석유규정을 실시(經濟警察令及び石油規定を實施)

주체·해당 지역 : 조선총독부

주요 기사 내용

예산은 오늘 정식 결정

경성, 평남, 경남 등 3개 도에 경제경찰과를 설치하고 전 조선 254개 경찰서에 경제경찰관 500명을 증원 배치. 경기도에 경시 1명을 증원하고, 전 조선에 경부 9명, 경부보 26명, 촉탁 14명, 기수 13명 등 지도 간부를 증원

> ※ **1938년 9월 3일 내각회의에서 예산 승인(제2예비금을 재원으로)**
>
> 1938년 11월 3일 칙령 제714호 「조선총독부내임시직원 설치제중 개정」에 따라 경제경찰 발족[23]
>
> ※ **11월 12일자 관보 3546호**
>
> 칙령 제714호 「조선총독부내임시직원 설치제중 개정」(11월 8일자), 훈령 제67호 「조선총독부사무분장 중 개정」(11월 12일자)

經濟警察令及び
石油規正を實施
豫算はけふ正式決定
蘇聯愛國…

---

22 조간 1면에 상세히 보도. 시국의 중대성에 비추어 결정했으며, 2명을 임명했다는 내용

23 마쓰다 도시히코의 연구서(마쓰다 도시히코 지음, 이종민·이형식·김현 옮김, 『일본의 조선식민지 지배와 경찰』, 경인문화사, 2020, 620쪽)에서는 법령 제목 및 실시 일자의 오류가 있다.

지면 : 2면 1단
제목 : 조선총독부 문서과의 기구를 확충 강화하기로 결정(本府文書課の機構を擴充强化に決)
주체·해당 지역 : 조선총독부

주요 기사 내용

조사계의 전담 사무를 확대. 중일전쟁(*사변) 후 전쟁 장기화와 시국사무의 급증에 따라 문서과 기구 확충 강화. 사무관 1명을 증원. 기존의 서무, 문서, 통계, 조사, 보도 등 5계 가운데 조사계 사무를 확대하고 14일부터 실시

1938년 9월 17일(조간)

지면 : 5면 5단
제목 : 해주의 부 승격(海州の府昇格)
주체·해당 지역 : 조선총독부

관련 기사

1938년
8월 4일(조간) '해주읍에 부제 실시, 내년도 예산 요구'
9월 22일(조간) '10월 1일을 기해 해주읍에 부제 실시, 동시에 12개 면에 읍제'
9월 24일(석간) '해주부 및 12개 읍, 10월 1일부터 탄생'
9월 26일(석간) '해주 대망의 부 승격'

1938년 9월 28일(조간)

지면 : 1면 7단
제목 : 대지원(對支院)의 설치는 내각의 조직적 강화, 실질적 전시내각제로(對支院の設置は 內閣の組織的强化, 實質的戰時內閣制へ)
주체·해당 지역 : 일본

주요 기사 내용

외무성 수뇌 협의
군부에서는 외무성 안에 난색

1938년

9월 29일자(석간) '우가키 외무대신(외상)은 강경하게 관제화를 주장'

9월 29일자(조간) '외상은 동의하지 않음. 외무의 신 제안에 군부에서는 동의. 어제 수뇌부 회의'

9월 30일자(조간) '외상이 어제 사표 제출, 대 중국(對支) 기관 문제와 관련', '대지중앙기관설치문제 절충 경과로 나아감, 육군성 정보부장'

10월 1일(조간) '4상회의 협의 결과, 대 중국 기관타협안 채택, 4일 각의에서 정식 결정', '외무대신과 척무대신을 수상이 겸직'

10월 2일(석간) '4상회의에서 결정한 대지원(對支院) 관제안(요지)', (조간)'대 중국기관 관제안 각료 이의 없이 가결, 정식 결정은 7일 각의'

10월 3일(석간) '대중국 관계 사무 상당히 광범위하게 이관, 외무성에서 대지원으로'

10월 20일(조간) '대지원 드디어 실현, 외무성 육군성 해군성의 의견이 일치해 늦어도 11월 중순 경까지'

1938년 10월 1일(조간)

지면 : 1면 1단

제목 : 4상회의 협의 결과, 대 중국기관 타협안 채택, 4일 각의에서 정식 결정(四相會議協議の末 對支機關妥協案採擇, 4日閣議で正式決定)

주체·해당 지역 : 일본

가칭 대 중국(對支)심의회를 설치하고 중요사항을 조사 심의

1938년 10월 2일(석간)

지면 : 1면 6단

제목 : 4상회의에서 결정한 대지원(對支院) 관제안(요지)(四相會議で決定の對支院 官制案(要旨)[24]

주체·해당 지역 : 일본

우가키 외무대신의 반대로 타협을 보지 못하던 대지원 관제를 결정

종래에는 법제국이 심의하던 것을 4상회의에서 결정

---

24 대지원의 출범은 외무성 기능 축소를 의미한다. 대지원은 심의기관이므로 일본 정부 직제표에는 기재하지 않았다.

내각총리대신 소속으로 중일전쟁(*지나사변) 중 규정한 사무를
관장(해외 사항은 제외)

※ 대지원 관제 요지와 양해 사항 수록

四相會議で決定の
對支院官制案（要旨）

1938년 10월 12일(조간)

지면 : 1면 1단

제목 : 조선인 특설부대 만주국군에 신설, 간도성에
획기적 장거(朝鮮人特設部隊 滿洲國軍に新設,
間島省に劃期的長擧)

주체·해당 지역 : 만주국

주요 기사 내용

■ **간도특설대**

관동군이 당시 간도성장(間島省長) 이범익의 건의를 수용
하는 방식으로 설립

동북항일연군 등 조중연합독립군 토벌 임무를 담당

1938년 12월 14일 제1기 지원병 입대식 거행

총 7기에 걸쳐 매년 690명씩 선발. 하사관은 모두 조선
인(백선엽 등 이후 한국군 수뇌부)이고 장교에 일본인 포함

朝鮮人特設部隊
滿洲國軍に新設
間島省に劃期的壯擧
"歡喜に堪へず"
李間島省長感激談

지면 : 2면 5단
제목 : 기획부를 신설, 전시체제의 정비를 맡아(企劃部を新設, 戰時體制の整備に當る)
주체·해당 지역 : 조선총독부

관련 기사

1939년

9월 11일(조간) '기획부 신설 머지않아 실시'

11월 12일(석간) '외무부 확충의 한 편에 후생국 기획부를 신설, 조선(*반도) 행정기구의 대 개혁 단행'

11월 19일(조간) '확충 후 조선총독부의 새 기구, 폐합으로 12개 과 신설'

11월 15일(석간) '기획부의 신설치 머지않아 각의에서 결정, 관제 이달 말까지 공포'

11월 16일(석간) '조선총독부에 조사과 신설'

11월 21일(조간) '총독부에 기획부 신설'

11월 22일(조간) '신설의 기획부 관제 25일 공포, 즉일 실시'

11월 23일(조간) '기획부 관제안 추밀원 본회의에 상정 가결'

11월 25일(석간) '기획부 관제, 오늘 각의에서 정식 결정'

11월 26일(조간) '기획부 초대 부장 니시오카 수석 사무관으로 결정'

11월 30일(조간) '기획부의 신설', (석간)'본부 기획부 관계 오늘 공포, 총동원 계획에 획기적 의의'

1940년

7월 2일(석간) '총동원 사무 확대에 따라, 기획부에 1개 과 신설, 초대과장은 야스다(女田) 연료과장이 겸임'

1942년

11월 1일(조간) '총독부 기구 개정 단행, 새로운 총무국을 신설, 후생국 기획부는 폐지, 오늘 공포 즉일 실시'

주요 기사 내용

병참기지로서 조선(*반도)의 발걸음에 호응해 조선총독부에서는 여러 종류의 시정을 시행해 왔는데, 내년 4월부터는 행정기구 일부를 개혁해 각 방면에 적극적으로 나서기로 함

그 가운데 하나가 본부(조선총독부) 내에 기획부 신설로, 부장으로는 칙임관을 두고 그 아래에는 현재 식산국의 물자조정과와 총독관방의 자원과와 새로이 기획과를 설치해 전시하에 어울리는 체제의 정비에 임할 예정

■ 설치 배경

10월 3일자 고노에 후미마로(近衛文麿) 총리의 중대 발표(동아 신질서 건설 구상 발표. 일명 고노에 2차 성명) 후속 조치 관련 기사. 이 발표 이후 기획부를 신설

■ 기획부

1939년 11월 28일 일본 정부, 「조선총독부기획부임시설치관제」 공포·시행

1937년 9월에 신설한 자원과와 1938년 8월에 신설한 임시자원조정과 통합, 임시기구로 설치

1941년 11월 18일자 칙령 제980호에 따라 정식 기구로 발족

企畫部を新設

戦時體制の整備に當る

本府の機構改革明春實施か

지면 : 2면 2단

제목 : 조선군 보도부 설전부대를 편성, 전 조선에 파견해 여론을 지도(朝鮮軍報道部舌戰部隊を編成, 全鮮に派遣與論指導)

주체·해당 지역 : 조선군

지면 : 1면 4단

제목 : 조선경제경찰령 오늘 공포 즉일 실시(朝鮮經濟警察令 けふ公布即日 實施)

주체·해당 지역 : 조선총독부

朝鮮經濟警察令
けふ公布即日實施

經濟警察實施に就いて
三橋警務局長談

大野政務總監
けふ出發、黄海道視察

近代戰は

不可分の

주요 기사 내용

경제경찰 실시에 즈음한 미하시(三橋) 경찰국장 발언

9일 조선경제경찰령[25] 발포와 동시에 전 조선에 시행

조선총독부에서는 경무국과 식산국이 신중 협의한 끝에 경무국이 중심이 되어 운영하기로 결정

경시 1명, 경부 9명, 경부보 26명, 기사 13명, 순사 500명, 촉탁 14명, 고원 2명을 전 조선에 배치. 이외 본부 경무국 경무과에 아베사무관을 전임 계관으로 임명해 원활한 지도를 담당하도록 함

※ 1938년 9월 3일 내각회의에서 제2예비금을 재원으로 예산을 승인하고, 칙령 제714호 「조선총독부내 임시직원 설치제 중 개정」(11월 8일자)와 조선총독부훈령 제67호 「조선총독부사무분장 중 개정」(11월 12일)로 실시[26]

※ 칙령 제714호 제3조에 '경제통제에 따른 경찰사무에 종사할 자'를 명시해서 경제경찰 제도 설치의 근거로 삼음

※ 조선총독부훈령 제67호 제11조에 '경제경찰에 관한 사항'을 명시

25 조선경제경찰령은 존재하지 않으므로 '조선경제경찰에 관한 법령'이라는 의미로 사용한 것으로 보인다.

26 1938년 11월 12일자 조선총독부 관보 제3546호 수록

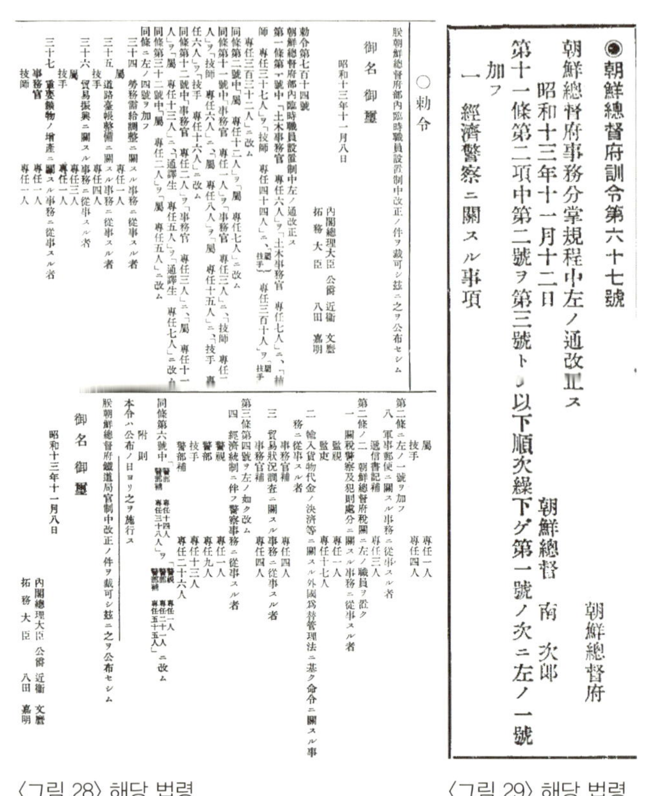

◉朝鮮總督府訓令第六十七號

朝鮮總督府事務分掌規程中左ノ通改正ス

昭和十三年十一月十二日

第十一條第二項中第二號ヲ第三號トシ以下順次繰下グ第一號ノ次ニ左ノ一號ヲ加フ

一 經濟警察ニ關スル事項

朝鮮總督　南　次郎

朝鮮總督府

〈그림 29〉 해당 법령

○勅令

脫朝鮮總督府部內臨時職員設置制中改正ノ件ヲ裁可シ茲ニ之ヲ公布セシム

昭和十三年十一月八日

御名　御璽

內閣總理大臣　公爵　近衞　文麿

拓務大臣　八田　嘉明

勅令第七百十四號

朝鮮總督府部內臨時職員設置制中左ノ通改正ス

第一條中「土木事務官」ノ下ニ「技師」ヲ加フ

第二條ニ左ノ一號ヲ加フ

八 軍事郵便ニ關スル事務ニ從事スル者

第二條ノ二 朝鮮總督府稅關ニ左ノ職員ヲ置ク

一 關稅警察及犯則處分ニ關スル事務ニ從事スル者

二 輸入貨物代金ノ決濟等ニ關スル外國爲替管理法ニ基ク命令ニ關スル事務ニ從事スル者

附則

本令ハ公布ノ日ヨリ之ヲ施行ス

〈그림 28〉 해당 법령

1938년 11월 11일(석간)

지면 : 1면 1단

제목 : 총동원법 제11조 발동은 필지불가결인가, 가능한 한도에서 원활하기를 기함(總動員法第11條發動は必至不可缺か, 出來得る限圓滑を期す)

주체·해당 지역 : 일본

■ 국가총동원법 제11조

정부는 전시에 국가총동원에 필요한 경우에는 칙령이 정하는 바에 따라 회사 설립, 자본 증가, 합병, 목적 변경, 사채 모집 또는 2회 이상의 주식출자금(株金)의 불입에 대하여 제한 또는 금지하고, 회사 이익금의 처분, 배상, 기타 경리에 관하여 필요한 명령을 할 수 있다. 또는 은행, 신탁회사, 보험회사, 기타 칙령으로 지정한 자에 대해 자금의 운영에 관해 필요한 명령을 할 수 있다.

지면 : 2면 1단

제목 : 신흥 북선의 중심인 나진에 특별도제, 칙임 청장이 모든 권한을 장악(新興北鮮の中心羅津に特別道制, 勅任廳長が諸權を掌握)

주체·해당 지역 : 조선총독부

병참기지 조선에서 북선지방의 중요성이 날로 늘어남에 따라(장고봉사건이 사례) 내년에 나진부에 특별도제를 실시하고 부에서 해소해 나진청을 설치하는 안을 결정. 내무와 경무, 재무 등을 모두 청장이 장악하는 안. 특별도제 실시는 조선(*반도)의 이례적인 도약적 조치

1938년 11월 12일(석간)

지면 : 1면 1단

제목 : 외무부 확충의 한 편에 후생국 기획부를 신설, 조선(*반도) 행정기구의 대 개혁 단행(外務部擴充の外便に厚生局企劃部を新設, 半島行政機構の大改革斷行)[27]

주체·해당 지역 : 조선총독부

1940년
11월 1일(석간) '총독부에 후생국, 내년도부터 실현'

1941년
1월 14일(조간) '당당한 조선(*반도)의 신 설계! 후생사회 – 후생국의 신설', (석간)'후생국에 5과'

10월 11일(조간) '후생국과 광산부 드디어 실현하기로 결정'

11월 13일(석간) '조선총독부 관제 중 개정의 건 전원일치 가결, 오늘 추밀원 본회의'

11월 19일(조간) '총독부의 기구개혁 완성, 식산국 기획부를 개조, 후생 사정 양국 신설, 내무국 외사부는 폐지', '영단의 신기구(사설)'

11월 20일(석간) '기구개혁에 따른 본부 대이동'

1942년
7월 29일(조간) '행정간소화 실시안 발표, 중앙과 지방을 통해 칙임 3할 감축'

8월 22일(석간) '조선행정간소화안 발표, 후생국과 기획부를 폐지, 중앙과 지방을 통해 감원 1만 2천 명, 10월 1일 일제 발령'

8월 30일(조간) '감원 총수 17만여, 관계(官界) 태세 완료, 행정간소화를 전부 종료'

11월 1일(조간) '총독부 기구 개정 단행, 새로운 총무국을 신설, 후생국 기획부는 폐지, 오늘 공포 즉일 실시'

---

27 그러나 후생국은 1941년 11월에 신설되었다.

지면 : 1면 3단

제목 : 총동원법 제6조 노동 2개 칙령안, 노동시간 규제 · 표준임금제도, 제4회 심의회에 부의(總動員法第6條勞働2勅令案 勞働時間規制·標準賃銀制度第4會審議會に附議)

주체·해당 지역 : 일본 정부

■ **국가총동원법 제6조**

정부는 전시에 국가총동원에 필요한 경우에는 칙령이 정하는 바에 따라 종업자의 사용, 고용 또는 해고 또는 임금, 기타 노동조건에 대하여 필요한 명령을 할 수 있다.

■ **국가총동원법 제6조에 의해 발동한 칙령 : 총 6개 법안**

「학교졸업자사용제한령」: 칙령 제599호. 1938년 8월 24일 제정 공포

「공장취업시간제한령」: 칙령 제127호. 1939년 3월 30일 제정 공포

「청소년고입제한령」: 칙령 제36호. 1940년 1월 31일 제정 공포. 노무조정령으로 통합

「종업자이동방지령」: 칙령 제750호. 1940년 11월 8일 제정 공포. 노무조정령으로 통합

「선원사용등통제령」: 칙령 제749호. 1940년 11월 8일 제정 공포

「노무조정령」: 칙령 제1063호. 1941년 12월 6일 제정 공포

지면 : 2면 4단

제목 : 확충 후 조선총독부(*본부)의 새 기구, 폐합으로 12개 과를 신설(擴充後における本府の新機構, 廢合で12課新設)

주체·해당 지역 : 조선총독부

주요 기사 내용

후생국(사회과, 체육과, 위생과, 노무과), 기획부(자원과, 기획과, 조사과), 외무부(이민과, 통상과, 외사과) 설치[28]

지면 : 1면 4단

---

28 그러나 이 계획은 실현하지 못해 외무부는 1939년 8월에 독립하고, 기획부는 1939년 11월에, 후생국은 1941년 11월에 각각 설치

제목 : 흥아원 관제 심사, 제1회 추밀원(*추부) 위원회(興亞院官制審査, 第1會樞府委員會)[29]
주체·해당 지역 : 일본

■ 흥아원

점령지에 대한 정무·개발사업을 통일 지휘하기 위해 제1차 고노에 내각이 설립한 기관. 현지에 연락기관으로 화북(華北)·몽강(蒙疆)·화중(華中)·하문(廈門)에 연락부를 설치

흥아원은 내각총리대신이 총재를 겸임하고, 총재 아래 부총재 4명(육군대신, 해군대신, 외무대신, 대장대신 겸임)과 총무장관과 부장 등으로 구성

1942년 11월 1일에 척무성·대만사무국(対満事務局)·외무성 동아국·외무성 남양국과 통합·개편해 대동아성(大東亜省)으로 변경

관련 기사

1938년

12월 8일(석간) '흥아원 관제안 오늘 추밀원 본회의에서 가결'

12월 16일(조간) '흥아원 드디어 개설, 오늘 관제 공포, 인사 발령'

12월 17일(석간) '흥아원 개청, 야나기가와 장관 등 첫 등청'

1939년

3월 2일(조간) '흥아원 연락부, 북경 외 3개소에 신설'

1942년

9월 2일(조간) '대동아성 창설 정식 결정, 척무성과 흥아원 외 3국 폐지, 대동아성 설치 요강'

1938년 12월 9일(석간)

지면 : 1면 1단
제목 : (육군성 발표) 항공교육의 일원 강화, 육군항공총감부 신설(陸軍省發表 航空教育の一元強化, 陸軍航空總監部新設)
주체·해당 지역 : 일본

■ 육군항공총감부

일본 육군 중앙통할기관의 하나로 천황에 직예하는 기관

1945년 4월 폐쇄

---

29 흥아원 설치는 외무성 대중국 외교의 축소로 이어져 우가키 외상 사임의 한 원인이 되었다.

1939년 주요 기사

지면 : 2면 1단

제목 : 6개 직업소개소를 국영으로 이관, '노동소개소'로 개칭(6職業紹介所を國營に移管 '勞
働紹介所' と改稱)

주체·해당 지역 : 조선총독부

관련 기사

1939년

2월 4일(조간) '6개 소개소를 국영 이관 7월 1일부터 실시'

11월 24일(조간) '부영직업소개소 먼저 6개소 국영'

1940년

1월 12일(석간) '전 조선 직업소개소 드디어 국영 이관 실시, 11일 제령 공포'

1월 21일(석간) '직업소개소 국영으로'

1월 23일(조간) '조선직업소개소령 실시에 대해, 오다케 내무국장이 담화를 발표'

12월 5일(석간) '3개 직업소개소 20일 개설'

■ 관련 법령

1940년 1월 11일 「조선직업소개소령」(1월 20일 시행. 제령 제2호) 공포[30]

※ 그러나 조선에서는 명목상의 제도가 되었다. 직업소개소는 1939년 한반도 외 노무자 송출을 위해 기존 제도를 정비해야 할 필요성을 절감하는 과정에서 탄생했다. 기존 제도란 1918년 일본이 경제 호황을 누리던 시절에 조선인을 노동자로 데려가기 위해 만든 「노동자모집취제규칙」이었다.

이 규칙은 조선인 상대의 사기행위 등을 방지하려는 목적으로 만들었는데 1939년 한반도 외 지역으로 강제동원을 실시하려다 보니 맞지 않았다. 일본 당국자의 표현을 빌리자면 "조선 쪽에는 이렇다 할 노무기관, 노무통계 같은 것이 거의 없었기"에 난감한 상황이었다. 그래서 생각해 낸 것이 국영 직업소개소를 통해 노무인력을 조달하는 일본의 직업소개소 제도(1938년 4월 1일, 법률 제61호, 직업소개법 개정)였다.

일본의 직업소개소 제도는 일본인을 상대로 하는 지역 단위의 노무 동원 수행 기구였다.

일본의 직업소개소는 1921년(법률 제55호)에 발족하여 총력전 이전 시기에는 시·정·촌이 설립한 실업구제 기관의 성격이 강했다. 그러므로 일본 정부는 직업소개소의 국영화를 통해 노무동원과 관련한 각종 업무를 수행하는 기관으로 규정하고 수행 기능을 강화해야 할 필요성을 느껴 1938년에 개정했다. 1938년 기준 일본 본토의 직업소개소는 384곳이고 직원은 3,079명이었다.

일본의 직업소개소는 1941년 국민직업지도소를 거쳐 1944년에는 국민근로동원서가 되었다. 일본은 1938년 6월 29일에 칙령 제452호 「직업지도소 관제」를 통해 국민직업지도소를 설치했는데, 1941년 1월 31일 칙령 제113호 「직업소개소법 개정」을 통해 직업소개소를 대체한 것이다. 특히 일본의 직업소개소는 1939년에 제정한 「국민직업능력신고령」에 따른 국민등록업무를 전담하는 기관이었다.

일본의 직업소개소를 계승한 국민직업지도소(국민근로동원서)는 1942년부터 내무성의 위탁을 받아 동원 업무를 수행한 전시노무대책의 실시기관이었다. 일본 내에서 일본인을 대상으로 한 업무 범위를 넘어서 조선에서 동원도 관여했다. 일본 각지의 탄광회사는 국민직업지도소(국민근로동원서)에 필요한 노무자 인원을 요청하고 지시에 따라 조선에서 조선인 노무자를 동원했다. 그러나 조선의 직업소개소는 이러한 기능을 담당할 수 없었다.

조선총독부는 일본 직업소개소 제도를 준용해 1940년 1월 20일에 국영 직업소개소를 설치했고, 총 51개 조에 달하는 방대한 「시행규칙」을 공포했으나 실제로는 무용지물이었다. 법만 있었을 뿐 조직을 제대로 갖추지 못하였기 때문이다.

1940년 1월 19일 공포한 「조선직업소개소 관제」와 11월 16일자 「관제 개정」에서 담당 직원은 전 조선을 통틀어 174명에 불과했다. 그나마 1942년 11월 1일자 「조선총독부 부내 임시직원 설치제 중 개정」(칙령 제763호)를 통해 정원은 오히려 축소되었다. 국영 직업소개소는 6곳에서 출발해 1940년 12월(조선총독부령 제282호)에는 3개소가 늘었으나 총 9개소에 그쳤다.

---

30 조선총독부, 『施政30年史』, 1941, 885쪽; 「半島勞務者問題座談會」, 『産業福利』 1940년 3월호(도노무라 마사루(外村大) 지음 · 김철 옮김, 『조선인 강제연행』, 2018, 뿌리와 이파리, 58쪽 재인용); 아시아역사자료센터 소장 자료(A03021301500; A03022165100); 도노무라 마사루 지음 · 김철 옮김, 『조선인 강제연행』, 53쪽

조선총독부 내무국에서는 조선(*반도)개발의 추진력이 될 노동의 정비 강화를 도모하기 위해 조만간 제령(制令)으로 노동임금의 공정화(公定化)를 실시할 의향

노동력의 원만한 통제를 기할 목적으로 오는 7월부터 새로운 관제를 공포해 현재 부(府)에 부설한 경성·부산·평양·신의주·대구·함흥의 각 직업소개소를 신규 예산 약 13만 원으로 국영으로 이관하고, 명칭도 노동소개소로 개칭하기로 함

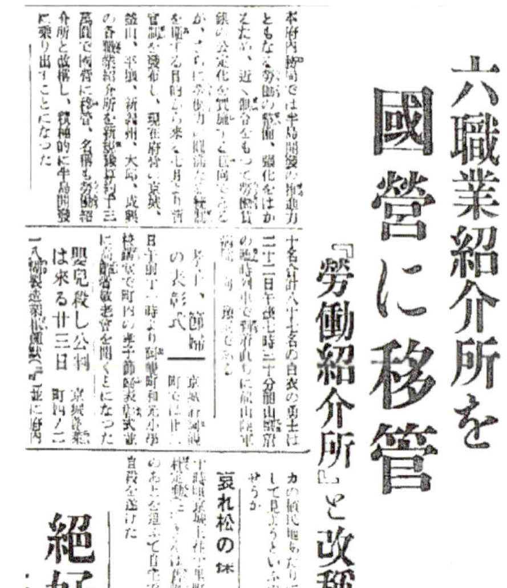

1939년 1월 28일(석간)

지면 : 2면 1단
제목 : 지행합일을 기해 교학연구소 신설(知行合一を期し敎學硏究所新設)
주체·해당 지역 : 조선총독부

교육도장 '사도관(師道館)'을 포괄하고, 교육 조선의 이론을 확립하는 기능을 담당

1939년

3월 4일(석간) '교학연구소 신설, 소학교 교원의 재교육'

1939년 2월 3일(석간)

지면 : 1면 5단
제목 : 조선총독부 경무국 내에 드디어 방호과 신설, 조선(*반도)의 방공진영을 강화(本府警務局內に 愈よ防護課新設 半島防空陣營を強化)
주체·해당 지역 : 조선총독부

지면 : 1면 6단

제목 : 제국총영사관 개설, 해남도 공략 후 여러 공작 진척(帝國總領事館開設 海南島攻略後
の諸工作進陟)[31]

주체·해당 지역 : 일본 정부

지면 : 1면 7단

제목 : 병역법 개정안 가결, 양원 본회의 최초로 성립한 법안, 28일의 중의원 본회의(兵役
法改正案可決 兩院本會議最初の成立法案, 28日の衆議院本會議)[32]

주체·해당 지역 : 일본 제국의회

지면 : 1면 1단

제목 : 총동원법 제11조, 다음 주 각의에서 결정하고 곧바로 발동(總動員法第11條 來週閣議
で決定直ちに發動)

주체·해당 지역 : 일본 정부

■ 국가총동원법 제11조

정부는 전시에 국가총동원에 필요한 경우에는 칙령이 정하는 바에 따라 회사 설립, 자본 증가, 합병, 목적
변경, 사채 모집 또는 2회 이상의 주식출자금(株金)의 불입에 대하여 제한 또는 금지하고, 회사 이익금의
처분, 배상, 기타 경리에 관하여 필요한 명령을 할 수 있다. 또는 은행, 신탁회사, 보험회사, 기타 칙령으로
지정한 자에 대해 자금의 운영에 관해 필요한 명령을 할 수 있다.

지면 : 1면 1단

제목 : 조선 지원병 실시 2개 칙령 27일 공포(朝鮮志願兵實施 2勅令27日に公布)

주체·해당 지역 : 일본

---

31 일본군은 그 해 2월 10일 해남도에 상륙해 군정을 시작했다.

32 3월 12일 법률 제1호로 병역법 개정안 공포. 병역 기간 연장, 단기 현역제 폐지 등을 내용으로 한다.

훈련소 관제 개정과 고등관 등 봉급령 개정 등 2개 칙령
3월 27일자 조선총독부 관보에 게재하고 4월 1일부터 시행

1939년 4월 1일(조간)

지면 : 1면 1단
제목 : 남지나해의 신난(新南)군도를 대만총독부 관하로 편입(南支那海の新南群島 臺灣總督府管下に編入)
주체·해당 지역 : 일본 정부

4월 18일자 '18일 관보로 정식 공포'

> ■ **신난(新南)군도**
>
> 남서제도(南沙諸島), Spratly Islands. 청불전쟁 후 프랑스군이 지배했는데, 1938년 일본이 프랑스군과 베트남 어민을 몰아내고 점령해 신난(新南)군도로 명명한 후 1939년 군사적으로 점령
> 장개석은 이 점령에 대해 '태평양상의 만주사변'이라며 반발
> 3월 30일, 일본 정부는 대만총독부령 제31호에 따라 대일본제국의 영토로 삼고 대만 다카오(高雄)시에 편입
> 현재 중국, 대만, 베트남, 필리핀, 말레이시아, 부루나이 등 6개국이 전 지역 또는 일부에 대해 영유권을 주장

1939년 4월 7일(석간)

지면 : 1면 6단
제목 : 총동원법 제11조 발동 총독부 시행규칙 공포(總動員法第11條發動 本府施行規則公布さる)[33]
주체·해당 지역 : 조선총독부

1939년 4월 9일(조간)

지면 : 1면 1단
제목 : 총동원 제6조 종업자고입사용제한령 시행세칙 공포(總動員第6條從業者雇入使用制限

---

33 일본 정부가 '회사이익금배당 및 자금융통령'(칙령 제79호)을 공포해 4월 10일부터 실시함에 따라 조선총독부에서도 '회사이익금배당 및 자금융통령 시행규칙'(조선총독부령 제50호)을 공포

令施行細則公布)[34]

주체·해당 지역 : 조선총독부

1939년 4월 12일(석간)

지면 : 1면 5단

제목 : 국민능력신고령 시행규칙 총독부 성안, 머지않아 부령을 공포(國民能力申告令施行
規則 本府成案 近く府令公布)[35]

주체·해당 지역 : 조선총독부

1939년 4월 13일(석간)

지면 : 1면 6단

제목 : 기능자양성령 드디어 5월 1일부터 실시(技能者養成令 愈よ5月1日より實施)

주체·해당 지역 : 조선총독부

주요 기사 내용

국가총동원법에 근거한 공장 사업장 기능자양성령이 이미 일본에서 실시 중인데, 조선에서도 5월 1일부터
실시하기로 결정. 현재 내무국 사회과에서 시행규칙 성안을 서두르고 있음

※ 공장사업장기능자양성령 관련 기사

「공장사업장기능자양성령」: 칙령 제131호. 1939년 3월 30일 제정 공포. 국가총동원법 제22조에 근거한 칙령
조선총독부는 1939년 6월 12일 「공장사업장기능자양성령 시행규칙」(조선총독부령 제86호)을 제정 공포하고
시행에 들어감

1939년 4월 15일(석간)

지면 : 1면 3단

제목 : 국민 총병역제 실시, 만주국 정부가 주지를 천명(國民總兵役制實施 滿洲國政府主旨
を闡明)

주체·해당 지역 : 만주국

---

34 일본 정부가 국가총동원법 제6조 종업자고입사용제한령을 3월 31일 칙령 제126호로 공포함에 따라 조선총독부
도 시행세칙을 10일 공포하고 칙령과 함께 20일부터 시행하게 됨

35 5월 15일 공포(조선총독부령 제77호), 6월 1일 시행

지면 : 1면 1단

제목 : 국민정신총동원 조선연맹을 강화, 관민협력 적극적 운동으로(朝鮮精動聯盟を强化 官民協力積極的運動へ)

주체·해당 지역 : 조선총독부

주요 기사 내용

총독부에 위원과 간사회를 설치

■ 국민정신총동원운동[36]

1937년 8월 24일 각의가 「국민정신총동원실시요강」을 결정한 후, 일본 척무차관의 통첩 「국민정신총동원 실시에 관한 건」에 따라 국민정신총동원운동 개시

일제는 당일 척무차관의 통첩을 조선총독부 정무총감 앞으로 송달해 조선에서도 실시하도록 함

이 지침에 따라 1938년 7월 22일 정무총감이 통첩 「국민정신총동원조선연맹조직대강」을 하달하고 1939년 4월 「국민정신총동원위원회규정」(조선총독부훈령 제21호)를 제정하면서 조선에서 본격화

이 규정은 '국민정신총동원에 관한 중요사항을 조사 심의'하는 기구라는 점과 함께 위원회 위원장을 정무총감으로 충원하고 위원 및 임시위원, 간사와 서기를 두도록 명시

■ 국민정신총동원 조선연맹

국민정신총동원운동의 추진체로 발족. 일본에 중앙연맹을 발족하고 조선에도 조선연맹을 설치

1937년 10월 12일, 일본 정부(주무 부서 : 내무성, 문부성, 내각정보부)가 국민정신총동원 중앙연맹을 결성

'거국일치, 진충보국, 견인지구'를 슬로건으로 천황제 이데올로기와 일본 정신에 근거한 전쟁 협력 운동을 전개

운동 자체는 일본 정부가 주도하는 관민일체 국민운동이었으나 외견상 민간단체의 모양새를 취해 회장에 추밀원 고문관인 아리마 료키쓰(有馬良橘) 해군대장을 선임

10월 말 현재 일본 전국의 총 74개 단체를 가맹하고 지방조직을 구성

1938년 6월 조선총독부 학무국을 중심으로 국민정신총동원 조선연맹 발족 준비를 거쳐 6월 22일 65개 단체와 유력자 57명으로 발기인회를 개최한 후 7월 1일 창립총회를 개최하고 시오바라 도키사부로(塩原時三郎) 학무국장을 이사장으로 추대

「국민정신총동원연맹 규약」과 「국민정신총동원조선연맹 조직대강」 등을 근거로 지방 조직을 완비하고, 산하에 애국반을 중심으로 활동을 전개

국민정신총동원 조선연맹은 일본 당국의 결정에 따라 1940년 10월 국민총력 조선연맹으로 개편

---

36 상세한 내용은 김영희, 『일제시대 농촌통제정책 연구』(경인문화사, 2003); 김봉식 · 박수현, 『전시 동원체제와 전쟁협력』

1938년

12월 7일(석간) '황도정화의 발양으로 정신총동원 조선연맹 오늘 거식(擧式)'

1940년

1월 17일(조간) '황국신민의 이정표, 정동 시흥연맹이사회개최, 애국반 활동기준 결정'

1월 24일(조간) '가자! 정동(精動)추진대, 근로대의 분대장으로 조직, 다시 시흥군에서 재훈련'

9월 15일(석간) '쓰루하시(곡갱이) 보국, 전 조선 654개 광산, 정동 광산 연맹 결성'

1939년 4월 30일(조간)

지면 : 7면 1단

제목 : 기술자 총동원에 드디어 국민등록제(技術者總動員に愈よ國民登錄制)

주체·해당 지역 : 조선총독부

주요 기사 내용

「임금통제령」과 「공장시간제한령」도 발동, 조선의 인적자원 확보

6월 1일부터 국민등록 실시

총독부 사회과에서 등록 사무를 정비하기 위해 전 조선에 인력(□관 120명, 기수 31명, 고원 288명)을 임시 증원하기로 결정

- **관련 법령**
  - 「국민직업능력신고령」 : 1939년 1월 5일 칙령 제5호로 제정 공포. 6월 1일 시행. 국가총동원법 제21조 의거한 국민직업능력등록제도
    1939년 5월 15일 「국민직업능력신고령 시행규칙」(조선총독부령 제77호) 제정 공포에 따라 조선에 적용
  - 「임금통제령」 : 칙령 제128호. 1939년 3월 30일 제정 공포
    조선에는 1939년 7월 31일자 「임금통제령 시행규칙」(조선총독부령 제118호) 제정에 따라 8월 1일부터 적용
  - 「공장시간제한령」 : 「공장취업시간제한령」(칙령 제127호. 1939.3.30.)을 의미
    1939년 7월 31일자 「공장취업시간제한령 시행규칙」(조선총독부령 제117호) 제정 공포에 따라 8월 1일부터 적용

지면 : 1면 5단

제목 : 인적 통제의 최고 수단, 흥아근로봉사령(가칭), 드디어 이번 주 중에 마지막 조정(人
的統制の最高手段 興亞勤勞奉仕令(佳稱) 愈よ 今週中に 最終的調整)[37]

주체·해당 지역 : 일본

관련 기사

1939년

6월 10일(석간) '전시노무자동원령(가칭) 14일 총동원심의회에 부이 결정, 가급저 신속히 신시'

6월 13일(조간) '국민징용 외 1건 칙령안 완성'

7월 5일(조간) '징용령 결정'

7월 8일(조간) '국민징용령 공포, 조선은 10월 1일부터'

9월 30일(조간) '조선(*반도)에도 국민징용령 10월 1일부터 실시, 인적자원의 통제 합리화, 29일 관계 부령 공포'

1940년

9월 18일(석간) '국민징용령 및 직업능력신고제 개정'

10월 1일(조간) '국민징용령 개정 요점, 군수산업 팽창에 대해 노무수급을 원활화'

10월 24일(조간) '국민징용령 및 직업능력신고령 개정, 총독부 당국 담화 발표'

1941년

9월 12일(조간) '노무동원체제 완성, 관계 4개 칙령안 요강을 가결, 어제 총동원심의회'

9월 16일(조간) '노무동원태세로 기지 조선(*반도) 총궐기, 4칙령안 연내에 공포'

12월 16일(조간) '국민징용령 일부 개정, 오늘 공포, 즉일 실시'

1943년

6월 26일(조간) '노무직권이양 결정, 7월 20일 시행, 칙령안 요강 머지않아 공포'

7월 31일(조간) '개정 징용령 8월 1일 실시, 복무령은 10일 공포 예정'

8월 10일(조간) '사장징용 머지않아 실시, 오늘 응징사복무규율 공포'

8월 20일(석간) '공장사업주를 징용, 오늘 영서 전달식 거행'

1944년

1월 6일(조간) '국민징용령 머지않아 발동, 출동 기간은 2개년'

2월 8일(석간) '국민징용령 발동, 중요광산 공장에 현원징용을 단행, 오늘 현지에서 영달식 머지않아 공포'

2월 17일(석간)~22일(석간) '필승증산을 향해 싸우는 응징사(연재)'

3월 9일(조간) '응징사 부임경비 등 사전에 사업주에 지급'

---

37 1939년 7월 8일 제정 공포한 국민징용령의 제정 준비 과정. 이 기사를 통해 국민징용령의 당초 법령 이름이 흥
아근로봉사령이었음을 알 수 있다.

4월 8일 '공장 광산종업원에 제2차 현원징용, 오늘 영서교부식 거행'

6월 10일 '여자정신대, 징용이 아니다. 다나카 정무총감'

8월 27일 '나아가자 응징사, 우리 모두 장도를 격려, 오늘 장행회'

8월 28일 '응징사 당당한 장행회'

8월 30일~9월 1일 '징용이란(연재)'

9월 1일 '응징사의 징계, 징계조치요령을 통첩'

9월 8일 '백지응소에 열성을 다하고, 징용은 면장의 명령일하'

1945년

5월 2일 '경기 관내 십여개 사에서 현원징용'

주요 기사 내용

【도쿄전화(東京電話)】국가총동원법 제4조에 근거한 징용령 발동에 대한 발동 준비

이 법령은 인적통제의 최고도 수단이므로 영향이 심대할 것을 감안해 발동 준비에 관해 후생성 육해군성 기획성 등 관계 당국 간 신중한 조사연구를 진행하고 있었는데

긴급사태에서 노동조정이 몹시 곤란한 현재 정세에서는 동 조항의 발동도 어쩔 수 없다고 통감하기에 이르러 이미 후생성에서는 입안을 준비하던 국민징용령에 대해 드디어 이번 주 중에 관계 각 당국에서 그 최종□□을 하기로 결정

징용령의 발동을 가장 필요로 하는 □□ 극히 작은 범위의 범주에 한정되어 있어서 노동단체에 대해서는 가능한 한 현재의 직업소개소 기능을 활용하는 방침이고 후생성은 이 법령으로 총동원체제에 있어서 □□의 중요성 산업전사에 대한 사회 주요 대책의 필요성을 모든 방법을 다해 이해를 철저하게 하게 됨

따라서 이 법령도 '흥아근로봉사령' 기타 적당한 명칭을 고려 중이라고 하는 바와 같이 극히 친밀한 명칭을 붙여 현재 징병령과 같이 널리 국민들에게 이해되고 사랑받는 법령으로 하려는 의향

■ 국가총동원법 제4조

정부는 전시에 국가총동원에 필요한 경우에는 칙령이 정하는 바에 따라 제국 신민을 징용하여 총동원 업무에 종사시킬 수 있다. 단 병역법의 적용을 저해하지 않는다.

지면 : 2면 6단

제목 : 국민등록령[38] 오늘 발포, 6월 1일부터 실시(國民登錄令けふ發布 六月一日から實施)

주체·해당 지역 : 조선총독부

■ 국민직업능력신고령

1939년 1월 7일 공포하고 1월 10일 시행(일본. 칙령 제5호)

1939년 5월 15일 「국민직업능력신고령 시행규칙」(조선총독부령 제77호)를 통해 조선에 적용하고 6월 1일부터 시행

1946년 4월 1일 폐지(법률 제44호)

※ 법령의 주요 내용

노무동원에 필요한 기능인의 실태 등의 기초자료를 파악하기 위해 등록제도를 도입

등록 업무는 직업소개소가 담당

1940년 10월 개정을 통해 청년국민등록제를 도입하여 16세 이상 20세 미만의 남자는 모두 등록하도록 함

1941년 10월 개정에서는 청장년국민등록제를 도입해 대상을 16세 이상 40세 미만 남자와 16세 이상 25세 미만의 여자로 확대

1939년 5월 24일(석간)

지면 : 1면 7단

제목 : 외무부는 2과 제[39]로, 마쓰자와(松澤) 외무부장이 부산에서 말하다(外務部は二課制に 松澤外務部長釜山で語る) [40]

주체·해당 지역 : 조선총독부

1939년 6월 9일(조간)

지면 : 1면 4단

제목 : 상공성의 새로운 기구 9일 발표, 15일 공포, 즉일 실시(商工省の新機構9日發表, 15日公布, 即日實施)

주체·해당 지역 : 일본 정부

38　국민직업능력신고령을 의미

39　외무과와 척무과

40　1939년 8월 3일자(8월 2일자 칙령 제532호, 조선총독부훈령 제45호 근거)로 총독관방 소속 외사부에 외무과와 척무과를 설치 운영

본성 : 대신관방, 총무국, 광산국, 철도국, 기계국, 감리국, 심의실
외국 : 특허국, 연료국, 무역국, 물가국

1939년 6월 10일(석간)

지면 : 1면 1단

제목 : 전시노무자동원령(가칭) 14일 총동원심의회에 부의 결정, 가급적 신속히 실시(戰時 勞務者動員令(假稱) 十四日總動員審議會に附議決定, 可及的速かに實施)

주체·해당 지역 : 일본

※ 국민징용령 명칭 변경

1939.5.1. 흥아근로봉사령 → 6.10. 전시노무자동원령 → 6.13. 국민징용령으로 확정

【도쿄전화(東京電話)】 정부는 시국의 진전에 □하기 위해 먼저 생산력확충계획안과 물자동원계획을 완성하고 물적 총동원체계를 정비하였지만 나아가 이 계획 수행상 긴요한 업무인 노동력 확충 및 노무자 수급 조절을 꾀하기 위해 드디어 신민징용에 관한 국가총동원법 제4조를 발동하기로 결정

이전부터 기획원을 중심으로 육해군, 후생, 대장, □□, □□ 각 성 간에 이 시행에 관한 칙령안 요항의 입안을 서두르다가 드디어 성안을 얻어 오는 14일 오후 1시 반부터 총리관저에서 국가총동원심의회를 개최, 안건을 부의해 정식 결정한 다음 가급적 신속하게 공포 실시하기로 함

칙령안은 '전시노무자동원령'(가칭)이며 국가가 직업소개, 기타 모집방법으로 필요한 인원을 얻을 수 없는 경우에 한정해 신민을 징용해 총동원업무에 종사시키는 것으로 징용 사무는 후생대신이 주관하는 것으로 되어 있음

신민 징용에 관한 규정 : 국가총동원법 제4조 정부는 전시에 있어서 국가총동원 상 필요할 때는 칙령이 정하는 바에 따라 제국신민을 징용하여 총동원

戰時勞務者動員令（假稱）
十四日總動員審議會に附議決定
可及的速かに實施

要申告者を徵用

國家總動員法第四條

唯一の救濟
依然嚴
資金統制

업무에 종사시킬 수 있다. 단, 병역법의 적용을 방해하지 않는다.

<요신고자를 징용>

【도쿄전화(東京電話)】국가총동원법 제4조에 근거한 신민징용에 관한 시행 칙령안 요항은 14일 국가총동원심의회에 부의되어 결정되는데 이번에 발동을 보는 것은 제4조 중 당분간 국가 주요 사업장의 총동원 업무에 한정되어 동법 제21조「국민직업능력신고령」에 규정된 요신고자를 징용하려는 것

정부로서는 사태의 추이를 보면서 지방공공단체 또는 총동원법 제13조에 따라 정부가 관리하는 공장, 사업장, 선박, 기타 관리시설의 총동원 업무에도 확대할 방침으로 기획원, 후생성, 기타 관계 당국은 준비를 추진하고 있으므로 결국 총동원법 제4조는 점차 전면적으로 그 발동을 보게 될 것

1939년 6월 13일(조간)

지면 : 1면 4단

제목 : 국민징용 외 1건 칙령안 완성(國民徵用外1件 勅令案成る)

주체·해당 지역 : 일본

주요 기사 내용

정부가 내일 총동원심의회에 부의

국가총동원법 제3조에 근거한 법령

1939년 6월 24일(조간)

지면 : 1면 4단

제목 : 조선(*반도)의 친족상속을 일본(*내지)과 동일하게 개정, 씨를 창설, 서양자 인정(半島の親族相續 內地と同樣に改正, 氏を創設, 婿養子緣組を認む)[41]

주체·해당 지역 : 조선총독부

관련 기사

1939년

11월 8일(조간) '조선인(*반도인)에게 가를 창립해 성의 변경을 인정, 2개 칙령안 각의에서 결정'

11월 9일(석간) '일본식 씨를 성으로 삼아 일본 전통적 가족제도의 미풍, 조선(*반도)에도 확립', (조간)'조선의 가족제도와 신 제령 - 반도 통치에 획기, 내선일체의 구현 결실', '신 제령과 의의(사설)'

11월 10일(석간) '조선인(*반도인)에게 가의 창립과 성 변경의 자유를 부여, 내일 제령 공포, 1월 1일 실시', '사법상에서 내선일체의 구현 - 미나미 총독 담화', '서양자 이성양자 및 씨제도 제정에 대해 - 법무국장'

---

41 창씨개명 정책 실시를 의미한다.

지면 : 2면 1단

제목 : 산업매진에 대응, 식산국 개조 단행인가, 광산국 설치도 구상(産業邁進に對應 殖産 局改組斷行か, 鑛山局設置をも考究)[42]

주체·해당 지역 : 조선총독부

관련 기사

1939년
7월 12일(조간) '드디어 광산국 설치, 식산국의 방침 결정, 내년도 예산에 소요경비 요구'

1940년
9월 17일(석간) '일반행정관계상 총독부 광산국의 설치, 신중한 검토가 필요'
10월 29일(조간) '광산산금 사무조정에 광산국 설치 구체화, 재무국의 사정(査定) 통과'
11월 4일(조간) '광산국 신설, 특히 광산도로'

1941년
6월 15일(석간) '지하자원의 대 갱광 총독부 기구개혁 2개 부국의 신설, 법제국과 절충 진행'
10월 25일(조간) '광산부에 대신해 관계 3과를 신설, 칙임사무관을 두고'
11월 13일(석간) '조선총독부 관제 중 개정의 건 전원일치 가결, 오늘 추밀원 본회의'

지면 : 1면 5단

제목 : 협화회의 통합적 기관, 중앙협화회 설치, 내일 도쿄에서 창립총회 개최(協和會の統 合的機關, 中央協和會設置, あす東京で創立總會を開催)

주체·해당 지역 : 일본

관련 기사

1939년
6월 28일(석간) '협화회와 협력, 미나미 총독, 국장회의에서 요망'
6월 29일(조간) '내지 거주 80만 반도인의 연락기관 드디어 성립, 중앙협화회 어제 창립발회식'

---

42 그러나 1943년 12월 1일자로 광산국이 아닌 광공국을 설치. 일본 정부는 1943년 11월 30일자로 조선총독부 관 제를 개정해 기존의 11개 국과 관방을 광공국 등 8개국으로 개편

■ 협화회[43]

일본 내무성이 설치한 일본 거주 조선인 대상의 통제 단체

1931년 만주사변을 계기로 다시 조선인 통제의 필요성 고조. 1934년 각의에서 「조선인 이주 대책의 건」을 결의한 후 오사카부 내의 각 경찰서 단위로 조선인의 통제와 황민화를 위한 조직을 설립하고 오사카부 내선융화사업조사회 결성

1936년 내무성은 지방 장관에게 협화사업의 실시요지를 통달, 각 부현 경찰이 중심이 되어 내선협회, 내선협화회 등을 전국적으로 설립. 1939년 전국적으로 만들어진 조직들은 협화회라는 명칭으로 통일, (재)중앙협화회가 총괄

1939년 6월 28일 설립 총회를 개최하고 이사장으로 세키야 데이사부로(關屋貞三郎. 조선총독부 학무국장, 귀족원 의원) 취임

조직 구성은 전국 각 경찰서에 지부를 설치하고 지부장은 서장이 담당. 경찰의 활동 상황과 방침은 내무성 경보국이 발간한 『특고월보』에 게재해 당시 조선인 통제 현황 파악에 활용

협화회는 조선인의 동향 감시, 도항 귀국 관리, 거주자 조사, 황민화 정책의 전파 등을 담당

지도원으로는 일본인 지역 유력자, 보도원으로는 일본어를 아는 조선인 유력자가 역할 담당

모든 조선인은 의무적으로 회원가입을 해야 했고, 사진이 들어간 협화회 수첩을 발급해 수첩을 지참하지 않으면 조사를 받도록 하거나 조선으로 강제 송환되기도 했음

---

43 상세한 내용은 히구치 유이치 지음, 정혜경 외 옮김, 『협화회: 일제하 재일조선인 통제 조직』(도서출판 선인, 2012) 참조

재일조선인에게 일본어와 일본의 전통 예절과 풍습을 배우고 익히도록 강요하였고, 국기 게양, 신단 설치와 참배, 국민복 장려 등 황민화 사상을 주입

재일조선인은 각 마을 단위로 결성된 도나리구미(隣組)에 의무적 참여하였고, 공출과 방공 훈련, 징병, 지원병 및 전시 노동에도 동원

일본 내무성, 1944년 11월 중앙협화회를 중앙흥생회로 개편

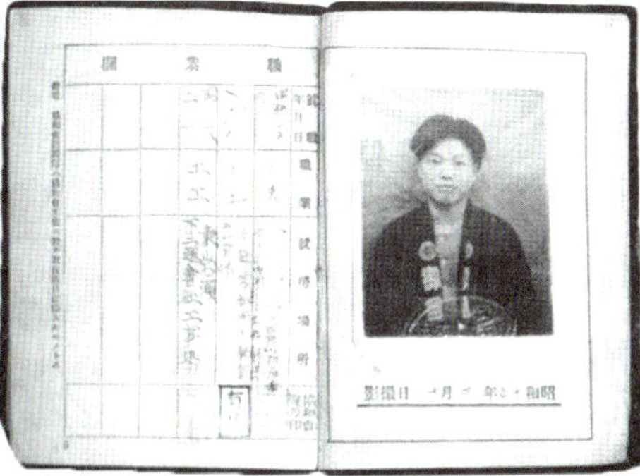

〈그림 30〉 협화회 수첩(재일한인역사자료관, 『재일한인역사자료관 도록 – 사진으로 보는 재일코리안 100년』)

1939년 7월 8일(조간)

지면 : 1면 10단

제목 : 국민징용령 공포, 조선은 10월 1일부터(國民徵用令公布, 朝鮮は10月1日から)

주체·해당 지역 : 일본 정부

주요 기사 내용

【도쿄전화(東京電話)】 국민징용령은 8일 공포되어 내지는 15일, 조선, 대만, 화태(사할린), 관동주, 남양 등 외지 관계는 10월 1일부터 시행하게 되었기에 후생성에서는 이 칙령에 따른 시행규칙, 여비 일시 대불 지변 등 관계 성령의 입안을 서두르고 있었는데 이번에 완성하였기에 성령은 11일경 공포하고 이로써 법제상 조정을 모두 완료

우선 징용 계획의 준비를 진행함과 동시에 실시 예산 33만 8천 엔의 일부를 가지고 지바(千葉) 외 9개 현에 사무관 직업과장을 선임하고 전국 지방청에 47명, 관계관 백여 명, 직업소개소에 주사보 백 명, 이하 관계관 130명을 배속, 증원해 지방의 진용을 정비

제1회 징용 발동은 대체로 7월 하순이나 8월 상순이 될 예정

■ 국민징용령의 주요 내용

국가총동원법 제4조 근거

국민직업능력신고자 대상

7월 8일 공포(칙령 제451호). 7월 15일 시행

조선은 9월 30일 시행규칙 공포 후 10월 1일 적용

1939년 7월 19일(석간)

지면 : 6면 3단

제목 : 재무국 기구개혁, 사계과를 분리해서 국으로 승격(財務局機構改革, 司計課を切り離し 局に昇格)44

주체·해당 지역 : 조선총독부

1939년 7월 20일(석간)

지면 : 4면 6단

제목 : 광주에 병사부 설치(光州に兵事部設置)

주체·해당 지역 : 조선군

---

44 기사에 '재계 방면의 요망에 따라 설치'했다고 설명하고 있다.

1939년

8월 3일(조간) '조선(*반도) 거주 내지인 지도를'

1943년

8월 3일 '군 병무부를 획기적 강화, 각도에 병사부 신설'

주요 기사 내용

조선군 개혁에 따라 병사부를 광주에 설치하고 8월 1일부터 사무 개시하기로 하고 용지 매수 등 절차에 들어감. 광주 지역의 유력자 5,6명이 자발적으로 1만엔 기부

■ 병사부[45]

전쟁과 군대에 관한 사항을 담당하는 부서로서 1939년 7월 설치. 조선인 지원병 동원 확대와 징병 대비한 조치. 조선 및 만주에 설치

1939년 8월 1일 「육군병사부령」 제정 공포(칙령 518호)

1942년 5월 징병제 결정 이후 1943년 8월에 6개 병사부 체제를 확대해 13개 도에 병사부를 설치

■ 조선군 광주 부대 배치 현황

1906년 6월 중대 규모의 일본군을 광주에 체류 중인 일본인 보호와 의병 진압 명목으로 배치, 1907년 8월 조선의 광주진위대 해산 후 주둔지(옛 전남도청 앞)를 일본군이 차지

1939년 7월 제20사단 소속으로 광주에 관구 설정. 1945년 1월 조선군 제17방면군 예하 제150사단 배치. 그 외 조선군관구 예하 광주사관구 운영

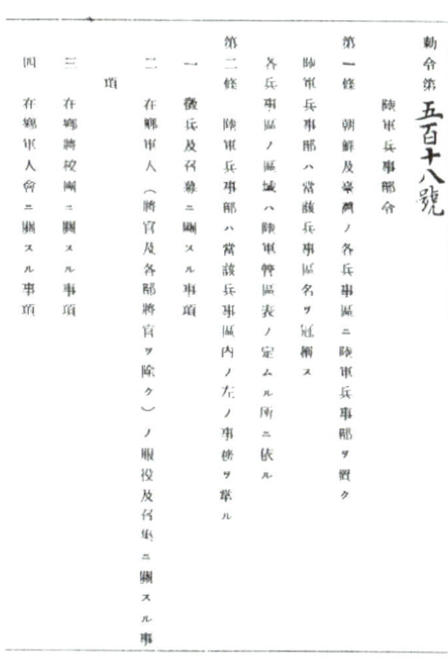

〈그림 31〉 육군병사부령 일부

〈표 2〉 지역별 병사부 및 부장(1939년 9월 현재)[20]

관구	관할 병사부	관할 병사구	부장
제19사단 관구	羅南	咸鏡北道	度邊 대좌
	咸興	咸鏡南道	福留 대좌
제20사단 관구	京城	京畿道, 江原道, 忠淸北道	江坂弘 대좌
	平壤	平安南北道, 黃海道	伊藤 대좌
	大邱	慶尙南北道	川村 대좌
	光州	忠淸南道, 全羅南北道	吉本 대좌

〈그림 32〉 조건, 「일제강점 말기 '조선 주둔 일본군' 상주사단의 韓人 병력동원 양상과 특징」, 『한국독립운동사연구』51, 2015 수록

1939년 7월 24일(조간)

지면 : 7면 1단

제목 : 드디어 내년 4월을 기해 각도에 학무부를 신설(愈よ明年4月を期して, 各道に學務部を

---

45 조건, 「일제강점 말기 '조선 주둔 일본군' 상주사단의 韓人 병력동원 양상과 특징」, 『한국독립운동사연구』51, 2015

新設)[46]

주체·해당 지역 : 조선총독부

■ **학무국(중앙행정기구) 연혁**

1910년 10월 1일 조선총독부 5개 부 설치 당시 내무부 학무국으로 설치

1919년 8월 19일 조선총독부 6국 체제로 개편 당시 학무국은 총독 직속으로 승격. 학무과, 편집과, 종교과

1921년 4월 업무에 '타 과의 주관에 속하지 않는 사항' 추가

1921년 6월 조선총독부관측소 관할

1921년 10월 학무국에 고적조사과 신설

1932년 2월 학무과, 편집과, 사회과(내무국 소속)

1936년 8월 사회교육과 신설. 사회과가 내무국으로 가고 학무과, 편집과 등 3개 과

1939년 8월 산하에 교학연수소와 중견청년수련소 설치

1942년 11월 학무과, 연성(鍊成)과, 편수과

1943년 12월 학무과, 연성과(지원병 훈련 등 강제동원 관련 업무), 편수과, 사회과(군사보호)

1944년 11월 전문교육과, 국민교육과, 연성과(군무예비훈련 업무 추가), 교무과

1945년 4월 학무과, 원호과

■ **지방 행정기구 : 학무**

1910년 10월 1일 장관 관방 소속 학무계

1915년 5월 1일 장관 관방 소속 학무계

1919년 8월 20일 제1부 소속 학무과

1921년 2월 3일 내무부 소속 학무과

1939년 7월 27일(석간)

지면 : 1면 3단

제목 : 총동원법 4개 조를 발동, 물동계획 더욱 완벽(總動員法4ケ條を發動, 物動計劃さらに完璧)[47]

---

46 일제강점기 학무 기관의 기능은 교육을 통한 통제와 동원이다.

47 기획원, 총동원법 제8, 17, 18, 19조를 발동

주체·해당 지역 : 일본

1939년 8월 3일(조간)

지면 : 1면 9단
제목 : '조선(*반도) 거주 내지인 지도를', 육군병사부 초대부장 에사카 대좌 신임의 변(半島
內地人指導を, 陸軍兵事部初代の部長江坂大佐新任の辯)[48]
주체·해당 지역 : 조선군

주요 기사 내용

1939년
8월 1일자 칙령 518호 「육군병사부령」 제정 공포. 조선 및 만주에 설치

지면 : 1면 10단
제목 : 육군예비사관학교 신설(陸軍豫備士官學校新設)
주체·해당 지역 : 일본

관련 기사

1944년
5월 7일 '채용 직후에 오장, 특별갑종간부후보생제도를 신설'
7월 30일 '특간 제2기생 8월 10일부터 접수'
8월 11일~8월 13일 '청소년이여 특간으로(총 3회 연재)'

■ **육군예비사관학교**
8월 1일자로 신설
병과예비역장교가 되는 갑종간부후보생의 집합교육 실시
1938년 8월에 1개교를 신설하고 1939년부터 여러 곳에 설치. 1944년 10월부터 특별갑종간부후보생 집
합교육을 실시
패전 후 폐지

---

48 1939년 7월 20일자 기사 관련

지면 : 1면 1단

제목 : 외사부 신관제 공포, 외무 척무 두 개 과의 소관 사무 제정(外事部新官制公布, 外務拓務兩課
の所管事務制定)[49]

주체·해당 지역 : 조선총독부

관련 기사 [50]

1937년

7월 7일(석간) '관방기구의 개혁 – 외사과를 부로 승격, 3계
를 신설, 진용 강화'

7월 17일(석간) '총독부 외사부, 오늘 징용 강화를 실시'

1939년

5월 24일(석간) '외무부는 2과 제로, 마쓰자와(松澤) 외무부장
부산에서 말하다', '외무와 척무 등 2과 제를 설치 운영
하는 방안을 입안 중'

8월 4일(조간) '외사부 독립 실현(사설)', '신설 외사부의 사명,
본부 외무부 기구확충에 대해 마쓰자와 부장 말하다'

지면 : 5면 7단

제목 : 경북에 이민훈련소, 곤란을 극복하고 설치(慶北に移民訓練所, 困難を押切つて設置)

주체·해당 지역 : 조선총독부

주요 기사 내용

【대구】1939년도에 신설하기로 결정된 경북도 이민훈련소는 오로지 도가 스스로 제출한 우량이민자 양성
을 담당하기 위한 것

이 훈련소의 설치 지역 선정은 매우 신중을 거듭해왔음. 최적의 부지로서 도(道)는 독행신실(篤行信實)의 관

---

49 3일에 업무분장을 개정 공포

50 외무부와 외사부를 혼용

점에서 설치 여부를 고려해 현재 경주군 □□□□□
부근에 임야 4만 평을 매수하고 올해 건설하기로 결정

■ 만주 지역 이민 관련

1934년 10월 30일 : 일본 각의, 「조선인 이주 대책의 건」 결정. 조선인의 일본 도항을 저지하고 조선 남부 지방의 농민을 대상으로 조선총독부의 통제 아래 조선북부와 만주로 대량 이민 실시 결정. 만주척식㈜과 만선척식㈜ 설립의 배경

각의, 「조선인이주대책요목」 의결. 일본 정부 차원에서 최초로 수립한 조선인 도일·일본 거주 조선인에 대한 방책

1935년 4월 6일 : 조선총독부·일본 척무성, 80만 조선농민의 만주 이민 원안 결정

1937년 3월 10일 : 조선총독부가 주관하는 제1차 간도이민 11,900명 출발

7월 15일 : 만주개척청년의용대 운영을 위한 청년훈련소안·청년농민훈련소창설요강안 확정. 일반 개척단을 보완하는 존재로 준전투요원이자 둔전병 역할 담당. 일본인 대상

8월 2일 만주개척공사가 설립되어 운영을 담당. 11월 30일 각의, 척무성이 제출한 「만주에 대한 청년이민송출에 관한 건」 승인. 개척청년의용대 제도 실현

※ 1939년 12월 22일 각의결정 「만주개척정책기본요강」에 의해 1940년부터 심상소학교 과정을 종료한 16~19세 조선인도 대상

1937년 11월 30일 : 일본 각의, 「만주에 대한 청년이민송출에 관한 건」 승인

척무성 제출. 만주개척청년의용대 제도 실현. 1940년부터 심상소학교 과정을 종료한 16~19세 조선인도 대상에 포함. 강원도 소재 세포훈련소(1개월) → 일본 시즈오카현 소재 우치하라(內原)훈련소(2개월) → 만주 대훈련소(1년) → 만주 소훈련소(2년) 등 3년 3개월의 훈련을 거쳐 개척단으로 배치하는 계획

1938년 1월 21일 : 강원도 평강군 고삽면 세포리에 만주개척 중견인물 양성을 위한 세포(洗浦)이민훈련소 개소하고 청장년 105명을 수용

1939년 2월 22일 : 「조선총독부이민위원회규정」 공포(조선총독부훈령 제9호), 2월 23일 조선총독부 이민위원회, 조선총독부 본부에 설치. 8월 31일 일부 개정

■ 「조선총독부이민위원회규정」

제1조 농업을 목적으로 만주 기타 지방으로 조선인의 이주에 관한 중요사항을 조사심의하기 위해 조선총독부에 이민위원회를 설치한다.

제2조 위원회는 위원장 1인 및 위원 약간 명으로 조직한다.

제3조 위원장은 조선총독부 정무총감으로 충당한다. 위원은 조선총독부내 고등관 및 학식경험자 중에서 조선총독이 명하거나 촉탁한다.

제4조 위원장은 회무를 통리한다. 위원장 사고가 있을 때에는 위원장이 지정한 위원이 그 사무를 대리한다.

제5조 위원장은 필요가 있다고 인정될 때에는 조선총독부내 고등관 기타 적당하다고 인정되는 자에게 회의에 출석하여 의견을 진술하도록 할 수 있다.

제6조 위원회에 간사를 두고 조선총독부 고등관 중에서 조선총독이 임명하며, 간사는 위원장의 지휘를 받아 서무를 정리한다.

제7조 위원회에 서기를 두고 조선총독부 판임관 중에서 조선총독이 이를 임명하며, 서기는 상사의 지휘를 받아 서무에 종사한다.

1939년 8월 18일(석간)

지면 : 1면 9단

제목 : 부여신궁 조영위원회 및 사무국 설치, 내일 사무규정 발포(夫餘神宮造營委員會及び事務局設置, あす事務規定發布)

주체·해당 지역 : 조선총독부

■ 부여신궁

1939년 6월에 관폐대사(官弊大社)[51]로 정식으로 인가

일본 정부는 부여신궁에 주제 신으로 봉안할 신을 오진(応神) 천황, 진구(神功) 황후, 덴지(天智) 천황 등 고대 한일 관계와 관련이 깊은 인물로 설정

근로보국대와 봉사대(문인, 예술인 등 지식인)라는 이름으로 조선인을 공사에 동원

1943년 완공 예정이었으나 공사가 늦어졌고, 일본의 패전으로 완공되지 못함

완공되지 못했음에도 공사 중 이미 경성부의 조선신궁과 함께 조선을 대표하는 신사로 알려짐

1939년 9월 11일(조간)

지면 : 1면 10단

제목 : 기획부 신설 머지않아 실시(企劃部の新設ちかく實施)

주체·해당 지역 : 조선총독부

■ 기획부

1939년 11월 28일 일본 정부, 「조선총독부기획부임시설치관제」 공포·시행

1937년 9월에 신설한 자원과와 1938년 8월에 신설한 임시자원조정과 통합, 임시기구로 설치

기획부는 1941년 11월 18일자 칙령 제980호에 따라 정식 기구로 발족

51　신지관(神祇官)이 모시는 관폐사 가운데 가장 격이 높은 신사이며 정부에서 폐백(幣帛)이나 폐백료를 지불하는 신사

지면 : 1면 1단
제목 : 국가총동원법 등 시행 통할에 관한 칙령 공포(國家總動員法等施行統轄に關する勅令公布)
주체·해당 지역 : 일본

※「국가총동원법 등 시행의 통할에 관한 건」(칙령 제672호. 1939년 9월 30일 공포) 관련 기사

- **「국가총동원법 등 시행의 통할에 관한 건」**(칙령 제672호. 1939년 9월 30일 공포)

총 2개 조와 부칙으로 구성

주무대신과 조선, 대만, 화태, 만주, 남양주, 관동주 등 각 총독, 청장관 등이 국가총동원법 시행에 필요한 명령을 내릴 수 있다는 칙령

각 총독 등이 명령, 변경, 폐지 등을 할 때 내각총리대신과 협의할 것을 전제로 총리가 이를 통할하게 함

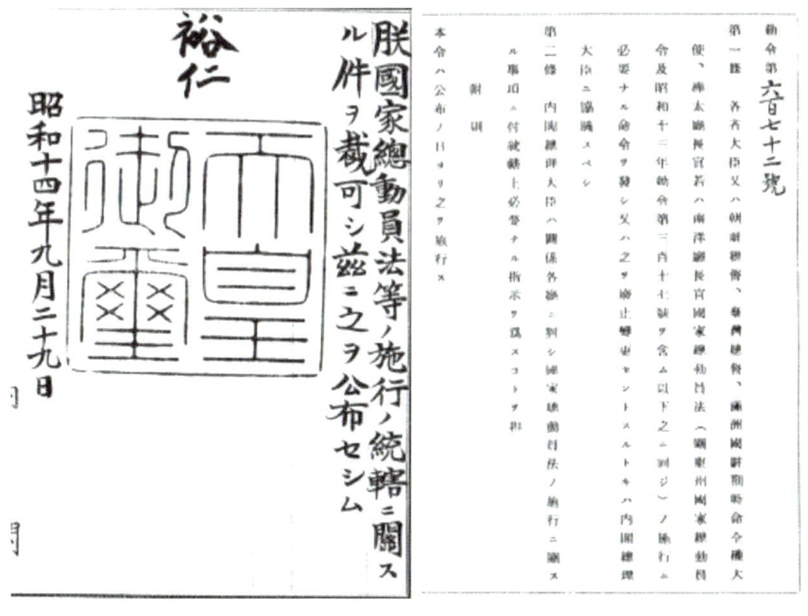

〈그림 33〉 칙령 반포 문서 　　　 〈그림 34〉 칙령 제672호 내용

주요 기사 내용

아베(阿部) 총리가 26일 궁중에 가서 동일자로 각의결정한 「국가총동원법 등 시행통할에 관한 칙령」을 상주하고 천황의 재가를 받은 후 그날 밤 1시에 발표

법령 내용은 총 2조와 부칙 1조로 구성

1939년 9월 28일(석간)

지면 : 1면 1단

제목 : 국경취체법 시행령, 오늘 공포 10월 1일부터 실시. 경흥교에서 동남방 출입시 조
선총독의 허가가 필요(國境取締法施行令, けふ公布10月1日より實施. 慶興橋より東南方
の出入朝鮮總督の許可を要す)

주체·해당 지역 : 조선총독부

■ 국경취체법

제1조 정부는 칙령이 정하는 바에 의하여 육접(陸接) 국경(이에 접속하는 영해의 경계를 포함한다)에서의 사람의 출
입을 금지하거나 제한할 수 있다.

제2조 정부는 칙령이 정하는 바에 의하여 전조에 규정하는 국경에 접한 토지 또는 수면에 대하여 구역을
정하고 그 구역에 대하여 사람의 출입을 제한할 수 있다.

제3조 ①제1조의 규정에 의한 금지 또는 제한에 위반한 자는 3년 이하의 징역 또는 3000원 이하의 벌금
에 처한다. ②제국의 이익을 해할 목적으로 앞의 항의 죄를 범한 자는 10년 이하의 징역에 처한다. 이 경
우에 그 범죄용으로 사용한 물건은 누구의 소유인지를 불문하고 몰수할 수 있다.

제4조 ①제2조의 규정에 따른 제한을 위반한 자는 6월 이하의 징역 또는 500원 이하의 벌금이나 과료에
처한다. ②외국에 잠입할 목적으로 앞의 항의 죄를 범한 자는 2년 이하의 징역 또는 2000원 이하의 벌금
에 처한다.

부칙 <조선총독부 법률 제52호, 1939. 3. 31> 이 법의 시행기일은 칙령[52]으로 정한다.

---

52 국경취체법은 1939년 9월 26일 칙령 제669호에 따라 1939년 10월 1일부터 시행

지면 : 2면 1단

제목 : 조선(*반도)에도 국민징용령 10월 1일부터 실시, 인적자원의 통제 합리화, 29일 관계 부령 공포(半島にも國民徵用令10月1日より實施, 人的資源の統制合理化, 29日關係府令公布)

주체·해당 지역 : 조선총독부

주요 기사 내용

오늘 조선총독부령 제64조 국민징용령 시행규칙이 공포됨에 따라 10월 1일부터 조선에 시행

중일전쟁(* 시나사변)의 장기화에 따라 인적자원을 다시 강화해 국가 총력을 최고도로 할 필요가 있음

이를 시행하기 위해 국민등록제도가 먼저 이루어져야 하므로 각종 노무대책을 실시 중인데 요원의 충족이 절대적으로 필요함

※ 오류 : 국민징용령 1944년설

국민징용령은 일본에 이어 조선에서도 1939년 10월 1일부터 적용되었음. 9월 30일 기사에서도 '조선에도 실시'한다고 보도

그러나 학계에서 법령에 대한 이해가 충분하지 못해 1944년 제4차 개정을 기점으로 조선에 처음 적용된 것으로 오인해 최근까지 계속 연구에 활용함에 따라 오류를 확산. 그 결과 '강제동원을 부정'하는 일본과 한국의 일부 학자 및 활동가들이 '강제동원 부정론'의 대표적인 사례로 악용

※ 이 오류에 대해 지적한 연구 : 정혜경, 「국민징용령과 조선인 인력동원의 성격」『한국민족운동사연구』 56, 2008;『징용 공출 강제연행 강제동원』 도서출판 선인, 2013; 정혜경·허광무·조건·이상호,『반대를 론하다』, 도서출판 선인, 2019; 허광무, 「일제말기 국민징용령에 따른 조선인 노무동원의 시기와 실태」『한일민족문제연구』44, 2023

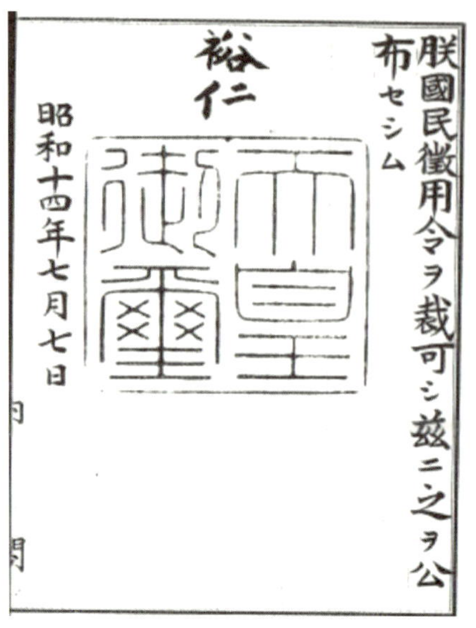

〈그림 35〉 「국민징용령」 공포 문서

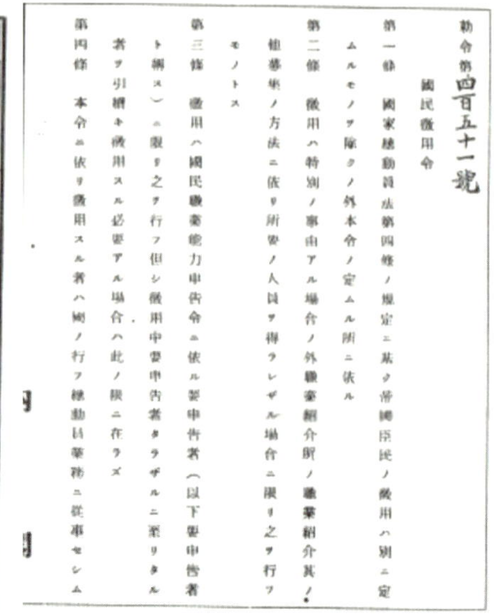

〈그림 36〉 「국민징용령」 일부 내용

1939년 10월 4일(석간)

지면 : 1면 5단

제목 : 무역성 설치를 협의, 3개 장관이 아베 수상과 회견(貿易省設置を協議, 3長官阿部首相
と會見)[53]

주체·해당 지역 : 일본

1939년 10월 5일(석간)

지면 : 6면 3단

제목 : 무역과를 신설한다는 이야기, 무역성 등장으로 조선(*반도)에도 재연(貿易課新設の
說, 貿易省登場で半島にも再燃)

주체·해당 지역 : 조선

---

53 기획원 총재 등 3개 부서 장관이 기획원 원안에 대해 협의한 내용

지면 : 1면 4단

제목 : 조선총독부에 물가부 신설, 물가인상정지 정책에 따라(本府に物價部新設, 物價引上
　　　停止策に卽應)

주체·해당 지역 : 조선총독부

관련 기사

10월 10일(석간) '물가부의 신설 기도, 국가총동원법 발동에 호응해, 경비 39만 원 요구'

지면 : 1면 6단

제목 : 예후비장교 현역 편입 칙령안을 각의에서 결정, 근일 중으로 공포 시행(豫後備將校
　　　現役編入勅令案 閣議で決定, 近日中に公布施行)[54]

주체·해당 지역 : 일본

관련 기사

1939년

11월 8일(조간) '병역법 시행령 개정 어제 각의에서 결정, 머지않아 공포'

지면 : 1면 1단

제목 : 국가총동원법에 따른 가격등통제령 드디어 조선에서도 시행, 27일자 관보에서 부
　　　령으로 공포(國家總動員法に基く價格等統制令愈よ朝鮮にも施行, 27日附官報で府令公布)

주체·해당 지역 : 조선총독부

※「가격등통제령」 관련 기사

1939년 10월 16일 일본 정부가 제정 공포한 「가격등통제령」(칙령 제703호. 모든 물가와 유통가격을 통제하는 규정)
의 조선 적용 관련 기사

1939년 10월 27일 「가격등통제령 시행규칙」(조선총독부령 제183호) 제정 공포를 통해 조선에 적용

호즈미 식산국장이 방송을 통해 법령 내용을 설명

1941년 9월 10일 개정

54　11월 11일 병역법 시행령 개정 공포로 시행

지면 : 7면 1단

제목 : 애국의 지극한 정성에 호응해 지원병훈련소 다시 3개소 증설, 대구·평양·함흥 각지, 훈련기관으로 전 조선 청년훈련소도 확충(愛國の至情に應へ 志願兵訓練所更に 3個所增設, 大邱,平壤,咸興の各地. 訓鍊機關に全鮮靑訓も擴充)

주체·해당 지역 : 조선군

지면 : 1면 1단

제목 : 총동원법을 계속 발동, 노무동태조사규칙(總動員法を續續發動, 勞務動態調査規則)

주체·해당 지역 : 일본

지면 : 1면 1단

제목 : 조선미곡배급조정령 사정 변화로 심의 중지(朝鮮米穀配給調整令 事情の變化で審議中止)

주체·해당 지역 : 일본

관련 기사

1939년

12월 28일(석간) '조선미곡배급조정령 오늘 발령, 식량배급방책 확립'

지면 : 1면 6단

제목 : 배급통제응급조치령 6일 공포, 당일 실시(配統應急措置令6日公布, 卽日實施)

주체·해당 지역 : 일본

주요 기사 내용 : 1면 1단

미곡의 국가관리를 목적으로 한 「조선미곡배급조정령」을 내년도에 시행하기 위해 심의실이 법제국과 협의 중에 미곡 사정 변화가 있어 일단 심의를 중지

지난 2일 각의에서 결정한 미곡국가관리방침에 따르면, 내지에 이출된 조선 쌀은 국가관리 대상인데, 배급조
정령(안)에는 이출통제조합이 담당하도록 규정되어 있어 실질적인 관리가 법 제정 취지와 차이가 있음

9일경 경성을 출발해 도쿄로 오는 □장이 도착한 후 조정령 내용을 변경해 국가관리법과 협력하거나 조항
을 변경해 다시 심의에 올릴 예정

 : 1면 6단

6일 각의에서 결정된 새로운 미곡정책 단행에 따라 농림성에서 「미곡배급통제법」 제4조 제1항 및 「미곡통
제법」 제11조 규정에 따라 「배급통제응급조치령」을 발의하고 6일 공포

※ 요항 총 3개 항 및 비고 수록

■ 「미곡배급통제응급조치령」

일본 농림성이 발의한 미곡의 강제배상을 실시하는 근거법

조선에서 공포한 「미곡배급조정령」은 조선에서 이 법령을 적용하기 위한 하위법

1939년 11월 8일(조간)

지면 : 1면 1단

제목 : 조선인(*반도인)에게 가를 창립해 성의 변경을 인정, 2개 칙령안을 각의에서 결정
　　　　(半島人に家の創立姓の變更を認む, 二勅令案閣議で決定)

주체·해당 지역 : 일본

2개 칙령안

「조선민사령 개정의 건」, 「반도인의 씨명에 관한 건」

■ **창씨개명 제도 관련 법령 연혁**

1939년 11월 10일 「조선민사령」 개정 공포(제령 제19호), 11월 8일자 각의결정의 후속 조치

12월 26일 조선총독부, 「조선인의 씨명에 대한 건」 공포

1940년 2월 11일 창씨개명 실시

■ **조선민사령 개정 내용**

가(家)의 칭호로써 씨(氏)를 붙일 것

호주는 씨를 설정해 개정 민사령 시행 후 6개월 이내에 신고할 것

씨의 신고가 없을 경우에는 호주의 성을 씨로 간주해 호적관리자가 직권으로 호적에 씨를 기재할 것(일명
법정 창씨) 등

지면 : 1면 1단

제목 : 조선의 가족제도와 신 제령 – 조선(*반도) 통치에 획기, 내선일체의 구현 결실(朝鮮の家族制度と新制令, 半島統治に一劃期, 內鮮一體の具現結實)

주체·해당 지역 : 조선총독부

지면 : 1면 1단

제목 : 조선인(*반도인)에게 가의 창립과 성 변경의 자유를 부여, 내일 제령 공포, 1월 1일 실시(半島人に家の創立と姓變更の自由を附與, あす制令公布, 1月1日實施)

주체·해당 지역 : 조선총독부

미나미 총독 부임 후 통치의 근본 지표로서 제창해 온 '내선일체'가 현실 정치에 드러나 획기적인 제령을 공포하게 됨

조선총독부는 9일 제령 제19호와 제20호를 통해 2개 칙령안을 발표

※ 미나미 총독 담화 내용 수록

1939년 11월 15일(석간)

지면 : 1면 1단

제목 : 기획부 새로이 설치, 머지않아 각의에서 결정, 관제는 이달 말 공포(企劃部の新設置 近く閣議で決定, 官制今月末に公布)

주체·해당 지역 : 일본 정부

주요 기사 내용

기획부 설치에 관한 조선총독부 관제 개정에 대해 니시오카(西岡) 심의수석사무관이 계속 법제국과 절충 중인 바 이번에 곧 심의를 종료하고, 머지않아 각의에서 결정하기로

기획부에 현임(現任) 식산국에 관한 자원과 물자조정과의 두 과를 종합하여 기획원의 편성에 대응해 3과 제를 채용. 제1과는 총무 관계의 업무를 행하고, 제2, 제3과는 철, 고무와 같이 종류별에 따라 각 과(課)의 업무 범위로 하도록 전시 물자의 물(物)의 경제를 담당토록 하고 시국 중요산업의 진로 조정에도 참고하려고 하는 것

관제 개정은 각의결정 후 추밀원의 자순(諮詢)을 거쳐서 공포되므로 추밀원 상황에 따라서는 공포가 연기될 수도 있으나 이달 말까지는 공포하고 12월에 실시할 것으로 보임

또 기획부 설치 후에는 광산과, 상공과, 연료과 등과 밀접한 연락을 필요로 하는 관계가 있으므로 기획부 관리의 인선에 대해 조선총독부 수뇌부들은 이들 각 과의 사무관을 가능한 겸임시켜 대립 감정을 일으키는 것을 방지하고 아울러 사무의 연락화를 도모할 방침을 취할 모양

1939년 11월 16일(석간)

지면 : 1면 6단

제목 : 조선총독부에 조사과 신설(本府に調査課新設)

주체·해당 지역 : 조선총독부

총동원 계획 수립을 위해 내년부터 기획부 내에 조사과를 신설하고, 소요 경비를 내년 예산에 반영할 예정[55]

1939년 11월 27일(조간)

지면 : 1면 6단

제목 : 청소년 고용을 제한, 국가총동원법 제6조를 발동(靑少年雇入を制限 總動員法第6條を發動)

주체·해당 지역 : 일본

※「청소년고입제한령」을 의미

■「청소년고입제한령」

칙령 제36호(1940.2.1.)

「청소년고입제한령」은 1941년 12월 6일 제정 공포된 「노무조정령」(칙령 제1063호)에 통합

1940년 8월 31일 「청소년고입제한령 시행규칙」(조선총독부령 제199호) 제정 공포에 따라 조선에 적용(9.1 시행)

■ 국가총동원법 제6조

정부는 전시에 국가총동원에 필요한 경우에는 칙령이 정하는 바에 따라 종업자의 사용, 고용 또는 해고 또는 임금, 기타 노동조건에 대하여 필요한 명령을 할 수 있다.

1939년 11월 30일(석간)

지면 : 1면 2단

제목 : 조선총독부 기획부 관제 오늘 공포, 총동원 계획에 획기적 의의(本府企劃部官制けふ公布, 總動員計劃に劃期的意義)

주체·해당 지역 : 일본 정부

※ 11월 28일자로 제정 공포한 「조선총독부 기획부 임시설치제」(칙령 제793호) 관련 기사

■「조선총독부 기획부 임시설치제」(칙령 제793호)

총 3개 조 부칙 1개 조로 구성

주요 내용 : 조선에서 국가총동원체제 수행기관으로 기획부를 신설. 1937년 9월 신설한 자원과와 1938년 9월에 신설한 임시자원조정과를 통합한 임시 부서. 1941년 11월 18일자 칙령 제980호 「조선총독부관제 중 개정」에 따라 정식 부서로 전환 등

1942년 11월 1일 조선총독부훈령 제54호 「조선총독부 사무분장 중 개정」에 따라 폐지

---

55 그러나 조사과는 설치하지 않고, 제1과를 설치해 관련 업무를 배정했다.

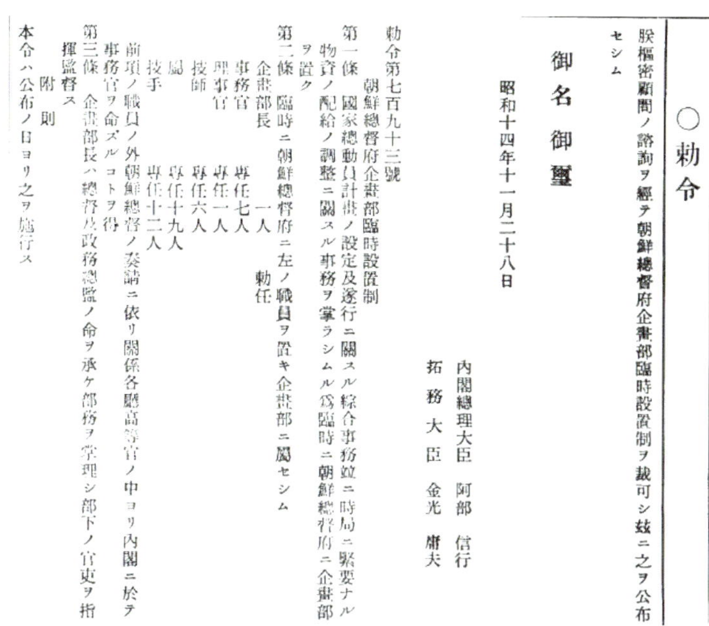

○勅令

脱樞密顧問ノ諮詢ヲ經テ朝鮮總督府企畫部臨時設置制ヲ裁可シ玆ニ之ヲ公布セシム

御名　御璽

昭和十四年十一月二十八日

內閣總理大臣　阿部　信行
拓務大臣　金光　庸夫

勅令第七百九十三號

朝鮮總督府企畫部臨時設置制

第一條　國家總動員計畫ノ設定及遂行ニ關スル綜合事務竝ニ時局ニ緊要ナル物資ノ配給ノ調整ニ關スル事務ヲ掌ラシムル爲臨時ニ朝鮮總督府ニ企畫部ヲ置ク

第二條　臨時朝鮮總督府ニ左ノ職員ヲ置キ企畫部ニ屬セシム

企畫部長　一人　勅任
事務官　七人　專任七人
理事官　一人　專任一人
技師　六人　專任六人
屬　十九人　專任十九人
技手　十二人　專任十二人

前項ノ職員ノ外朝鮮總督ノ奏請ニ依リ關係各廳高等官ノ中ヨリ內閣ニ於テ事務官ヲ命ズルコトヲ得

第三條　企畫部長ハ總督ノ指揮監督ヲ承ケ部務ヲ掌理シ部下ノ官吏ヲ指揮監督ス

附則

本令ハ公布ノ日ヨリ之ヲ施行ス

〈그림 37〉 칙령 제793호 법령 내용

총독부에서는 총동원 기구의 충실 확충을 위해 새로이 기획부를 신설하고자 기획부 신설에 수반한 총독부 관제 개정안을 법제국에 회부해 심의 중이었는데, 24일 각의에서 가결, 29일자로 총독부 사무분장 규정을 개정 발표

기획부의 신설은 당면의 물자동원계획을 시작으로 생산력 확충 계획의 종합계획, 내외지 물자의 할당에 관한 내지와 관계 사무 등이 주된 업무 내용이 되어 있는데, 특히 내년도는 물자동원계획뿐만 아니라, 자금, 노무, 교통, 전력, 과학 등 총동원 업무는 전면적으로 실시되려 하고 있어, 총동원 계획의 원활 수행의 견지에서도 이번 기획부 신설은 획기적 의의를 가지는 것

기획부의 기구는 제1과, 제2과, 제3과로 구성

※ 사무분장규정

제1과 : 1. 물자, 노무, 교통전력, 자금 기타의 동원계획의 설정 및 수행의 종합에 관한 사항 2. 생산력확충계획의 설정 및 수행의 종합에 관한 사항 3. 국가총동원법 시행의 종합에 관한 사항 4. 기술자의 할당에 관한 사항 5. 자원조사에 관한 사항 6. 기밀의 보호에 관한 사항 7. 부내 타과(部內他課)의 주관에 속하지 않은 사항

제2과 : 1. 철류(鐵類)에 관한 물자동원계획의 설정 및 배급 2. 조정에 관한 사항 3. 비철금속 및 비금속 광물에 관한 물자동원은 계획의 설정 및 배급 조정에 관한 사항 4. 기계류에 관한 물자동원계획의 설정 및 배급조정에 관한 사항

제3과 : 1. 섬유, 피혁, 생고무 및 목재에 관한 물자동원계획의 설정 및 배급조정에 관한 사항 2. 연료에 관한

물자동원계획의 설정 및 배급조정에 관한 사항 3. 공업약품 화학성품(化學成品)류, 비료 및 의약품에 관한 물자동원계획의 설정 및 배급조정에 관한 사항 4. 식료 및 부인미품(婦人美品)에 관한 물자동원 계획의 설정 및 배급조달에 관한 사항

※ 오노(大野) 정무총감 담화 전문 수록

本府企畫部官制 けふ 公布

總動員計畫に劃期的意義

部長以下發令

事務分掌規程

部長　西岡芳次郎

大野政務總監談

지면 : 2면 1단

제목 : 총동원 물자사용수용령 16일 공포, 20일 시행(總動員物資使用收用令16日公布, 20日施行)

주체·해당 지역 : 일본

관련 기사

1939년

12월 17일(조간) '물자사용수용령'

- **「총동원물자사용수용령」(칙령 제838호)**

1939년 12월 16일 제정 공포

1940년 2월 20일 「총동원물자사용수용령 시행규칙」(조선총독부령 제18호) 제정 공포에 따라 조선에 적용

- **국가총동원법 제10조**

정부는 전시에 임하여 국가총동원에 필요한 경우에는 칙령이 정하는 바에 따라 총동원물자를 사용 또는 수용할 수 있다.

1939년 12월 21일(석간)

지면 : 1면 5단

제목 : 전 조선 경제경찰진의 강력 재편제를 단행, 총독부, 각도에 독립 과를 신설(全鮮經警陳の强力再編制を斷行, 本府各道に獨立課を新設)

주체·해당 지역 : 조선총독부

주요 기사 내용

최근 경제사범이 점차 증가의 추세에 있으므로 총독부 경무국에서는 일찍이 대책으로서 경제경찰의 정비 확충을 기도해 대장성 당국과 경비 염출에 대해 절충한 결과, 19일의 각의에서 22만 4천 원을 결정 승인함에 따라 경무국에서는 곧바로 전 조선 경제경찰진의 강력 재편제를 단행

새로 배치된 인원은 본부에 사무관 1, 속(屬) 4, 기수 1, 또 지방에는 경시 3, 경부 19, 기수 2, 경부보 62, 순사 500 등 계 592명이어서 종래의 진용을 더하면 1천여 명의 당당한 구성

지면 : 1면 5단

제목 : 물가조정과의 기구(物價調整課の機構)

주체·해당 지역 : 조선총독부

주요 기사 내용

조선총독부 식산국 내 물가조정과를 신설하게 되었으며 총원은 10명

관련 기사

1940년

2월 4일(석간) '총독부에 물가조정과, 물가내책에 만전을 기해'

1939년 12월 28일(석간)

지면 : 1면 1단

제목 : 조선미곡배급조정령 오늘 발령, 식량배급방책 확립(朝鮮米穀配給調整令けふ發令, 食糧配給方策確立す)

주체·해당 지역 : 조선[56]

관련 기사

1939년

11월 7일(조간) '조선미곡배급조정령 사정 변화로 심의 중지'

---

56 미곡배급조정령 요강 수록

1940년 1월 12일(석간)

지면 : 1면 1단

제목 : 전 조선 직업소개소 드디어 국영 이관을 실시, 11일 제령 공포(全鮮職業紹介所愈よ 國營移管實施, 11日制令公布)[57]

주체·해당 지역 : 조선총독부

주요 기사 내용

생산력 확충 계획의 추진에 필요한 노동력(勞力) 자원의 적정한 배치를 안목으로 하는 직업소개소의 국영 이관을 실시하게 되어, 이미 기존의 경성, 대전, 부산, 평양, 신의주, 함흥 각 직업소개소는 모두 조만간 국영으로 이관하게 됨에 따라 총독부에서는 국영 이관에 수반하는 제령 「조선직업소개령」을 1월 11일자로 공포
※ 조선직업소개령 전문 수록

■ 「조선직업소개소령」
1940년 1월 11일 공포(1월 20일 시행. 제령 제2호)
총 12개 조와 부칙으로 구성
※ 주요 내용 : 정부가 직업소개사업을 직접 관장하며 부읍면에서 직업소개사업 실시. 무료로 직업소개 및 직업지도를 실시. 허가없이 직업소개사업, 노무자 모집, 노무공급사업을 할 수 없도록 규정. 조선직업소개령 시행기일의 건(1940년 1월 20일, 조선총독부령 제6호)에 따라 1월 20일부터 시행

---

57 경기도 이하 4개 도에도 과를 설치한다는 내용

全鮮職業紹介所

愈よ國營移管實施

十一日制令公布さる

朝鮮職業紹介令

生産力擴充計劃の推進に必要なる勞力需給の適正な統制を眼目とする職業紹介所の國營移管は愈よ近々實施されることになり、眼に京城、大邱、釜山、平壤、咸興、新義州、咸鏡の各職業紹介所はいづれも近く國營に移管を見るに至つてゐる、よつて總督府では國營移管に伴ふ總合的朝鮮職業紹介令を愈々一月十一日制令を以て公布した

第一條　政府は勞務の適正になる配置を圖るため本令により職業紹介事業及び勞務の補導其の他職業紹介に關する事項を行ふものとす

第二條　政府は職業紹介事業を營む

第三條　府尹府使又は島司は朝鮮總督の定むる所により職業紹介事業を行ふことを得

第四條　府尹府使に非ざる者職業紹介事業を行はんとするときは朝鮮總督の定むる所により道知事の許可を受くべし

第五條　勞務供給事業を行はんとする者は朝鮮總督の定むる所により道知事の許可を受くべし

第六條　道知事は職業紹介事業上必要ありと認むるときは勞務の補導を行ふことを得

第七條　左の各號に該當する者は六月以下の懲役又は五百圓以下の罰金に處す

第八條　第五條の規定に依る許可を受けずして勞務供給事業を行ひたる者

第九條　法人又は人の代理人、使

第十條　本令の罰則はその者が法人たるときは理事其の他の法人の業務を執行する役員に、未成年者又は禁治産者たるときはその法定代理人に之を適用す

第十一條　本令に於て職業紹介事業に關する規定は勞務供給事業にこれを準用す

第十二條　本令は結婚の媒酌に關しては之を適用せず

◇朝鮮　本令施行の期日は朝鮮總督之を定む

지면 : 2면 1단

제목 : 총동원시험연구령 공포, 부족자원 보전을 위한, 국민의 지능을 동원(總動員試驗硏究令公布, 不足資源補塡の爲, 國民の知能動員)

주체·해당 지역 : 일본

관련 기사

1940년

1월 17일(조간) '조선(*반도)에도 총동원시험연구령 내리다, 민간 연구기관도 일제히 국책전선으로'

■ 「총동원시험연구령」: 1939년 8월 30일 제정(칙령 제623호)

기획부 담당 업무

※ 법령 주요 내용

국가총동원법 제25조에 근거해 총동원물자 생산자, 수리업자, 시험연구기관 관리자에게 시험연구를 명령함. 주무대신이 사업주 또는 관리자에게 시험연구의 항목, 방법, 규모, 기타 필요한 사항을 정하여 시험연구를 명령함. 군사상 필요한 사업과 훈련은 육군대신, 해군대신이 주관하며, 조선의 경우는 조선총독이 이를 주관함

1940년 2월 4일(석간)

지면 : 6면 1단

제목 : 조선총독부에 물가조정과, 물가대책에 만전을 기해(本府に物價調整課, 物價對策に萬全を期し)

※ 경기도 이하 4개 도에도 과를 설치한다는 내용

주체·해당 지역 : 조선총독부

관련 기사

1939년

12월 21일(석간) '물가조정과의 기구'

1940년

2월 4일(조간) '물가조정과 신설, 호즈미 식산국장 말하다'

지면 : 1면 6단

제목 : 해운통제령 발포, 일본(*내지)에 실시, 오늘부터 시행(海運統制令發布 內地に追隨けふ から施行)

주체·해당 지역 : 일본

관련 기사

1940년

2월 16일(석간) '해운통제령 시행규칙 15일자 반포'[58], 석간 6면 '해운통제의 강화, 내지에서 관리 통제'

주요 기사 내용

'조선(*반도)의 하늘을 지키자'는 당면과제를 이루어야 하는 때,
조선총독부는 방공의 긴급성을 통감하고 문서과에 자원방호계 기능을 강화하기 위해 자원방호과를 독립시
키고 그 아래 방공계를 설치하기로

■ 해운통제령

1940년 1월 31일 칙령 제38호로 제정. 1939년 9월 제2차
대전 발발 후 선박 부족과 배선(配船)통제의 혼란을 감안하
고 총동원체제 강화를 위해 제정
국가총동원법 제8조, 제19조에 근거한 법령. 배선의 합리화
와 운항의 효율화를 도모하고 선박 제조의 허가제를 통해
정부가 민간해운업자를 대상으로 선박 운임이나 위탁을 명
할 수 있도록 규정. 체신대신이 직권을 관장. 조선, 대만, 화
태, 남양군도도 적용 범위
※ 「해운통제령 시행규칙」(1940.2.15. 조선총독부령 제17호) 제정
 공포에 따라 조선에 적용

■ 국가총동원법 해당 조항

제8조 : 정부는 전시에 국가총동원에 필요한 경우에는 칙
령이 정하는 바에 따라 물자의 생산·수리·배급·양도·기타
구분·사용·소비·소지 및 이동에 관하여 필요한 명령을 할
수 있다.
제19조 : 정부는 전시에 국가총동원에 필요한 경우에는 칙
령이 정하는 바에 따라 가격·운송비·보험료·임대료 또는 가
공비에 관하여 필요한 명령을 할 수 있다.

海運統制令發布

內地に追隨けふから施行

58 조선에서도 실시한다는 내용

1940년 2월 16일(조간)

지면 : 1면 6단

제목 : 만주국에 징병제도, 내년 6월 1일부터 시행(滿洲國に徵兵制度, 明年6月1日から施行)

주체·해당 지역 : 만주국

관련 기사

1940년

2월 17일(조간) '관민이 하나가 되어 병역제도 실시'

주요 기사 내용

만주국의 징병제도인 '인민총복역제도'가 15일 인민총복역제도 심의
위원회에서 논의의 마지막 단계에 도달해 4천만 국민이 대망하는 만
주국군 건설의 빛나는 역사적 거보를 찍게 됨

만주국 정부는 1940년 3월 말 병역법을 제정 및 공포할 예정

滿洲國に徵兵制度
明年六月一日から施行

【新京十五日同盟】滿洲國の徵兵制度、人民總服役制度は十五日の第三回人民總服役制度審議委員會で遂に最後の段階に到達、四千萬國民待望の裡に滿洲國軍建設の輝かしい歷史的な巨步を印した、即ち委員は臧式總理・張燕卿拉子宮安部大臣・綏民生部大臣以下滿洲國高官の全委員は十五日國際電話に參集最後の審議を遂げた結果、午後二時に役制度原案の力強い產聲を擧げ、ここに本格的に國の根幹として生み出した今日の成果に、異狀者いづれも生みの親として愛撫の數を授けたが第三回委員會で滿府の態度となつた在滿作聊、質問減額、排日最隆・兵役の免除については租税より凡ゆる尺度から論議され・滿洲國の國府に從順した制度を約、消極的な態度を濱び・兵役制度は人民總服役制度並に公役制度と分離公役實施を延期、兵役制度だけ康德八年度の徵兵から實施することとなつた、よつて政府は兵役法制定を急ぎ明年三月末公布、同年六月一日を期し施行することとなつた

1940년 2월 29일(조간)

지면 : 1면 4단

제목 : 국민체력관리법안, 정부가 드디어 귀족원에 제출(國民體力管理法案, 政府愈よ貴族院
に提出)

주체·해당 지역 : 일본

1940년

3월 2일(석간) '국민체력관리법안(정부 제출), 외지에도 적용을 고려 중'

3월 26일(조간) '체력관리법안 가결, 25일 중의원 본회의'

6월 27일(조간) '총후를 강하게, 국민체력법 드디어 실시'

9월 21일(조간) '국민체력 칙령안 어제 정식 결정, 드디어 26일부터 시행'

1942년

1월 24일(석간) '체력관리령 조선(*반도)도 실시'

■ **해당 법령**

1940년 4월 8일자 국민체력법(법률 제105호)으로 제정

9월 20일 국민체력법 시행령을 각의결정한 후 25일 공포하고 26일부터 시행

'미성년자의 체력 향상과 결핵 예방'을 목적으로 제정

만 17~19세(1942년 개정 후에는 25세) 남성을 대상으로 매년 신체와 체력검사, 결핵을 중시한 검진을 실시

1942년 개정으로 유유아(乳幼兒)를 대상으로 한 체력검사와 보건지도를 도입하고 유유아체력관리수첩제도를 운영

1954년 「후생성 관계법령 정리에 관한 법률」에 따라 폐지

■ **법안 제정 배경**

1938년 설치한 후생성이 국민체력관리법안 제정을 검토하고 1938년 조사회를 설치해 준비한 후 1940년에 제75회 제국의회에 제출했으나 '관리' 문구를 제외하는 등 수정을 거쳐 가결 공포

1940년 3월 13일(조간)

지면 : 1면 9단

제목 : 우생법안 상정, 어제 중의원 본회의(優生法案上程, 昨日の衆議院本會議)

주체·해당 지역 : 일본

1940년

3월 1일(조간) '민족우생법률안, 이번 의회에 제출할 것인가'

6월 8일(조간) '심사회를 설치, 우생법 본격적으로 실시'

1941년

6월 7일(조간) '국민우생법 일부 실시, 시행령 규칙 오늘 공포'

■ 국민우생법(법률 제107호)

1940년 4월 30일에 제정해 1948년까지 존재

나치 독일의 '유전병 자손 방지법'을 모델로 우생사상과 우생정책에 기반해 '악질적인 유전성 질환의 소질을 가진 자의 증가를 막고 건전한 소질을 가진 자의 증가를 도모하며, 국민 소질의 향상을 기함을 목적'으로 제정

우생사상의 도입과 강제불임 수술(일명 우생수술), 인공임신중절의 제한을 내용으로 해 전시 중 인구증가정책을 담당한 법률

1948년에 폐지되었으나 대부분은 「우생보호법」으로 계승

1996년 법 개정으로 우생사상에 근거한 부분을 삭제하고 법률 이름도 「모체보호법」으로 변경

1940년 3월 18일(조간)

지면 : 2면 1단

제목 : 중앙시험소 기구를 확충, '전기화학부' 추가, 조선(*반도) 자원개발 측면에서 박차(中央試驗所機構を擴充, '電氣化學部'を加ふ, 半島資源の開發に側面よりの拍車)

주체·해당 지역 : 조선총독부

※ 현행 직제 : 화학공업부, 염직부, 요업부, 공예부

1940년 3월 31일(조간)

지면 : 2면 1단

제목 : 대학 전문학교 규정 개정, 1일부터 실시, 조선(*반도) 교육의 목표 명확화(大學專門校規程改正 1日より實施, 半島敎育の目標明確化)

주체·해당 지역 : 일본

※ 대학령 개정 관련

1940년 4월 2일(석간)

지면 : 1면 5단

제목 : 병기본부 창설, 전시편성을 강화, 육군 획기적인 대 개정(兵器本部創設, 戰時編成を強化, 陸軍 劃期的の大改正)

주체·해당 지역 : 일본

※ 일본 육군조병창 관련 기사

공창과 제조소를 육군조병창으로 통합하고 병기본부를 창설해 관할하게 함

1942년

10월 10일(조간) '육군병기행정본부를 창설, 항공본부로 관계기구 집약'

■ 일본육군조병창

일본 육군의 대규모 무기 생산 및 수리 보관 시설을 의미. 전신은 1869년 오사카(大阪)에 설치한 '총포화약제조국'과 '조병사(造兵司)'. 이후 여러 차례 조직개편을 거쳐 1923년에 육군조병창이라는 이름이 탄생. 이때 조병창은 직접 무기를 생산하는 부서가 아니라 관리조직이었으므로 무기를 고안하고 설계하고 제조소를 관리하고 관련 사무를 담당. 무기 생산은 조병창 산하에 설치한 각종 공창(工廠)과 병기제조소 등이 담당

중일전쟁 이후인 1938년에 육군은 일본 본토와 만주 등 여러 지역에 공창과 제조소를 늘렸고, 1940년에 공창과 제조소를 육군조병창으로 통합한 후 1942년 10월 이후 육군병기행정본부 소속

전쟁 말기인 1940년대에는 일본 본토(6개소)와 한반도(1개소) 및 만주(1개소)에 총 8개소를 설치 운영

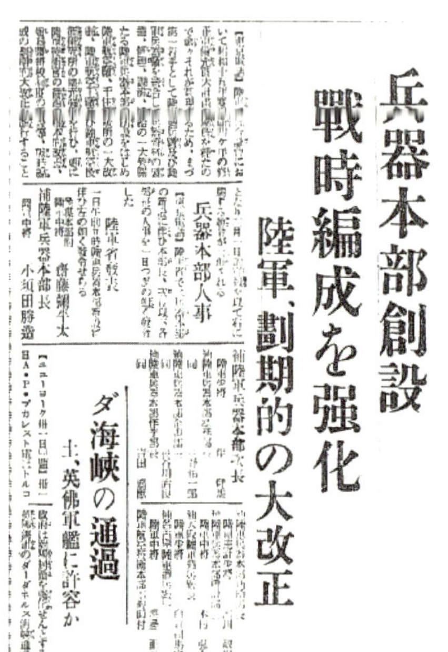

육군조병창 설치 현황

번호	명칭	소속 제조소	지역
1	도쿄 제1육군조병창	오미야(大宮)제조소, 센다이(仙台)제조소 등	일본
2	도쿄 제2육군조병창	다마(多摩)제조소, 이타바시(板橋)제조소 등	일본
3	사가미(相模) 육군조병창	제1제조소, 제2제조소	일본
4	오사카(大阪) 육군조병창	시라하마(白浜)제조소, 하리마(播磨)제조소 등	일본
5	나고야(名古屋) 육군조병창	아쓰타(熱田)제조소, 도리이마쓰(鳥居松)제조소	일본
6	고쿠라(小倉) 육군조병창	가스가(春日)제조소, 이코구치야마(糸口山)제조소	일본
7	남만(南滿) 육군조병창	제1제조소, 제2제조소 등	만주국
8	인천 육군조병창	제1제조소, 평양제조소	조선

1940년 4월 6일(조간)

지면 : 1면 2단

제목 : 만주국병 제도, 국무원 통과(滿洲國兵制度, 國務院을 通過)

주체·해당 지역 : 만주국

관련 기사

1940년

4월 17일(조간) '국병(國兵)법 실시에 기쁨, 당당히 1만의 젊은이 부대 대행진'

1940년 4월 20일(조간)

지면 : 1면 10단

제목 : 소년항공병을 현역병으로 취급, 육군지원병령 개정(少年航空兵을 現役兵에 取扱, 陸軍
志願兵令改正)[59]

주체·해당 지역 : 일본

1940년 4월 23일(석간)

지면 : 2면 5단

제목 : 경성에 5개의 구!, 출장소를 확대 강화(京城에 5つの區!, 出張所를 擴大强化)

주체·해당 지역 : 경성부

관련 기사

1940년

8월 29일(석간) '경성의 구제(區制), 1구 15만 명 평균으로 6구,

1941년

8월 5일(조간) '경성부에는 구제, 내년도 초에 실현하는가'

1943년

6월 9일(조간) '경성부 구제, 드디어 내일부터 실시'

주요 기사 내용

'서부 출장소 신설. 1941년부터 실시한다는 예정 기사, 구

---

59 4월 24일 공포

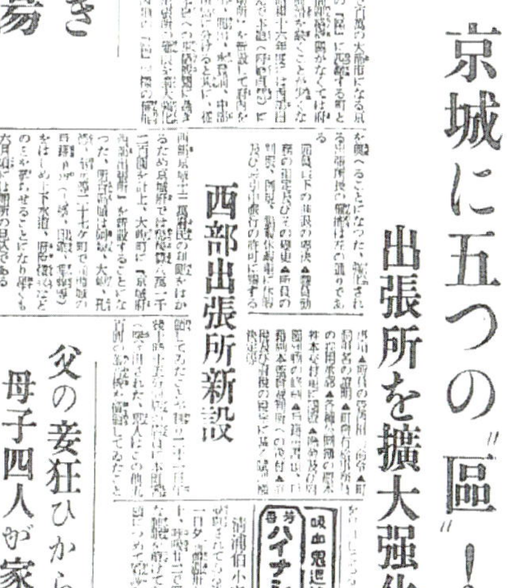

제 실시에 앞서 출장소를 확대[60]

1940년 4월 24일(조간)

지면 : 1면 12단

제목 : 마쓰에와 구마모토에 해군인사부 설치(松江と熊本に海軍人事部を設置)

주체·해당 지역 : 일본 해군

1940년 5월 4일(조간)

지면 : 1면 5단

제목 : 육해군공장사업장 관리규칙 전문, 어제 공포, 당일 시행(陸海軍工場事業場管理規則 全文, きのふ公布, 即日施行)

주체·해당 지역 : 일본

---

60 그러나 구제는 1943년에 실시했다.

61 서현주, 「조선말 일제하 서울의 하부 행정제도 연구 – 町·洞제와 총대를 중심으로」, 서울대학교 국사학과 박사학위논문, 2002; 김영미, 「일제시기~한국전쟁기 주민 동원·통제 연구 –서울지역 町·洞會조직의 변화를 중심으로」, 서울대학교 국사학과 박사학위논문, 2005

'※ 육해군공장사업장관리령 시행규칙 전문 수록

■ 「육해군공장사업장관리령 시행규칙」

육군해군성령 제2호(1940년 5월 3일 제정 공포)

국가총동원법 제31조 근거해 제정

총 7조 및 부칙으로 구성

■ 국가총동원법 제31조

정부는 국가총동원에 필요한 경우에는 명령이 정하는 바에 따라 보고를 받거나 해당 관리가 필요한 장소에서 임검(臨檢)하여 업무의 상황 또는 장부 서류 기타 물건을 검사하도록 할 수 있다.

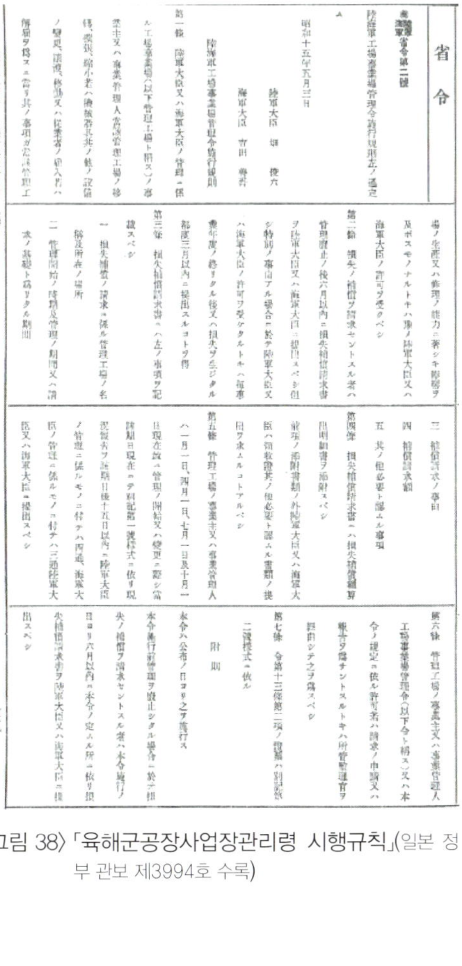

省令

陸海軍工場事業場管理令施行規則

〈그림 38〉「육해군공장사업장관리령 시행규칙」(일본 정부 관보 제3994호 수록)

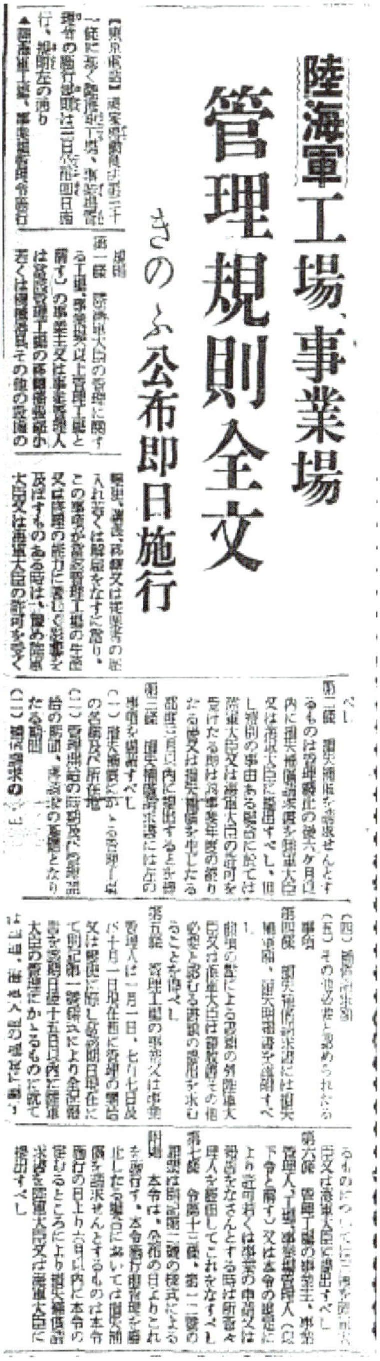

陸海軍工場、事業場

管理規則全文

きのふ公布即日施行

지면 : 4면 5단
제목 : 고등해원양성소, 진해의 양성소 승격(高等海員養成所, 鎭海の養成所昇格)
주체·해당 지역 : 진해

관련 기사

1940년

8월 28일(조간) '부산에 해원양성소, 올 가을 10월경에는 실현'

1944년

7월 31일 '훈지체의 3육, 꿈의 도장 고등해원양성소'

■ **고등해원양성소**

고등선원 양성을 위해 설립한 교육기관. 조선에 적(籍)을 둔 선박 증가에 따른 선원 부족 문제를 해소하기 위해 1919년 인천에 설립(조선총독부령 제122호), 1927년 규모 확대를 위해 진해로 이전(조선총독부령 제88호) 입학 자격은 고등소학교나 보통학교 고등과 졸업자(국적 불문). 본과와 별과를 두고 본과 수료자 대상으로 연습과를 설치, 각 과에 항해과와 기관과를 설치. 수업 기간은 본과 3년(1919~1933, 1942~1945)과 4년(1933~1942), 별과는 3개월. 교육과정과 수업 기간은 일본의 갑종 상선학교와 동등하고 중학교 상당 인정을 받았으며, 졸업생은 간부후보생(1년 지원병) 신청 자격을 부여. 1933년 이후 본과와 연습과는 「해군예비연습생규칙」의 적용을 받음
1940년 5월 고등해원양성소로 개칭(조선총독부령 제124호)하고, 1943년 3월에 별도 기관으로 보통해원교육을 담당하는 해원양성소를 설립(조선총독부령 제50호)
전시 중 해사(海事)교육 규모를 확대해 고등해원양성소는 일본의 해원양성소와 같은 교육과정으로 운영(제1부 1년 과정, 제2부 3개월 과정). 1943년 8월 각부를 독립해 제1부를 해원양성소(진해)로, 제2부를 보통해원양성소(인천)로 설치. 1943년 체신국 폐지로 세 기관 모두 교통국으로 이관

지면 : 2면 7단
제목 : 5천여 바다의 자식에게 따뜻한 법의 손길, 선원보험법 드디어 실시(5千の海の子に 溫い法の手, 船員保險法愈よ實施)
주체·해당 지역 : 일본

1940년

3월 2일(조간) '선원보험법, 조선에도 실시'
6월 1일(조간) '선원보험법령 드디어 전면적으로 실시'

■ 선원보험법

선원과 피부양자의 직무 외 사유에 따른 질병·부상·사망·출산에 관해 보험급부를 하고 노동자재해보상보험에 의해 보험급부를 하도록 한 법
1939년 4월 6일(법률 제73호) 제정. 1940년 3월 1일 시행하도록 했으나 6월 1일 시행
1939년 제정 당시에는 해상노동이라는 특수성을 인정해 육상노동자에게 없었던 연금제도를 설치. 제2차 세계대전 발발 후 적용하는 과정에서 노동재해보험 실업보험제도의 제정에 따라 선원보험법도 이 두 가지를 포괄. 육상노동자의 건강보험·후생연금보험·고용보험·노동재해보험을 모두 포괄하게 됨

1940년 6월 4일(조간)

지면 : 7면 5단

제목 : 만주개척지원자훈련소를 머지않아 국영으로 이관, 오는 5일에 관제 공포(滿洲開拓志願者訓練所를 近く國營에 移管, 來る5日에 官制公布)

주체·해당 지역 : 일본

■ 선만척식훈련소

선만척식(㈜)가 운영하도록 한 조직
만주개척5개년 계획에 따라 1936년 6월 4일 「선만척식주식회사령」 공포에 따라 창설한 만주 조선인 척식사업 운영 전담 회사
1941년 12월 20일 「선만척식주식회사령」 폐지
조선총독부는 일본 각의 승인(1937년 11월 30일)에 따라 1938년 1월 21일, 강원도 평강군 고삽면 세포리에 만주개척의용대 양성을 위한 훈련소로 세포(洗浦)이민훈련소를 개소(청장년 105명 수용 시설)

선만척식이 경영하는 강원도 평강군(平康郡) 세포(洗浦)의 만주개척민지
원자훈련소가 개척 국책의 비약적 전진에 따라 조만간 국영으로 이관
하게 되어 총독부에서는 이에 수반하는 관제 개정을 서둘렀는데, 어느
정도 완성되었으므로 오는 5일 관제를 공포할 예정
관제 공포가 실현되면 종래 훈련소의 내용을 확충해 지원자는 제1부,
제2부, 제3부로 나누어 제1부는 오로지 개척민 간부의 양성을 담당하
고 대체로 60명을 2개월간 훈련, 제2부는 선발대를 양성, 약 900명을
250명씩 2개월간 훈련, 제3부는 청년의용대를 양성, 100명을 1개월간
훈련한 후 각각 제1선으로 송출하게 됨

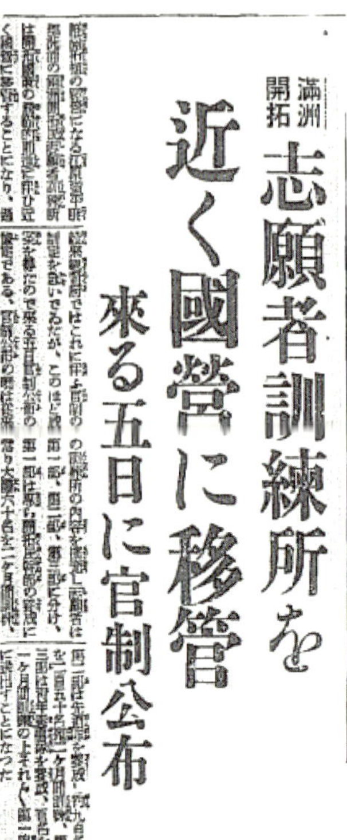

1940년 6월 6일(조간)

지면 : 7면 5단
제목 : 각도에 방호과 신설, 총후 수호에 만전(各道に防護課を新設, 銃後の護り萬全)[62]
주체·해당 지역 : 조선총독부

1940년 6월 14일(조간)

지면 : 2면 1단
제목 : 해운통제령을 발동, 계획 배선과 출하 통제, 조선총독부(*본부), 드디어 실시 준비
에 착수(海運統制令を發動, 計劃配船と出荷統制, 本府, 愈よ實施準備に着手)
주체·해당 지역 : 조선총독부

---

62 실제는 1941년 1월 22일 개설

1940년

2월 16일 '해운통제령 발포, 일본 본토(*내지)에 실시, 오늘부터 시행'

■ 해운통제령

1940년 1월 31일 칙령 제38호로 제정

1939년 9월 제2차대전 발발 후 선박 부족과 배선 통제의 혼란을 감안하고 총동원체제 강화를 위해 제정

배선의 합리화와 운항의 효율화를 도모하고 선박 제조의 허가제를 통해 정부가 민간해운업자를 대상으로 선박 운임이나 위탁을 명할 수 있도록 한 법

체신대신이 직권을 관장. 조선, 대만, 화태, 남양군도도 적용 범위

국가총동원법 제8조, 19조 근거

■ 국가총동원법 해당 조항

제8조 : 정부는 전시에 국가총동원에 필요한 경우에는 칙령이 정하는 바에 따라 물자의 생산·수리·배급·양도·기타 구분·사용·소비·소지 및 이동에 관하여 필요한 명령을 할 수 있다.

제19조 : 정부는 전시에 국가총동원에 필요한 경우에는 칙령이 정하는 바에 따라 가격·운송비·보험료·임대료 또는 가공비에 관하여 필요한 명령을 할 수 있다.

1940년 6월 22일(석간)

지면 : 1면 1단

제목 : 남양국 · 남방국 탄생, 권익과 신질서에 만전을 기한다(南洋局·南方局誕生, 權益, 新秩序に萬全を期す)[63]

주체·해당 지역 : 일본

1940년

6월 28일(석간) '남양국 개설을 서두르다'

6월 30일(석간) '남방발전수행에 주관국을 신설, 척무성이 극력 실현을 기하다'

11월 14일(조간) '남양국 신설 이유, 외무성 발표'

---

63 외무성에 남양국, 척무성에 남방국을 설치하기로 하는 내용의 기사

지면 : 1면 6단

제목 : 총동원 사무 확대에 따라, 기획부에 1개 과를 신설(總動員事務擴大に伴ひ, 企劃部に1課新設)

주체·해당 지역 : 조선총독부

주요 기사 내용

총동원법 실시 사무의 확대에 따라 이에 대응하는 상부 기관의 강하 확충 대책에 대해서는 익찔이 총동부의 대아을 중심으로 법제국에서 심사 중이었는데, 최근 결정

7월 1일자 조선총독부훈령 31호로써 기획부 내에 새로이 제4과를 신설, 연료에 관한 총동원계획의 설정 및 배급 정리에 관한 사무를 담당함과 동시에 제1과의 기구를 확충하여 새로이 국가총동원 업무상 조사 및 자료 정비에 관한 사항을 담당하도록 함

당초의 안에서는 독립 조사과로서 제5과의 신설이 예정되어 있었는데 사정에 의해 법제국에서 일부 삭제되어 기획부 제1과 내에 이를 흡수하게 됨

제4과의 진용은 연료과장이 과장을 겸임하고 과장 아래에 사무관 1명, 기사 1명 기타 촉, 기수 등을 배치하며, 또 제1과의 조사계에는 사무관 1명, 기사 1명 촉탁 5명 기타 촉, 기수를 각각 증원

이미 설치한 기획과 제4과장에는 식산국 연료과장 야스다 무네즈쿠(安田宗次)가 겸임하도록 발령

지면 : 1면 1단

제목 : 일본 본토(*내지)병비 대개혁을 단행, 4군관구를 설정, 8월 1일 시행(內地兵備大改革を斷行, 4軍管區を設定, 8月1日施行)

주체·해당 지역 : 일본

관련 기사

1940년

7월 26일(조간) '나남사단·경성사단 등 지명 호칭 개정, 육군관구표 개정, 오늘 공포'

8월 2일(석간) '군관구제도 오늘부터 실시, 철벽 불패의 국방체계 정비하자'

1945년
6월 24일 '주코쿠(中國)와 시코쿠(四國)에 군관구'

1부현 1연대구제, 「군사령부령」과 「사단사령부령」 내용 수록

■ **군관구**
일본 육군 군관구의 전신은 1937년에 설치한 방공관구(방위사령관이 담당)
새로이 추가된 동원 업무를 담당하기 위해 1940년에 군사령부를 개조하고 동부·서부·중부·북부사관구 등 4개 사관구를 설치
군관구→사관(師管)→연대구(連隊区)의 3계층으로 구성
1940년 7월 10일 제정(13일 공포, 8월 1일 시행)한 군사령부령에 따라 군관구에 대한 군사령관의 권한을 제정하고, 육군관구표 개정(7월 24일 제정)으로 구체적인 명칭과 역할을 정함
조선과 대만, 만주국 등은 8월 5일자 육군군관구표 개정으로 11월 1일부터 조선에도 나남과 경성사관을 설치
단 외지는 내지와 달리 연대구가 아닌 병사구(兵事區, 1939년 설치)를 운영

1940년 8월 4일(석간)

지면 : 1면 10단

제목 : 대만군 보도부 신설(臺灣軍報道部新設)

주체·해당 지역 : 일본

■ 군보도부(軍報道部)

일본군이 전시 해당 지역의 언론과 여론을 통제하고 그에 따른 제반 정책을 주도(補導)한 기구

아시아태평양전쟁 기간 중 거짓 전황 보도로 민간을 현혹했던 대본영 발표의 근원지

일본에서는 1919년 육군성 신문반이라는 이름으로 운영하다가 1938년 11월 대본영 육군보도부에 편입하면서 하나의 기구로 두 개의 위상을 갖는 조직이 됨

1938년 8월 육군성 정보부로, 1940년 12월 육군보도부로 개칭

조선에서는 참모부 내에서 역할을 담당하다가 1937년 10월 신문반 설치 후 신문반을 1938년 1월 보도반으로 개칭했다가 10월 보도부로 독립하면서 확대 개편[64]

1940년 8월 11일(조간)

지면 : 1면 11단

제목 : 총력전연구소 신설, 다음 주 중 각의에 부의를 결정(總力戰硏究所新設, 來週中閣議に附議決定)

주체·해당 지역 : 일본

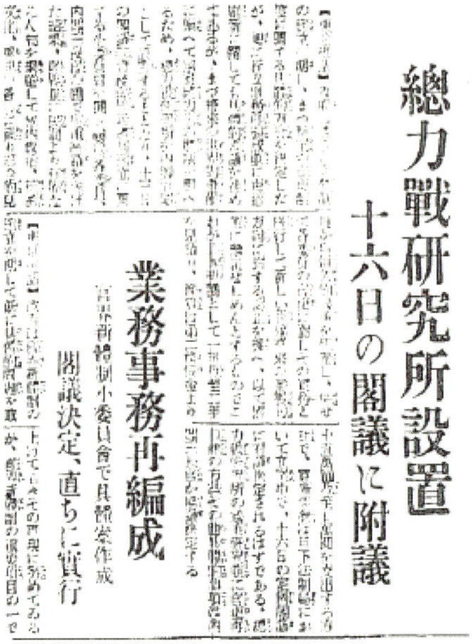
總力戰研究所設置
十六日の閣議に附議
業務事務再編成
官界新體制小委員會で具體案作成
閣議決定、直ちに實行

관련 기사

1938년

5월 25일(조간) '기획원 제안으로 동아연구소 구체화'

1940년

8월 16일 '총력전연구소 설치, 16일 각의에 부의'

9월 13일 '총력연구소 1일 개설'

■ 총력전연구소

1940년 육군성 경리국이 설치한 '전쟁경제연구반'의 기능을 확대해 기획원 소속으로 설치

중일전쟁 이후 대미전쟁 발발의 가능성을 염두에 두

---

64 조건, 「전시 총동원체제기 조선 주둔 일본군의 조선인 통제와 동원」, 62~88쪽

고 '국가총력전에 관한 조사연구와 중심인물에 대한 교육훈련'을 목적으로 설치

1930년에 부임한 런던 주재 무관보좌관 다쓰미 에이이치(辰巳榮一)의 구상에서 출발해 1934년 프랑스 주재 무관 출신의 니시우라 스스무(西浦進)가 구체화해 1939년 군부와 육군성 해군성의 동의를 얻어 실현

1940년 8월 16일 각의결정, 9월 30일「총력전연구소 관제」(칙령 제648호) 공포에 따라 10월 1일 개소. 1945년 4월 1일자로 폐지

1941년 4월 1일에 제1 연구생 입소. 관료(문관 22명, 무관 5명) 27명, 민간인 8명 등 총 35명 이들의 명단은 당시 아사히 신문에서도 보도했다.

육해군 장교, 외교관, 내각 과장급 간부, 일본은행 및 기업(미쓰비시, 일본제철 등), 언론사 소속 등 엘리트. 7일에 황족인 간인노미야 하루히토왕(閑院宮春仁王, 육군중좌, 당시 육군대학교 학생)이 특별연구생으로 추가 입소

제1기생은 1942년 3월까지 연구와 연수를 실시. 모의내각을 구성하고 책상연습 방법으로 시뮬레이션을 한 후 1941년 8월 수상 관저에서 실시한 발표회에서 '전쟁불가론'과 '대미전쟁 필패론'을 발표했으나 도죠 육군대신의 혹평을 받은 후 개점휴업 상태가 됨[65]

1940년 8월 28일(조간)

지면 : 5면 8단
제목 : 부산에 해원양성소, 올해 가을 10월경에는 실현(釜山に海員養成所, 今秋10月頃には實現)[66]
주체·해당 지역 : 조선총독부

관련 기사

1940년
5월 19일(조간) '고등해원양성소, 진해의 양성소 승격'

1944년
7월 31일 '훈지체의 3육, 꿈의 도장 고등해원양성소'

1940년 9월 3일(조간)

지면 : 2면 1단
제목 : 청소년고입제한 1일부터 실시, 노무자 수급을 확보(靑少年雇入制限1日から實施さる, 勞務者の需給を確保)
주체·해당 지역 : 일본, 조선

---

65 상세한 내용은 이노세 나오키 지음, 박연정 옮김, 『쇼와16년 여름의 패전』 참조
66 부산해사출장소 관할

1939년

11월 27일(조간) '청소년고입을 제한, 국가총동원법 제6조를 발동'

1940년

9월 27일(조간) '시급히 서류를 제출하라, 청소년고입제한령'

10월 27일(조간) '청소년고입제한령 강습, 강화에서 개최'

11월 1일(조간) '청소년고입제한, 오늘 1일부터 전면적으로 발동, 각 업자에게 주의'

11월 5일(조간) '어떤 사람에게 어떤 경우에, 청소년고입제한령 강습'

11월 21일(조간) '인가를 받자, 청소년고입의 주의'

■ 청소년고입제한령

국가총동원법 제6조에 근거. 청소년이 시급하지 않은(不急한) 일반산업에 고용되는 것을 억제하고 군수관련 산업고용을 유도하기 위해 시행

조선에는 8월 31일 시행규칙 공포(조선총독부령 제199호), 9월 1일부터 시행

■ 국가총동원법 제6조

정부는 전시에 국가총동원에 필요한 경우에는 칙령이 정하는 바에 따라 종업자의 사용, 고용 또는 해고 또는 임금, 기타 노동조건에 대해 필요한 명령을 할 수 있다.

지면 : 1면 7단

제목 : 사무 재편성에 관해 각 외지 당국에 통달, 척무성이 구체안 제출을 요구(事務再編成に關し各外地當局に通達, 拓務省具體案提出を求む)

주체·해당 지역 : 일본

관련 기사

1940년

9월 20일(조간) '총독부(*본부) 사무 재편성, 국과(局課) 폐합 실시'

지면 : 4면 2단

제목 : 일반 행정관계상 조선총독부 광산국의 설치, 신중한 검토가 필요(一般行政關係上本府鑛山局の設置, 愼重な檢討が肝要)[67]

주체·해당 지역 : 조선총독부

관련 기사

1939년

6월 27일(조간) '산업매진에 대응, 식산국 개조 단행인가, 광산국 설치도 구상'

7월 12일(조간) '드디어 광산국 설치, 식산국의 방침 결정, 내년도 예산에 소요경비 요구'

1940년

10월 29일(조간) '광산산금 사무조정에 광산국 설치 구체화, 재무국의 사정(査定) 통과'

11월 4일(조간) '광산국 신설, 특히 광산도로'

1941년

5월 14일(석간) '획기적인 강화 확충, 조선총독부(*본부) 관제 개정의 내용, 후생국 광산부를 신설 기획부의 직제 개정'

6월 15일(석간) '지하자원의 대 갱광 조선총독부(*본부) 기구개혁 2부 국의 신설, 법제국과 절충 진행'

10월 11일(조간) '후생국과 광산부 드디어 실현하기로 결정'

10월 25일(조간) '광산부에 대신해 관계 3과를 신설, 칙임사무관을 두고, 후생국은 원안대로 통과 실현'

11월 13일(석간) '조선총독부 관제 중 개정의 건 전원일치 가결, 오늘 추밀원 본회의'

---

67 그러나 1943년 12월 1일자로 광산국이 아닌 광공국을 설치. 일본 정부는 1943년 11월 30일자로 조선총독부 관제를 개정해 기존의 11개 국과 관방을 광공국 등 8개국으로 개편

지면 : 1면 10단

제목 : 국민징용령 및 직업능력신고제 개정(國民徵用令及び職業能力申告制改正)

주체·해당 지역 : 일본 정부

> ■ **국민징용령 및 국민직업능력신고령 제1차 개정**
>
> 10월 16일자 개정(칙령 제673, 674호), 10월 19일 시행규칙 개정(조선총독부령 제218호, 219호)을 통해 조선에 적용
>
> 주요 개정 내용 : 국민징용령 조문 중 총 15개 조항을 수정하거나 추가. 국민직업능력신고령 대상자 이외의 사람도 징용이 가능하도록 하며(제3조 추가) 동원 가능한 업무 범위도 확대

지면 : 1면 10단

제목 : 국민체력 칙령안 어제 정식 결정, 드디어 26일부터 시행(國民體力勅令案きのふ正式決定, 愈よ26日より施行)[68]

주체·해당 지역 : 일본

지면 : 2면 6단

제목 : 국민징용령 개정 요점, 군수산업 팽창에 대해 노무수급을 원활화(國民徵用令改正要點, 軍需産業の膨脹に對し勞務需給を圓滑化)

주체·해당 지역 : 일본, 조선, 관동주, 대만, 남양군도, 화태

[주요 기사 내용]

작년 7월에 국민징용령을 제정한 후 이미 육해군 관계 징용이 원활하게 이루어지고 있는 것으로 보이는데, 이번에 원활한 노무수급을 도모하기 위해 현행 제도를 개정해 인적동원의 완벽을 기하고자 함

---

68 1940년 4월 8일자로 제정한 국민체력법(법률 제105호)을 의미한다.

개정의 요점은

첫째, 현재 국민징용령에서 국민등록의 요신고자에 한해 징용하는 내용을 개정해, 등록자 이외에도 징용할
수 있게 함

둘째, 국가가 행하는 총동원업무 외 공장과 중요사업관리령에 의한 대상에도 징용 가능

셋째, 앞의 규정 개정에 따른 후속 조치

지면 : 2면 10단

제목 : 종업원이동방지 칙령 요강안 결정(從業員移動防止の勅令要綱案決定)[69]

주체·해당 지역 : 일본

관련 기사

1940년

8월 7일(조간) '종업원고입제한령 개정강화를 단행'

11월 6일(석간) '종업원고입제한에 최초 위반 기소'

11월 9일(조간) '노무자 확보를 촉구, 오는 20일부터 실시, 후생성 종업자이동방지령 공포'

11월 27일(석간) '종업자이동방지령 중 사업, 종업자 지정 임박'

12월 1일(석간) '매월 고입 보고를 요구, 제한령 위반에 평북의 대책'

12월 5일(석간) '기다려! 사람의 발탁, 내일부터 종업자이동방지 실시'

12월 6일(조간) '종업자이동방지령 강습', '종업자이동방지의 설명'

■ 「종업자이동방지령」

칙령 제750호(1940.11.8.)로 제정 공포

노무조정령(1941년 12월 6일 제정 공포)에 통합

1940년 10월 15일(석간)

지면 : 1면 1단

제목 : 조선(*반도) 신체제 완성, 명칭은 국민총력연맹(半島新體制完城, 名稱は國民總力聯盟)

주체·해당 지역 : 조선총독부

관련 기사

1940년

10월 8일(조간) '조선(*반도) 신체제의 태동 점차 활발, 관청 정동의 기구 개조'

---

69 11월 8일 종업자이동방지령 공포

10월 9일(조간) '정동 개조의 중점은 행정기구의 일원화'

10월 30일(조간) '국민총력연맹 지도위원회', (석간)'빛나는 발족일, 미나미 총독 이하 3만여 명 참집'

10월 31일(조간) '일체의 잡념을 버리고 군대식으로 하자'

11월 2일(석간) '조선(*반도)통치사에 신기원, 국민총력앙양대회 미나미 총독 역사적 훈시'

11월 9일(석간) '목표를 국방국가건설에, 고도의 추진력화'

12월 12일(조간) '실천요강 최종 결정'

12월 18일(조간) '연맹 하부조직 완성, 시가지는 정(町) 촌락은 부락 양 연맹'

1941년

1월 28일(조간) '광산연맹 결성'

1943년

11월 16일(조간) '총력연맹의 기구개혁 완성. 총장에 한상룡씨, 외국(外局)에 징병후원사업부'

1945년

7월 8일 '국민총력연맹 10일 해산식'

7월 10일 '국민총력연맹 성명서'

7월 11일 '총력연맹 해산식'

■ 국민정신 총력연맹

1937년 8월 24일 일본 각의결정에 근거해 1939년 4월 「국민정신총동원위원회규정」(조선총독부훈령 제21호)를 제정에 따라 발족한 국민정신총동원 조선연맹이 국민총력연맹으로 개편

일제가 국민정신총동원운동을 국민총력운동으로 전환한 결과

조선총독부는 1940년 10월 16일 「국민총력운동지도위원회규정」(조선총독부훈령 제54호)의 시행으로 국민정신총동원위원회를 폐지하고 국민총력운동지도위원회를 설치 운영하면서 국민정신 총력연맹을 발족

1945년 6월 22일 「의용병역법」(법률 제39호) 제정과 국민의용대 방위총본부 결성에 따라 총력연맹 해산

1940년 10월 16일(조간)

지면 : 2면 8단

제목 : 조선(*반도) 신체제에 즉응 국민총력과 신설, 물적 농촌진흥운동을 관할(半島新體制に卽應 國民總力課新設, 物的農振運動を管轄)

주체·해당 지역 : 조선총독부

관련 기사

1940년

11월 3일(석간) '국민총력과 신설, 경성부 신체제 이루다'

11월 16일(석간) '내무과에 국민총력계를 신설(원산부)'

1941년

1월 14일(조간) '부에 총력과 신설(인천)'

1월 16일(조간) '신 기구에 매진, 인천부 총력과'

1940년 10월 29일(석간)

지면 : 4면 5단

제목 : 조선총독부 노무과 설치, 내년도 예산 요구(本府勞務課設置, 來年度豫算を要求)

주체·해당 지역 : 조선총독부

관련 기사

1941년

2월 22일(석간) '노무과의 신설, 4월 초에는 드디어 실현'

3월 15일(석간) '내무국에 노무과 신설, 초대 과장에 하야시(林) 사회과장', '노무행정의 약진, 죠타키(上瀧) 내무
국장 담화'

■ **노무과 연혁**

1941년 3월 13일 내무국 산하 노무계를 노무과로 승격

1941년 11월 19일 내무국 노무과를 후생국 노무과로 개편

1942년 11월 2일 후생국 노무과를 사정국 노무과로 개편

1943년 12월 1일 사정국 노무과를 광공국 노무과로 개편

1944년 10월 15일 광공국 노무과를 광공국 근로동원과·근로조정과·근로지도과로 확대 개편

원래 노동력이 풍부하다고 알려진 조선은 최근 토목공사, 광산 등에서 노동력이 크게 부족해 생산확충계획을 저지할 우려가 있어 대책 마련이 긴급하고도 긴요(緊要)한데

총독부에서는 지금까지 사회과 내에 있던 노무계를 독립시켜 노무과로 할 의향으로 예산을 수립해 소요 경비를 제출

1940년 11월 1일(석간)

지면 : 1면 3단
제목 : 조선총독부에 후생국, 내년도부터 실현(總督府に厚生局, 來年度より實現せん)
주체·해당 지역 : 일본

■ **후생국**

1941년 11월 18일 일본 정부, 「조선총독부관제 중 개정」 공포·시행(칙령 제980호)
이 관제 개정을 통해 조선총독부에 사정국과 후생국을 설치
1942년 11월 폐지

1940년 11월 2일(조간)

지면 : 1면 10단
제목 : 각 지방체신국 12월 1일 개설(各地方遞信局12月1日開設)
주체·해당 지역 : 조선총독부

관련 기사

1940년

11월 22일(석간) '지방체신국의 설치, 드디어 30일부터 실현'
12월 1일(석간) '약진 조선(*반도)를 담당할 4개 지방체신국, 오늘 탄생'

지면 : 1면 1단

제목 : 근로신체제확립요강 결정, 최고도의 창의능력 발휘(勤勞新體制確立要綱決る, 最高度
の創意能力發揮)

주체·해당 지역 : 일본

관련 기사

1940년

11월 9일(조간) '근로신체제확립요강, 8일 각의에서 결정', (석간) '근로신체제요강만 결정인가'

■ 근로신체제확립요강(1940년 11월 8일 각의결정)

1940년 6월 제2차 고노에 후미마로(近衛文麿)[70] 내각 발족 후 발표

고노에 총리는 취임 직전에 추밀원 원장을 사임하면서 성명을 발표하고 '강력한 거국정치체제를 확립할
필요성'을 지적하며 '신체제 수립'을 천명

고노에 총리는 그해 10월에 자신이 구상한 신체제의 구체적 조직으로 대정익찬회(大政翼贊會)를 발족하고,
이어서 경제신체제와 근로신체제를 조직하기 위해 각각 요강을 발표

근로신체제확립요강은 크게 1. 근로정신 확립, 2. 단위 경영체에서 근로조직의 확립, 3. 근로조직 연합체
의 확립, 4. 근로조직 연합체와 다른 단체와 관계, 5. 행정기구, 6. 외지에서 체제 등으로 구성

이 요강에 따라 산업보국운동의 중앙조직으로써 '대일본산업보국회'를 발족 운영하고, 경제신체제의 중
앙조직으로는 통제회를 구성 운영

지면 : 2면 1단

제목 : 선원징용령 실시, 해원국책의 선을 이어, 인적국가관리체제를 완전히 이루다(船員
徵用令を實施, 海員國策の線に沿ひ, 人的國家管理體制全く成る)

주체·해당 지역 : 일본

■ 선원징용령

10월 19일 공포

11월 9일 시행규칙 제정을 통해 조선에 적용

---

70 고노에 후미마로에 대해서는 김봉식, 『고노에 후미마로』(살림, 2019) 참조

주요 기사 내용

해운통제의 강화와 노무자원 부족에 비추어 가까운 시기에 선원의 수급관계가 극도로 궁핍해짐에 따라 당국에서는 사태를 중대하게 판단하고 전면적인 선원의 수급조정을 실시하기로 해 이미 준비해 두었던 「선원징용령」과 함께 시행규칙을 8일자로 관보에 공포하고 10일부터 실시하기로

선원징용령은 전문 21개조로 되어 있으며 특별한 사유가 있는 경우를 제외하고 선원직업소개소의 소개와 기타의 방법에 따라 필요한 인원을 구할 수 없을 경우에 적용을 규정

1940년 11월 10일(조간)

지면 : 2면 7단
제목 : 철도국 새로이 편성, 지방철도국 편성(鐵道局新編成, 地方鐵道局の編成)
주체·해당 지역 : 조선총독부

관련 기사

1940년

11월 5일(석간) '부산지방철도국은 7부 21과'
12월 2일(조간) '경사스러운 3지방 철도국, 어제 성대히 개국식'
12월 8일(조간) '경성지방철도국 평양분공장 10일부터 독립'

지면 : 2면 1단

제목 : 선원사용등통제령 25일 공포 실시, 조선(*반도) 해상노무자의 통제 완료(船員使用等
統制令 25日公布實施, 半島海上勞務者の統制完了)

주체·해당 지역 : 조선총독부

관련 기사

1940년

11월 20일(석간) '선원사용등통제령, 조선은 25일 실시'

■ 「선원사용등통제령」
11월 8일 일본에서 제정 공포
조선에서는 11월 15일자로 「선원사용등통제령 시행규칙」 제정·시행

1940년 11월 14일(조간)

지면 : 1면 6단

제목 : 남양국 신설 이유, 외무성 발표(南洋局新設理由, 外務省發表)

주체·해당 지역 : 일본

1940년 11월 15일(조간)

지면 : 1면 11단

제목 : 해군항공대 신설, 쓰치우라(土浦)와 하카타(博多)[71]에(海軍航空隊新設, 土浦と博多に)

주체·해당 지역 : 일본

1940년 11월 27일(석간)

지면 : 1면 1단

제목 : 총동원법 개정안, 정부 오는 의회에 제출, 기획원에서 입안을 진행 중(總動員法改正
案, 政府 來議會に提出, 企劃院で立案を進む)

주체·해당 지역 : 일본 정부

---

71 이바라키현(茨城縣)의 쓰치우라와 후쿠오카현(福岡縣)의 하카타

관련 기사

1941년

1월 31일(조간) '총동원법 개정안, 1일 중의원 본회의 상정, 법안 조문'

2월 4일(석간) '총동원법을 심의'

2월 9일(석간) '총동원·국방보안법, 오늘 중의원 본회의에서 가결'

3월 20일(석간) '총동법 개정법, 벌칙규정 20일부터 적용', (조간)'총동원법 개정 실시'

3월 23일(조간) '광범 25개 조에 달하는 국가총동원법 개정, 국민생활에 관계 많아, 22일 실시'

> **■ 국가총동원법 개정**
>
> 1941년 3월 1일 개정(법률 제19호), 3월 20일 시행
>
> ※ 주요 내용
>
> 정부 권한을 대폭 확장
>
> 강제력 및 강제 대상 확대
>
> 총동원업무 수행자의 권한 확대
>
> 노무에 대해 해고 외에 '취업, 종업 또는 퇴직' 추가
>
> 임금 외에 급료 기타 종업 조건' 등으로 개정하여 노무동원의 내용을 강화
>
> 산업, 사업주, 단체에 대한 통제 확대
>
> 금융 분야 통제 확대
>
> 벌칙 내용과 처벌을 확대

1940년 12월 8일(석간)

지면 : 1면 4단

제목 : 학무행정기구 확충, 의무교육수행에 매진(學務行政機構擴充, 義務敎育遂行に邁進)[72]

주체·해당 지역 : 조선총독부 학무국

관련 기사

1940년

3월 29일(석간) '조선(*반도)에서도 국민학교 1941년도부터 실시, 원칙은 8년제 당분간은 현행 제도'

8월 22일(석간) '조선(*반도)에 의무교육 실시', '일보 일보 이상의 피안으로, 드디어 머지않아 의무교육제', (조간) '의무교육의 서광'

8월 23일(석간) '몇 년이 걸리더라도 실시할 때까지 마음의 준비'

8월 30일(석간) '국민 개학(皆學)의 길로(하)'

---

72 내년 4월 국민학교 실시에 즈음한 기사

12월 25일(조간) '국민학교령 요강 결정'

1941년

2월 22일(조간) '국민학교령 드디어 공포로, 제2국민연성대강 결정, 국민학교령 세칙'

2월 25일(조간) '사립을 뺀 3천개 교, 드디어 국민학교에'

3월 1일(석간) '1,2학년용 교과서를 내지에서 빌린다, 국민학교 금년의 융통'

3월 12일(조간) '국민학교령 규칙 변경 및 신규정, 금년 신학기부터 실시'

3월 20일(조간) '탄생하는 국민학교, 4월 1일 전조선 일제히 기념식', '가정-국민학교와 부형(1). 연재 총 10회'

3월 26일(조간) '조선(*반도) 민중의 요망, 초등교육의 의무제, 1950년도에 실현하는가'

3월 30일(조간) '국민학교제, 척무성, 외지 실시에 만전', '국민학교 출발에 즈음하여 어젯밤 구라시마(倉島)씨 방송, 조속히 의무교육을'

4월 1일(석간) '조선교육령 개정 공포, 국민학교령 내일 1일 실시', (조간)'국민학교제도 실시(사설)'

4월 2일(조간) '국민학교령 시행에 즈음하여 미나미 총독 훈령, 교육의 내선일체화', (석간)'오늘 국민학교 발족의 날

4월 13일(석간) '새로 발족한 국민학교, 교과서 없이 교수'

1942년

12월 6일(석간) '대망의 의무교육제도 21년도부터 실시, 조선(*반도) 동포에 빛나는 영예, 오늘 교육심의위원회에 부의' '황민 연성의 기반 구축', '감격에 발분 흥기', '조선(*반도) 동포여, 한층 봉공에 힘쓰자', '일시동인에 성은'

1943년

3월 31일(조간) '의무교육 실시를 향한 2대 계획, 9천 8백 학급 증설, 교원 1천 명 대량 양성', '조선(*반도) 의무교육제의 준비'

1944년

2월 16일(조간) '국민학교령 등 전시특례 공포, 조선(*반도) 등 외지에 적용'

■ 국민학교 제도

1941년 2월 28일 일본 정부가 「국민학교령」 공포(칙령 제148호). 3월 31일 조선 적용하기로 결정

이에 따라 3월 31일 조선총독부는 국민학교규정을 개정(조선총독부령 제90호)하고 4월 1일 시행

주요 기사 내용

내년 4월 국민학교 실시와 함께 조선(*반도)의 초등학교 제2차 확충계획도 완료를 고하고 초등학교 입학율도 6할로 올라올 수 있는데,

총독부 학무국에서는 이를 계기로 조선교육계가 오랫동안 요망해 온 의무교육제도를 한 단계 촉진할 것을 결의하고, 교육

심의회의 활발한 기능 발휘와 호응으로 학무행정기구의 확충 강화를 기하기로 함

이와 함께 총독부에서는 각 도에 관계관 증원을 도모하고 관련 예산은 내년도에 계상되어 있으므로 중앙과 지방을 통해 의무교육 수행으로 향한 유효적절한 촉진방책과 진용을 갖추게 되었고, 내년 신학기 이후 조선(*반도) 학무행정은 한 단계 활기를 띠며, 1942년에는 의무교육에 대한 구체적인 거보를 상당히 강도 높게 추진할 것으로 기대함

1940년 12월 15일(석간)

지면 : 2면 1단

제목 : 경성대화숙 오늘 발회식(京城大和塾けふ晴れの發會式)

주체·해당 지역 : 조선총독부 경성보호관찰소

관련 기사

1940년

5월 8일(조간) '애국자의 집, 대화숙, 신체제로 재출발'

12월 11일(석간) '충분히 단련하는 일본정신'

12월 28일(조간) '황도로 일어선다, 사상보국연맹을 발전적으로 대화숙으로 재출발'

1941년

3월 4일(조간) '사상범 구호에 대화숙을 설립'

3월 13일(석간) '우리도 황민'

3월 16일(조간) '조선(*반도)의 청년 남녀를 백 명씩 입숙, 대화숙에서 훈련', '대화숙으로 의연금이 비오듯'

3월 19일(조간) '대화숙 국어강습회', '대화숙으로, 나도 우리와, 1만 1천원'

3월 24일(조간) '단련의 집, 대화숙을 보다, 다만 멸사봉공을'

5월 22일(석간) '부여신궁 조영에 성스러운 근로봉사, 대화숙 회원이 봉사단을 결성'

6월 6일(조간) '평양대화숙 도장에 무상으로 건물을 공여'

■ **대화숙(야마토주쿠)**

1941년 3월 시행된 「조선사상범예비구금령(朝鮮思想犯豫備拘禁令)」 관련 기관

재단법인이며 사상범 교화기관

사상범 처벌과 예방이라는 극대화를 위해 사상범을 강제 입회시킴. 당국은 대화숙 소속 요시찰인물 7,600여 명 가운데 전향자를 1,280명으로 추정

1936년부터 시행된 「조선사상범보호관찰령」(독립운동을 꾀하는 사상범들을 체계적으로 감시하고 전향 공작을 펼 수 있도록 만들어진 법령)에 따라 경성부를 비롯한 전국의 대도시에 보호관찰소를 설치하여 비전향 사상범들을 수용. 이러한 압력을 통해 전향한 사상범들을 조직적으로 관리하던 시국대응전선사상보국연맹이라는 전향자 단체를 1941년 1월 전면 개편해 새로 대화숙 출범

조선총독부는 사상범들을 수용시켜 감시하고 지속적으로 통제하면서 내선일체와 천황에 대한 충성 등 일제의 논리를 홍보하고 전파하는 데 동원

황도정신의 수련을 위한 도장과 일본어 강습을 위한 교육기관과 호전적인 미술 작품을 제작하는 미술제작소 등을 부설로 운영

그 외 전시의 물자 공급에 기여하기 위한 생산 시설인 수산부(授産部)도 운영하며 보호관찰대상자를 노동에 동원하고 수익금으로 '일본어(*국어)강습회'를 운영

1940년 12월 22일(조간)

지면 : 4면 1단

제목 : 총력운동의 강화로 군의 기구개혁, 서무 폐지, 권업과 신설(總力運動の強化へ郡の機構改革, 庶務廃止, 勧業課新設)

주체·해당 지역 : 충청북도

주요 기사 내용

도에서는 시세의 진전, 사회정세의 변천 등에 따른 군(郡) 사무의 격증 복잡화에 대처하고 특히 국민총력운동의 강화 철저와 시국생산 확충, 권업 지도부문의 일원화를 도모해 군 사무의 원활한 진전을 기하기 위해 그동안 군행정기구의 개혁에 대해 연구하던 중, 지난 17일자 도훈령으로 「군처무(郡處務)규정」을 개정해 각 군에

내무과 및 권업과를 두고 종래의 서무과는 폐지

기구개혁의 큰 틀을 보면, 도의 지사관방(官房)의 서무 국민총력 두 개 과(兩課) 소관 사항 및 경찰부 소관 사항 일부가 내무과 소관. 그 외 도의 내무부 계통은 내무과에 산업부 계통은 권업과에 각각 분리 통합해 군 행정 기구의 신체제화를 실현하고 내무과는 종래에 비해 현저히 강화하는 것

※ 두 개 과의 사무분장 수록

■ 사무분장

1. 내무과 소관 : 기밀에 관한 사항, 직원의 진퇴 신분에 관한 사항, 영(靈)□ 및 의식(儀式), 관인의 관리, 문서의 접수, 발송 및 보관, 통계, 인구동태조사, 도서 보관, 공고(公告), 숙직 및 청중 단속(廳中取締), 물품의 출납 보관, 재산의 관리 및 처분, 영선(營繕), 병사(兵事) 및 징발, 군사원호, 국가총동원, 국민총력운동, 국민총력군(郡)연맹, 읍면 기타 공공단체의 감독, 학교비 및 향교재산, 교육학예, 신사(神社) 및 신사(神祠), 보물, 고적, 명승 및 천연기념물, 사회사업, 사회교화 기타 지방개량, 구휼자선, 방공(防空) 기타 경비, 위생, 시가지계획, 도로 하천 제방, 상수도 및 하수도, 토지수용, 사용료, 수수료 기타 세외 제수입, 직세(直稅) 및 학교비 부과금의 부과 징수, 금융 및 지방 경제, 저축 장려, 지대 가옥, 종업자고입제한 및 임금의 지도, 시국, 국비, 도비 기타의 회계, 다른 주관에 속하지 않는 사항

2. 권업과 소관 : 농업, 잠업, 축산, 상공업 및 광업, 삼림 및 수산, 소작 및 자작농 창설 기타 농지 조정, 자원조사, 미곡, 잡곡의 수급조정, 토지개량, 식산계, 도량형, 농회, 수리조합 기타 산업단체, 기상 관측, 농산촌 지도, 농업이민 및 개척민, 앞의 각호 외에 각종 산업

1941년 주요 기사

지면 : 2면 1단

제목 : 대망의 각도 방호과, 내일 일제히 개설(待望の各道防護課, あす一齊に開設)

주체·해당 지역 : 조선

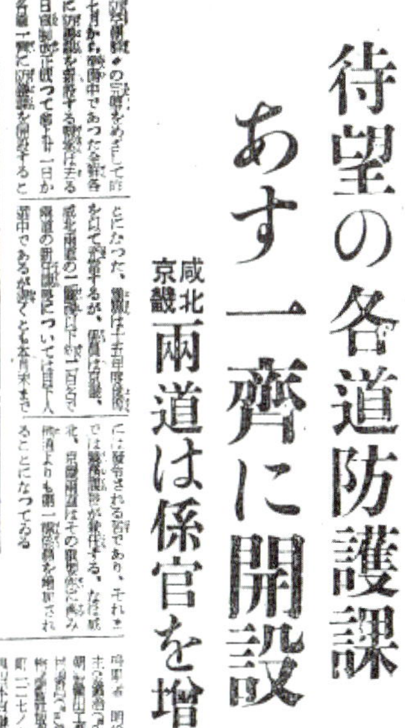

〈그림 39〉 1941년 1월 31일자

〈그림 40〉 1941년 1월 23일자

부제 : 함경북도와 경기 두 도는 계관을 증가

'방공조선'의 완벽을 목적으로 작년 7월부터 실시 중인 전 조선 각도에 방호과를 신설하는 방안이 지난 7일 관제 개정을 거쳐 21일부터 각 도에 일제히 방호과를 개설

예산은 1940년도 예산으로 충당하는데, 계원은 경기도와 함경북도에 약 2백 명으로 함

이 두 개 도는 중요성에 비추어 다른 도보다 가장 먼저 계원을 증원시키게 된 것

1941년 1월 23일(조간)

지면 : 7면 1단

제목 : 후비(後備)병역제 폐지, 병역법 개정안을 귀족원에 상정(後備兵役制廢止, 兵役法改正案貴族院上程)

주체·해당 지역 : 일본

관련 기사

1941년

1월 23일(조간) '국민개병을 강화, 병역법 개정의 주안'

> ■ **후비병역제**
> 예비역을 마친 자, 또는 현역정한연령(現役定限年齡)에 달한 자에게 부과하는 병역
> 「징병령」(1889년 제정) 제13조에 근거해 운영

1941년 1월 24일(조간)

지면 : 2면 4단

제목 : 신체제에 즉응해 공장령 드디어 실시, 조선(*반도)의 노무자에게 복음(新體制に卽應し工場令愈よ實施, 半島の勞務者に福音)

주체·해당 지역 : 조선

■ **공장법 조선 적용 관련 기사**

1941년

2월 22일(석간) '노동력 확보 증진에 조선(*반도)에 공장법 시행, 1942년부터 실시'

1943년

6월 12일(조간) '생산의 긴급성으로 임기즉응의 체제, 공장법전시특례안 결정, 취업시간제한 철폐'

6월 22일(조간) '노동관계법령 개정, 근로관리에 대해 사업주의 태도 주목'

■ 공장법 일본 적용 연혁

영국에서 출발

1911년 3월 28일 일본 정부, 공장법 공포(법률 제46호). 부녀자와 소년의 과도노동과 장시간 노동을 제한하기 위한 일본 최초의 노동 입법

1916년 1월 22일 일본 정부, 공장법을 6월 1일부터 시행한다는 뜻을 공포하고 공장법 시행에 대비해 공장감독관을 설치하고자 함. 그러나 추밀원 반대로 시행일을 9월 1일로 연기(5월 31일)

1923년 3월 29일 일본 정부, 공장법 개정 공포(법률 제33호). 15세 미만 적용을 16세 미만으로 올리고 고용자 책임을 가중하는 내용. 또한 공장노동자최저연령법을 공포(법률 제34호)해 14세 미만 취업 금지

1929년 3월 27일 일본 정부, 공장법 개정 공포(법률 제21호). 여성·연소자 심야업을 폐지하는 내용으로 7월 1일 시행

1943년 6월 16일 특례안을 제정해 여성과 연소자의 탄광산 갱내 작업을 보장하고 시간제한을 철폐

1941년 1월 31일(조간)

지면 : 1면 5단

제목 : 국방보안법안, 어제 중의원 본회의 상정, 법안 조문(國防保安法案, きのふ衆議院本會議上程, 法案條文)

주체·해당 지역 : 일본

관련 기사

1941년

2월 28일(석간) '국방보안법 오늘 성립, 귀족원이 정부 원안 가결'

■ 국방보안법

3월 6일 공포(법률 제49호). 국가기밀 보호를 목적으로 제정

5월 6일 시행령 공포, 10일 시행

(조선에서도 동시에 실시)

※ 법안 조문 수록

지면 : 1면 1단

제목 : 조선(*반도)의 징병제, 장래를 고려해 연구, 도죠 육군대신 답변 내용(半島の徵兵制, 將來を考慮研究, 東條陸相の答辯內容)

주체·해당 지역 : 일본

1941년 2월 9일(석간)

지면 : 1면 1단

제목 : 국민노무수첩법, 조선(*반도)에도 적용, 일본 본토(*내지)와 동시에 시행할 예정(國民勞務手帳法, 半島にも適用, 內地と同時に施行豫定)

주체·해당 지역 : 일본

관련 기사

1941년

2월 11일(조간) '조선(*반도)에서도 실시, 노무수첩법, 중의원 위원회에서 토론'

10월 1일(석간) '국민노무수첩법, 내년 1월에는 실시', (조간)'노무자이동방지, 국민수첩법 오늘부터 실시'

> **■ 국민노무수첩법**
> 노무자 통제와 노무관리를 위한 법
> 1941년 3월 6일 제정 공포(법률 제48호). 시행령(6월 14일 공포. 칙령 제704호)
> 국민직업지도소장이 교부
> 14~60세 미만 대상자에게 발급
>
> **■ 국민직업지도소**
> 1938년 직업소개소법 개정에 따라 설치한 국영단체
> 1944년 국민근로동원서로 이름 변경
> 1942년 이후에는 내무성의 위탁을 받아 동원업무를 수행한 전시노무대책 실시기관

일본 정부는 국민노무수첩법안을 이번 의회에 제출해 중
의원에서 심의 중인데, 조선에서도 그대로 적용해 일본
과 동시에 실시할 예정으로 소요경비를 1941년도 본 예
산에 계상

법률의 제안 이유는, 노무배치의 중요성을 감안해 공장
과 광산 토목사업현장에서 기술자 및 노무자에게 국민노
무수첩을 소지하도록 해 신분과 경력, 기능 등을 명확히
하고, 노무노동규정이나 임금규정 등 노무관리에 반영하
기 위해

노무수첩은 군대수첩과 같이 모든 취업자가 반드시 교부
받아야 하고, 사용자에게 제출하도록 하며, 노무자가 다른
직업으로 전업할 때에는 이력 사항을 기재하도록 규정

이 외에도 1941년부터 「노동자재해방지령」과 「공장령」을
시행해 노무자의 전시체제 확립을 강화할 예정

지면 : 2면 3단

제목 : 사상범예방구금제도 공포에 대하여, 미야모토 법무국장 담화 발표(思想犯豫防拘禁
制度公布に就て, 宮本法務局長談發表)

주체·해당 지역 : 조선총독부

1940년
12월 15일(석간) '경성대화숙 오늘 발회식' 관련

1941년
2월 13일(조간) '사상범예방구금령(사설)'
3월 7일(석간) '조선사상범예방구금령, 오는 3월 10일 시행'
3월 11일(조간) '보호교도소 개소식, 사상범예방구금령에 의거'
3월 12일(조간) '보호교도소 개정'

1941년 2월 19일(석간)

지면 : 1면 1단

제목 : 조선지원병 제도, 해군도 장래 고려, 오카 해군군무국장 답변(朝鮮志願兵制度, 海軍も將來考慮, 岡海軍軍務局長答辯)

주체·해당 지역 : 일본

관련 기사

1943년

5월 13일(석간) '해군특별지원병제 신설, 연내에 예비훈련 개시, 대만에도 실시'

7월 4일(조간) '해군특별지원 드디어 10일 마감', '내지에서도 지원병 모집', '벌써 13만 돌파, 대만에서 해군지원병 열'

7월 29일(조간) '해군특별지원병령 공포, 시행규칙도 발표 8월 1일 실시, 훈련소 수료자를 전형, 소관 해병단에 입단, 조선(*반도)의 모집 진해경비부 관장', '진해에 지원병훈련소'

8월 3일(조간) '총독부해군지원자훈련소규정(상)'

8월 4일(조간) '총독부해군지원자훈련소규정(중)'

8월 5일(조간) '총독부해군지원자훈련소규정(하)'

10월 27일(석간) '조선(*반도) 동포의 광영 찬란, 해군병지원자훈련소 개소식 고이소 총독 인사말'

11월 27일(조간) '모집인원 일약 두 배, 해군제2기특별지원병, 오노 학무국장'

1944년

5월 13일 '훈련소를 거치지 않고 곧바로 해병단 입단, 조선(*반도) 지원병에 첩경'

5월 21일 '해군지원병 징모 요령'

1945년

7월 11일 '진해해병단 입단식'

주요 기사 내용

18일 중의원 적자공채위원회에서 박춘금(朴春琴)[73]의 질의 : 조선의 육군특별지원병제도가 매우 좋은 성적을

---

73 대통령 소속 친일반민족행위진상규명위원회, 『친일반민족행위진상규명보고서』제4-7권, 2009, 304~332쪽; 제4-12권, 127~137쪽; 정혜경, 『항일과 친일의 재일코리안운동』, 도서출판 선인, 2021, 133~150쪽

거두었는데, 해군에서도 조선인 지원병제도를 채용할 의사가 있는지 여부에 대해

오카 해군군무국장의 답변 : 장래 고려할 용의가 있음

■ 해군특별지원병 조선 적용

1943년 6월 3일 조선총독부, 「해군지원병모집요강」 발표

7월 28일 일본 정부, 「해군특별지원병령 공포(8월 1일 시행). 8월 1일자로 일본과 조선, 대만에 실시(조선총독부, 시행규칙 공포)

10월 1일 제1기 해군지원병훈련소(진해) 입소(1944년 3월 23일 수료. 4.1. 입소)

1944년 5월 9일 일본 정부, 해군특별지원병령 개정. 해군지원병을 징모제로 변경

■ 박춘금(朴春琴, 1891.04.17 ∼ 1973.03.31.)

대통령 소속 친일반민족행위진상규명위원회(이하 친일진상위)가 발간한 『친일반민족행위진상규명보고서』에 따르면,

박춘금은 「일제강점하 반민족행위진상규명에 관한 특별법(이하 반민족 특별법)」 제2조 제8호, 제11호, 제13호, 제14호에 근거한 친일반민족행위자

친일진상위가 제시한 박춘금의 친일반민족행위는 네 가지. 첫째, 1932년 2월부터 1936년 1월까지, 1937년 5월부터 1942년 4월까지 약 9년간 일본제국의회 의원으로 활동(반민족 특별법 제2조 8호) 둘째, 내선융화를 목적으로 하는 상애회 총본부의 부회장으로 1921년부터 1941년까지 내선융화 및 황민화 운동에 관한 저술 및 연설을 하는 등 본 회에서 주도인 활동을 함. 또한 1924년 각파유지연맹의 발기인으로, 1945년에는 대의당의 당수로, 대화동맹의 이사로 내선일체 및 황민화를 주장(반민족 특별법 제2조 13호) 셋째, 일본제국의회 의원 의원으로 활동하면서 징병, 지원병 제도의 입법화를 시도함과 동시에, 연설과 저술을 통해 전국적으로 지원병 및 근로동원을 선전선동(반민족 특별법 제2조 11호) 넷째, 1944년부터 전쟁 수행을 목적으로 하는 비행기 제조 군수업체인 조선비행기공업주식회사의 발기인 및 취체역으로 경영에 적극 참여(반민족 특별법 제2조 14호)

■ 일본과 조선을 무대로 일본 패전에 이르기까지 반민족행위를 일삼았던 박춘금의 일생

경남 밀양에서 태어난 박춘금은 1908년 8월 도일해 1917년 나고야 조선인회장을 지내고 1920년 도쿄에서 상구회를 조직해 총본부 부회장에 취임한 후 상애회로 개편해 주도. 박춘금은 상애회를 실질적으로 이끈 주인공이자 '만행'과 '폭력'으로 점철한 인물. 도쿄에 사설 유치장까지 마련하고 폭력배를 거느리며 조선인들에게 폭력과 납치를 자행

1924년에 경성에서 각파유지연맹 발기인을 역임했으며 1926년에는 이기동과 함께 아세아민족대회 조선 대표로 참가

박춘금의 정치 활동은 1929년 도쿄 혼죠구(本所區) 입후보에서 시작해 제18회 총선거를 통해 1932년 2월부터 1936년까지 중의원 의원(東京4區)을 역임

1936년 2월에 열린 제19회 중의원 선거에서 낙선했으나 이듬해 5월 제20회 총선거에서 당선해 1942년까지 중의원을 지냈고, 1941년에는 도쿄에서 야마토(大和)구락부 회장을 맡았음

1942년 제21회 총선거에서 낙선하자 조선으로 활동 지역을 옮겨 조선보국회 이사(1938년)와 야마토(大和)동맹 이사 및 대의당(大義黨) 당수(1945년)를 지냄

1922년에 일선기업(日鮮起業)(주) 취체역을 지냈고, 조선농업(주) 이사(1933년)와 조선광업(주) 이사(1939년), 조선비행기공업(주) 발기인 및 취체역(1944년)을 역임

1941년 2월 22일(조간)

지면 : 1면 8단

제목 : 국민학교령 드디어 공포로, 제2국민연성대강 결정, 국민학교령 세칙(國民學校令愈よ公布の運び, 第2國民鍊成大綱決る, 國民學校令細則)

주체·해당 지역 : 일본

1941년 2월 22일(석간)

지면 : 1면 1단

제목 : 노무과 신설, 4월 초에는 드디어 실현(勞務課の新設, 4月早早には愈よ實現)

주체 · 해당 지역 : 조선총독부

- **초대 과장 하야시 가츠도시(林勝壽. 3등 4급)**

1903년 일본 요코하마(橫浜)에서 태어나 부친과 함께 조선에 와서 평양중학교와 제3고등학교를 거쳐 동경제국대학 법과를 졸업한 후 1929년 경기도 내무부 농무과 직원(屬)으로 공직 생활을 시작. 일본 엘리트 중에 최고 과정

1933년 전남 지방과장(도 이사관)으로 근무, 1937년에 내무국 지방과 사무관으로 승진해 이후 내무국 지방과(1938)·사회과(1940)·노무과(1941)를 거쳐 1942년에는 후생국에서 근무, 1943년에는 서기관으로 승진해 사정국에서 근무

농무과장으로 근무하던 중 패전으로 일본으로 돌아간 후 후생성에 복귀해 국장까지 역임. 이후 퇴직하고 1980년대에는 간사이(關西) 텔레비전 회장을 역임

해방 후 조선총독부 출신 고위 관료들이 만든 우방협회(友邦協會)·중앙일한협회(中央日韓協會)에서 4대 회장 역임

주요 기사 내용

시국하 곤란한 노무정책 수행을 위해 총독부에서 현재 내무국 사회과 소속 노무계를 독립해 1개의 과를 설치하고, 관제 개정 심의도 진행해 4월 초에 노무과 신설을 실현하게 됨

이로써 조선의 노무정책은 기획부의 종합사무를 제외하고 모두 노무과가 일원적으로 담당해 노동력 수급계획을 시작으로 노무자 연성과 노동력의 질과 양 두 측면에서 철저한 지도행정기능을 담당하게 되었음

1941년 3월 5일(조간)

지면 : 1면 1단

제목 : 조선(*반도)에 상업조합령, 각의결정(半島に商業組合令, 閣議決定)

주체·해당 지역 : 일본 정부

관련 기사

1941년

3월 11일(조간) '조선상업조합령 공포의 목적을 역설, 호즈미 식산국장 담화 발표', (석간)'조선상업조합령 공포, 배급기구를 정비, 상업의 재조직화 도모', '조선상업조합령, 내용의 해설'

1941년 3월 14일(석간)

지면 : 1면 4단

제목 : 조선노무협회 설립, 첫 사업은 알선지도자 양성, 유휴노동력 활용에 만전책(朝鮮勞務協會を設立, 初事業は斡旋指導者の養成, 遊休勞動力活用に萬全策)

주체·해당 지역 : 조선총독부

관련 기사

1941년

3월 25일(석간) '노무협회 첫 사업, 지도자양성기관 각도에 1개소 신설'

6월 11일⁽석간⁾ '노무협회를 신설하고 노동력 활용에 만전, 각도에 지부 월말까지 탄생'
6월 29일⁽석간⁾ '조선노무협회 탄생, 회장은 총감, 총독부에 본부 설치, 오늘 창립총회를 개최'
7월 5일⁽석간⁾ '젊은 생산확충 전사의 훈련소를 설치'

■ **조선노무협회**

1941년 6월 28일 발족

조선총독부 노무과가 설립한 행정보조단체로서 한반도 외 노무동원 송출 업무를 담당

본부 사무실은 조선총독부 노무과(이후 후생국)에 두고 국고보조와 도비로 운영

중앙에는 회장(정무총감)과 부회장(내무국장, 경무국장), 상무이사(노무과장, 경무국 보안과장), 이사(위촉직), 참여(임명직)를 두었는데, 건축업자와 조선상공회의소 기업 대표를 제외하면 모두 조선총독부 소속 직원

전국 13도에 지부를 두고 산하에 분회를 설치. 지방조직도 도지사(지부장)를 비롯해 부윤·군수·도사 등 지방행정조직의 장이 담당

회칙 제3조에 사업을 '노무자의 교양훈련·노동사정 및 직업문제에 관한 조사연구 및 보급선전·노무자원의 개척·노무관리의 지도·노무자 및 가족의 보호 지도·관청 및 민간과의 연락·기타 필요한 사항'으로 규정

이에 따라 동원과 수송에서 지방행정조직을 보조하는 역할은 물론, 전남노무지도원훈련소 개설(광주. 1942.2), 노무관리강습회 개최(경성·평양·함흥. 1942.9), 노무훈련도장 개소(경기도 지부. 1942.10) 등 실시[74]

주요 기사 내용 (예정 기사)

생산력 확충을 위해 가장 중요한 노무자 동원에 관해서는 총독부에서도 최선을 다해 유휴노동력의 이용 기타 방책을 세우고 있는데, 관청의 힘으로만 하는 것은 노동력(勞力)을 도리어 편재(偏在)시키는 결과를 초래할 우려가 있다는 견지에서 직업소개기관의 별동대로 민간측의 노동력 공급 후원단체로서 30만원의 재단법인 조선노무협회를 설립하기로 함

이미 1941(소화16)년도 예산에서 국고보조 5만 원, 각도 예산으로 2만 5천원씩 지출하는 것이 결정되었기에 신년도에 들어 가급적 빠르게 창립의 구체 방침을 추진할 것인데, 현재의 안으로서는 본부를 총독부 내에 두고, 회장으로 정무총감, 이사장으로 내무국장, 각 국장, 관계 과장 및 민간 유식자를 이사, 감사, 참여 등을 둘 예정

1941년도 첫 사업으로는 노무알선의 지도자 양성이 목적으로 되어 있고, 장래는 각종 통제에 따라 생기는 중소 상공업자의 전실업(轉失業) 알선에도 관여할 예정

朝鮮勞務協會を設立
初事業は斡旋指導者の養成
遊休勞力活用に萬全策

---

74 「해제」, 안자코 유카 편, 『朝鮮勞務』 총 4권, 綠陰書房(복각판), 2000

1941년 4월 2일(석간)

지면 : 4면 1단
제목 : 만선척식 합병, 오늘 가조인식(滿,鮮拓合倂, けふ假調印式)
주체·해당 지역 : 만주국 신징

- **■ 만선척식**

기존의 선만척식(㈜)와 만주척식공사의 통합
선만척식(㈜) : 만주개척 5개년 계획에 따라 1936년 6월 4일 「선만척식주식회사령」 공포에 따라 창설
만주 조선인 척식사업 운영 전담 회사
1938년 7월 28일 선만척식이민훈련소 개설 운영
1941년 12월 20일 「선만척식주식회사령」 폐지

1941년 4월 29일(석간)

지면 : 1면 1단
제목 : 화병감부 신설(化兵監部新設)[75]
주체·해당 지역 : 일본

1941년 5월 2일(석간)

지면 : 1면 1단
제목 : 기획원의 기구 개조, 기본국책 입안을 위해 총무실 신설, 유기적 일체성을 발휘(企劃院の機構改組, 基本國策立案に總務室新設, 有機的一體性を發揮)
주체·해당 지역 : 일본

관련 기사

1941년 5월 2일(석간) '사무분장규정 개정 요강'

1941년 5월 9일(조간)

지면 : 1면 3단
제목 : 조선총독부 행정기구 전면적 개편을 단행, 올여름 8월경 실현하자(總督府行政機構

---

75 육군성 소속 교육기관

全面的改編を斷行, 今夏8月頃實現せん)[76]

주체·해당 지역 : 조선총독부

1938년

11월 12일(석간) '외무부 확충의 한편에 후생국 기획부를 신설, 조선(*반도)행정기구의 대개혁 단행'

1940년

11월 1일(석간) '총독부에 후생국, 내년도부터 실현'

1941년

1월 14일(조간) '당당한 조선(*반도)의 신 설계! 후생사회-후생국의 신설', (석간)'후생국에 5과'

5월 14일(석간) '획기적인 강화 확충, 총독부 관제 개정의 내용, 후생국과 광산부를 신설 기획부의 직제 개정'

10월 11일(조간) '후생국과 광산부 드디어 실현하기로 결정'

11월 13일(석간) '조선총독부 관제 중 개정의 건 전원일치 가결, 오늘 추밀원 본회의'

11월 19일(조간) '총독부의 기구개혁 완성, 식산국 기획부를 개조, 후생 사정 양국 신설, 내무국 외사부는 폐지', '영단의 신기구'

1941년 6월 7일(조간)

지면 : 1면 7단

제목 : 국민우생법 일부 실시, 시행령 규칙 오늘 공포(國民優生法一部實施, 施行令規則けふ公布)

주체·해당 지역 : 일본

7월 1일부터 일부 실시. 7일 후생성이 시행령 등 공포
악질적 유전적 질환자를 대상으로 '자발적' '임의 신청'을
받아 '우생수술'을 실시하는 것을 내용으로 함

---

76 후생국 설치 관련 기사. 1941.11.19. 후생국 설치로 이어짐

지면 : 7면 1단

제목 : 주택영단령 오늘 공포(住宅營團令けふ公布)

주체·해당 지역 : 조선총독부

관련 기사

1941년

6월 14일(석간) '대망의 조선주택영단령, 내일 공포 4개년 2만 호 건설, 오노 정무총감 담'

■ 「조선주택영단령」(조선총독부령 제23호)

7월 1일자로 특수법인 조선주택영단 창설. 일본주택영단 설립에 영향을 받아 설치

■ 조선주택영단

'심각한 주택난을 타개하고 주거에 관한 국민생활의 향상·발전을 기할 목적'으로 설립

설립과 동시에 주택건설 4개년 계획을 수립

총독부는 1941년 1월 현재 경성을 포함한 19개 도시에 절대 부족한 주택이 6만 호이며, 그 3분의 1인 2만 호를 4년 동안에 건설하는 계획을 세우라고 지시. 그러나 당국의 의욕과 달리 자재난 속에 어려움을 겪은 결과, 설립 후부터 1945년 8월 해방 전까지 영단이 건설한 주택은 총 1만 2,184호에 불과

주택영단의 사옥은 경성부 광화문동 84번지(현 광화문 전신전화국)에 있던 총독부 전매국 4층에 설치하고, 이와 별도로 종로2가 YMCA 건물 내에 영단 건설사무소를 설치

1948년 정부 수립과 함께 대한주택영단으로 개칭되었고, 1962년 공포된 대한주택공사법에 의거해 대한주택공사로 발족하였으며, 2009년에 한국토지공사와 통합되어 한국토지주택공사로 전환

지면 : 3면 4단
제목 : 유능력자에 허가 조선광업령 획기적 개정(有能力者に許可 朝鮮鑛業令劃期的改正)
주체·해당 지역 : 조선총독부

주요 기사 내용

6월 16일 개정, 시행 기일은 조선총독이 지정 ※ 7월 18일 시행규칙 제정·시행

관련 기사

1938년

5월 4일(조간) '광산노동자의 복음, 조선광업령 5일부터 시행'

1940년

11월 27일(조간) '조선광업령 개정, 호즈미 식산국장 발표'

1941년

6월 16일(조간) '선원자(先願者)에 대해 허가자로부터 보상금, 조선광업령 개정'

6월 18일(조간) '개정 조선광업령, 시행규칙의 기초 진척', 사설'광업 선원주의의 수정'

7월 19일(조간) '조선광업령 시행규칙 개정, 18일 관보로 발포'

7월 24일(석간) 개정 조선광업령 23일 발포 즉일 실시

8월 14일(석간) '조선광업령 개정에 대해'

1941년 6월 21일(조간)

지면 : 1면 1단
제목 : 대만에 지원병제도, 20일 각의에서 결정, 내년 봄을 기해 실시(臺灣に志願兵制度, 20日閣議で決定, 明春を期し實施)
주체·해당 지역 : 일본 정부

주요 기사 내용

대만군과 총독부가 공동 성명을 발표
20일 각의결정에 따라 금년 말이나 내년 초에 칙령을 제정 공포해 실시할 예정
일본 외지를 대상으로 한 지원병제도를 1938년 조선에서 시행한 후 좋은 성적을 거두어 금년도 지원자 수가 8만 4천 명에 달했는데, 대만에서도 본도인의 황민화에 대한 요망이 치열해 내년에 지원병제도의 시행을 열망해 최근 '근행(勤行)보국청년대'나 '두(蚪)청년대' 등을 조직해 청년의 근로봉사와 정신도야를 실시하고 있음
특히 이번 중일전쟁(*사변) 발발 이후 본도인으로서 군부나 통역, 군 농부, 선원 등으로 종군한 인원이 2만 명

에 달하고 성적도 우수해 진정한 황국 봉공을 달성
이미 대만총독이 지원병제도 시행에 관한 의견을 상신했
으므로 일본 군부에서 이번에 제도를 시행하기로 결정
조선과 마찬가지로 체격과 학업 우수자를 선정해 훈련
소에 입소시켜 6개월 간 훈련을 실시한 후 육군부대로
입영시킬 예정이며, 인원은 시설 관계상 소수로 예정[77]

臺灣に志願兵制度
二十日の閣議で決定

皇民化への第一步
明春を期し實施
體格、學業優秀者を選定

1941년 6월 22일(조간)

지면 : 1면 5단

제목 : 석탄통제회 요강 완성(石炭統制會 要綱成る)

주체·해당 지역 : 일본 정부

■ 석탄통제회

1921년에 석탄광업연합회(도쿄東京본부, 지쿠호筑豊석탄광업회, 홋카이도北海道석탄광업회, 죠반常磐석탄광업회, 우베宇部석탄광업회, 히치쿠肥筑석탄광업회) 설립 운영

석탄광업은 국가의 기초산업이었으므로 연료 국책이라는 중요성에 의해 각종 법령과 연합체를 통해 수급통제와 조절을 하는 등 정책적 관리 대상

1941년 11월에 석탄통제회, 석탄통제조합을 설립 운영

1940년 12월 7일자 각의결정 「경제신체제확립요강」에 따라 석탄통제회 설립을 결정하고, 1941년 7월과 8월에 상공성 주관으로 관계단체 대표자들이 여러 차례 모여 '석탄통제회설립요강안'을 결정

---

77 실제 시행 시기는 1942년 1월. 1942년 1월 16일 공포한 「육군지원병훈련소생도모집요강」에 따라 동원

요강안에 의하면, 단독 가입회원의 자격은 연산 30만 톤이고, 30만 톤 미만의 업자는 각 광산감독국별로 통제조합을 두기로 함

판매부문은 일본석탄(주)(석탄의 판매통제를 위해 마련된 「석탄배급통제법」(법률 104호, 1940년 4월 공포)에 근거해 1940년 6월 1일 설립)이 담당

일본석탄(주)의 설립 이전에는 1938년 7월에 임시물자조사국이 주관해 구성한 석탄생산통제협의회와 석탄배급통제협의회가 담당하다가 「석탄배급통제규칙」(1938년 9월 제정)에 근거해 판매허가제를 실시하고, 쇼와(昭和)석탄(주)를 중심으로 한 배급할당제를 실시. 그러나 석탄수급상황이 심각해지자 1939년 8월 임시조치법에 의해 「석탄판매취체규칙」을 만들어 「석탄배급통제규칙」을 대체하고, 전시경제의 상황에 따라 「석탄배급통제법」을 제정해 운영하며 외지(사할린을 제외, 화태청에 1개소의 통제조합 설치)와 중국·만주의 통제단체 간에는 연락협의회를 설치하기로 결정

1941년 6월 28일(조간)

지면 : 1면 1단

제목 : 금치훈장제도의 획기적 개정, 현행 연금령 폐지하고 일시 하사금을 하사, 오늘 칙령 공포 즉일 시행(金鵄勳章制度の劃期的改訂, 現行年金令廢止一時賜金を賜ふ, けふ勅令公布卽日施行)

주체·해당 지역 : 일본

관련 기사

1941년

6월 28일(조간) '금치훈장제도 개정의 요점, 무훈 발군자에 대해 정신적 우대를 고려, 종신 연금에서 일시 하사금으로'

6월 29일(조간) '금치훈장제도 개정(사설)'

1941년 6월 29일(조간)

지면 : 1면 1단

제목 : 조선노무협회 탄생, 회장은 총감, 총독부에 본부 설치, 오늘 창립총회를 개최(朝鮮勞務協會誕生, 會長は總監, 總督府に本部設置, けふ創立總會を開催)

주체·해당 지역 : 조선총독부

주요 기사 내용

고도국방국가체제의 확립을 도모하기 위해서는 물자, 자금통제의 운영과 맞춰서 노무체제도 정비 강화할 필

요가 있음. 최근 노무배치의 혼란, 이동의 증가 등이 심각화하는 우려할 만한 현상을 방지하기 위한 단체 노무협회는 18일 오전 10시부터 총독부 제3회의실에서 개최

창립총회 및 제1회 이사회에서 정식 성립하여 오노(大野) 정무총감은 담화를 발표해 설립 주지의 철저를 기하고자 함

노무협회는 본부를 총독부 내에 두고, 각도에 지부, 부군도(府郡島)에 분회를 두는데, 직업소개소를 설비하고 있는 개소는 분회를 소(所) 내로 정하고, 그 외는 군 도청 내에 설치하는 것으로 회장에 정무총감, 부회장 내무국장, 경무국장, 주요한 사무수행자인 상무이사에는 하야시(林) 노무, 요시가와(吉川) 보안 양 과장이 취임, 기타 국민총력, 지방, 사회, 토목, 상공, 광산, 농정, 기획 제1의 조선총독부 각 과장 및 철도국 운수과장, 철도국 개량과장, 기타 총력연맹 사무이사 등과 관계단체의 수뇌자(首腦者)를 이사로 임명하고 있다. 지부장은 도지사, 부지부장은 내무와 경찰 양 부장이 맡고, 상무이사에는 사회, 고등경찰 양 과장이 맡도록 함

※ 정무총감 담화 수록

■ 오노 로쿠이치로(大野緑一郎. 1887~1985)[78]

사이타마현(埼玉県)에서 출생

구제 일고(一高)를 거쳐 1912년 도쿄제국대학 법과대학을 졸업하고 내무성에 입성

1914년부터 아키타현(秋田県)과 가가와현(香川県)에서 과장을 지낸 후 1926년 도쿠시마현(徳島県) 지사와 기후현(岐阜県) 지사를 거쳐

1928년 사회국 사회부장 겸 중앙직업소개소 사무국장을 지내고

1931년에 내무성 지방국장을 지냄

1932년 경시총감과 관동국 총장을 거쳐 1936년 조선총독부 정무총감으로 부임한 후 1942년에 일본 귀족원 의원 취임

일본 패전 후 1946년에 공직추방을 당해 변호사로 지냄

78 행정자치부 정부기록보존소, 『일제문서해제 - 경무편』, 2000, 197쪽; 한국역사정보통합시스템(www.koreanhistory.or.kr) 수록 자료

지면 : 1면 1단

제목 : 천황폐하 친히 참석해 오늘 어전회의 개최, 중요 국책 결정, 정부 발표(天皇陛下親臨けふ御前會議開く, 重要國策決定, 政府發表)

주체·해당 지역 : 일본

■ **제국국책요강 결정(7월 2일)**

영미와 전쟁을 불사하며 소련과 즉시 전쟁은 하지 않지만 대소련전을 준비한다는 내용

이후 일본 육군은 어전회의 결정에 따른 관동군 특종연습 실시를 결정하고 대소련전을 준비하기 위한 70만 명의 병력을 만주로 이동

1941년 7월 30일(석간)

지면 : 1면 4단

제목 : 육군병사사무 확충, 병무부령 제정 오늘 공포(陸軍兵事事務擴充, 兵務部令制定けふ公布)

주체·해당 지역 : 일본

관련 기사

1941년

8월 9일(조간) '조선군사령부에 병무부를 신설'

1941년 8월 1일(조간)

지면 : 1면 8단

제목 : 해군시설본부 설치(海軍施設本部設置)

주체·해당 지역 : 일본

■ **해군시설본부**[79]

해군 소속의 군사시설 건축 담당 부서

해군건축부(1920년 9월 30일 「해군건축부령」), 특설해군건축부(1940년 10월 1일 「특설해군시설부령」)를 1943년 「해군시설부령」(1943년 8월 17일)에 의해 각각의 시설부로 개편

건축부나 시설부로 혼용했으나 패전 당시 공식 용어는 시설부로 호칭

---

79 심재욱, 「전시체제기 시바우라 해군시설보급부의 조선인 군속 동원」, 『한국민족운동사연구』97, 2018; 「태평양

해군시설부 : 군항과 요항(진수부, 경비부)에 설치된 상설 부서. '요코스카시설부'와 같이 군항이나 요항의 지명을 부서명으로 사용

특설해군시설부 : 전시 필요에 따라 작전지역에 설치되는 특설 부서. 숫자나 군항 및 요항 이외의 지명을 부서명으로 사용

1941년 8월 15일(조간)

지면 : 3면 1단

제목 : 해사보국단을 결성, 해원양성소 직업소개소 설립계획, 조선해사회는 해소(海事報國團を結成, 海員養成所 職紹の設立計劃, 朝鮮海事會が解消)

주체 · 해당 지역 : 조선총독부

관련 기사

1941년

7월 18일(석간) '조선해사회를 해소, 해사보국단을 설립, 회장에 체신국장'

9월 13일(조간) '1만 2천여 명으로 해사보국단 결성'

1941년 8월 24일(석간)

지면 : 1면 4단

제목 : 여론지도에 새로운 발족, 조선군 보도부 기구 강화, 절대 정의와 진실(輿論指導に新發足, 朝鮮軍報道部機構强化, 絶對正義と眞實)

주체·해당 지역 : 조선군

주요 기사 내용

육군의 병비 개혁에 따라 병무부가 신설되었는데, 조선에서는 1일 이후 「병무부조령」에 따라 종래 보도부 기능과 진용 강화에 나선 결과, 재정비를 완성

보도부는 긴박한 세계 정세에 처해 전선과 총후를 연결하는 확실한 여론지도기관이 되어 고도국방 건설을 향한 강력한 지도진으로 새로이 발족하게 된 것

전쟁기 일본 특설해군설영대의 조선인 군속 동원」, 『한국민족운동사연구』106, 2021

興論指導に新發足

朝鮮軍報道部機構強化

絶對正義と眞實

倉茂軍報道部長語る

報道

現下

1941년 8월 30일(조간)

지면 : 1면 5단

제목 : 금속회수령 오늘 공포, 외지는 10월 1일부터(金屬回收令けふ公布, 外地は10月1日から)[80]

주체·해당 지역 : 일본

---

80 기사에 「특별회수실시요강」을 수록

지면 : 1면 1단

제목 : 내무행정의 임전체제 정비, 방공국과 국토국을 새로이 창설, 내무성 개편 오늘 시행(內務行政の臨戰體制整備, 防空局と國土局を新創設, 內務省改編けふ施行)[81]

주체·해당 지역 : 일본

관련 기사

1941년

9월 6일(조간) '내무성 개편 요강'

지면 : 1면 1단

제목 : 노무동원체제 완성, 관계 4개 칙령안 요강을 가결, 어제 총동원심의회(勞務動員體制成, 關係4勅令案要綱を可決, きのふ總動員審議會)

주체·해당 지역 : 일본

■ **4개 칙령안**

노무조정에 관한 칙령안 요강

국민징용령 및 국민직업능력신고령 개정에 관한 칙령안 요강

중요사업장의 노무관리의 감독에 관한 칙령안 요강

국민근로보국대에 관한 칙령안 요강

지면 : 2면 4단

제목 : 금속류회수령 총독부(*본부) 시행규칙을 발포(金屬類回收令 本府施行規則を發布)

주체·해당 지역 : 조선총독부

관련 기사

1941년

10월 2일(조간) '금속류회수령 시행규칙 내용'

---

81 일본 내무성이 계획방호국 방호과를 격상해 방공국을 신설한다는 내용

지면 : 2면 7단

제목 : 항만운송사업통제령, 30일 시행규칙을 공포(港灣運送事業統制令, 30日施行規則を公布)

주체·해당 지역 : 조선총독부

주요 기사 내용

※「금속류회수령」 기사(2면 4단)

금속자원 회수의 중요성을 인식한 일본 정부에서 국가총동원법에 근거해 「금속류회수령」(칙령)을 공포하고, 일본에서는 9월 1일부터 외지에서는 10월 1일부터 시행하게 되어 총독부에서 이 법령에 따라 금속회수령 시행규칙을 30일자로 관보에 게재하고 부령으로써 발포

이 법령이 대상으로 하는 물품은 간판, 계단, 압판 등

※「항만운송업통제령」 기사(2면 7단)

해운통제의 비약적 단계로서 배급과 운임, 조선(造船)의 관리 형태에 대응해 운용 중 핵심이 되는 항만운송능률의 향상과 관리를 국가최고의 이념으로 기획한 「항만운송업통제령」이 총동원법에 근거해 9월 21일 내외지에서 일제히 공포되어 조선에서는 10월 1일부터 시행됨에 따라 30일 부령으로 시행규칙을 공포

지면 : 2면 10단

제목 : 노무자이동방지, 국민수첩법 오늘부터 실시(勞務者移動防止, 國民手帳法けふから實施)

주체·해당 지역 : 일본

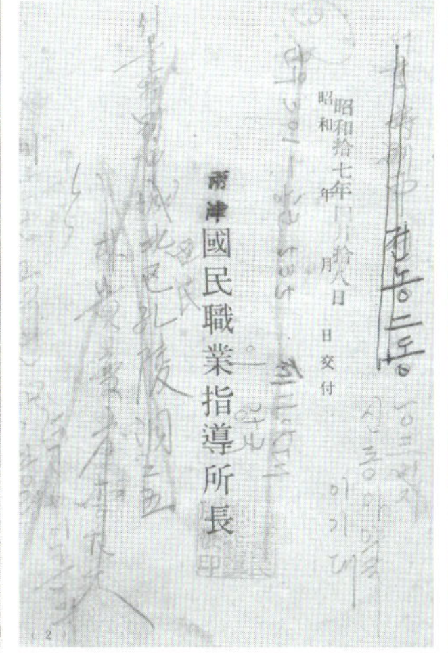

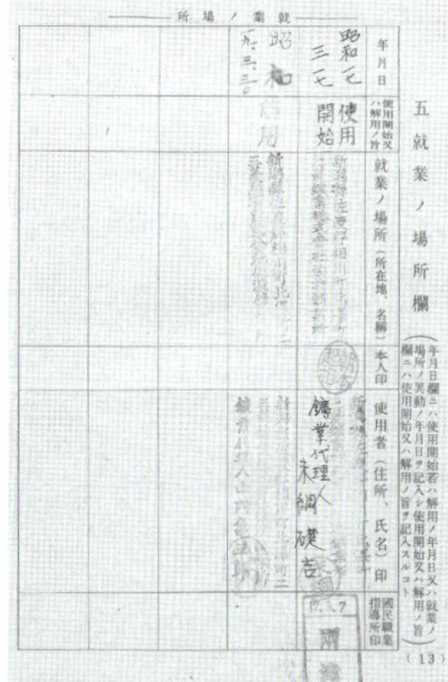

⟨그림 41⟩ 미쓰비시광업⑵ 사도광업소에 동원된 이기상의 국민노무수첩 표지

⟨그림 42⟩ 발급자가 '국민직업지도소장'이라 명시

⟨그림 43⟩ 동원 개시부터 이동 사항을 기재(국립 일제강제동원 역사관 소장)

1941년 10월 16일(조간)

지면 : 1면 1단

제목 : 임시징병검사 실시, 대학 전문학교 졸업을 앞당겨(臨時徵兵檢査を實施, 大學專門學校 の卒業繰上げ)

주체·해당 지역 : 일본

■ **병역법 개정 공포**(10.16. 칙령 제923호)
대학과 전문학교, 실업학교의 수업연한 단축 조치도 실시

관련 기사

1941년
10월 16일(조간) '임시징병검사규칙'

1941년 10월 17일(조간)

지면 : 2면 1단

제목 : 청장년 징용을 실시, 무위도식자의 징용 단행(靑壯年徵用を實施, 無爲徒食者の徵用斷行)

주체·해당 지역 : 일본

※ 국민직업능력신고령 개정 공포(칙령 제921호, 10월 15일자) 관련 기사
8월 29일자 각의결정「노무긴급대책요강」에 따라 청년국민등록신고자 범위를 확대

1941년 11월 15일(조간)

지면 : 1면 1단
제목 : 제2국민병(1931년 이후)을 소집, 병역법 시행령 대 개정, 오늘 공포 즉일 시행(第2國
民兵(昭和6年以後)を召集, 兵役法施行令大改正, けふ公布卽日施行)[82]
주체·해당 지역 : 일본

관련 기사

1941년
11월 16일(조간) '국민병의 광영(사설)'

1941년 11월 19일(조간)

지면 : 1면 1단
제목 : 조선총독부의 기구개혁 완성, 식산국 기획부를 개조, 후생국 사정국 2개국 신설,
내무국 외사부는 폐지(總督府の機構改革成る, 殖産局企劃部を改組, 厚生司政兩局新設,
內務局外事部は廢止)
주체·해당 지역 : 조선총독부

> **■ 조선총독부훈령 제103호**
>
> 후생국 신설 : 사회과, 노무과(이상 내무국 소속), 위생과, 보건과(이상 경무국 소속)
>
> 사정국 신설 : 지방과, 토목과, 지방관리양성소, 외무과, 척무과, 국민총력과. 외사부 폐지
>
> 체신국 소속 전기제1과, 전기제2과를 식산국으로, 물가조정과를 기획부로, 광산과를 폐지하고 광정과와 특수광물과 신설
>
> 식산국 : 전기제1과, 전기제2과, 광정과, 특수광물과, 상공과, 산금과, 연료과, 수산과, 지질조사소, 도량형소, 연료선광연구소, 상공장려관, 착암공양성소
>
> 기획부 : 통계과, 물가조정과
>
> 이로써 내무국 노무과가 후생국 노무과로 개편, 28명 소속
>
> 1942년 11월 1일 후생국 폐지

---

82 병종 합격자를 소집한다는 내용

대륙전진병참기지인 조선(*반도)의 중대 사명에 비춰 관청 신체제의 확립을 도모하여 긴박한 시국에 즉응하고자 일찍이 총독부 기구개혁을 계획해 일본 정부와 수 차례 절충해왔는데, 드디어 금년도 예산에서 실현을 보게 됨 목표로 하는 바는 시국의 요청에 즉응해 긴급한 여러 대책 수행의 원활을 기하는 것. 즉 후생국을 신설해 노무대책의 급시(急施)에 만전을 기함과 동시에 인적자원의 배양을 도모하기 위해 내무국에 속하는 사회과, 노무과 및 경무국에 속하는 위생과에 아울러 보건과를 신설해 4개 과로써 조직. 사정국을 신설해 지방과, 토목과 및 지방관리양성소, 외사부에 속하는 외무과 및 척무과, 국민총력과를 아울러 5과로써 조직. 외사부를 폐하는 것과 동시에 광산과를 폐지하여 광정·특수광물과를 설치한 결과 상공과, 산금과, 연료과, 수산과, 지질조사소, 도량형소(所), 연료선광연구소(燃料選鑛研究所), 상공장려관(館), 착암공(鑿岩工)양성소와 아울러 8과, 4소, 1관으로써 조직. 또한 기획부는 종전 제1, 제2, 제3, 제4과를 각 계획과, 물자조정 제1과·제2과 및 제3과로 개칭. 물가조정과를 아울러 5과로써 조직

※ 오노 정무총감 담화 수록

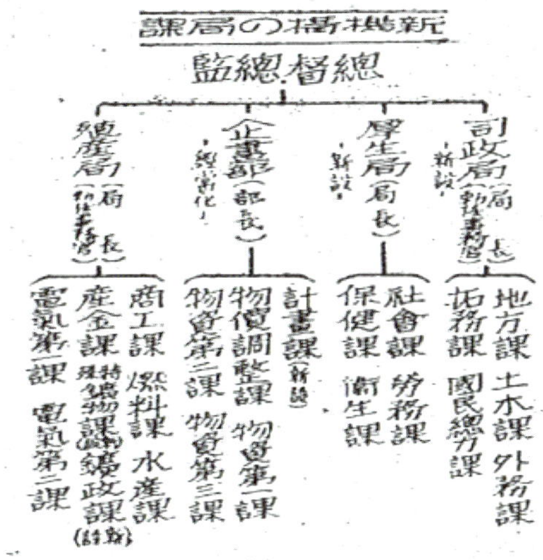

지면 : 1면 1단

제목 : 국민근로보국협력령 오늘 공포, 12월 1일부터 시행, 국민개로의 성문화, 14세 이상 남자는 40세까지 여자는 25세까지, 국가 필수의 총동원 업무에 종사(國民勤勞報國協力令けふ公布, 12月1日から施行, 國民皆勞の成文化, 14歳以上男子は40歳まで女子は25歳まで, 國家必需の總動員業務に從事)[83]

주체·해당 지역 : 일본

관련 기사

1941년

11월 23일(조간) '남자 14세 이상으로 근로 출동대를 편성', '국민개로 칙령(사설)', (석간)'전 조선(*반도)를 들어 노무 즉응의 틀로, 근로보국대 금월 중 결성'

11월 25일(조간) '국민근로보국협력령 내외지 동시에 시행'

11월 30일(조간) '국민근로보국협력령 시행규칙은 오는 1일 공포'

1944년

1월 31일 '국민근로보국협력령의 해설, 징용과는 완전 별개'

> ■ **국민근로보국협력령 : 칙령 제995호**
>
> 12월 1일 시행규칙을 공포하고 조선에 적용(조선총독부령 제313호)

지면 : 1면 9단

제목 : 해무원의 실현 머지않아, 각의결정, 관제안 추밀원(*추부)으로(海務院の實現近く閣議決定, 官制案 樞府へ)

주체·해당 지역 : 일본

관련 기사

1941년

12월 19일(조간) '해무원 관제 19일에 공포 실시'

12월 20일(조간) '해무원 어제 창설'

---

83 그간 통첩으로 운영하던 근로보국대 제도를 법령으로 운영하도록 한 근거법

■ 해무원

관선국(管船局)과 정태국(灯台局)의 업무를 통합해 체신대신의 관리 아래 둔 선원·조선·선박 통제기관

1942년 4월 7일 개정을 통해 '선박보호법 시행에 관한 사항(해군대신 업무)'을 추가

1943년 11월 1일 운수통신성 설치에 따라 폐지되고 해운총국과 항만국으로 업무 이관

1941년 12월 7일(조간)

지면 : 1면 1단

제목 : 새로이 노무조정령, 8일 공포, 1월 10일 실시(新に勞務調整令, 8日公布, 1月10日實施)

주체·해당 지역 : 일본

관련 기사

1942년

1월 11일(조간) '노무조정령 발포, 어제 내외지 동시에 실시'

1943년

9월 23일(조간) '획기적 근로동원체제 완성, 남성의 취업을 제한 금지, 일할 수 있는 모든 여성을 동원, 여자근
　　로정신대 결성, 여자근로동원촉진요령'

1944년

10월 25일 '노무조정령 개정안 5개 칙령안 요강'

11월 25일 '60세까지 남자, 여자 40세까지 확대, 개정 근로 2개 칙령 오늘 시행'

■ 「노무조정령」 제정 배경

1941년 6월, 유럽에서 독소개전이 일어나고 일본이 태평양전쟁을 목전에 앞둔 시기에 일본 정부는 1941년도 노무동원 계획을 전면적으로 수정

8월 29일 각의결정 「노무긴급대책요강」은 이러한 분위기를 잘 반영

「노무긴급대책요강의 큰 틀은 근로보국정신의 앙양, 노무의 재배치 및 직업전환, 중요산업요원 충족을 위한 국민등록제 확충과 국민징용제 개정, 근로 조직 정비, 노무배치 조정을 위한 법령 정비(종업자이동방지령과 청소년고입제한령을 폐지하고 새로운 법령을 제정), 근로봉사의 제도화 등. 국민등록제의 확충을 통해 남자(만 16세 이상 40세 미만)는 물론이고 여성(만 16세 이상 25세 미만)에 대한 동원도 적극적으로 고려하기 시작

국민징용제도 개정에 대해서는 '징용을 실시해야 할 총동원 업무의 범위를 확대하고, 피징용자 및 가족을 위한 부조원호 조치 마련'을 명시

일본 정부는 이와 같은 「노무긴급대책요강」에 따라 관련 규정을 정비. 먼저 노무배치 조정을 위해 「종업자이동방지령」과 「청소년고입제한령」을 폐지하고 「노무조정령」과 「국민근로보국협력령」을 제정하고, 「국민직업능력신고령」도 개정해(10월 15일) 등록대상자를 대폭 확대

특히 「노무조정령」은 이 시기 가장 큰 폭의 변화로써,

"국가의 긴요한 사업에 요하는 노무를 확보하기 위해 국가총동원법 제6조 규정에 근거해 종업자의 고입, 사용, 해고, 취직, 종업, 퇴직, 임금, 급료 기타 종업조건에 관한 명령의 제한은 별도로 정하는 것을 제외하면 본령이 정하는 바에 따른다"(제1조)는 총칙에서 알 수 있듯이, 적용대상이 사용자 뿐 만 아니라 종업자의 취직과 퇴직까지 통제하는 단계에 접어들었음을 명시한 법령

적용 체외 대상으로 "14세 미만 또는 60세 이상의 남자 및 14세 미만, 40세 이상의 여자로서 기능자의 고입 및 취직을 한 경우"(제5조)로 명시함으로써, 기능자의 경우에는 「국민직업능력신고령」에 비해 범위를 확대

■ 「노무조정령」

「종업자이동방지령」(1940년 12월 5일 시행)과 「청소년고입제한령」(1940년 8월 31일 시행) 등 노동력 통제법에 대한 보완 법령

「종업자이동방지령」과 「청소년고입제한령」은 모두 종업자의 이동방지에 대한 충분한 효과를 거두기 어렵고, 중요산업으로부터 평화산업으로 이동을 막을 수 없다는 치명적인 약점이 드러남

이에 이를 보완할 새로운 제도적 장치가 필요하게 되어 두 법령을 전면적으로 개정 통합하고 새로이 종업자의 해고 및 퇴직을 제한하는 규정을 신설해 공포

※ 「국가총동원법」 제4조 및 제6조, 각의결정에 근거해 제정

■ 제정 연혁

1941년 12월 06일 공포(칙령 제1063호)

1942년 1월 10일 조선 시행

1943년 6월 18일 개정(칙령 제513호)

1944년 5월 2일 개정(칙령 제323호)

1944년 11월 17일 개정(칙령 제641호)

1945년 3월 6일 폐지(칙령 제94호, 「국민근로동원령」 공포로 폐지)

■ 국가총동원법 해당 조항

제4조 : 정부는 전시에 국가총동원에 필요한 경우에는 칙령이 정하는 바에 따라 제국 신민(帝國臣民)을 징용하여 총동원 업무에 종사시킬 수 있다.

제6조 : 정부는 전시에 국가총동원에 필요한 경우에는 칙령이 정하는 바에 따라 종업자의 사용, 고용 또는 해고 또는 임금, 기타 노동조건에 대하여 필요한 명령을 할 수 있다.

■ 각의결정 「노무긴급대책요강」(1941년 8월 29일)

1941년 12월 16일(조간)

지면 : 2면 10단
제목 : 국민징용령 일부 개정, 오늘 공포, 즉일 실시(國民徵用令一部改正, けふ公布, 卽日實施)
주체·해당 지역 : 일본

■ 제2차 개정

12월 15일(칙령 제1129호) 공포

개정 내용 : 피징용자의 종사업무를 확대하고, 후생대신이 민간의 공장과 사업장을 지정해 징용을 실시할 수 있도록 함(제4조 제2항)

그밖에 징용 대상자 확대에 따른 당근 정책의 하나로 피징용자와 가족에 대한 부조규정(제19조 제3항)을 신설

※ 제4조 제2항의 의미

기존에 징용자의 징용 업무를 '국가가 행하는 총동원 업무, 정부가 관리하는 공장 등의 총동원 업무'에 제한되었던 것을 민간의 공장과 사업장에 대해 후생대신이 지정하면 징용 대상이 된다는 것을 의미

1941년 12월 18일(조간)

지면 : 2면 3단
제목 : 방공법 시행령 시행규칙 어제 공포, 내외지 동시에 시행(防空法施行令施行規則昨日公布, 內外地同時に施行)
주체·해당 지역 : 일본

1937년

11월 13일(조간) '방공법 조선시행령 결정, 17일에 공포 실시'

1941년

12월 21일(석간) '방공법 조선시행령 오늘부터 실시', '한 사람 한 사람이 방위 업무'

■ 방공법

11월 25일 방공법 개정(법률 제91호), 12월 20일 시행

방공업무의 범위 확대, 벌칙조항 신설 등 중앙통제와 국민동원을 강화하는 내용

12월 17일자 「방공법 조선시행령」과 시행규칙 개정 공포에 따라 12월 20일자로 조선에도 시행하고, 조선 방공위원회는 폐지

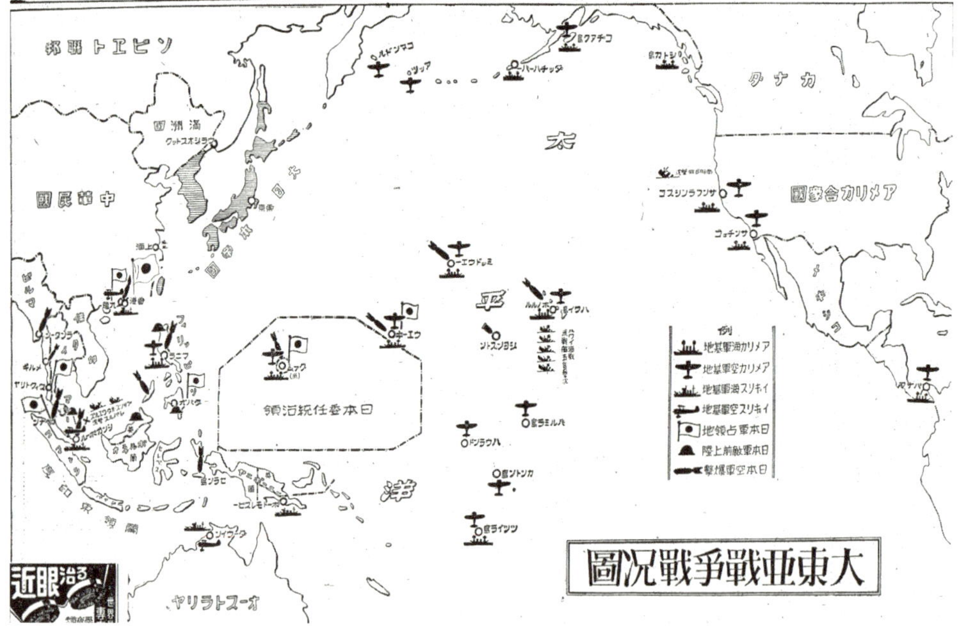

〈그림 44〉 아시아태평양전쟁 전황도(1941년 12월 26일 조간 2면)

지면 : 1면 5단

제목 : 조선임시보안령 내일 공포, 정보부 발표, 언론출판집회 등 단속을 적정화(朝鮮臨時
保安令あす公布, 情報部發表, 言論出版集會等の取締りを適正化)

주체·해당 지역 : 일본

- **조선임시보안령 및 시행규칙 제정 공포**
1907년 제정한 「보안법」과 1936년에 제정한 「조선불온문서임시취체령」을 강화한 법

1941년 12월 30일(석간)

지면 : 1면 4단

제목 : 오늘 도쿄에 포로정보국 관제를 공포, 즉일 실시(東京に浮虜情報局けふ官制を公布,
卽日實施)[84]

주체·해당 지역 : 일본

관련 기사

1942년

5월 23일(석간) '대동아전에 직접 협력, 미영인 포로 감시에 반도 청년 수천 명 채용', '기쁘게 미영인 감시, 조
선(*반도)청년에게 또 다른 황민의 영예'

6월 2일(석간) '마음은 하나 포로 감시, 오늘 제2차 군속 시험'

8월 23일(조간) '포로수용소 조선 등 7개소 증설'

9월 10일(조간) '조선에도 포로수용소, 경성 인천에 개설, 건설 방면 노무에 사역', '사설 - 포로에 대한 마음가짐'

9월 24일(석간) '영국군 포로 내일 부산 출발, 25일 용산 도착, 양 수용소로, 포로 상륙 제1보', '포로 조선(*반도)
에 상륙을 현지에서 듣는다'

9월 26일(석간) '영국인 포로를 수송하고, 감상담(사진)'

---

84 조선인 및 대만인 포로감시원 채용의 근거가 되는 기사. 1942년 5월 22일과 23일의 신문 기사를 통해 모집

■ **포로감시원 채용 배경**[85]

1907년 네덜란드에서 열린 제2회 만국평화회의에서 조인된 「육전의 법규 관습에 관한 규칙」을 일본이 1911년에 비준

1914년 9월 13일 육군대신 지휘 아래 포로정보국을 설치하고 중국 칭다오(青島)전투에서 획득한 독일과 오스트리아, 헝가리 포로를 전국 각지에 세운 수용소(18개소)에 분산 수용

■ **포로수용소 설치(조선) 연혁**

1941년 12월 23일 육군성, 「포로수용소령」 공포

1942년 3월 24일 조선군 경리부, 육군성 지시로 포로수용소 설치 작업 개시(경성 인천 흥남에 연합군포로수용소 설치)

3월 31일 육군성 군무국에 육군포로관리부 설치

주요 기사 내용

일본 정부는 국제법규에 따라 아태전쟁(*대동아전쟁)에서 발생한 적국 교전자 및 조약 또는 관례에 의한 포로를 취급하기 위해 이번에 포로정보국을 설치하게 되어 29일자로 관보를 통해 관제를 공포하고 그날부터 실시하게 됨

포로정보국은 1912년 1월 조약 제45호로 공포된 「육전에 관한 법규 관습에 관한 조약」 부속 육전의 법규 관습에 관한 규칙 제14조에 따라 설치하게 된 것

일본이 정보국을 설치하게 된 것은 1914년 독일과 전쟁을 할 때이고, 종전 후 1920년에 폐지되었는데, 당시 포로가 5천 명이 되지 않아 업무가 간단했는데, 이번 아태전쟁은 작전이 웅대하고 지역이 광대하며 적의 병력이 다대해 포로의 수도 다수일 것으로 예상됨

포로정보국은 육군대신의 관리 아래 도쿄에 설치해 장관과 칙임사무관 등으로 구성하며 육군대신의 지휘 감독을 받아 장관이 업무를 통활하게 됨

東京に俘虜情報局 けふ官制を公布 即日實施

國旗で祝へ マニラ陥落の二日間

東洋人俘虜に 特別の考慮 可及的に解放の方針

85 상세한 내용은 조건, 「전시 총동원체제기 조선 주둔 일본군의 조선인 통제와 동원」 참조

1942년 주요 기사

지면 : 1면 7단

제목 : 기술원 내일 개청, 오늘 관제 공포하고 즉일 시행(技術院あす開廳, けふ官制公布卽日 施行)

주체·해당 지역 : 일본

주요 기사 내용

과학기술 행정에 획기적 약진, 항공과학기술 약진에 중점을 두고 설치

관련 기사

1942년

2월 13일(조간) '일본 과학 및 기술의 국제 수준으로 올림, 기술원의 사명'

- **기술원**

'과학기술에 관한 국가 총력을 종합 발휘하도록 해 과학기술의 쇄신 향상, 항공에 관한 과학기술의 약진
을 도모할 것'을 목적으로 설치
1945년 9월 4일 폐지

지면 : 1면 8단
제목 : 노무자관리령 오늘 공포하고 즉일 시행(勞務者管理令けふ公布卽日施行)
주체·해당 지역 : 일본

■ 「중요사업장 노무관리령」(칙령 제106호. 1942년 2월 24일 공포)[86]
중요사업장에서 노무관리의 지도감독을 위해 국가총동원법 제6조 규정에 따라 종업자의 사용, 해고, 종업, 퇴직 및 임금, 급여 기타 종업 조건에 관한 명령 및 국가총동원법 제7조의 규정에 따라 노동자 파업 예방 및 해결에 관한 명령을 이 법이 정하는 바에 따라두도록 함
이 법에서 중요사업장이라 하는 것은 총동원 물자의 생산이나 수리 또는 국가총동원상 필요한 운수에 관한 업무를 담당하는 공장과 광산 기타 장소로서 후생대신이 지정하는 곳을 의미함

지면 : 1면 1단
제목 : 조선(*반도) 징병제의 실시(半島徵兵制の實施)
주체·해당 지역 : 일본

■ 총 입영 인원

일본 정부 공식 기록 166,257명

※ 이 규모는 실제 동원 규모와 차이가 있으나 일본 정부의 자료 멸실로 확인 불가. 1945년 1월 이후 입대한 조선인 가운데 얼마나 많은 기록이 증발했는지는 알 수 없음

이런 일이 가능한 이유는 당국이 군 관련 기록을 없앴거나 병적 관리를 제대로 하지 못했기 때문

대본영은 1945년 8월 14일 포츠담 선언 수락 서명 이후 공식 항복문서 조인이 이루어진 9월 2일까지 각종 자료 소각 작업을 지시. 소각 명령은 조선에도 내려졌으므로 면사무소가 담당한 병사업무기록이 남아 있기를 기대할 수 없음

자료의 한계로 학계에서도 약 40만 명으로 추산할 뿐. 일본 정부는 아시아태평양전쟁기 징병으로 동원한 조선인 관련 자료를 일부 멸실했음을 징병자의 유족 답변 과정에서 밝혔음[87]

1942년 5월 14일(조간)

지면 : 2면 5단
제목 : 남방관리육성소, 쇼난시(昭南市)에 개설(南方官吏育成所, 昭南市に開設)
주체·해당 지역 : 버마군정

■ 쇼난시

태평양전쟁 중 육군 점령지인 말레이·수마트라 두 지구(싱가포르 포함)의 군정은 당초 제25군 군정부가 담당하고 지방 기구의 하나로 쇼난특별시를 설치

1942년 2월 점령 후 싱가포르를 쇼난섬으로 개칭. 특별 시장을 임명해 1942년 3월 초대 특별 시장인 대달 시게오가 부임. 5월에는 구 네덜란드령 수마트라의 리오, 링가, 칼리문, 탐벨란, 아난버스, 나카노라의 각 군도를 쇼난특별시에 편입

7월에 제25군 군정감부를 편성했고, 쇼난특별시에도 총무, 민생, 경제, 시설, 경무의 각 부를 설치. 1943년 5월 제25군 군정감부의 수마트라 이주에 즈음해 남방총군 직예 조직으로 말레이시아(*마래)군정감부를 쇼난에 신설하고 쇼난특별시에 편입

1945년 3월 쇼난특별시의 군정은 1944년에 신설된 제7방면 군정감부(통칭 쇼난군정감부) 직할로 이행[88]

---

87 연합뉴스 2013년 12월 24일자 「日정부, 조선인 군인 군속 '명부 증발' 은폐 · 방치」
88 아시아역사자료센터 소장 자료https://www.jacar.go.jp/glossary/term2/0050−0080−0050−0010.html

지면 : 1면 1단

제목 : 대동아전에 직접 협력, 미영인 포로 감시에 조선(*반도) 청년 수천 명 채용(大東亞戰に直接協力, 米英人浮虜監視に半島靑年數千名採用)

주체·해당 지역 : 정보과 발표

주요 기사 내용

일본 정부는 앞서 조선(*반도)동포에 대해 징병제를 시행하고 1944년부터 징집할 수 있도록 결정해 조선(*반도) 통치상 획기적인 영예를 부여했는데 이번에 다시 다수의 뜻 있는 조선(*반도)청년을 군속으로서 현지에 파견해 태평양전쟁(*대동아전쟁)에서 황군의 혁혁한 전과에 따라 각지에 수용 중인 미영인 포로 감시를 담당하게 함과 동시에 오만불손한 그들에게 일본 국민의 우수성을 인식시키는 큰 사명을 부여하기로 결정하고

22일 총독부 정보과가 발표

※ 정보과 발표 내용 수록

> **■ 조선인 포로감시원 연혁**[89]
>
> 1941년 12월 23일 일본 육군성, 「포로수용소령」 공포
>
> 1942년 3월 24일 조선군 경리부, 육군성 지시로 포로수용소 설치 작업 개시. 경성 인천 흥남에 연합군포로수용소 설치
>
> 3월 31일 일본 육군성 군무국에 육군포로관리부 설치
>
> 5월 25일 경성부, 포로감시원 신청 접수 개시
>
> 6월 9일 경성부와 경기도 고양 시흥군 일대에서 선발한 포로감시원 장행회
>
> 6월 13일 조선군, 전국에서 포로감시원 전형을 거친 조선 청년들을 인수
>
> 6월 15일 포로감시원, 부산 범전동 소재 임시군속교육대 입소, 총 3,223명
>
> 8월 10일 포로감시원 말레이시아와 자바 포로수용소를 향해 부산 출발

大東亞戰に直接協力

米英人俘虜の監視に
半島靑年 數千名採用
皇國民の誇、愈よ高し

情報課發表　今般陸軍の要求に基き大東亞戰爭に於ける緖々たる戰果に依り各地に收容中の米英人俘虜の監視に從事せしむるため半島に於ける有爲なる靑年數千人を軍屬として採用せらるゝことゝなつた、戰に國民徵用令の發動に依り多數の靑年が徵用せられて喫緊な政府の事業に從事し、斯る光榮である…

■ 임시군속교육대 터(부산시 범전동)

1930년 서면 경마장을 설치한 후 1937년 일본군 기마부대와 제72병참경비대(1941년), 포로감시원 훈련소
인 임시군속교육대(1942년. 일명 노구치 부대), 군수품 야적장으로 사용

1950~2006년까지 부산기지사령부 '캠프 하야리아(Camp Hialeah)'

시민들의 반환운동을 통해 2006년 반환 후 환경정화작업을 거쳐 2014년 5월 부산시민공원으로 개장

〈그림 45〉 임시군속교육대 터(2015년 12월 촬영)

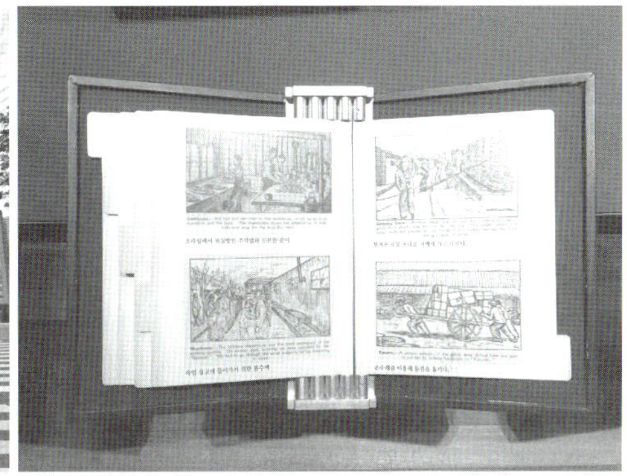

〈그림 46〉 부산시민공원역사관의 포로감시원 수기를
활용한 전시물(2015년 12월 촬영)

1942년 6월 16일(석간)

지면 : 1면 1단

제목 : 기업정비령 오늘 공포하고 즉일 실시(企業整備令 けふ公布卽日實施)

주체·해당 지역 : 일본

관련 기사

1942년

6월 16일(조간) '기업정비령 시행규칙'

■ 「기업정비령」

중소기업의 정리와 도태에 대한 법적 강제력을 부여한 칙령(제503호)

1942년 5월 13일 제정 공포. 1945년 10월 24일 폐지

법령에서 정비통합대상 업종을 규정한 것은 아니지만 법령 공포 전후에 관련 요강을 발표해 업종을 특정

※「기업정비령 시행규칙」(상공 · 대장 · 육군 · 해군 · 사법 · 농림 · 체신 · 후생성령 제1호)

1942년 5월 13일 제정 공포

지면 : 1면 8단

제목 : 흥남훈련소(가칭) 창설, 내각 직속의 남방요원 연성기관, 정보국 발표(興南訓練所(假稱)創設, 內閣直屬の南方要員鍊成機關, 情報局發表)

주체·해당 지역 : 일본

주요 기사 내용

【도쿄전화(東京電話)】 대동아건설전에 앞장서(挺身) 참가하는 남방파견유위의 여성에 대해서는 종래 과도기적으로 관민의 각 방면에서 각종의 시설이 존재했는데, 남방개발의 국가적 요청에 따라 각개 병렬의 연성 지휘를 위탁

※ 정보국 발표 : 제1부(남방진출 관리 및 민간회사원 연성), 제2부(대학전문학교 졸업자를 수용), 제3부(척남숙을 중심으로 중등학교 졸업자 수용, 일반 도항자 및 기업 관계자 연성)로 운영

지면 : 1면 1단

제목 : 조선(*반도)청년을 해군군속으로 채용, 공원으로서 근로 전선에 활약, 전 조선에서 선발, 정보국 발표(半島靑年を海軍軍屬に採用, 工員とし勤勞戰線に活躍, 全鮮から選拔, 情報局發表)

주체·해당 지역 : 일본

※ 해군 작업애국단의 하나인 설영대(設營隊) 동원 관련 기사

조선인을 해군 군속으로 동원한 근거는 「해군징용공원규칙」(1940년 11월 19일 제정, 총 15개 조항)인데, 국민징용령에 근거한 규칙

해군의 작업애국단(作業愛國團)은 특별 편성된 군속인데, 해군징용공원규칙에 근거해 동원

1941년 12월 8일에 '남방 경영지의 기지 설영(設營)을 목적'으로 파견이 결정되어 1942년에는 동남아시아와 태평양 현지에서 작업이 시작됨

이들에 대한 계약기간은 2년이었고 일본 국내와 한반도에서 모집. 충남 내무부장이 관할 부윤과 군수에 보낸 공문(忠南秘 제1호. 1942년 1월 5일자)「해군공원의 징용방법에 관한 건」에 의하면, 징용공원을 공출하는 방법(신체검사 및 전형에 소요비용)은 국민징용령 제10조에 의거한다고 규정

그러므로 이들은 해군으로 징용된 피징용자 신분. 이들은 수송 과정에서 공습으로 사망하거나 현지에서 공습 등으로 많은 사망자가 발생

주요 기사 내용

태평양전쟁(*대동아전쟁)의 확대에 따라 풍부한 인적자원을 자랑하는 조선(*반도)동포에게는 직접적으로 공헌할 기회와 광영이 부여되어, 만주사변과 중일전쟁(*지나사변)으로 약 10년에 걸친 전쟁 아래 황국신민의 포부를 발휘할 제1회 해군으로 참가해 포로감시원으로 무상의 영광과 감격에 마음을 다하게 되었는데

이번에 다시 전 조선에 걸쳐 다수의 청년이 각도의 전형을 거쳐 해군군속으로서 시국하 가장 중요한 토목작업에 종사할 수 있게 되어 이달 말에는 대체로 각도에서 전형을 마치고 직접 군사(軍事)에 공헌할 감격에 불타서 현지를 향해 출발하게 되었음

※ 정보과 발표 내용 수록

■ 설영대[90]

태평양전쟁기 활주로 건설로 대표되는 비행기지 축성을 중심으로 다양한 군사시설 건설을 담당했던 일종의 건축부대로써, 해군건축부대의 상징으로 알려져 있음

1941년 12월 7일 직전부터 일본 패전까지 약 237개의 설영부대를 편성

약 41개 설영대에 약 4천 6백 명의 조선인 군속을 투입한 것으로 파악

半島青年を海軍軍屬に採用

工員とし勤勞戰線に活躍

全鮮から選拔、近く壯途へ

情報課發表 今般海軍當局よりの要求に依り多數の工員を全鮮各道より銓衡し海軍々局として時局下緊要なる土木作業に從事せしむることゝなりたるが、之は過般の米英人俘虜臨視要員として採用せられた諸事實と共に半島人として直接軍事に貢獻するの機會を與へられたるものである、採用の光榮に浴し得たる者は帝國臣民たるの自覺により誓つて任務の完遂を期すべきは勿論一般國民赤斯る重責を負ふ勤勞戰士に對し擧つて後期の憂なからしむるやう協力せられんことを希望する次第である

全鮮各道に亘り多數の青年が各道の銓衡を經て海軍々局として時局下もつとも緊要なる土木作業に從事せしめることゝなり、今月末には大體各道から銓衡を終り、直近軍事に貢獻するの感激に燃えつゝ直ちに現地向け出發することゝなつた

90 (국가기록원 소장 『구일본해군조선인군속관련자료(2009)』) 상세한 내용은 심재욱, 「태평양전쟁기 일본 특설해군 설영대의 조선인 군속 동원」(『한국민족운동사연구』106, 2021) 참조

지면 : 1면 1단

제목 : 행정간소화 실시안 발표, 중앙과 지방을 통해 칙임 3할 감축(行政簡素化實施案發表さる, 中央地方を通じ勅任3割減)

주체·해당 지역 : 일본

관련 기사

1942년

6월 22일(석간) '조선 행정간소화안 발표, 후생국과 기획부를 폐지, 중앙과 지방을 통해 감원 1만 2천 명, 10월 1일 일제 발령'

8월 30일(조간) '감원 총수 17만여, 관계(官界) 태세 완료, 행정간소화를 전부 종료'

11월 1일(조간) '총독부 기구 개정 단행, 새로운 총무국을 신설, 후생국 기획부는 폐지, 오늘 공포 즉일 실시', '총독부의 기구 개혁, 총무국 신설의 의의 크다', '총독부 기구의 신발족(사설)'

주요 기사 내용

정부는 태평양전쟁(*大東亞戰爭)의 비약적 발전에 즉시 대응해 남방(南方) 요원을 대대적으로 충족하기 위해 행정의 간소 강력화를 단행하고 관계(官界)의 신체제를 확립하기 위해 6월 16일 각의에서 결정된 기본방침에 기초, 7월 15일까지 각 성에서 구체안의 제출을 요구한 후 내각의 4개 성 장관의 실시안을 검토 조정 중인 바, 칙임관 정원(分)에 대해서는 중앙관청을 통틀어 전부 성안을 얻었기에 28일 정례 각의에 올려 정식 결정한 후 그날 오후 5시 내각정보국으로부터 총재(總裁) 담화와 함께 실시안을 발표

이번 결정의 실시안은 앞서 도죠(東条) 총리가 특별히 각의에서 발언해 전 각료에게 요망한 칙임관의 감원 및 이에 따른 부국(部局)의 개폐(改廢)를 일거에 단행하는 것으로서, 중앙관청 칙임관 77명과 일부 작업청 및 지방청을 포함해 89명의 감원으로 평균 3할의 감원률을 확보

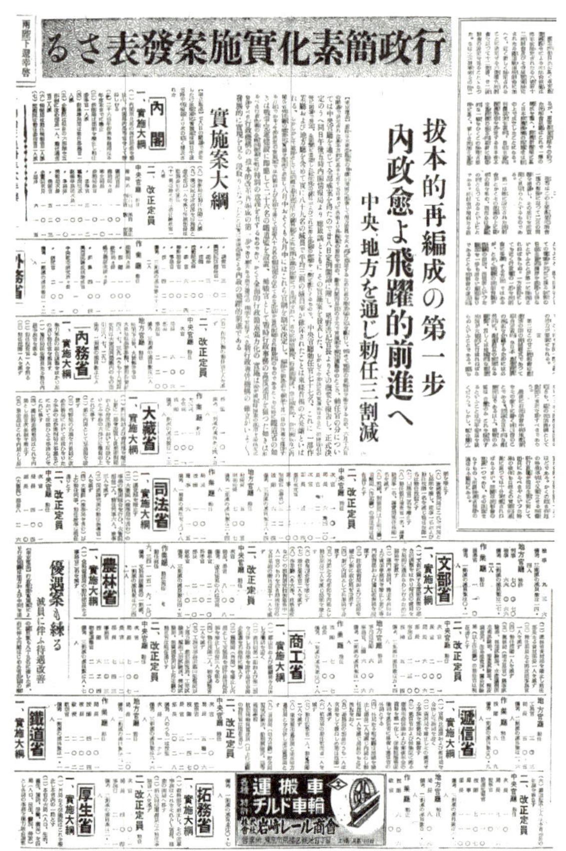

정부에서는 칙임관 이하 감원 및 이에 수반하는 과의 개폐에 대해 검토를 계속하고 외지관계, 행정재판소, 회계검사원, 귀족원 중의원(貴衆) 양원 등 내각 각 성(省) 외(外) 관청의 간소화 실시를 급속히 결정해 8월 중 늦어도 9월 중에는 이들 관제를 제정 결정해 추밀원(樞府)에 자문(諮詢)을 주청해 10월 1일 실시하도록 할 방침

이번에 결정한 실시안에서는 내각 및 각 성을 통틀어 89명의 칙임관이 점하고 있던 부국(部局)을 개폐하는 획기적인 것임과 동시에 철도성과 같은 것은 전쟁 완수 건설에 즉응해 26명의 철도감(監)을 설치, 전시행정사무의 고도운용을 노린 것은 다가올 행정기구의 전면적 개혁에 특별한 의의를 갖는 것

전면적 행정간소 강화의 실시는 국가 전시 국정의 운용을 최고도로 발휘해야 할 행정기구의 발본적 개혁 재편성의 제1보

지면 : 2면 5단

제목 : 전국 해행사를 통합, 재향장교도 포괄(全國偕行社を統合, 在鄕將校をも包括)

주체·해당 지역 : 일본

■ **해행사(偕行社)**

구 육군조직. 현재 일본의 공익재단법인. 전직 육군장교 및 사관후보생, 장교생도, 군속고등관, 육상자위대, 항공자위대 간부의 친목조직

1877년 육군장교(장교 준사관)의 집회소나 사교장(장교구락부), 일종의 영빈관으로서 도쿄 구단(九段)에 집회소를 설립하면서 시작. 이후 각지에 사단사령부 소재지에 가이코샤(偕行社)를 설립. 친목과 학술연구조직으로서 운영

'가이코'라는 이름은 시경 주풍(秦風) '무의(無衣)'에 나오는 문장인 "王于興師 修我甲兵 与子偕行(제왕이 군을 일으키면 나는 무기를 챙겨서 당신과 같이 전쟁터로 나간다)"에서 유래. 함께 입대한다는 의미

현재 친목 조직과 함께 일종의 기업으로서 운영. 각지 가이코샤에서 장교 준사관 및 견습사관을 대상으로 군복을 비롯해 각종 군장품, 군모, 군화, 각반, 권총, 쌍안경, 각종 기념품 등의 제작과 판매를 담당하고, 육군장교나 관계자용 식당, 여관, 학교 경영 등 광범위한 사업체

지면 : 1면 1단

제목 : 획기적 학제 개혁안 완성, 각의결정, 수업연한 단축 결정, 중등학교 4년, 고등학교 2년, 정보국 발표(劃期的學制改革案成る, 閣議決定, 修業年限短縮本極り, 中等學校4年, 高等學校2年, 情報局發表)

주체·해당 지역 : 일본

관련 기사

1942년

8월 22일(석간) '학제 개혁안'

1943년

2월 20일(조간) '획기적 조선(*반도) 학제 개혁 4월 실시, 요강을 발표, 내지에 즉응, 특수사정을 가미, 조선교육령개정안 요강'

1942년 8월 22일(석간)

지면 : 1면 1단

제목 : 조선 행정간소화안 발표, 후생국과 기획부를 폐지, 중앙과 지방을 통해 감원 1만 2천 명, 10월 1일 일제 발령(朝鮮行政簡素化案發表さる, 厚生局企劃部を廢止, 中央地方を通じ減員1萬2千, 10月1日一齊發令)

주체·해당 지역 : 조선총독부

주요 기사 내용

총동원 업무 담당부서인 기획부와 후생국을 폐지하고 총무국을 신설해 총동원계획관련 사무를 총괄하게 함

이 조치에 따라 후생국 노무과가 사정국 노무과로 개편

※ 총독부 기구 개정, 칙임증감원표 수록

十月一日一齊發令
中央、地方を通じ減員一萬二千
厚生局、企畫部を廢止
朝鮮 行政簡素化案發表さる

지면 : 1면 1단

제목 : 대동아성 창설을 정식 결정, 척무성과 흥아원 외 3국 폐지, 대동아성 설치 요강, 정보국 발표(大東亞省을 創設 正式決定, 拓務省興亞院他3局廢止, 大東亞省設置要綱, 情報局發表)

주체·해당 지역 : 일본

관련 기사

1942년

7월 29일(조간) '행정간소화 실시안 발표, 중앙과 지방을 통해 칙임 3할 감축'

8월 22일(석간) '조선행정간소화안 발표, 후생국과 기획부를 폐지, 중앙과 지방을 통해 감원 1만 2천 명, 10월 1일 일제 발령'

8월 30일(조간) '감원 총수 17만여, 관계(官界) 태세 완료, 행정간소화를 전부 종료'

9월 2일(조간) '개설은 10월 1일'

9월 12일(조간) '대동아성 관계안 각의결정, 내외지 행정일원화'

11월 1일(조간) '획기적 행정기구개혁 완성, 대동아성 설치, 척무성은 폐지, 관계 칙령 오늘 공포 실시'

주요 기사 내용

일본 정부는 지난 칙임관 이하 감원과 함께 각 관청의 부국과 폐합 등 행정간소화 강력화에 필요한 조치를 결정 발표하고 나아가 태평양전쟁(*대동아전쟁)의 비약적 진전에 즉응할 행정기구의 발본적 개혁을 기도해 이미 기획원이 중심이 되어 관계 각 성 간에 구상을 거듭했는데, 안이 마련되었으므로 1일 정례 각의에서 대동아성 설치 요강을 올려 정식으로 결정하고 1일 오후 정보국이 발표

※ 정보국 발표 내용 수록

■ 대동아성

9월 1일 각의결정 후 11월 1일 설치. 1945년 8월 26일 폐지

6월 16일자 행정간소화 조치와 함께 일본상공회의소 등이 광역경제권을 담당할 관청의 설치를 요망해 기획원을 중심으로 검토한 결과 기획원 총재의 제안으로 설립. 제안은 기획원 총재가 했으나 도죠 총리의 의향을 강력히 반영

공식 설치는 9월 15일자로 대동아성설치안을 외무성행정간소화 실시안과 함께 결정하면서 추진

척무성 폐지에 따라 흥아원과 대만사무국(对满事務局), 외무성의 동아국 및 남양국을 통합. 관방, 참사, 총무국, 만주사무국, 중국(支那)사무국, 남방사무국으로 구성. 이 구성은 대동아공영권 국가와 다른 외국을 구별해서 취급하려는 의도

9일 1일자로 각의가 대동아성 설치를 결정하자 도고 시게노리 외무대신이 사임하고 도죠 총리가 겸직

1942년 9월 10일(조간)

지면 : 1면 1단

제목 : 조선에도 포로수용소, 경성 인천 두 곳에 개설, 건설 방면 노무에 사역, 조선군 사령부 발표(朝鮮にも浮虜收容所, 京城 仁川 兩地に開設, 建設方面勞務に使役, 朝鮮軍司令部發表)

주체·해당 지역 : 조선군

주요 기사 내용

아태전쟁(*대동아전쟁)의 혁혁한 성과의 하나로 각 전선에서 적측 장병 포로는 다수에 달해 육해군에서 정해진 장소에 이들을 수용하고 있는데

이번에 조선에도 경성과 인천에 포로수용소를 개설하고 말레이시아 방면에서 우리 군에 투항해 온 적군 포로 1천 수 백 명을 수용하게 됨에 따라 조선군에서는 10일 구라타케시(倉武) 보도부장이 담화 발표

■ **경성 본소**[91]

당시 이와무라제사소 자리. 경성부 청엽정(靑葉町 · 현 서울시 용산구 청파동) 3정목 100번지, 현 신광여고 자리

인근 일본군 육군창고(현 캠프킴 부지), 경성역(현 서울역), 한강다리 등에서 강제노역

1946년 신광기예초급중학

2011년 철거

■ **인천 제1분소**

당시 조선인촌공장 간이막사(북부 송림리)에서 인천피복공업주식회사(인천부 화정, 인천신사 부근)로 이전

현재 인천 신광초등학교 자리(중구 신흥동 3가)

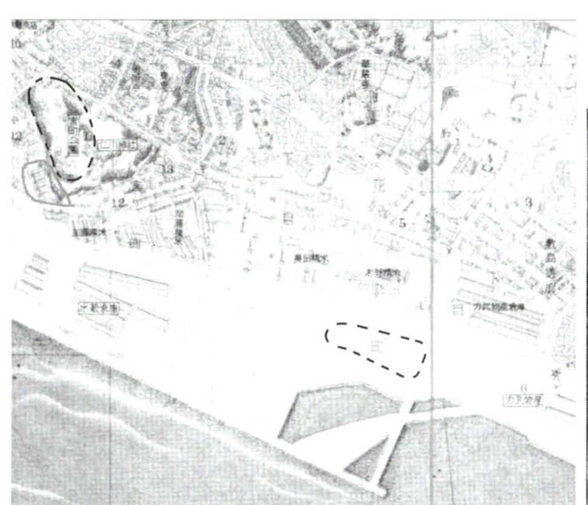

〈그림 47〉 당시 인천포로수용소(▨▨표시, 조건 작성)

〈그림 48〉 경성에 도착한 영국인 포로(1942년 9월 26일자 경성일보)

1942년 9월 19일(석간)

지면 : 1면 6단

제목 : 도쿄사무소를 확충, 다나카 정무총감 시모노세키에서 발언하다(東京事務所を擴充, 田中總監下關で語る)

주체·해당 지역 : 조선총독부

91　조선에 설치한 포로수용소에 대한 상세한 내용은 조건, 「전시 총동원체제기 조선 주둔 일본군의 조선인 통제와 동원」 참조

■ 조선총독부 도쿄사무소(도쿄출장소) 건물

1911년 설치

목조 가건물을 사용했는데, 관동지진 이후 안전성 문제로 경시청의 경고를 받자 출장소 자리에 신축하기로 하고 1935년에 도쿄도 시바쿠 다무라쵸 1초메 3(市芝區 田村町 1町目 3)에 신축 공사 완료

철도국 공제조합, 조선은행, 식산은행 등의 공동출자로 빌딩을 건설. 조선총독부 도쿄출장소를 비롯해 각 출자회사의 출장소를 비롯해 총독부의 출장소 및 출장원들의 숙박처, 조선물산의 진열실을 구비

1940년에 증축 공사

일본이 패전한 후 1945년 10월 15일, 도쿄에서 결성한 한인 단체인 '재일조선인연맹'과 '민중신문사(현재 조선신보사의 전신)'가 접수해 잠시 사용하다가 1949년 이후 일본 정부 소유.

「총독부 도쿄사무소 – 전경 · 총독 · 총감실」, 『조선과 건축(朝鮮と建築)』 제15집 제10호(1936.10) 장달수 제공

조선총독부 도쿄사무소 신축공사 개요 : 장달수 작성

· 구조: 철근콘크리트조
· 층수: 지하 1층, 지상 4층, 옥탑층
· 연 면적: 963평(약 3,183.5㎡)
· 설계자: 조선총독부 회계과 영선계
· 시공자: 다다공무점(多田工務店)
· 공사비: 37만원(현재 금액 약 74억 원)
· 승강기: 동양오티스엘리베이터 (현 '오티스차이나')
· 공사 기간 : 착공 1934.7.2 ~ 준공 1935.10.10

1942년 9월 27일(조간)

지면 : 2면 1단
제목 : 조선기류령의 공포, 26일 부속 법령과 함께(朝鮮寄留令の公布, 26日附屬法令と共に)
주체·해당 지역 : 조선총독부

관련 기사

1942년

10월 1일(석간) '조선의 병역법은 내지 그 자체, 기류제도는 급속 실현'
10월 15일(조간) '조선기류령 시행, 오늘부터 시작'

1943년

3월 2일(조간) '어젯밤 전 조선에서 일제히 호적조사'

9월 26일 제령 제32호 「조선기류령」과 부속 법령이 10월 15일부터 실시됨에 따라 미야모토(宮本) 법무국장이
　　담화를 발표

호적제도는 사람의 신분관계를 공증하는데 그쳐 호적 등기자의 현재 소재처를 명확히 하는 제도가 아니므로
인구동태를 명확히 파악하기 위해 기류제도를 제정

※ 기류에 관한 법령과 기류에 관한 사무 등 수록, 「조선기류령」 전문 수록

■ 「조선기류령」

1942년 10월 15일 시행

징병 적령자의 거주 파악을 위한 목적으로 제정

90일 이상 거주할 목적으로 본적지 이외에 거주하는 자에 대해 기류계를 제출 신고하도록 규정

일본 거주 조선인에게도 적용

1942년 10월 1일(조간)

지면 : 1면 1단

제목 : 징병제도 실시의 전제, 조선청년특별연성령 공포(徵兵制度實施の前提, 朝鮮靑年特別
　　鍊成令公布)

주체·해당 지역 : 조선총독부

총독부에서는 조선(*반도)청년에게 단련에 필요한 훈련을 실시해 장래 반도동포가 군무에 임할 때 필요한 자질을 연성하기 위해 시정기념일 당일인 1일 제령 제33호로 획기적인 「조선청년특별연성령」을 공포하고 머지않아 실시할 예정

이 법령은 조선(*반도)동포를 심신이 건강한 장병이 될 수 있는 길을 여는 것이므로 앞서 발표한 징병제 실시의 전제이자 조선(*반도)동포에 황국신민 실천의 큰 길을 열어주는 것이며 조선(*반도)청년에게 더할 나위 없는 광영을 부여하는 것임

※ 조선청년특별연성령 전문, 다나카(田中) 정무총감 담화 수록

■ 「조선청년특별연성령」(제령 제33호)

17~21세까지 국민학교 초등과를 수료하지 못한 조선청년을 대상으로 훈련을 실시하는 내용

10월 26일 시행규칙 공포

11월 3일 연성령 및 시행규칙 시행

12월 1일 조선청년특별연성소 개설

1943년 8월 1일 징병제 실시를 위한 조선인청년 특별연성 개시

徴兵制度實施の前提

特別鍊成令公布

朝鮮青年

朝鮮青年特別鍊成令

半島同胞の光榮

田中總監談話

ス市の陷

【ベルリン特電】獨側

지면 : 1면 1단

제목 : 전시해운관리령 시행규칙 오늘 공포, 조선 치적선 국가관리를 단행, 신가이(新貝) 체신
국장 담화(戰時海運管理令施行規則けふ公布, 朝鮮置籍船國家管理を斷行, 新貝遞信局長談話)

주체·해당 지역 : 조선총독부

관련 기사

1942년

10월 23일(조간) '해운 국책에 일보 전진, 조선 치적선으
로 징용령, 각 항 입항을 기점으로 모두 공출'

■ 「전시해운관리령」 조선 적용 관련 기사

「전시해운관리령」(칙령 제235호. 1942.3.24.) 제
정 공포

「전시해운관리령 시행규칙」(체신성령 제46호.
1942.3.25.) 제정 공포에 따라 일본에 적용

「전시해운관리령 시행규칙」(조선총독부령 제246
호. 10월 2일자 『조선총독부 관보』 제4704호에 수록) 제
정 공포에 따라 조선에 적용

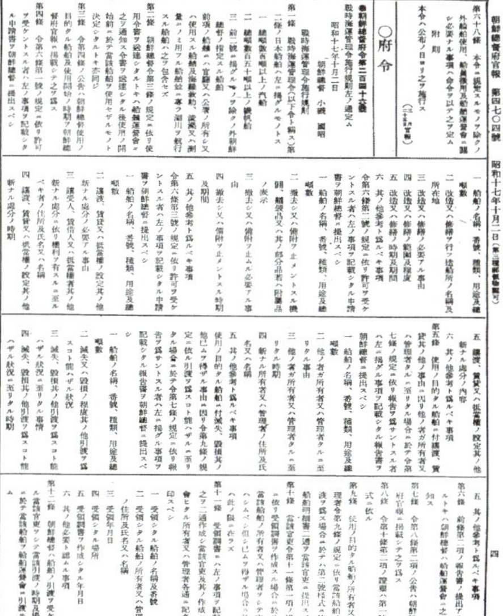

〈그림 49〉 시행규칙 일부

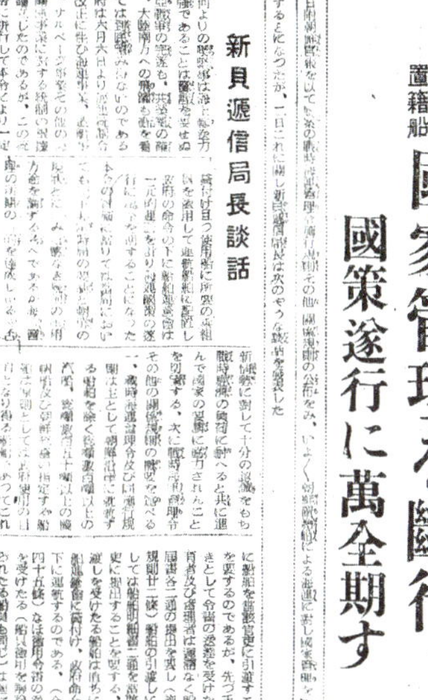

1942년 10월 10일(조간)

지면 : 1면 1단

제목 : 육군병기행정본부를 창설, 항공본부로 관계기구 집약(陸軍兵器行政本部を創設, 航空本部へ關係機構集約)[93]

주체·해당 지역 : 일본

관련 기사

1940년

4월 2일(석간) '병기본부 창설, 전시편성을 강화, 육군 획기적인 대 개정'

주요 기사 내용

이번 전쟁 수행에서 특히 군비 확충정비를 유감없이 하기 위해 육군은 군정중앙기구의 간소 전력화와 업무의 신속 실행 등을 목적으로 육군성과 육군항공본부의 직제 개정 및 육군병기행정본부의 신설에 따른 칙령 공포를 단행

※ 4개 항의 요지 수록

---

92   요시다 유타카 지음, 최혜주 옮김, 『아시아태평양전쟁』, 179~180쪽

93   육군조병창을 육군병기행정본부 소속으로 하는 내용의 기사

지면 : 1면 1단
제목 : 조선청년특별연성령 시행규칙 공포, 11월 3일 실시, 연성소 700여 개소 설치, 금
년도에 우선 3만 명 수용(朝鮮靑年特別鍊成令施行規則公布, 11月3日實施, 鍊成所7百餘
を設置, 本年度まづ3萬人收容)
주체·해당 지역 : 조선총독부

주요 기사 내용

훈육 및 학과에 중점, 기간 1년, 6백 시간을 연성

지면 : 1면 8단
제목 : 국민근로봉공국 만주국 오늘 관제 공포(國民勤勞奉公局滿洲國けふ官制公布)[94]
주체·해당 지역 : 만주국

관련 기사

1942년
11월 18일(조간) '국민근로봉공법, 만주국 오늘 공포 내년 실시'

- ■ 「국민근로봉공법」
  11월 18일 공포(만주국 칙령 제218호), 1943년 3월 시행
  20~23세 남성을 징병 대상자로 지정하고 근로봉사대에 반드시 참여해 3년간 12개월 복무를 의무화
  1945년 3월 법 개정을 통해 나이를 20~30세로, 복무기간을 3년으로 연장
  ※ 관련 법령 : 국민근로편성대령 공포(만주국 칙령 제219호)

1942년 11월 1일(석간)

지면 : 1면 1단
제목 : 행정 간소화 새로운 성을 설치, 칙령 90여, 각령 2건, 내일 공포, 즉일 실시(行政簡
素化 新省設置, 勅令90餘, 閣令2件, あす公布, 卽日實施)
주체·해당 지역 : 일본

---

94 국민근로봉공법 실시를 위한 조치

지면 : 1면 1단

제목 : 조선총독부 기구 개정 단행, 새로운 총무국을 신설, 후생국 기획부는 폐지, 오늘 공포 즉일 실시(總督府機構改正斷行, 新たに總務局を新設, 厚生局企劃部は廢止, けふ公布卽日實施)

주체·해당 지역 : 조선총독부

주요 기사 내용

총독부 기구 개혁안이 전모가 1인부로써 반표. 고이소(小磯) 총독, 다나카(田中) 정무총감은 취임 후 총독부의 기구를 개혁하고자 실행에 나서 왔는데, 금년 6월 말 일본 중앙정부에서 행정기구 개혁이 이루어짐에 따라 이와 병행해 7월 말 다나카 총감의 도쿄 상경(東上)에 따라 구체화

기구 개혁은 후생, 기획의 일국(一局) 일부(一部)를 폐지하고, 새로이 총무국 탄생. 이에 수반해 각 과가 통합한 결과, 폐지된 실(室) 및 과(課)는 심의실, 계획, 척무, 토지조사, 상공 제1·제2, 물자조정 제1·제2·제3, 광정, 특수광물, 식량조사, 사회교육의 1실 12과로, 아울러 기획실 및 감찰, 철동(鐵銅), 광산, 상공, 연성의 1실 5과를 신설

이번 행정기구 개혁을 통해 칙임 6, 주임 2백 7, 판임 3천 9백 27, 촉탁, 고용원 8천 3백 3, 합계 1만 2천 4백 43명에 달하는 감원이 예상이로 인해 고이소 통리 아래 반도 관장(官場)은 신 기구 아래 국책의 요청에 응함과 동시에 대동아전 완수를 위한 불퇴전심승(不退轉心勝)의 기구 인원의 정비를 완료

※ 다나카 정무총감 담화, 기구개정요령 수록

지면 : 1면 8단

제목 : 철도국도 기구 개혁, 총무와 정비 두 개 과를 신설해 10과 체제로(鐵道局も機構改
革, 總務 整備兩課新設10課制へ)

주체·해당 지역 : 조선총독부

지면 : 1면 1단

제목 : 제2지원병 훈련소를 개설, 이달 중순에는 입소식, 당분간 평양에서 훈련 실시(第2
志願兵訓練所を開設, 今月中旬には入所式, 當分平壤で訓練實施)[95]

주체·해당 지역 : 조선군

지면 : 1면 1단

제목 : 대망의 의무교육제도 1946(*21)년도부터 실시, 조선(*반도) 동포에 빛나는 영예, 오
늘 교육심의위원회에 부의(待
望の義務敎育制度21年度から實
施, 半島同胞に輝かしき榮譽, け
ふ敎育審議委員會に附議)[96]

주체·해당 지역 : 조선총독부

조선(*반도)동포의 황민화를 결정짓는 의무교
육제도 실시준비기관인 교육심의위원회 첫
모임이 5일 오전 9시 반부터 총독부 제1회의
실에서 고이소(小磯) 총독이 임석한 가운데 다
나카 정무총감을 비롯한 총독부 각 국장, 각
학교장, 육해군 관계자 등 위원, 임시위원 43
명 외 관계 직원이 출석한 가운데 개최

※ 고이소 총독 인사말, 다나카 정무총감 발
언 수록

95　제2지원병훈련소 : 경기도 시흥군 동면 독산리

96　12월 5일자 각의결정에 따른 조치

지면 : 1면 1단

제목 : 조선농지개발영단령 공포, 토지개량사업에 신기원(朝鮮農地開發營團令公布, 土地改良事業に一新紀元)

주체·해당 지역 : 조선총독부

관련 기사

1943년

1월 14일 조선농지개발영단 업무 개시

1943년 1월 1일(조간)

지면 : 1면 5단

제목 : 조선(*반도)의 전력통제를 각의결정, 조선전기주식회사를 설립(半島の電力統制閣議決定, 朝鮮電氣株式會社を設立)

주체·해당 지역 : 일본

관련 기사

1941년

3월 21일(석간) '조선전력의 탄광 부문 강화'

1943년

3월 30일(조간) '전력사업의 재편성, 조선전력관리령 공포'

3월 31일(조간) '조선전력관리령 해설(상)'

4월 1일(조간) '조선전력관리령 해설(중)'

4월 2일(조간) '조선전력관리령 해설(하)'

4월 20일(조간) '조선(*반도)전력의 전면적 국가관리 완성, 모체는 조선전업, 조선수력 이하 3사 합병'

7월 10일(석간) '조선전업 8월 2일 업무 개시, 오늘 제1회 설립위원회'

8월 1일(석간) '임원 진용 정비, 조선전업 오늘 발족'

■ **조선전력관리령 제정 과정**

각의결정 「조선전력국가관리요강」(1943년 1월 2일)

조선전력관리령(1943년 4월 7일 제령 제5호)에 따라 조선전업주식회사 설립

1943년 1월 21일(조간)

지면 : 1면 1단
제목 : 생산증강근로긴급대책 완성, 국민징용제를 쇄신 강화, 동원 대상을 전 국민으로
확충(生産增强勤勞緊急對策成る, 國民徵用制を刷新强化, 動員對象を全國民に擴充)[97]
주체·해당 지역 : 일본

주요 기사 내용

생산증강의 중요 요점을 이루는 근로체제
의 정비강화를 위해 기획원과 후생성이 검
토한 결과인 「생산증강근로긴급대책요강」
을 1월 20일 각의에 상정해 결정하고 정
보국이 발표

「생산증강근로긴급대책요강」은 작년 초에
각의가 결정한 「노무긴급대책」을 한 단계
심화한 내용으로 장기 건설전쟁의 현단계
에 즉응해 가장 긴급한 국민근로의 최대고
용율 발양에 적확한 시책을 부여한 것

이 요강의 핵심은 '국민징용제도의 쇄신 강
화'이고, 국민동원의 대상을 종래의 노무자
에서 전 국민으로 확충하는 것. 국민징용의
국가성을 명징화하는 대책으로서 피징용자
에게 교양훈련을 실시하고 제공하는 보급
에 대해서도 국가 부담을 정하고 나아가 징
용 전형을 엄정하게 하기 위한 국민징용관
제도를 확립. 여성의 적극적 활동을 명시

지면 : 1면 1단

제목 : 획기적 조선(*반도)의 연성요항 완성, 3월 1일 개시, 황도수련원을 설치(劃期的半島の鍊成要項成る, 3月1日開始, 皇道修鍊院を設置)

주체·해당 지역 : 조선총독부

주요 기사 내용

1943년 2월 1일 고이소 총독이 발표한 「수양연성의 철저한 실천요강」에 근거해 연성기관으로 경성부에 황도수련원을 개설. 일본정신 및 일본적 세계관의 투철을 기조로 관민 각계 지도자들의 연성을 실시하는 곳

연성 방법은 1) 지도자 연성, 2) 직역 연성, 3) 학교 등 연성, 4) 지방지도자 연성 등 네 가지이며, 피연성자의 학력과 나이, 소질 등을 감안해 수령 연성을 추가하기로 함

1943년 4월부터 개시하며, 직역 연성 및 학교 등 연성은 3월 1일부터 매주 월요일을 '연성일'로 정해서 소정의 연성 방법에 따라 전국에서 일제히 연성을 실시하기로 함

연성 대상은 관공리, 민간회사 지도자 외에 전 조선의 경방단원, 철도방호원 약 19만 5천 명, 청년특별연성소생 약 11만 명 등 총 50만 명을 넘을 것으로 예상

※「수양연성의 철저한 실천요강」, 고이소 총독의 담화 수록

지면 : 1면 5단

제목 : 획기적 조선(*반도) 학제 개혁 4월 실시, 요강을 발표, 내지에 즉응, 특수사정을 가미, 조선교육령 개정안 요강(劃期的半島學制改革4月實施, 要綱を發表, 內地に卽應, 特殊事情を加味, 朝鮮敎育令改正案要綱)

주체·해당 지역 : 일본

1942년

8월 22일(조간) '획기적 학제 개혁안 완성, 각의결정, 수업연한 단축 결정, 중등학교 4년, 고등학교 2년, 정보국 발표', (석간) '학제 개혁안'

1943년

2월 20일(석간) '각의결정 차제 발표, 조선의 교육령 개정안'

3월 11일(조간) '조선교육령 개정령'

3월 18일(조간) '황민 연성을 완수, 조선교육령개정실시요령'

3월 30일(석간) '만주국도 함께 개혁'

주요 기사 내용

현 결전체제에 즉응하기 위해 획기적인 학제개혁안이 1943년부터 일본 본토(*내지)에서 실시됨에 따라 조선에서도 이에 준해 대학, 예과, 전문학교 및 중학교, 고등여학교, 실업학교, 사범학교의 전반에 걸친 학제개혁을 단행

이를 위해 총독부에서는 조선교육령 개정에 관해 오랫동안 오노 학무국장이 도쿄에 가서 관계방면과 절충을 한 결과 지난 1월 26일 일본 각의에서 요강의 결정을 보게 되어, 이후 추밀원에서 심의를 해 17일에 추밀원 본회의를 통과하고 19일에 정례각의에 부의해 결정됨

※ 오노 학무국장 담화, 「조선교육령개정안요강」, 「내지에서 학제개혁안의 요강」 수록

1943년 2월 21일(조간)

지면 : 1면 4단

제목 : 병역법 개정안 성립, 조선(*반도) 황화사상 한 시대를 긋다(兵役法改正案成立, 半島皇化史上一時代を劃す)

주체·해당 지역 : 일본

중의원 본회의 통과

1943년 3월 1일 개정 공포(법률 제4호), 조선에 징병제 시행. 8월 1일 시행

1943년 3월 2일(조간)

지면 : 3면 1단

제목 : 어젯밤 전 조선에서 일제히 호적조사(昨夜全鮮一齊に戸籍調査)

주체·해당 지역 : 조선총독부

주요 기사 내용

지난 2월 10일 예비조사에 의해 검토를 마친 전 조선의 조선(*반도)청년을 중심으로 하는 호적조사를 확정하기 위해 2월 1일 다시 전 조선의 각 부군읍면의 하부 조직을 동원한 본 조사를 실시

경성부에서는 1만 2천 명의 애국반장의 협력 아래 조사를 개시

내지에서 거주하는 조선인에 대한 호적기류의 정비는 2월 20일의 예비조사에 이어 실시하고 결과는 3월 말까지 모든 조사표를 조사원이 각 재판소와 사법성으로 모아 종합적 조사를 할 예정

1943년 3월 8일(조간)

지면 : 1면 6단

제목 : 사범교육령 공포, 4월 1일 시행(師範教育令公布, 4月1日施行)

주체·해당 지역 : 일본

관련 기사

1940년

12월 3일(석간) '사범학교 설립, 중요한 것은 지역의 열의, 학무국장 해주에서 말하다'

1941년

1월 23일(조간) '대망의 사범학교, 드디어 4월 개교'

1943년

3월 18일(조간) '경성 양 사범학교, 전문학교로 승격'

1944년

4월 9일 '경성에 경제전문, 평양(공전) 대구(농전) 신설, 2개 사범학교 승격을 공표'

- **사범교육령**

3월 6일 공포(칙령 제109호)

3월 27일 조선총독부, 사범학교규정 제정(조선총독부령 제62호) 조선 적용

1943년 3월 11일(조간)

지면 : 1면 5단

제목 : 조선교육령 개정령(朝鮮敎育令改正令)

주체·해당 지역 : 일본

- **조선교육령 개정령**

3월 8일 공포(칙령 제113호). 징병제 실시와 관련

4월 1일 조선교육령 개정에 따른 총독의 유고(諭告) 발표

1943년 3월 18일(조간)

지면 : 1면 1단

제목 : 전시행정특례법 등 오늘 공포, 내각고문제도와 함께 전시경제협의회 설치(戰時行政特例法等けふ公布, 內閣顧問制度並に戰時經濟協議會設置)

주체·해당 지역 : 일본

주요 기사 내용

일본 정부, 전시행정직권특례 공포. 철강·석탄·경금속·선박·항공기 등 5대 중점산업을 명시

※ 전시행정특례법 : 총리대신의 독재권 강화

1943년 3월 30일(조간)

지면 : 1면 4단

제목 : 전력사업의 재편성, 조선전력관리령 공포(電力事業の再編成, 朝鮮電力管理令公布)

주체·해당 지역 : 일본

■ 조선전업주식회사

조선전력관리령(1943.4.7. 제령 제5호)에 따라 설립

※ 조선전업㈜ : 1940.3.30. 남선수력전기㈜ 설립. 동척(東拓)과 조선전력 등이 출자. 1943.8, 조선전업
㈜이 통합. 본사는 중구 황금정2-195

1943년 4월 27일(석간)

지면 : 1면 4단

제목 : 직접 전력의 증강으로, 전시하도 체육훈련실시요강 완성(直接戰力の增强へ, 戰時學徒
體育訓練實施要綱成る)

주체·해당 지역 : 조선총독부

※ 4월 26일 요강 시달. 7월 22일 시행령 발표

1943년 5월 13일(석간)

지면 : 1면 1단

제목 : 해군특별지원병제 신설, 연내에 예비훈련 개시, 대만에도 실시(海軍特別志願兵制新
設, 年內に豫備訓練開始, 臺灣にも實施)

주체·해당 지역 : 일본

■ 연혁

1943년 5월 11일 각의결정. 해군특별지
원병을 조선과 대만 본도인에 적용
6월 3일 총독부, 「해군지원병모집요강」
발표
7월 28일 일본 정부, 「해군특별지원병
령」 공포(8월 1일 시행)해 일본과 조선, 대
만에 실시(조선총독부, 시행규칙 공포)
10월 1일 제1기 해군지원병훈련소(진해) 입
소 *1944년 3월 23일 수료. 4월 1일 입소
1944년 5월 9일 일본 정부, 해군특별지
원병령을 개정해 해군지원병을 징모제로
변경

정부는 11일 각의에서 조선동포 및 대만동포에 대한 해군특별지원병제를 신설하고 특별지원병이 될 자의 예비훈련은 1943년도 중에 개시할 수 있도록 다음과 같은 준비를 진행하기로 결정

※ 정보국 총재 담화 수록

1943년 6월 3일(석간)

지면 : 1면 3단

제목 : 일용노무자를 결집, 대일본노무보국회 창립(日傭勞務者を結集, 大日本勞務報國會創立)

주체·해당 지역 : 일본

주요 기사 내용

일용노무자 및 업자 약 130만 명을 하나로 해서 결성된 대일본노무보국회 창립총회가 2일 오전 9시부터 구단(九段)에 있는 군인회관에서 고이즈미(小泉) 후생성 대신 이하 각 부현 관계 관민 약 백 여 명이 출석한 가운데 개최

회장에는 귀족원 의원인 전 후생성 대신 요시다 시게루(吉田茂)가 취임. 회장과 이사장, 상임고문 등 임원 결정

오후 1시 반부터는 도부현 노무보국회 대표자 등 약 1,500명이 참가해 창립기념식을 거행할 예정

예산은 사업의 중점을 근로보국정신의 앙양과 국민동원의 협력에 두고 목적 달성을 위해 회원의 연성회, 기능능력향상비, 국민동원협력비, 복리후생조성비, 생활지도비, 물자배급비 등으로 사용할 계획

■ 대일본노무보국회

1943년 6월 2일 창립

중점 사업 : 회원(약 130만)의 근로보국정신 앙양, 국민동원 협력

1942년 9월 30일 후생성 통달 「노무보국회 설립에 관한 건 의명통첩」(후생성발 제91호), 「노무보국회 설립 요강」 발표

※ 요강 : "근로신체제확립요강에 따라 노무공급자와 일용노무자를 사용하는 작업청부업자 및 일용노무자를 대상으로 조직 운영해 근로동원의 완수를 기하고자 함"

대일본산업보국회 활동의 일환. 도도부현 보국회 설립 운영[98]

■ 대일본산업보국회

1938년 7월 30일 산업보국연맹 발족 1940년 11월 23일 신체제운동(고노에 후미마로가 주창한 익찬운동)의 일환으로 발족(총재 : 후생대신)

근로질서 확립, 생산력 증강, 근로 총동원 운동 등 전개

1943년 6월 12일(조간)

지면 : 1면 1단

제목 : 생산의 긴급성으로 임기즉응의 체제, 공장법 전시특례안 결정, 취업시간 제한 철폐(生産の緊急性へ 臨機卽應の體制, 工場法戰時特例案決定, 就業時間制限撤廢)

주체·해당 지역 : 일본

관련 기사

1941년

1월 24일(조간) '신체제에 즉응해 공장령 드디어 실시, 조선(*반도)의 노무자에게 복음'

2월 22일(석간) '노동력 확보 증진에 조선(*반도)에 공장법 시행, 1942년도부터 실시 예정'

1943년

6월 22일(조간) '노동관계법령 개정, 근로관리에 대해 사업주의 태도 주목'

98　chrome-extension://efaidnbmnnnibpcajpcglclefindmkaj/https://dl.ndl.go.jp/view/download/digidepo_9278978_po_14194306.pdf?contentNo=1&alternativeNo=；吉田淸治，『朝鮮人慰安婦と日本人』，新人物往來社，1977，202～224쪽(부록1)

- **공장법 전시특례안**

6월 16일 결정

여성과 연소자의 탄광산 갱내 작업을 보장하는 노동시간의 무제한 연장을 내용으로 함

조선에 적용

1943년 6월 26일(조간)

지면 : 1면 8단

제목 : 노무직권이양 결정, 7월 20일 시행, 칙령안 요강 머지않아 공포(勞務職權移讓決定, 7月20日施行, 勅令案要綱近く公布)

주체·해당 지역 : 일본

관련 기사

1943년

7월 31일(조간) '개정 징용령 8월 1일 실시, 복무령은 10일 공포 예정'

8월 10일(조간) '사장징용 머지않아 실시, 오늘 응징사복무규율 공포'

8월 20일(석간) '공장사업주를 징용, 오늘 영서전달식 거행'

9월 30일(조간) '조선(*반도)에도 응징사 징용의 국가성 명확화, 국민징용부조규칙 발표, 국민징용관을 설치, 사장의 징용도 실시'

- **국민징용령 제3차 개정**

1943년 7월 20일(칙령 제600호)

징용 대상을 12~60세 미만 남성과 12~40세 미만 여성으로 확대, 고용주 징용, 응징사 채용 규정

8월 1일 시행. 단 조선 등은 9월 1일 시행하기로 했으나 실제 시행은 9월 30일

지면 : 1면 3단

제목 : 학도전시동원체제확립요강 발표(學徒戰時動員體制確立要綱發表)[99]

주체·해당 지역 : 일본

관련 기사

1943년

6월 27일(조간) '중앙지도본부 설치, 학도동원에 만전의 태세', (석간)'전기훈련 철저화, 내지에 호응, 학도동원

99　각의결정에 근거해 요강 발표. 군사훈련과 근로동원을 철저히 한다는 내용. 조선 적용. 이 요강은 학생근로보국대 조직의 근거로 작용했다.

다시 강화, 오노 학무국장 담화 발표'

7월 3일(조간) '학도근로동원강화, 남자는 방위 여자는 구호'

7월 13일(석간) '학도동원 전체회의 개최, 전 조선중등학교장 회동에서 고이소 총독 훈시'

7월 27일(조간) '학도전시동원체제확립요강, 총력을 전력 증강으로'

10월 4일(조간) '학생총동원과 필승의 자세'

1944년

1월 19일(석간) '긴급국민학도근로동원방책 결정, 국민등록제도 확립'

3월 8일(조간) '결전비상조치요강에 기초한 학도동원실시요강, 동원은 학교단위로, 학교설비의 공장화(정보국 발표)', '조선(*반도)도 신학기부터 실시, 병학 일여의 교육', '학원도 생산 전장으로', '학동은 짚신삼기, 넓은 운동장도 채소밭으로'

3월 17일~3월 20일 '전열에 오르는 학원 - 학도동원을 각 학교에 듣는다'(총 4회 연재)

3월 20일 '학도동원을 강화, '근로' 즉 '교육'의 철저'

4월 2일 '학도동원기준 결정, 적성배치에 만전을 기하다'

4월 16일 '심의실 학도동원본부 설치, 문부성 결전 즉응의 태세 강화'

4월 28일 '총독부와 각도에 학도동원본부, 학교별 동원기준 결정, 조선총독부학도동원본부규정, 본부장 정무총감'

5월 6일 '업학일체의 이념으로, 학도근로동원실시요령'

5월 9일 '동원학도 제1기 전열에 돌입, 젊은 혈기를 응집, 생산증강에 굳은 맹세(조병창)'

5월 17일 '학교를 공장화, 군수생산에 책임을 가지고, 비상조치요강에 따른 학교공장화 실시요강(문부성)'

6월 14일 '5만 8천의 학도가 출동, 활공도장의 건설에 땀의 봉사', '처녀도 출두, 인천의 군속 채용

6월 27일 '학도근로동원출동요강 결정, 전공학과를 고려해 각 직역에 배치, 7월 1일부터 실시, 수입측의 조치요강', '행학일체를 현현, 신근로태세 확립으로, 다나카 학도동원본부장'

7월 5일~7월 10일 '행학일여의 전열(총 4회 연재)'

7월 13일 '근로에 의한 도야, 학무국 동원학도 교육에 만전'

7월 14일 '이과계 학도를 비기(飛機)증산으로, 과학기술자동원계획을 설정', '和氣인천조병창장 담, 적은 사이판에, 동원학도도 철초작업'

7월 24일 '국체의 본의앙양 학도동원은 강화, 생산에 교육의 길, 二宮문부대신'

8월 15일 '제1차 학도동원. 필요한 것은 작업용품'

8월 23일 '동원은 근로 즉 교육, 일반노무동원과 혼동은 불가, 학도근로령 오늘 공포'

8월 30일 '성과를 거두는 학도동원(경남)'

9월 2일 '모든 혼을 증산에 바쳐, 학도동원 제2진 인천조병창으로'

11월 1일 '학도근로령 반도에 동원 법제화, 근로 즉 교육이다'

12월 2일 '내년 봄 졸업하는 동원학도는, 동일하게 현장 정신, 전국 중등학교에 1개년 부족 과정'

1945년

5월 22일 '전시교육령 공포, 황국의 위기에 즈음해 생산 방위에 정신, 학도의 결전태세 확립'

5월 23일 '국난돌파를 향해 총 분기, 문부성, 전 학도에 훈령', '전시교육령 공포, 학도 돌격의 대호령, 생산에
　　방위에 총궐기'
5월 24일 '임기 운영의 신발휘, 전시교육령, 반도에서도 머지않아 실시', '학도동원의 원호, 근로령으로 통일',
　　'이공과의 학도 사용, 할당 신청은 월말까지'
7월 1일 '반도학도대를 조직, 대장에 정무총감, 7월 하순까지 완료'
7월 13일 '문부성에 학도동원국'
7월 27일 '동원학도의 취급에 대해(사설)'

지면 : 1면 7단
제목 : 중앙지도본부 설치, 학도동원에 만전의 태세(中央指導本部設置 學徒動員に萬全の態勢)
주체·해당 지역 : 일본

주요 기사 내용

【도쿄전화(東京電話)】
가혹(苛酷)의 정도가 극에 달하는 태평양전쟁(*대동아전쟁)의 현 단계에 대처하고, 교육연성 내용의 일환으로서
확립된 학도전시동원태세확립요강은 전국 전 학원의 불타오르는 전력증강매진의 결의에 대해 정부가 구체
적 지침과 방향을 준 것으로서 각 방면에서 큰 감격과 찬동으로 맞이하고 있으나, 획기적이고 광범한 요강을
어떠한 방법을 갖고 운영할 것인가가 금후에 남겨진 현안
이 방대한 동원이 실시된다면, 필연적으로 학력의 저하가 올 것은 아닌가 하고 우려하는 경향도 있어 문부당
국은 신중히 운용에 나서고 있는데, 먼저 구체적 대책으로서 문부성의 기구를 개혁, 종래 체육근로과의 소관

사항이었던 학생근로동원에 관해 극히 확대 강화하는 대신에 문, 육, 해, 후(厚), 농, 상, 기획원의 관계 계관(係官)을 망라한 중앙도본부(칙령에 따름)를 설치해 학도동원기동(機動)화의 적절한 계획 운영의 만전을 기하는 것으로 계획 중

전시 학도 체육 훈련실시요강에 기초해 전기훈련(戰技訓練)의 철저화에 관해서는 현 정세 하 전력 증강의 국가 요청상 필연적 필요이므로 결여해서는 안되는 것인데, 다소간 지도자 및 한정된 자재(資材)를 갖고 2천만 학도의 특기(特技) 훈련 실시는 매우 어려워 문부당국은 예산을 대장성국(局)에 요구하고자 준비를 추진 중. 근로 동원에 관해서는 많은 예산을 요하지 않아 이미 행해지고 있어 방법을 강화하는 것

문부성으로서 가장 고려하는 점은 요강이 결정되어도 근로동원된 학도를 받아들일 공장 농장 측에 대해, 어떠한 조치를 할까 하는 문제인데, 이에 관해서는 이미 기획원이 중심이 되어 후생성, 각종 산업통제회, 상공경제회와의 연락 기관을 설치(지부는 각 지방청에 설치)해 이용 단체 측의 수요를 충족하는 것과 함께 받아주는 측의 정신적 학도옹호훈련도 실시하는 것으로 결정

1943년 7월 5일(조간)

지면 : 1면 1단

제목 : 학도 이제는 하늘의 결전에 일어나, 육군 특별조종견습사관제 신설(學徒今ぞ大空の決戰に起て, 陸軍特別操縱見習士官制新設)

주체·해당 지역 : 일본 육군

주요 기사 내용

부제 : 입대 직후에 견습사관, 1년 만에 비행 장교, 육군 소속 공군 비약적으로 강화, 장교를 대량 양성
'육군항공관계예비역병과장교 보충 및 복역 임시특례'를 공포하고 7월 5일 관보에 게재

■ 육군특별조종견습사관제

도죠 총리대신의 착안으로 항공전에 투입하기 위해 신설한 제도
1943년 7월 특례로서 설치해 10월에 제1기 교육을 개시하고 패전에 이르기까지 총 4기를 배출
고등교육기관을 졸업하거나 재학 중인 자가 일본 육군항공의 예비역 장교 조종자가 되기 위해 지원한 경우 선발해 양성교육을 거쳐 채용
'특조'로 약칭하거나 군 보도부에서는 '학취(学鷲)'로 부르기도 함

지면 : 1면 1단

제목 : 해군특별지원병령 공포, 시행규칙도 발표, 8월 1일 실시, 훈련소 수료자를 전형, 소관 해병단에 입단, 조선(*반도)의 모집은 진해경비부가 관장(海軍特別志願兵令公布, 施行規則も發表 8月1日實施, 訓練所修了者を銓衡, 所管海兵團に入團, 半島の募集鎭海警備府掌理)

주체·해당 지역 : 일본

주요 기사 내용

※ 해군특별지원병령과 시행규칙 전문 수록

■ 해군특별지원병 제도 연혁

1943년 5월 11일, 일본 각의결정. 해군특별지원병 조선과 대만 본도인 적용

6월 3일 조선총독부, 「해군지원병모집요강」 발표

7월 28일 일본 정부, 「해군특별지원병령」 공포(8월 1일 시행). 8월 1일자로 일본과 조선, 대만에 실시(조선총독부, 시행규칙 공포)

10월 1일 제1기 해군지원병훈련소(진해) 입소

※ 1944년 3월 23일 수료. 4월 1일 입소)

1944년 5월 9일 일본 정부, 해군특별지원병령 개정. 해군지원병을 징모제로 변경

지면 : 2면 1단

제목 : 개정 징용령 8월 1일 실시, 복무령은 10일 공포 예정(改正徵用令8月1日實施, 服務令는10日公布豫定)

주체·해당 지역 : 일본

주요 기사 내용

【도쿄전화(東京電話)】 후생성에서는 국민징용령 개정에 따라 독려 시행규칙 개정을 준비 중인데 칙구 개정아윽 격정하였기에 31일자 관보로 공포, 개정 징용령과 함께 8월 1일부터 실행하게 됨

관리공장 또는 지정공장에 설치하는 사장 이하 전 응징사의 징계□□(응징휘장), 기타 응징사 복무에 관한 규정인 응징사복무령은 8월 10일경, 또 피징용자 표창에 관한 규정인 피징용자표창령은 12월 초순 경까지 모두 성령(省令)으로 준비를 추진 중

- **국민징용령 3차 개정**

  7월 20일 개정(칙령 제600호)

  대상을 12~60세 미만 남성과 12~40세 미만 여성으로 확대·고용주 징용·응징사 채용 규정

  조선 적용일을 9월 1일로 명시했으나 실제로는 9월 30일 시행

改正徵用令 八月一日實施
服務令は十日公布豫定

지면 : 1면 1단

제목 : 위대한 광영 오늘 징병제 실시(偉大なる光榮けふ徵兵制實施)

주체·해당 지역 : 일본 정부

■ 조선의 징병제 연혁

1942년 5월 1일 육군대신 도죠 히데키(東條英機) 등, '조선의 징병제 시행 준비의 건' 요청

5월 8일 일본 정부, 조선인 징병제를 1944년부터 시행한다고 발표

5월 9일 일본 각의, 「조선에 징병제 시행준비의 건」 공포

10월 20일 조선총독부, 「조선징병제도 실시요강」 결정

조선인 징병제 실시를 위해 1943년 3월 1일 병역법 개정 공포, 8월 조선에 적용. 조선총독부, 「조선기류령」 운영을 위해 조선인 호적 기류자 일제 조사 ※ 20세 이상 남자 대상, 조사결과 징병 예정 적령자 266,643명 중 254,753명 신고

8월 1일 일본 정부, 조선에 징병제 실시 결정(개정 병역법 시행). 전 조선 징병적령자 신고. 조선총독부, 「조선청년특별연성령」에 따라 징병제 실시를 위한 조선인청년특별연성 개시

1944년 4월 군무예비훈련소 설치. 4월 1일 제1회 징병검사 실시(~8월 20일)

9월 1일 입대 대상자 입영 시작

1943년 8월 3일(석간)

지면 : 1면 1단

제목 : 군 병무부를 획기적으로 강화, 각 도에 병사부 신설(軍兵務部を劃期的強化, 各道に兵事部新設)

주체·해당 지역 : 조선군

그간 5개 지방(경성, 나남, 평양, 광주, 대구)에 설치했던 병사부를 13개 도에 설치하고 조선군 병무부 직할로 운영[100]

■ **병사부**[101]

1939년 7월 설치

1939년 8월 1일 칙령 518호 「육군병사부령」 제정 공포

조선 및 만주에 설치

전쟁과 군대에 관한 사항을 담당하는 부서로서 조선인 지원병 동원 확대와 징병에 대비한 조치

지면 : 1면 5단

제목 : 보도부를 독립 분리(報道部を獨立分離)

주체·해당 지역 : 조선군

8월 1일자로 병무부 기구 진용을 일신하며, 겸설되어 있던 보도부 분리

100　그러나 실제는 6개소(경성, 나남, 평양, 광주, 대구, 함흥) 설치 운영

101　조건, 「일제강점 말기 '조선 주둔 일본군' 상주사단의 韓人 병력동원 양상과 특징」, 『한국독립운동사연구』 51, 2015

1943년 8월 5일(조간)

지면 : 3면 1단

제목 : 요점은 직역혼의 연성, 사봉대를 말하다, 다나카 총감(要は職域魂の錬成, 仕奉隊を語る, 田中總監)[102]

주체·해당 지역 : 조선총독부

관련 기사

1943년

8월 4일(조간) '근로관리의 쇄신강화(정무총감 통첩)'

8월 12일(조간) '직장과 일체, 사봉대의 조직, 연성준칙 완성'

8월 17일(조간) '상공 사봉대를 결성', '직장의 전력 증강으로 사봉대의 활동을 바람'

1944년

2월 9일(조간) '산업군단의 첨병, 충성일관 중책을 다하라, 고이소 총독 고사(告辭)'

3월 22일 '경성상업 사봉대 결성식'

■ **사봉대**[103]

국민총력연맹의 직역연맹 소속 애국반을 군대조직의 형식으로 재편성하고 사봉대로 명명

8월 3일에 발표한 정무총감 통첩 「근로관리의 쇄신강화에 관한 건」을 근거로 9월 11일 조직

※ 사봉대 조직 목적 : "근로자로서 국체의 본의에 기반해서 황국근로관에 철저하고 항상 야마토(大和)정신으로부터 위로는 자애로써 아래로는 규칙을 준수하고 받듦으로써 상하 단결, 혼연일체의 정신을 함양하고 이를 업무와 일상생활상에 나타냄으로써 근로능률의 증진을 도모하고 생산력 증강에 이바지하는 것"

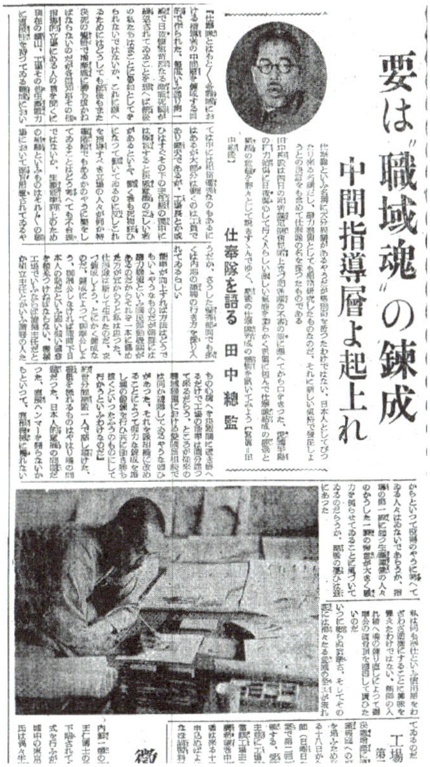
要は"職域魂"の錬成
中間指導層よ起上れ
仕奉隊を語る 田中總監

주요 기사 내용

다나카 정무총감이 지난 4일 기자정례회견 자리에서 한 발언

---

102 정무총감 통첩 「근로관리의 쇄신강화에 관한 건」(8월 4일) 관련 기사

103 朝鮮勞務協會, 『朝鮮勞務』3-4, 1943년 9월, 68쪽

"사봉대라는 명칭에 대해 여러 의견이 있는데, 일본인으로서 딱 들어맞는 명칭이고, 총력연맹으로서도 상당히 연구해 온 명칭. 거기에 새로운 마음가짐으로 발족하고자 하는 결의를 포함해 사봉대라는 이름을 채택한 것."

"사봉대란 원래 각 직역에서 지도자의 중간층을 연성할 목적으로 만들었는데, 말 그대로 제1선에서 불철주야 가열차게 격전사투를 반복하고 있는 것을 생각하면 총후에 있는 우리는 결사의 각오로 증산전에서 승리해야 함."

1943년 8월 9일(조간)

지면 : 1면 1단
제목 : 조선식량관리령 공포(朝鮮食糧管理令公布)
주체·해당 지역 : 조선총독부

관련 기사

1940년
8월 22일(석간) '식량확보에 만전, 경기도에 식량부'

1943년
8월 25일(조간) '식량행정의 대전환, 검사과 식량부 신설, 9월 신설, 총독부의 관제 개정'
9월 11일(조간) '조선 각도에 식량부 신설, 14일 각의에 부의 결정'
9월 14일(석간) '국가관리를 확립, 조선식량영단 설립, 제1회 위원회 개최'

> **■ 조선식량관리령(제령 제44호)**
> 식량을 국가의 관리 아래 두어 수급조정 가격조정 배급통제를 실시하고 조선식량영단을 결성하는 내용
> 9월 11일 시행규칙 공포
> 10월 5일 조선식량관리령에 따라 조선식량영단 설립

1943년 8월 10일(조간)

지면 : 1면 9단
제목 : 사장징용 머지않아 실시, 오늘 응징사복무규율 공포(社長徵用近く實施, けふ應徵士
　　　　服務規律公布)
주체·해당 지역 : 일본

〈그림 50〉 응징사 휘장(조선총독부 관보 제5102호)

주요 기사 내용

【도쿄전화(東京電話)】 후생성에서는 이전부터 사장(사업주) 징용을 실시해 징용실시 공장의 상하 일체태세를 확립하고자 제반 준비를 서두르고 있었는데 국민징용령 개정에 관한 칙령과 이와 관련한 시행규칙은 이미 지난 1일에 실시

응징사복무규율도 10일자 관보로 공포 즉시 시행하게 되었기에 머지않아 관리공장이나 지정공장의 징용실시 공장사업주(사장) 전원의 징용을 일제히 실시

오늘 중 총리관저에 징용 사업주를 참석시켜 고이즈미 후생성장관이 령서를 영달함과 동시에 응징사 휘장을 수여하고 도죠 총리가 총력증강달성에 한층 노력할 것을 요청하고, 이에 대해 사업주측이 선서함으로써 이 획기적인 사장징용은 한 발을 내딛게 됨

■ 국민징용령 3차 개정

7월 20일 개정(칙령 제600호)

대상을 12~60세 미만 남성과 12~40세 미만 여성으로 확대·고용주 징용·응징사 채용 규정

■ 응징사복무기율

일본 후생성, 8월 10일 공포

1944년 2월 8일 조선 적용(조선총독부령 제34호)

■ 응징사

국민징용령 3차 개정령 제16조를 근거로 등장한 제도. 응징사로 동원된 조선인은 '징용' 간 사람을 의미

응징사복무기율에 따르면, 응징사는 국민징용령 제16조 5항에 근거해 기율을 지켜야 하고, 징계를 피할 수 없었으며, 근무 중에는 반드시 복장에 조선총독부령이 정한 휘장을 패용하도록 함

지면 : 1면 1단

제목 : 직장과 일체, 사봉대의 조직, 연성준칙 완성(職場と不離一體, 仕奉隊の組織鍊成準則成る)[104]

주체·해당 지역 : 국민총력 조선연맹

1943년 8월 14일(조간)

지면 : 2면 5단

제목 : 징용의 강력 추진, 국민징용원호회 발족(徵用の强力推進, 國民徵用援護會發足)

주체·해당 지역 : 일본

관련 기사

1943년

8월 14일(조간, 동일지면) '올봄에 발족'

9월 30일(조간) '조선(*반도)에도 응징사 징용의 국가성 명확화, 국민징용부조규칙 발표, 국민징용관을 설치, 사장의 징용도 실시'

1944년

5월 10일 '응징사의 원호 강화, 주택긴급정비도 결정'

7월 8일 '국민근로동원원호회(가칭) 설립, 8월 중에 활동 개시, 징용가족을 원호'

8월 13일 '근로동원원호회(가칭) 국고보조는 5백만 원으로 내정, 머지않아 각의를 거쳐 설립'

8월 19일 '국민근로동원원호회 드디어 이달 중 설립, 정무총감을 회장으로 9월 초 활동 개시, 별거수당 지급, 기본 보급은 차액 보조'

8월 26일 '별거수당은 10엔 내외, 가족수당도 8월부터 실시'

9월 5일 '근로동원원호회 설립 협의, 각도 노무과장 회의 개최'

9월 6일 '근로동원원호회, 행정과 표리일체, 징용부조의 문제를 보완'

12월 29일 '근로원호회, 상담소 신설'

---

104 「광산(공장)사봉대조직에 관한 준칙」, 「광산(공장)연맹사봉대조직에 관한 준칙」 수록

【도쿄전화(東京電話)】 정부는 이번 국민징용령의 대폭 개정을 실시해 징용의 국가성을 명확히 함과 동시에 피징용자를 대상으로 국민징용원호제도의 확충을 도모하게 되어 '재단법인 국민징용원호회'를 새로 발족하게 됨

원호회의 사업은 크게 각 지방지부에서 실시하는데, 이를 위해 원호회에서는 각 부현지부의 설립을 서둘러 이번에 34개소의 각종 지부 설립을 완료

정부는 원호사업의 실시 상황을 각 지부에 통첩을 보냄

※ 통첩 내용 수록

■ 국민징용원호회

1943년 5월 일본에서 설립. 회장은 후생대신. 조선에서도 설립

1944년 9월 국민동원원호회로 개칭 ※ 1944년 5월 1일 각의결정 '피징용자등근로원호강화요강'에 의해. 재단법인 국민징용원호회를 확충 강화한 「국민동원원호회 설치운영 규정」 등 결정[105]

■ 조선 적용

1943년 국민징용령 3차 개정 직후 조선에서 「국민징용부조규칙」 제정 시행(9월 30일)

국민징용령 개정 19조 3항에 근거해 가족과 유족의 범위, 부조의 범위, 부조의 시행 방법(도지사 담당) 및 내용, 사망자에 대한 매장비 지급, 유가족에 대한 생활부조금, 부조 제외 대상자, 작업장 사업주의 의무(부조 수령 대상자 통지, 부조료 국고 납입) 등을 명시

---

105 국민징용령 개정(1941년 12월 15일)을 통해 19조 3항에 부조규정을 명시. 이 조항에 의거해 마련된 것이 「국민

1945년 3월 31일(조선총독부령 제41호)에 발포된 「국민근로동원령시행규칙」(1945년 3월 5일 국민근로동원령 공포)에 의해 4월 1일부터 「국민근로동원부조규칙」으로 개정106

※ 그러나 일본과 달리 조선에서는 국민징용부조규칙만 제정했을 뿐, 사무집행 관련 규정(처무규정 등)이 마련되지 않았고 실제 지급 사례도 확인할 수 없는 유명무실한 제도

1943년 8월 20일(석간)

지면 : 1면 4단

세목 : 공장 사업주를 징용, 오늘 징용
영서 전달식 거행(工場事業主を
徴用, けふ令書傳達式擧行)107

주체·해당 지역 : 일본

주요 기사 내용

【도쿄전화(東京電話)】정부는 군수산업 책임태세를 확립하고자 먼저 국민징용령을 개정해 국민징용실시 공장 사업주를 징용하기로 하고, 관계 성령의 공포 등 예의 준비를 진행하고 있었는데, 19일 총리관저에서 관리공장 사업주 징용령서 전달식을 거행해 전국 각 지방 징용실시공장 사장에게 징용령서를 교부

도쿄 총리는 생산전에서 사장 응징사의 책임을 강조하는 훈시를 하고, 관리공장 사업주를 대표해 오코우치 마사토시 자작이 선서

작렬하는 전국 양상에 대응하여 대동아전 완수태세 확립의 일익으로써 근로의 국가성을 완벽하게 함으로써 전산일여(戰産一如), 생산증강을 수행하기 위해 정부는 1월 20일 「생산증강 근로 긴급대책요강」을 각의결정

이 요강 중 국민징용의 국가성 명확화 항목

징용부조규칙」(12월 21일)

106 조선에 실시한 국민징용원호회(이후 국민동원원호회)의 실상에 대한 상세한 내용은 정혜경, 「노무원호제도와 조선인 노무동원」, 『일본 제국과 조선인 노무자공출』(도서출판 선인, 2011) 참조

107 국민징용령 3차 개정 시행 관련 기사. 시행규칙 개정(조선총독부령 제305호)

에 "주식회사 사장 등을 징용하여"라고 해 사장 징용의 방침을 분명히 함. 제81차 의회에서 고이즈미 후생성 장관은 "국가근로 관계의 상하 일체화를 희망하고 있다"며 위 방침을 암시. 31일에는 일본공업클럽에 게이힌 거주 징용공장 관계 사장을 초대해 국민징용령에 따라 사장을 징용한다는 취지를 전달

개정 전의 국민징용령에서도 사장 징용은 가능했지만 적용이 복잡하고 사장 징용의 의의도 명확하지 않았기에 예정되어 있던 국민징용령 개정을 기다려서 실시하기로 함. 4월 24일에는 총동원심의회에서 다른 총동원 제 칙령 개정안과 함께 사장 징용의 규정을 포함하는 국민징용령 개정 칙령안을 결정. 이로써 사장 징용의 법적 근거가 새롭게 제정되게 됨

국민징용령 중 개정 칙령은 7월 21일 공포, 8월 1일부터 시행되었는데, 본 칙령 개정에 수반해 관계 성령 5건도 그 후 순차적으로 공포되어 마지막으로 가장 주목되었던 성령 「응징사복무기율」도 8월 10일 공포 즉시 시행되어 사장 징용에 관계한 법제는 표창관계를 제외하고 완비

피징용자 급여 : 종업조건에 관한 제18조, 제19조의 2는 명확하게 사업주를 제외하는 것으로써 사업주를 대상으로 하는 규정은 없었음. 이 점에 관해 매우 중요한 의미를 갖는 것이 제16조 제3항의 '응징사의 징계복제, 기타 응징사 복무에 관해 필요한 사항은 명령으로 이를 정할 것'에 근거한 성령 응징사복무규율의 내용임

1943년 8월 21일(조간)

지면 : 1면 1단

제목 : 과학연구의 총력 전쟁수행에 응집, 긴급정비방책요강 완성(科學硏究の總力 戰爭遂行に凝集, 緊急整備方策要綱完成)

주체·해당 지역 : 일본

주요 기사 내용

천황이 문부대신에게 여러 차례 하문함에 따라 각의에서 「과학연구의 긴급정비방책요강」을 결정. 과학연구을 전쟁수행을 위한 유일하고도 절대적인 목표로 해야 함

1943년 8월 25일(조간)

지면 : 1면 1단

제목 : 식량행정의 대전환, 검사과 식량부 신설, 9월 신설, 총독부의 관제 개정(食糧行政の大轉換, 檢査課食糧部新設, 9月新設, 本府の官制改正)[108]

주체·해당 지역 : 조선총독부

---

108 「조선식량관리령」(제령 제44호) 관련 후속 조치. 농림국 소속으로 관련 조직 신설 계획

1943년

9월 11일(조간) '조선 각도에 식량부 신설, 14일 각의에 부의 결정'

1943년 8월 26일(조간)

지면 : 1면 1단

제목 : 행정 말단의 전력화, 읍면제를 전면적 쇄신, 사정국이 개요를 발표(行政末端の戰力化, 邑面制を全面的刷新, 司政局槪要を發表)

주체·해당 지역 : 조선총독부

관련 기사

1943년

6월 17일(조간) '새로이 부면장제 실시, 읍면행정의 쇄신강화에 나서다'

8월 26일(조간) '보좌역에 부면장, 강화하는 읍면행정'

9월 16일(석간) '구협의회(가칭) 설치, 다나카 총감, 비상증산을 강조, 면 구장의 부락 상주'

주요 기사 내용

조선(*반도)의 결전 태세를 일원화해 강화하고 중요시책을 조선(*반도) 2,500만 대중에게 침투시키기 위해 고이소 총독이 행정 말단의 쇄신강화를 강조

이미 중요 면장 주의의 실행, 부면장제도의 채용을 실시했는데, 다시 면리이원의 연성 강화를 추진하기 위해 사정국이 지방행정 말단의 강화쇄신에 관한 전면적 시책을 연구한 결과, 25일 「읍면행정강화쇄신요강」을 발표

- ■ **읍면행정강화쇄신요강**[109]

급증하는 '시국업무'(직접적인 동원업무, 동원을 준비하고 보조하는 입무, 전시체제를 유지하고 관리하는 업무)와 위임
사무업무의 증가, 징병제 실시와 관련한 업무 증가 등 현안을 해결하기 위한 요강

1. 인적기구의 정비 확충(면장 처우개선 등)
2. 사무의 개선 쇄신
3. 읍면재정 확립 강화(부면장 설치, 직원 연성시설 확충)

1943년 9월 11일(조간)

지면 : 2면 1단
제목 : 조선 각 도에 식량부 신설, 14일 각의에 부의 결정(各道に食糧部新設, 14日閣議に附議決定)[110]
주체·해당 지역 : 일본

1943년 9월 14일(석간)

지면 : 1면 6단
제목 : 석탄 적정배급 강화, 수급통제의 새로운 규칙 발포(石炭の適正配給強化, 需給統制の
新規則發布)[111]
주체·해당 지역 : 조선총독부

1943년 9월 23일(조간)

지면 : 2면 1단
제목 : 획기적 근로동원체제 완성, 남성의 취업을 제한 금지, 일할 수 있는 모든 여성을
동원, 여자근로정신대 결성, 여자근로동원촉진요령(劃期的勤勞動員體制成る, 男子就
業制限禁止, 働ける全女子を動員, 女子勤勞挺身隊結成, 女子勤勞動員促進要領)
주체·해당 지역 : 일본

---

109 한긍희의 연구에 따르면, 이 정책은 피상적 조치로 그쳤다. 도의 행정명령을 읍면에 전달하는 역할만 했던 군
　　과의 관계 조정 등에 대한 언급이 없었기 때문이다. 한긍희, 「일제하 전시체제기 지방행정 강화 정책 – 읍면
　　행정을 중심으로」, 『국사관논총』88, 2000
110 「조선식량관리령」(제령 제44호) 관련 후속 조치
111 「조선석탄배급통제규칙」, 「물자통제령」에 의거한 조치

1941년

12월 7일(조간) '새로운 노무조정령, 8일 공포, 1월 10일 실시'

1942년

1월 11일(조간) '노무조정령 발포, 어제 내외지 동시에 실시'

1943년

9월 23일(조간, 동일지면) '근로정신동원의 전진(사설)'

10월 7일(석간) '유한자 여자의 징용, 다나카 총감이 강조'

10월 9일(조간) '전쟁에 조선(*반도)노무를 응징, 노무강화대책요강 결정, 어제노무의 활용, 디니기 징무총림 발표'

1944년

4월 5일 '조선(*반도)에 일정 연령층 남자의 징용, 여자징용은 하지 않는다, 진영(陣營)에', '근로 응소', '국민징용의 본질'

4월 17일 '여자징용은 역선전, 총독 총력 결집을 역설'

6월 7일 '여자정신대를 근로협력으로, 필요에 따라 외지에서도 실시'

6월 10일 '여자정신대, 징용이 아니다. 다나카 정무총감'

6월 23일 '파견원 단상, 보내라 여자정신대, 김신석(홋카이도)'

7월 1일 '여자정신대에서 일합니다'

8월 23일 '여자에게도 근로령 실시, 사용표준율을 결정'

8월 24일 '반도여자근로대의 현황 보고 – 선생님도 질 정도의 열의'

8월 26일 '조선(*반도)에서의 여자정신대, 급속히 전력화에 매진, 기간은 1개년, 참가하지 않는 경우 엄벌'

8월 27일 '여자정신대에 눈물의 혈서'

10월 25일 '노무조정령 개정안 5칙령안 요강'

11월 10일 '여자에게 현원징용, 정신대도 1개년 연장'

11월 25일 '60세까지 남자, 여자 40세까지 확대, 개정 근로 2개 칙령 오늘 시행'

■ **여자근로정신대 제도 연혁**

1943년 4월 21일 각의결정 「여자근로동원촉진」

10월 20일 일본에서 최초로 여자근로정신대 결성

1944년 1월 18일 각의결정 「긴급국민근로동원방책요강」

8월 22일 「여자정신근로령」 공포. 동원 대상은 12세 이상 ~ 40세 미만의 미혼여성. 이 대상 범위에 들어가지 않더라도 '지원'도 가능[112]

---

112 여자정신근로령을 공포하기 이전인 1944년 1월부터 이미 조선인은 '여자정신대'라는 이름으로 동원되고 있었다. 그러므로 이 법령은 이미 시행 중인 여자근로정신대 제도에 법적 근거와 강제력을 부여하기 위한 법령이다.

부제 : 항공관계 등에 우선 배치, 여자는 비행 생산에 적합

정부는 최근 근로수급관계의 궁핍을 극복하고 절대 요청인 전력(戰力)의 급속 증강을 도모하기 위해 국가총동원법에 근거해 노무조정령을 개정해 여성이 대체할 수 있는 쉬운 직종에 대해서는 남자취업의 제한 또는 금지를 할 수 있도록 하며, 쉬운 직종에 여성을 진출시켜 국민의 근로총력을 최고도로 발휘할 수 있는 방침을 명확히 함

후생성 당국을 중심으로 구체적 준비를 진행했는데, 점차 안이 완성되었으므로 13일의 차관회의에서 각의에 부의할 것을 결정해 21일 각의에서 고이즈미 후생성 대신이 간략설명을 한 후 22일 후생성에서 발표. 이와 관련한 노무조정령 시행규칙 제10조의 2 규정에 따라 남자종업자의 고입, 사용, 취직 및 종업을 금지하는 직종, 연월일 등 지정은 23일자 관보로 고시

※「여자근로동원촉진요령」수록

1943년 9월 29일(조간)

지면 : 1면 1단

제목 : 기획원 상공성 폐지, 군수성을 설치, 11월 1일 개청을 앞두고(企劃院商工省廢止 軍需省を設置, 11月1日開廳を目途)

주체·해당 지역 : 일본 정부

- **군수성**[113]

  1943년 11월 1일 행정기관개혁으로 상공성이 해체하면서 신설된 기관. 대미전쟁 개전 후 2년이 경과하면서 전국(戰局)이 악화되자 '국력을 내걸어 군수생산의 급속증강을 도모하고 특히 항공전력의 약진적 확충을 도모하기 위한 군수생산을 계획적이고도 통일적으로 수행 확보할 목적'으로 각의결정에 따라 설치

---

113 戰前期官僚制度研究會 編, 秦郁彦 著, 『戰前期官僚制の制度·組織·人事』, 東京大學出版會, 1981,

상공성과 기획원의 조직 대부분과 육해군항공본부의 민간공업감독부문을 흡수했으므로 체신성 소관의 전력행정 등 다른 성 소관의 군수생산행정도 대부분 이관

기구는 대신관방과 기계·철강·경금속·비철금속·화학·연료·전력 등 7개의 물자별원국(物資別原局)과 총동원국·항공병기총국 등으로 구성

그러나 육해군의 하청적 기능에 그치는 등 기대한 효과를 거두지 못했고, 1945년 6월에 정비·관리·광산·석탄의 4국을 신설하고 군수감리부를 군수감리국으로 개조해 지방총감부의 지휘 아래 두었으나 미군의 일본 본토 공습으로 주요 군수공장이 괴멸되어 군수생산은 붕괴됨

주요 기사 내용

그간 민간이 대망하고 관의 검토 대상이었던 군수성이 실현되게 됨. 현 전국(戰局)의 상황에서 근본적 촉진력을 갖춘 정부의 획기적인 대영단에 대해 각 방면이 대단한 호감을 표함

종래 생산행정의 대부분은 상공성의 소관이었는데, 중일전쟁(*지나사변) 발발과 함께 군수생산에 관한한 모두 육해군이 장악하게 되고 태평양전쟁(*대동아전쟁)으로 발전하면서 군수생산의 범위가 비약적으로 확대되어 생산행정이 이원적이나 3원적으로 나누어지게 되어 일원화에 대한 요망이 특히 민간측에서 매우 높았음

이미 적국인 미국에서는 전시생산국을 설치했고, 독일과 영국, 소련에서도 일원적인 생산기구를 확립하고 있음. 이번 군수성의 실현은 5대 중점사업, 특히 항공기, 선박, 공장기계 등 비약적 생산증강을 완수할 것으로 기대함

※ 정보국 발표 내용 수록(9월 28일 오후 4시)

704~705쪽

지면 : 1면 5단

제목 : 조선(*반도)에도 응징사 징용의 국가성 명확화, 국민징용부조규칙 발표, 국민징용
관을 설치, 사장의 징용도 실시(半島にも應徵士徵用の國家性明確化, 國民徵用扶助規則
發表, 國民徵用官を設置, 社長の徵用も實施)

주체·해당 지역 : 조선총독부

주요 기사 내용

국민징용령 시행규칙 개정(부령 제305호), 국민징용부조규칙 공포(부령 제309호)

■ **국민징용부조제도**

국민징용령 개정(1941.12.15)을 통해 19조 3항에 부조규정을 명시. 이 조항에 근거해 국민징용부조규칙
(12.21)을 마련

1943년 국민징용령 3차 개정 직후 조선에서 「국민징용부조규칙」 제정 시행(9.30)

1945년 3월 31일(조선총독부령 제41호)에 발포된 「국민근로동원령시행규칙」(1945년 3월 5일 국민근로동원령 공포)
에 의해 4월 1일부터 「국민근로동원부조규칙」으로 개정

지면 : 1면 1단

제목 : 전쟁에 조선(*반도)노무를 응집, 노무강화대책요강 결정, 여자노무의 활용, 다나카
정무총감 발표(戰爭へ半島勞務を凝集, 勞務强化對策要綱決定, 女子勞務の活用, 田中政務
總監談)

주체·해당 지역 : 조선총독부(정무총감)

주요 기사 내용

노무강화대책요강 내용은, 근로총력의 최고도 발휘를 목적으로 실시 대상은 군수업청, 군관리공장 기타 군
의 필요에 따라 총독부에서 지정한 생산계획 해당공장과 사업장인데, 1. 경영대책, 2. 노무배치대책, 3. 노무
이동방지대책, 4. 임금대책, 5. 연성대책 등 다섯 가지

종래 국민징용의 범위를 확대해 조선 내 철강과 경금속 등 중점사업에 적용하고 징용기간은 대체로 1개년 단
위로 하며

각 공장에서 비교적 간단한 작업은 근로보국대를 활용하고, 그 경우에 도시의 근로보국대를 적극적으로 동원하며
동원 범위는 각도 전 호수의 2할을 목표로 하는데, 징병검사를 받은 자로써 징집이나 소집을 받지 않은 자,
학교졸업자로 사용제한을 받지 않은 자의 중점배치도 지시

※ 「노무강화대책요강」 수록

京城日報
每　隔日　刊

戰爭へ半島勞務を凝集

戰局の緊迫に即應し總督府では人的、物的に亘つて徹底的動員措置を必要とするに至つたので、先づ生産力增强の成否を決定する勞務對策を取上げることになり、八日政務總監談とともに、別項の如く生産增强勞務强化對策要綱を決定發表した

增産隘路の打破へ
國民皆働體制確立

勞務强化對策要綱決定

一人の徒食許さず
生産陣營へ參加せよ

田中政務總監 談

一、方針

女子勞務の活用
接客業者に女子雇傭制限

衣食住に安定
賃金には彈力性を認む

二、實施要綱

緬甸米に垂涎
悲慘、印度の驕慢

지면 : 1면 1단

제목 : 조선(*반도) 행정기구개혁 완성, 운수일원화로 교통국, 광공 농상 2개국 신설, 총무 등 6개국 폐지, 읍면행정도 확충 강화(半島行政機構改革成る, 運輸一元化へ交通局, 鑛工農商2局も新設, 總務など6局廢止, 邑面行政をも擴充强化)

주체·해당 지역 : 조선총독부

관련 기사

1943년

12월 1일(조간) '총독부 새로운 기구 오늘 실시, 말단행정의 강화 단행'

주요 기사 내용

관청사무의 재편성으로 일본 정부가 새로운 기구를 발표한 후 조선에서도 이에 호응해 병참사명의 완전 수행을 목표로 연구를 거듭한 결과, 19일 각의결정을 보게 되어 총독부 정보과를 통해 내용을 발표

총독부 기구개혁에서는 총무, 사정, 식산, 놀임, 철도 및 전매 6국을 폐지하고 새로이 군수물자의 증산을 중점으로 한 광공국과 운육수송의 일원적 강화를 목표로 교통국, 식량확보를 중심으로 국민생활관계해정을 통활할 농상국의 3국을 신설했으며, 그 외 총독관방에 중요정책인 기획, 조정, 정보, 감찰의 각 사무를 이관

이 기구개혁에 따라 생산 전력(戰力)의 획기적 강화를 도모함과 함께 관방을 강화해 총독이 염원하는 말단행정의 철저한 충실 강화를 목표로 총후 중책의 충실에 따라 필사(必死) 생산증강을 기하게 됨

실시 시기에 대해서는 일본 정부(*중앙)와 같이 하기 위해 준비중이지만 다소 지체될 듯 함

「기구개혁요강」은 크게 제1총독부 기구, 제2지방기구로 구성

※ 총독부 정보과 발표 내용, 「기구개혁요강」 수록

지면 : 1면 7단

제목 : 조선(*반도)학생도 전열로, 육군특별지원병 임시 채용, 지원은 내달 20일까지, 내년 1월 20일까지 입영(半島學生も戰列へ, 陸軍特別志願兵臨時採用, 志願は來月 20日迄, 明年1月20日迄に入營)[114]

주체·해당 지역 : 일본 육군성

관련 기사

1943년

10월 20일(조간) '조선(*반도)학생에게 명예의 길을 부여', (석간)'학도, 당당한 징병, 검사 일정 결정'

10월 21일(석간) '총을 잡을 광영, 환희로 넘치는 학원'

11월 5일(조간) '지원하지 않는 자는 휴학, 중점산업으로 징용 동원, 오노 학무국장'

11월 13일(조간) '육군성령 개정 공포, 특별지원병 채용 사항을 삽입', '대만은 전원 지원 완료'

11월 22일(조간) '학도지원병의 성과 거두다. 조선 내 지원자 9할 이상 내지 귀래자(歸來者) 거의 출진, 비지원자는 징용, 황민으로서 재연성'

11월 27일(조간) '학병전형요항 결정하다, 검사장 조선 내 6개소'

12월 3일(석간) '모여라 미지원자, 황국신민으로 재연성 훈련 후 군수산업으로'

12월 4일(조간) '피징용자여 전력 증강에 일어서라! 자각없는 학도는 단호 엄벌'

12월 12일(조간) '학도응징자 입소'

1944년

2월 23일(조간) '총독, 징용학도에 훈시, 솔선수범하라'

3월 12일 '응징학도의 솜씨(상)'

3월 13일 '응징학도의 솜씨(하)'

3월 23일 '징용학도를 위문, 고이소 총독'

4월 26일 '노동은 수련이다. 징용학도에 따뜻한 격려, 정무총감'

---

114 학도지원병 관련 기사

법·문과 계통의 대학, 고등전문학교 등에 재학해 징병이 유예되었던 전 학생이 지난 재학징집연기가 전면적으로 정지됨에 따라 오는 11월 1일을 기해 입영하게 됨

이번 조치는 그간 병역이 제외된 조선인(*반도인) 학생도 일본인(*내지인) 학생과 같이 군대에 들어가 제1선에 출진하게 됨. 이번 특별 취급을 통해 임시채용이 가능하게 되었는데, 채용규칙에 따르면 종래 지원병과 같이 6개월간의 훈련을 거친 후 입영해 현역에 편입되고, 다시 간부후보생이 될 수 있는 길도 열렸으므로, 일본인(*내지인) 학생과 어깨를 나란히 하고 태평양전쟁(*대동아전쟁) 결전에 참여해 공을 세울 수 있게 되었음

내년에는 일반 조선(*반도)동포도 입영을 하게 되어 조선(*반도)학생은 그 선배로서 활약을 하게 되므로 이 영광과 책무는 조선(*반도)학생의 한 사람으로서도 궐기할 일임

■ 학도지원병 제도 연혁

1943년 10월 20일 육군성, 학도지원병 동원의 근거법인 「육군특별지원병 채용시행규칙(육군성령 제48호)」을 공표하고 당일 시행. 일본 거주 조선인 학생의 징병유예를 폐지

10월 25일 징병검사 실시

11월 8일 문과계 대학과 전문·고등학교 재학생으로 학도지원병에 지원하지 않은 적령자 및 졸업생에게 징용영장 발급

11월 20일 학도지원병 적격자 1천 명 중 959명 지원 수속 완료

12월 8일 학무국장, '조선인 학도가 징병검사에 응하지 않을 경우 즉일 공장 등에 징용령서를 보낸다'는 내용의 담화를 발표한 직후 '일제징용령'을 발동하고 비지원자를 검거

1944년 1월 5일 당국은 약 400명[115] 정도의 비지원자를 검거해 태릉훈련소에서 2주간 훈련을 실시한 후 채석장과 시멘트공장 등 작업 현장 배치. 당국에서는 '응징학도'나 '징용학도'로 지칭하며 엄격히 관리 1월 20일 학도지원병 입영

■ 학도지원병

학도지원병은 명목상 '지원병'이었으나 근거 법령에 따라 시행된 징집이었다. 당국은 적격자 100% 지원을 목표로 각종 방법을 동원했다. 유학지인 일본과 조선은 물론, 부관연락선과 항구 등지에서 대대적인 미지원자에 대한 색출작업을 벌였다.

지원을 피해 고향으로 돌아오던 조선 청년들도 연락선 안에 마련된 사무실에서 지원서에 도장을 찍어야 했다. 학교를 떠나 잠적한 청년들에게는 가족에게 위해를 가하는 방법을 사용했다. 이런 당국의 노력으로 조선의 전문대학 재학생의 96%가 지원서에 서명했다. 그러나 4%는 징집에 응하지 않았다.

1943년 11월 21일 지원 마감 후 오노(大野) 학무국장이 '미 지원자는 국가총동원법에 의해 단호히 처벌할 것'이라 발표하자 11월 28일 징용령이 도지사 명의로 내려져 30일 이내에 미지원자 본인에게 전달되었다.

이 과정에서 검거된 청년들은 12월 5일부터 경기도 양주군 노해면 공덕리에 있던 제1육군지원병훈련소에 수용되기 시작했다.

징용은 제1차 12월 5일, 제2차 1944년 1월 15일, 제3차 2월 9일 등 세 차례 진행되었다. 당국은 이들을 대상으로 2주간 군사훈련과 사상교육을 집중적으로 한 후, '응징학도' 또는 '징용학도'라는 이름으로 12월 23일에 조선총독부 교통국 원산공장을 시작으로 조선오노다시멘트제조㈜ 함경남도 천내공장·강원도 삼척공장·평안북도 승호리 공장·조선시멘트 황해도 해주공장·조선 아사노(朝野) 황해도 봉산공장에 각각 배치해 중노동을 강요했다.

1943년 10월 23일(조간)

지면 : 2면 1단

제목 : 군수회사 법안 성격, 기업의 국가성 앙양, 군수증강으로 생산책임제(軍需會社法案 性格, 企業の國家性昂揚, 軍需增强へ生産責任制)

주체·해당 지역 : 일본

관련 기사

1944년

1월 19일(종합) '군수회사법 드디어 실질적 활동으로, 150개 회사를 지정'

2월 16일(석간) '내지와 병행해서 군수회사법 실시, 신년도부터 권한은 총독에'

2월 18일(조간) '군수회사법과 조선(사설)'

---

115 조선총독부는 제국의회에 제출한 자료에 125명이라 기재했으나 한국 정부(구 국무총리 소속 대일항쟁기 강제동원피해조사 및 국외강제동원희생자 등 지원위원회)는 400명으로 추정

2월 24일(석간) '신년도부터 실시, 광공생산에 책임제, 군수회사법 실시'

3월 4일(조간) '드디어 조선 내에 군수회사법, 제1차로 중점산업, 4월 중순에 시행 예정'

3월 8일(석간) '광공생산책임제, 전력 임산에도 적용, 광산에 대한 군수회사법 내지에 선행 실시'

3월 12일 '생산책임제 3요강, 4월 1일을 기해 실시, 조선군수생산책임제도요강', '책임제의 조선군수생산 성능'

4월 25일 '군수회사 제2차 지정 424개 사, 동력부문을 새로 포함'

7월 16일 '법제국안을 용인, 군수회사법 머지않아 공포'[116]

10월 22일 '군수회사법 이번 달 중에 시행 전망'

10월 25일 '군수회사법 시행, 관계 법령 28일 공포, 즉일 실시'

10월 29일 '군수회사법 시행규칙 등 공포, 11월 중에 제1차 지정'

12월 6일 '군수회사 제1차 지정 55개사, 항공공업도 포함'

12월 8일 '55개 사 지정, 군수회사 오늘 영서 교부'

12월 9일 '군수회사법의 정신(사설)'

1945년

8월 1일 '생산책임자 경질, 군수회사에 처음 벌칙 적용'

■ 군수회사법

1943년 10월 31일 제정 공포(법률 제108호)

시행령(12월 15일 칙령 제928호)에 따라 12월 17일 시행

「군수회사법 시행령」「군수회사법 시행규칙」「군수회사 징용규칙」(후생성령 제52호, 1943년 12월 17일) 등 제정

군수회사 지정의 근거법인 군수회사법은 주요한 민간회사를 군수회사로 전환해 군수성 휘하에 두고 국가가 직접적으로 지배하고자 제정한 법. 정부의 민간군수공업 직접 관리를 명시. 제1조에 "본 법은 병기·항공기·함선 등 중요 군수품, 기타 군수물자의 생산·가공·수리를 하는 사업, 기타 군수 충족상 필요한 사업에 그 영역의 본의를 명확하게 하고 운용을 강력하게 함으로써 전력(戰力) 증강을 도모하는 것에 목적을 둔다"고 명시

군수회사 지정 대상은 병기, 함정, 항공기, 선박, 차량 및 부속품, 철강, 경금속, 비철금속, 희귀금속, 기타 중요 광산물, 액체연료, 윤활유, 석탄, 가스, 코크스, 전력, 중요 화학공업품, 중요 기계기구 및 부품, 운수, 창고, 건설, 배전회사, 기타 주무대신이 지정하는 사업이 해당

군수회사법 제15조와 군수회사 징용규칙에 따라 소속 노무자를 현원징용. 단 국민징용령에 의한 현원징용과 달리 징용 기간을 명시하지 않고 무기한 동원(군수회사 징용규칙 제5조). 소속 작업장의 여성도 징용으로 간주

1944년 1월 18일과 4월, 12월에 총 세 차례 군수회사를 지정

■ 조선 적용

1944년 10월 28일 조선총독부 군수회사법 시행규칙 제정 시행(조선총독부령 제357호)

조선의 주무대신은 조선총독이고, 두 차례(제1차 1944년 12월, 제2차 1945년 1월)에 걸쳐 99개 사를 지정

---

116 조선 적용을 의미

【도쿄전화(東京電話)】 전쟁 완수의 여러 시책을 늘 국민과 함께 간절함으로 타개하려는 도죠 총리는 제83회 임시의회에 예산안 및 법률안 14건을 제출했는데, 그 가운데 가장 주목할 법안은 군수회사법

정부는 지난 9월 22일 「국내태세강화방책」을 발표하고 군수생산 가운데 특히 항공전력의 비약적 증강을 지상명령으로 명시하고 실현 가능한 방법으로 중앙행정기구의 대개혁을 단행

이러한 내부 개혁과 함께 기업정비를 결정해 「군수회사법」을 입안하게 되었는데, 군수회사법은 국가성 및 책임성을 부여한 법안

1943년 11월 1일(석간)

지면 : 1면 1단

제목 : 방공총본부를 창설, 방공국은 발전적 해소(防空總本部を創設, 防空局は發展的解消)

주체·해당 지역 : 일본

※ 10월 31일자 방공법 개정에 따른 조치. 방공업무에 분산 소개(疏開) 등 전국(戰局) 악화와 본토 공습 위험에 따른 대응 내용 추가

관련 기사

1944년 2월 2일(조간) '조선(*반도) 방공에 철통의 대오, 1일자로 발령, 공습에 대비해 방위총본부 설치, 본부장에 정무총감'

지면 : 1면 1단

제목 : 총독부 새로운 기구 오늘 실시, 말단행정의 강화 단행, 3개국을 신설, 5개국 폐지
(總督府新機構けふ實施, 末端行政の強化斷行, 3局を新設, 5局廢止)

주체·해당 지역 : 조선총독부

관련 기사

1943년

10월 20일(조간) '조선(*반도) 행정기구개혁 완성, 운수 일원화로 교통국, 광공 농상 2개국 신설, 총무 등 6개국
폐지, 읍면 행정도 확충 강화'

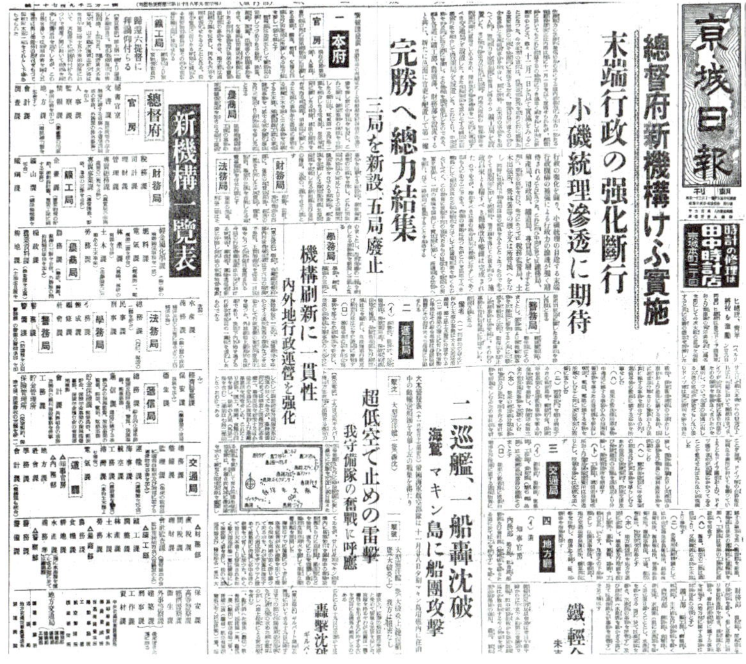

주요 기사 내용

생산 전력(戰力)의 결승적 증강 필기(必期)를 위해서 하는 국내 태세강화 방책의 일부인 관청기구 개정은 일본
본토(*내지)는 이미 11월 1일로써 실시되었는데, 총독부에서도 이에 즉응하는 기구에 대해 신속히 안을 마련해
중앙과 절충한 결과 12월 1일로 실시를 보게 됨

이번 개혁의 중점은, 직접 군수물자를 시작으로 관련이 있는 중요 물자의 생산을 비약적으로 증강하기 위해
물자 동원계획 기타의 기획사무와 생산관계 사무를 통합하고 노무·토목 등의 사무를 추가해 인적·물적 총력
을 신속 과단(果斷)하게 동원할 수 있도록 광공국(鑛工局)을 설치

조선 내 수송력의 강화와 내지 대륙 간의 물자수송을 신속 적확(的確)하게 실시하기 위해 육해공의 수송 기관을 일원적으로 운영할 교통국을 설치
식량 확보를 중심으로 하는 국민생활 관계행정을 통합하여 농상국을 설치
중앙업무를 가급적으로 지방청으로 이관해 관련 기구를 확충 강화. 즉 각도에 광공부, 농상부, 재무부를 설치함과 동시에, 새로이 읍면에 관리를 배치해 제1선 행정의 강화를 도모

■ 주요 개편 내용

11월 30일 일본 정부, 조선총독부 관제 중 농상국·광공국·교통국을 신설하고, 사무분장규정 개정에 따라 사정국 노무과를 광공국 노무과로 개편하고, '국민근로' 업무를 개시[117]
도사무분장규정 개정에 따라 국민등록·국민근로교육·국민징용 항목 추가

1943년 12월 3일(조간)

지면 : 2면 1단
제목 : 직업능력신고령 개정, 남자에 한해 다섯 살 올림, 국민등록은 45세까지(職業能力申告令改正, 男子に限り5歳引上げ, 國民登錄は45歳迄)
주체·해당 지역 : 일본

■ 국민직업능력신고령 개정

1944년 2월 18일 개정. 국민징용령 개정과 함께 개정

1943년 12월 15일(조간)

지면 : 1면 1단
제목 : 육군특별간부후보생 제도 신설, 1년 반으로 하사관, 오늘 실시(陸軍特別幹部候補生制度新設, 1年半で下士官, けふ實施)
주체·해당 지역 : 일본

■ 육군특별간부후보생 제도

12월 14일 「육군현역하사관 보충 및 복역임시특례」(칙령 제922호). 항공, 선박, 통신, 기술 등 관계부대의 전력을 급속히 강화시키기 위해 만든 제도
15세 이상 20세 미만의 남자 지원자를 선발해 교육을 통해 단기 현역 하사관으로 삼음

---

117 조선총독부 기구를 총 11개 국과 관방에서 관방과 총 8개국(광공국, 농상국, 재무국, 법무국, 학무국, 경무국, 체신국, 교통국)으로 개편

지면 : 1면 7단

제목 : 징병적령 1년 낮춰, 일본인(*내지인)만 내년도 실시(徵兵適齡1年低下, 內地人のみ明年
度實施)

주체·해당 지역 : 일본

주요 기사 내용

징병적령임시특례 공포. 만 19세로 하향 조정[118]

관련 기사

1944년

2월 28일(조간) '현역 지원은 17세 이상, 모이자! 젊은이, 당당한 검사'

10월 18일 '만 17세 이상에 방위소집의 영광, 17세 이하도 지원 가능, 11월부터 시행'

> **■ 징병 적령 나이 : 『조선징병독본』(1943년 12월 출간)[119]**
>
> 1944년 징병 대상자 : 1923년 12월 2일부터 1924년 12월 1일까지 출생한 남자
>
> 1945년 징병 대상자 : 1924년 12월 2일부터 1925년 12월 1일까지 출생한 남자

---

118 1944년 10월18일 육군성은 병역법 시행규칙 개정 공포에 따라 17세로 하향. 그러나 경성일보 1944년 2월 28일
자 기사 '현역 지원은 17세 이상, 모이자 젊은이, 당당한 검사'에 따르면, 1944년초부터 17세부터 현역 지원이
가능하도록 한 것으로 보인다.

119 https://cafe.naver.com/gangje/4089

1944년 주요 기사

1944년 1월 19일(석간)

지면 : 1면 1단

제목 : 긴급국민학도근로동원방책 결정, 국민등록제도 확립(緊急國民學徒勤勞動員方策決る, 國民登錄制度確立)

주체·해당 지역 : 일본

주요 기사 내용

일본 정부는 1월 18일 각의에서 「긴급국민근로동원방책요강」과 「긴급학교근로동원방책요강」을 결정하고 정보국에서 내용을 발표

「긴급국민근로동원방책요강」과 「긴급학교근로동원방책요강」은 크게 방침과 요령으로 구성

「긴급국민근로동원방책요강」의 요령은 국민근로제도의 확립, 국민징용운영의 개혁, 학교 재학자의 근로동원, 여자의 근로동원, 근로급원의 확보, 근로배치의 적정, 근로능률의 증진, 행정의 쇄신, 국민운동의 전개 등 총 9개항으로 구성

※ 「긴급국민근로동원방책요강」과 「긴급학교근로동원방책요강」 내용 전문 수록

- **연혁**

  1944년 1월 18일, 각의결정 「긴급학도근로동원방책」 학도근로원은 연간 4개월 계속 동원하는 내용

  3월 7일, 기존의 4개월에서 연중 계속 실시로 변경

緊急國民皆徒勤勞動員方策決る

國民登錄制度確立

軍需生産完遂へ萬全

지면 : 1면 1단

제목 : 군수회사법 드디어 실질적 활동으로, 150개 회사를 지정(軍需會社法 愈愈實質的活動 へ, 150會社を指定)

주체·해당 지역 : 일본

주요 기사 내용

부제

: 항공기, 함선 증강에 만전

: 책임자 선임 2주간 이내

: 각 회사로 지정령서

: 17일 수상관저에서 교부

※ 군수성이 발표한 지정 150개 회사 명단 수록

■ **군수회사 지정**

1944년 1월 18일 일본에서 제1차 지정. 주로 항공기 생산과 함선 생산 기업 중심으로 지정 일본 정부는 제1차 군수회사 지정에서 탄광은 포함하지 않음. 군수회사 지정에서 탄광의 적용이 늦은 이유는 일본 정부의 시기상조론 때문 군수회사법 지정은 군수회사법 제15조에 따라 소속 노무자를 피징용자(현원징용)로 전환함을 의미하는데, 당국은 당시 탄광에 징용을 적용할 여건이 되지 못한다고 판단[120]

[120] 1944년 1월 29일 제국의회에서 '탄광에 대한 현원징용 실시를 고려하지 않느냐'는 질문에 대해 기시 노부스케 (岸信介) 국무대신은 '탄광의 노무관리에 여전히 개선의 여지가 많기 때문'이라고 답변했다. 도노무라 마사루 지음, 『조선인 강제연행』, 154쪽. 이는 탄광산 노무관리의 실상과 노동력 착취를 당국 스스로 인정했다는 의미가 된다.

지면 : 3면 1단

제목 : 조선(*반도) 방공에 철통의 대오, 1일자로 발령, 공습에 대비해 방위총본부 설치, 본부장에 정무총감(半島防空に鐵桶の陣, 1日府で發令, 空襲に對備へて防衛總本部設置, 本部長に政務總監)[121]

주체·해당 지역 : 조선총독부

관련 기사

1943년

11월 1일(석간) '방공총본부를 창설, 방공국은 발전적 해소'

1944년 2월 8일(조간)

지면 : 1면 10단

제목 : 응징사에 전진훈 7개조, '직기'는 '군기'이다(應徵士に戰陣訓7ケ條, '職紀'は'軍紀'なり)

주체·해당 지역 : 일본

관련 기사

1943년

7월 31일(조간) '개정 징용령 8월 1일 실시, 복무령은 10일 공포 예정'

8월 10일(조간) '사장징용 머지않아 실시, 오늘 응징사복무규율 공포'

9월 30일(조간) '조선(*반도)에도 응징사 징용의 국가성 명확화, 국민징용부조규칙 발표, 국민징용관을 설치, 사장의 징용도 실시'

1944년

2월 9일(조간) '산업군단의 첨병, 충성일관 중책 다하라, 고이소 총독 고사(告辭)'

2월 17일(석간)~2월 22일(석간) '필승증산을 향해 싸우는 응징사'(총 5회 연재)

3월 9일(조간) '응징사 부임경비 등 사전에 사업주에 지급'

4월 19일 '응징사는 말한다. 가슴에 든 긍지'

5월 10일 '응징사의 원호 강화, 주택긴급정비도 결정'

8월 27일 '나아가자 응징사, 우리 모두 장도를 격려, 오늘 장행회'

8월 28일 '응징사 당당한 장행회'

8월 30일~9월 1일 '징용이란(연재)'

---

121 1944년 2월 1일 조선총독부가 「방위총본부규정」을 공포하고 8월 20일 개설

8월 31일 '나아가는 응징사를 격려'
9월 1일 '응징사의 징계, 징계조치요령을 통첩'
9월 8일 '백지응소에 열성을 다하고, 징용은 면장의 명령일하'

1945년
6월 21일 '응징사에 근로원호를 철저히'
7월 11일 '응징가족에 대한 선물, 총독과 총감으로부터 면포와 마른 명태'
8월 1일 '응징가족의 순회 원호, 근로자 가정상담여성을 배치'

주요 기사 내용

전국(戰局)은 점점 가열 처참하고 일대 소모전을 전개하고 있지만 적국인 미국은 물력(物力)을 유일한 것으로 내세워 서남태평양과 중앙태평양에서 집요하게 반격을 계속하고 있고, 이에 대해 우리 장병은 생사를 초월해 용감하고 혁혁한 전과를 거두고 있음

이러한 전선의 장병에게 마땅히 해주어야 할 길은 비행기 한 대라도 함선 한 대라도 더 많이 더 빠르게 보내는 생산력의 증강이고, 조선에 부가된 중요물자의 증강을 급속히 해야 함

이를 위해 작년 9월 1일 국민징용령 개정에 따라 징용의 국가성을 명확하게 해 민간공장과 광산에 징용된 자에게 '응징사'의 호칭을 부여했는데, 다시 이번에 총독부에서는 응징사가 엄수할 마음가짐으로서 '응징사복무기율'을 제정해 대조봉대일(大詔奉戴日)인 8일자로 공포하고 그날로 시행

민간공장과 광산에 징용된 전력증강의 응소(應召) 전사인 응징사라는 국가적인 신분을 부여해 국가가 제정한 휘장을 패용하고, 7개 조에 달하는 복무기율을 잘 지키도록 응징사의 분기 봉공을 요망함

※ 아베(阿部) 정보과장 담화 수록

■ **응징사복무기율 조선 적용 관련 (1944년 2월 8일 조선총독부령 제34호)**

응징사 : 국민징용령 3차 개정령 제16조를 근거로 등장한 제도

응징사복무기율에 따르면, 국민징용령 제16조 5항에 근거해 기율을 지켜야 하고, 징계를 피할 수 없었으며, 근무 중에는 반드시 복장에 조선총독부령이 정한 휘장을 패용하도록 함

■ **대조봉대일(大詔奉戴日)**

일본이 침략전쟁 완수를 위한 대정익찬의 일환으로 1942년 1월부터 패전까지 실시한 국민운동

대미전쟁 개전일인 1941년 12월 8일에 쇼와천황이 공포한 「개전의 조서」(원 제목은 「선전宣戰의 소칙詔勅」)를 기념하기 위해 매월 8일로 설정

1942년 1월 2일 각의결정으로 1월 8일부터 실시

대조봉대일의 실시와 함께 1939년 9월부터 실시하던 흥아봉공일(興亞奉公日)은 폐지

매월 8일에 신문 1면에 1941년 12월 8일 공포한 「개전의 조서」를 게재

1944년 2월 8일(석간)

지면 : 1면 1단

제목 : 국민징용령 발동, 중요 광산 공장에 현원징용을 단행, 오늘 현지에서 영달식(國民徵用令發動, 重要鑛山工場の現員徵用を斷行, けふ現地で令達式)

주체·해당 지역 : 일본 정부

■ **국민징용령 제4차 개정(2월 18일)**

조선총독부, 국민징용령 제16조에 따른 「응징사복무기율」을 공포·시행하고, 광산·군수공장에 대한 현원징용을 단행(1차 2월 8일, 2차 4월 8일)

■ **국민징용령의 조선 적용에 대한 오해**

국민징용령 제4차 개정은 일명 '몽땅 동원'의 근거 법령

국민징용령은 이미 1939년 10월 1일부터 조선에 적용되었으며, 1939년 9월 30일 기사에서도 '반도에도 실시'한다고 보도하기도 했음

그러나 오랫동안 학계에서 1944년 제4차 개정과 관련한 당국의 발표와 관련 기사를 국민징용령의 개시로 오독해 4차 개정으로 비로소 조선에 국민징용령을 적용한 것으로 해석하고 최근까지 계속 연구서에 활용함에 따라 오류가 사회적으로 확산되어 여러 부작용으로 이어짐

특히 일본과 한국의 일부 학자 및 활동가들(역사부정론자들)은 제4차 개정을 기점으로 조선에 국민징용령을 적용했다는 점을 '강제동원 부정론'의 대표적인 사례로 악용하는 근거로 활용

2월 8일 대조봉대일(大詔奉戴日)을 기해 조선 내 중요공장과 일부 광산에 대해 공장장, 광산장 이하 전 종업원의 현원징용을 실시
고이소 총독 담화 일부 : 국민징용령에는 "피징용자는 충성을 주지로 하여 총동원 업무에 정려(精勵)할 것"이라고 규정되어 있고 그 정신과 절도는 마치 폐하의 군대로 입대할 때와 같이 엄숙함. 지금 공장(광산)의 사명은 전투행위이므로 응징사 제군은 직역을 전장으로 삼고 일억 군국에 대한 충성심에 투철해 이 영예에 따르는 중책을 엄숙히 다할 각오를 가져야 함
다나카 정무총감 담화 일부 : 일반징용은 제국신민에게 국가의 요청에 따라 현재 가장 긴요한 총동원 업무에 종사시키는 제도이므로 피징용자는 사업주가 아닌 국가에 의해 종업의 □□를 지고 성심을 다해 받드는 것
징용은 백지의 응소라고도 부를 만큼 응징사는 충성을 다해 근로를 통하여 국가의 요청에 응하는 자이므로 세상에서 징용을 단순히 노무의 강제라고 하는 것과 같은 □□를 품는 이가 있는데 단연코 일소해야 함
※ 고이소 총독 담화, 다나카 정무총감 담화 전문 수록

지면 : 1면 1단

제목 : 4월부터 여자청년연성소 개설, 미수학 여자청년에게 단기중점적 훈련(4月より女子靑年鍊成所開設, 未修學女子靑年へ短期重點的訓練)[122]

---

[122] 16세 이상 국민학교 초등과 미필자 대상

주체·해당 지역 : 조선총독부

1944년 2월 11일(조간)

지면 : 2면 2단

제목 : 국민등록을 일원화, 직업능력신고령 개정(國民登錄を一元化, 職業能力申告令改正)

주체·해당 지역 : 일본

■ 연혁

1944년 2월 18일 국민직업능력신고령 개정. 국민징용령 개정 관련 조치

2월 22일 임시인구조사와 국민등록 실시

1944년 2월 15일(조간)

지면 : 2면 1단

제목 : 민형사에 2심제, 전시범죄를 엄단, 1법률 5제령 제정 개정, 조선총독부재판소령전
시특례, 조선전시형사특별령(民刑事に2審制, 戰時犯罪を嚴斷, 1法律5制令制定改正, 朝
鮮總督府裁判所令戰時特例, 朝鮮戰時刑事特別令)

주체·해당 지역 : 조선총독부

■ 조선총독부재판소령 전시특례(제령 제2호), 조선전시형사특별령(제령 제4호) 제정

전시형사특별법 : 일제말기 대표적 치안법. 1942년 2월 24일 법률 제64호로 공포에 근거해 제정

전시특례 : 「조선에 있어서 재판수속간소화를 위한 국방보안법 및 치안유지법의 전시특례에 관한 법률」.

2월 14일자 일본에서 제정 공포한 「전시특례」(법률 제20호)의 후속 조치

1944년 2월 16일(조간)

지면 : 1면 5단

제목 : 국민학교령 등 전시특례 공포, 조선(*반도) 등 외지에 적용(國民學校令なで戰時特例
公布, 半島等外地に適用)

주체·해당 지역 : 일본

■ 국민학교령 등 전시특례 : 1944년 2월 15일 공포. 4월 1일부터 시행

지면 : 2면 1단
제목 : 현역 지원은 17세 이상, 모이자! 젊은이, 당당한 검사(現役志願は17歳以上, 集れ若人, 晴の檢査)[123]
주체·해당 지역 : 조선

지면 : 2면 1단
제목 : 드디어 조선 내에 군수회사법, 제1차로 중점산업, 4월 중순에 시행 예정(愈愈鮮內に軍需會社法, 第1次に重點産業, 4月中旬に施行豫定)[124]
주체·해당 지역 : 조선총독부

지면 : 3면 7단
제목 : 지금은 훌륭한 군속, 적 앞의 근무 무학여고 생도들(今は立派な軍屬, 敵前の勤務 舞鶴女高生徒たち)
주체·해당 지역 : 조선 진해

관련 기사

1944년
4월 10일 '여성의 덕을 닦아. 00항공창 여자공원 입창식'(진해)
6월 14일 '처녀도 출두, 인천의 군속 채용'
6월 29일 '해군공작부대 견학. 놀랄만한 인내력, 철화에 도전하는 여자공원(진해경비부)'

지면 : 2면 1단
제목 : 결전비상조치요강에 기초한 학도동원실시요강, 동원은 학교단위로, 학교설비의 공장화(決戰非常措置要綱に基く學徒動員實施要綱, 動員は學校單位に, 學校設備の工場化)
주체·해당 지역 : 일본(정보국 발표)

---

123 일본인의 현역 징병 적령은 19세. 1943.12.24. '징병 적령 1년 낮춰, 내지인만 내년도 실시'
124 실제 시행은 제1차 1944년 12월, 제2차 1945년 1월

■ 각의결정

「결전비상조치요강에 근거한 학도동원비상조치요강」: 3월 7일 결정. 조선 적용(3월 18일)

「결전비상조치요강」: 2월 25일 결정. '근로동원 철저 강화, 향락부문 폐쇄, 수송력을 비약적 증강' 등을 내용으로 결전조치 15개 항목을 설정하고 통제체제를 강화

이 조치에 따라 조선총독부도 3월 18일에 「학도군사교육강화요강」과 「학도동원비상조치요강」을 발표하고 4월 1일부터 실시

주요 기사 내용

【도쿄전화(東京電話)】 일본 정부는 7일 각의에서 「결정비상조사요강」 제1항에 공약된 학도동원직제의 철저한 구체안으로 「결전결전비상조치요강에 근거한 학도동원비상조치요강」을 결정하고 오카베 문부상이 담화를 발표

학도동원실시요강은 중등학교 이상의 학도에 대해 이후 1개년간 상시 근로하고 그 외 비상임무에 출동시킬 수 있는 조직적 체제룰 운영하는 것을 목적으로 함

※「결전비상조치요강에 근거한 학도동원비상조치요강」, 오카베(岡部) 문부대신 담화 수록

지면 : 1면 1단
제목 : 학도의 군사교육 강화, 징병적령이 낮아짐에 따라, 이공계 5할 법문계 10할, 다시 교련에 충실(學徒の軍事教育強化, 徵兵適齡低下に卽應, 理工5割法文10割, 敎鍊更に充實)
주체·해당 지역 : 조선총독부

주요 기사 내용

중등학교에 통신학교 신설, 항공훈련에 중점

지면 : 1면 8단
제목 : 남녀 각종중등학교에 첫 학도동원령, 항공기 관계 공장으로(男女各種中等學校に初の學徒動員令, 航空機關係工場へ挺身)
주체·해당 지역 : 일본

관련 기사

1944년
4월 10일 '여성의 덕을 닦아. 00항공창 여자공원 입창식'(진해)
4월 18일 '학도를 전부 해군항공(荒鷲)로, 국방항공단 활발한 운동을 전개'
5월 9일 '동원학도 제1기 전열에 돌입, 젊은 혈기를 응집, 생산증강에 굳은 맹세'
6월 14일 '처녀도 출두, 인천의 군속 채용(조병창)', '5만 8천의 학도가 출동, 활공도장의 건설에 땀의 봉사'
6월 29일 '해군공작부대 견학. 놀랄만한 인내력, 철화에 도전하는 여자공원(진해경비부)'
7월 14일 '와카(和氣) 인천조병창장 담, 적은 사이판에, 동원학도도 철초작업'
9월 2일 '모든 혼을 증산에 바쳐, 학도동원 제2진 인천조병창으로'
10월 18일 '1년생도 동원, 첫 영장에 감격의 공업경영(工經)전문'

지면 : 1면 6단
제목 : 조선인 문관에게도 근무 가봉 지급, 적정 범위는 사무통솔 책임자, 내선일체를 구현(朝鮮人文官にも在勤加俸支給, 適正範圍は事務統率の責任者, 內鮮一體を具現)[125]
주체·해당 지역 : 조선총독부

---

125 제한적으로 실시

관련 기사

1944년

4월 1일 '조선인(*반도인) 문관에 기쁜 은전, 재근 가봉에 결의 새롭게'

4월 21일 '조선인 문관 가봉 수우 감사 봉고제', '회사, 영단에도 적용, 조선인 직원에 대한 재근수당 지급', '일반에도 재근수당'

1944년 4월 5일

지면 : 3면 1단

제목 : 조선(*반도)에 일정 연령층 남자의 징용, 여자징용은 하지 않는다, 진영에 '근로 응소', 국민징용의 본질(半島に一定年齡層男子の徵用, 女子徵用せず, 陣營に'勤勞應召'た, 國民徵用の本質)[126]

주체·해당 지역 : 조선

주요 기사 내용

하루 하루 가열을 더하는 태평양전쟁(*대동아전쟁) 아래 한 사람의 남성이나 하나의 물건이라도 '쉰다'는 것은 허용할 수 없는 상황에서 사람이나 물건 모두 혼연일체가 되어 무기 증산과 군수생산에 매진해야 하는 것 적 궤멸을 위해 1억 총궐기에 따라야 하는 상황에서 일정 연령층의 남성에 대한 일반징용이 실시되어 지난 2월 8일 현원징용에 의한 국민징용령이 발동되어 백지응소의 장정들이 영예로운 산업전사로서 증산 진열에

126 국민징용령 제4차 개정(2월 18일) 관련 기사

나섰는데

이번에 이러한 상황에 대해 항간에는 '여성도 징용한다'는 유언비어가 난무하고 있는데, 이번의 일반징용에도 결코 여성은 징용하지 않음. 이는 4월에 시작된 여자특별연성과 연결지은 듯 한데, 징용과 연성은 근본적으로 다르므로 조선(*반도)의 노동력 수급은 아직 여성 노동력을 필요로 하기에는 다소 여유가 있음

※ 당국은 '여성은 징용하지 않는다'고 밝혔으나 이미 1943년 10월에 다나카 정무총감은 여성의 '징용' 필요성을 언급. 『경성일보』 1943년 10월 7일(석간) '유한자 여자의 징용, 다나카 총감이 강조'; 10월 9일(조간) '전쟁에 반도노무를 응집, 노무강화대책요강 결정, 여자노무의 활용, 다나카 정무총감 발표'

또한 여자근로정신대 단위의 동원 자체가 국가총동원법에 근거한 인력동원이었고, 1944년 4월부터는 해군항공창과 육군조병창, 진해해군경비부 등에 군속으로 여성을 동원하고 있었음

이들 동원은 국민징용령은 아니지만 1943년 「학도전시동원체제확립요강」이나 「여자근로동원촉진요령」 1944년 「학도근로령」 및 「여자정신근로령」 등 별도의 법령에 의한 여성동원

그러므로 당국의 이 주장은 국민징용령에 따른 '일반징용'에 여성을 동원하지 않는다는 의미일 뿐

1944년 4월 8일

지면 : 1면 4단

제목 : 공장 광산종업원에 제2차 현원징용, 오늘 영서 교부식 거행(工場鑛山從業員に第2次 現員徵用, けふ令書交付式擧行)

주체·해당 지역 : 조선총독부(정보과장 발표)

주요 기사 내용

중요 공장과 광산에 현원징용을 실시했는데, 이번에 범위를 더욱 확장해 광범위하게 제2차 징용을 결행하게 되어 8일 피징용공장과 광산에 징용령서를 교부

정보과장 담화 : 지난 2월 8일 대조봉대일(大詔奉戴日)을 기해 조선 내 중요공장, 광산 일부에 조선에서는 처음으로 공장장, 광산장 이하 전 종업원의 현원징용을 실시. 이번에 그 범위를 더욱 확대해 공장, 광산 종업원의 제2차 현원징용을 시행

현재 가장 긴요한 공장, 광산에 대해 순차적으로 징용을 실시해 공장장 이하 전 종업원이 백지응소의 국가적 영예 아래 그 총력을 결집해 긴급증산에 유감없고자 하는 것

다행스럽게도 지난 번에 징용을 실시한 공장, 광산에서 모든 공장장, 광산장 이하 전 종업원이 정말로 한마음이 되어 증산에 노력해 양호한 성적을 거두어 참으로 경사스럽지 않을 수 없었음. 이번 징용 실시의 공장, 광산에서도 선발된 응징사가 긍지를 갖고 우수한 성과를 거둬 함께 생산전력 긴급증강의 국가적 요청에 부응하기를 기대함

※ 정보과장 담화 전문 수록

工場・鑛山從業員に
第二次現員徴用
けふ令書交付・式擧行

情報課長談

1944년 4월 22일

지면 : 1면 1단

제목 : 2개소의 지원자훈련소 개편, 군무예비훈련소를 설치, 시흥에도 신설, 징병에 만전
(2志願者訓練所改編, 軍務豫備訓練所を設置, 始興にも新設, 徵兵に萬全)

주체·해당 지역 : 일본 정부

주요 기사 내용

부제 : 40일간 연성, 5월 상순 훈련을 개시

「조선총독부군무예비훈련소 관제」 공포. 평양 양주 시흥에 훈련소 설치. 5월 1일자로 육군특별지원자훈련소가 군무예비훈련소로 변경됨에 따라 조선총독부육군병지원자훈련소 관련 규정을 폐지

■ 군무예비훈련소[127]

"조선민사령 중 호적에 관한 규정의 적용을 받는 장
정에 대해 병역에 복무하기 위해 필요한 심신의 단련,
기타 훈련을 실시해 황국 군인으로서의 소질을 연성"
(조선총독부령 제177호, 「조선총독부군무예비훈련소규정」)

조선인 징병대상자 중 국민학교 과정을 수료하지 못
한 조선인을 대상으로 한 교육기관. 징병제도가 실시
되기 이전에는 조선청년특별연성소에서 훈련했으나
불충분하다고 판단

조선총독부는 1944년 징병적령자 약 24만 명 가운데
현역병으로 동원할 인원을 약 5만 명으로 산정하고
이 가운데 반수 정도를 조선청년특별연성소 수료자
로 예상한 후 이들을 대상으로 군무예비훈련소를 설
치해 입영 전에 최종적 군사훈련을 실시하고자 설치
운영

기존의 육군특별지원자훈련소를 폐지하고 군무예비
훈련소로 개편. 4월 22일자로 건설 중이던 시흥군의
제3육군특별지원자훈련소를 제3군무예비훈련소로
개편해 5월 28일 개소. 5월 1일 제1,2육군특별지원자
훈련소를 제1,2군무예비훈련소로 개편 운영

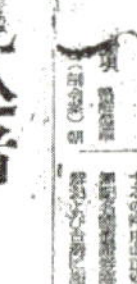

1944년 4월 28일

지면 : 1면 3단

제목 : 총독부와 각 도에 학도동원본부, 학교별 동원기준 결정, 조선총독부학도동원본부
규정, 본부장 정무총감(總督府と各道に學徒動員本部, 學校別動員基準決る, 朝鮮總督府
學徒動員本部規定, 本部長政務總監)[128]

주체·해당 지역 : 조선총독부

---

127 상세한 내용은 표영수, 「일제강점기 조선인 지원병제도 연구」 참조
128 이 규정에 근거해 국민학교 4학년 이상 대학까지 동원체제를 확립했다.

28일자 훈령으로 조선(*반도) 전 학원의 결전비상
태세로 전면적 전환이라고도 할 「학도동원체제」를
각 도지사, 각 관립학교장, 각 공사립 전문학교장
에게 발표하고, 「조선총독부 학도동원본부 규정」
도 훈령으로 결정
정무총감이 각도 및 지사에게 통첩을 발함과 동
시에 경성제국대학(城大) 총장, 각 관공립 전문학교
장, 각 사범학교장 앞으로 통첩해 「학교별학도동
원기준」을 제시. 이에 따라 총독부에 학도동원본
부를 설치하고 각 도에도 도 학도동원본부를 조직
해 관하 학도의 동원을 통제 운영하도록 함
※ 조선총독부 학도동원본부 규정, 조선총독부 학
도동원본부 기구 일람 수록

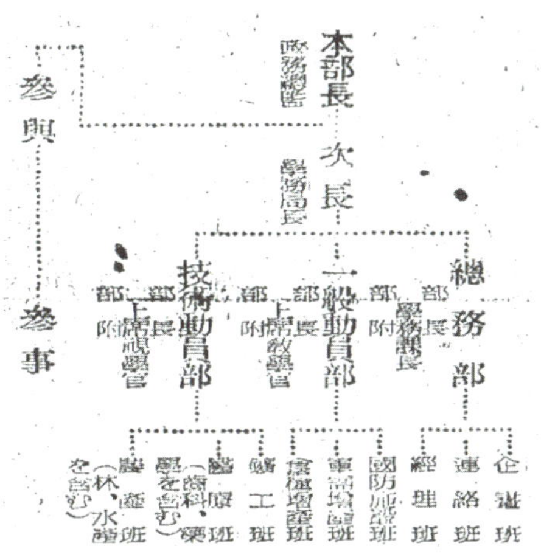

1944년 5월 2일

지면 : 3면 1단

제목 : 국민등록을 일원화, 직업능력신고령을 개정, 신고는 연 2회, 여성 기능자도 등록
(國民登錄を一元化, 職業能力申告令を改正, 申告は年2回, 女子の技能者も登錄)[129]

주체·해당 지역 : 일본 정부

---

129 국민직업능력신고령 개정(칙령 제323호)

지면 : 2면 1단

제목 : 업학일체의 이념으로, 학도근로동원실시요령(業學一體の理念으로, 學徒勤勞動員實施要領)[130]

주체 · 해당 지역 : 조선총독부

지면 : 1면 8단

제목 : 채용 직후에 오장, 특별갑종간부후보생제도를 신설(採用直に伍長, 特別甲種幹部候補生制度を新設)

주체 · 해당 지역 : 일본

관련 기사

1939년

8월 3일(조간) '육군예비사관학교 신설'[131]

1944년

7월 30일 '특간 제2기생 8월 10일부터 접수'

8월 11일 ~ 8월 13일 '청소년이여 특간으로(총 3회 연재)'

> ■ **특별갑종간부후보생 제도**
>
> 「육군병과 및 경리부 예비역 장교 보충 및 복역임시특례」(칙령 제327호) 시행에 따라 설치
>
> 고등교육기관에 재학하는 육군 외부의 지원자 중에서 선발해 병사의 계급을 거치지 않고 병과나 경리부 예비역장교가 되는 교육을 통해 특별갑종간부후보생가 됨. '특갑간(特甲幹)'이나 '특간'으로 약칭
>
> 당초에는 수업기간을 1년 6개월로 하고 채용 후 육군생도로서 병적에 편입해 육군예비사관학교, 육군경리학교, 육군대신이 인정하는 부대에 입교 또는 입대해 1년간 집합교육을 받도록 함. 이후 부대에 배속되어 장교가 되는데 필요한 근무를 약 6개월간 하고 소위로 임명되도록 규정
>
> 육군성 고시 제17호로 특별갑종간부후보생을 소집. 1944년 10월 1기로 소집해 1년간의 집합교육을 예정했으나 전황의 악화로 10개월로 단축하고 계급도 당초의 6개월 후 예정을 앞당겨 1945년 3월에 군조(軍曹)로 임명

---

130 작업은 1일 10시간 이내로 할 것을 규정
131 갑종간부후보생의 집합교육 장소

그 후 집합교육기간을 더욱 단축해 마지막에는 채용 후 8개월 후인 1945년 6월 각지에 육군예비사관학교를 졸업하고 졸업과 동시에 조장(曹長)의 계급을 임명해 견습사관(見習士官)으로 하고 장교 근무를 명하게 되었음

- **■ 구성**

오장(고쵸) : 최하급의 하사관. 군조 아래, 병장 위에 위치. 군대 이외에도 '오장'을 사용

군조 : 조장 아래, 오장의 위에 해당, 중급 정도의 하사관(Sergeant)

조장 : 하사관 중 최상급(Sergeant Major)

견습사관 : 장교교육을 받은 자로서 소위에 임관되기 직전의 단계

1944년 6월 7일

지면 : 2면 1단

제목 : 여자정신대를 근로협력으로, 필요에 따라 외지에서도 실시(女子挺身隊を勤勞協力へ, 必要に應じ外地も實施)

주체·해당 지역 : 일본

6월 6일 개최한 제29회 국가총동원심의회에서 여자정신대에 관한 칙령안 요강을 결정. 12~40세 미혼여성을 총동원 업무에 종사하도록 강제함

※ 칙령안(여자정신근로령) 요강 수록

지면 : 1면 1단

제목 : 일반징용 8월부터 실시, 국가적 책무도 중대(一般徵用8月から實施, 國家的責務も重大)[132]

주체·해당 지역 : 조선총독부(정보과장)

관련 기사

1944년

6월 20일(동일지면) '일반징용의 명예로운 길(사설)'

6월 22일 '일반징용과 병행, 남자취업금지령, 총독부 실시를 준비 중', '일반징용과 빙금을 밀이다. 디니기 중림'

8월 30일 '징용이란, 결전하 국민의 의무'

8월 31일 '징용이란, 그 사람의 특기를 활용'

주요 기사 내용

결전 일본의 지상명령은 강도 높은 노무 요청에 대처해 드디어 8월부터 전면적으로 일반징용을 실시해 현원징용과 병행해 완벽한 국민징용을 향해 나아가게 됨. 19일 정보과장은 담화를 발표, "징용은 총후의 응소"라며 조선(*반도) 2천 5백만 명의 분기를 요망

총독부에서는 시국 하 중요한 공장, 광산의 노무요원을 충족 확보하기 위해 가까운 시일에 전면적으로 일반징용을 실시하고자 준비 중

징용제도의 본 취지에 대해 충분하게 이해가 있는 것으로 확신하지만, 본 제도에 대해 충분히 이해하지 못하고 쓸데없는 불안 초조에 쫓겨 황국신민으로서의 면목을 훼손하는 행동을 하는 자가 있음

국민징용령은 전시에 국가가 제국신민에게 총력전 수행에 필요한 총동원업무에 종사하도록 명령하는 국민동원 제도로, 문자 그대로 총후의 응소이며 황국신민으로서 당연한 책무이자 숭고한 영예. 징용된 사람 중에는 일신상이나 가정에 곤란한 사정이 있는 자도 있고 익숙하지 않은 노무로 고생하는 사람도 적지 않지만 국민은 어떤 장애도 돌파하고 더욱 분발해 징용에 응해야 함

피징용자는 국가에 대해 공법상 복무관계에 있으므로 국가

132 4차 개정령 관련 기사. 여기에서 '일반징용'이란 기술직 징용이나 '현원징용'이 아니라는 의미이다.

는 응징사라는 특별한 신분을 부여하여 그 복무기율 및 표창 제도를 정하고 아울러 현재 징용부조제도에 의해 생활이 곤란한 가족과 업무상 상해를 입은 본인 등에 대해 군사부조에 준하는 법의 극진한 보호를 받는 것 외 본부에서는 곧 특별시설을 설치해 원호를 더욱 강화하려고 계획 중
※ 정보과장 담화 수록

1944년 7월 2일

지면 : 1면 3단
제목 : 청년훈련소별과 합동훈련소 개설, 27일간 훈련, 전 조선 120개소에서 실시, 소장은 내무부장, 전기 7월 6일 후기 8월 5일(靑年訓練所別科合同訓練所開設, 27日間訓練, 全鮮 120個所で實施, 所長は內務部長, 前期7月6日後期8月5日)
주체·해당 지역 : 조선총독부

주요 기사 내용

총독부는 다가오는 징병에 응할 대상자 가운데 국민학교 미수료자를 대상으로 교육의 필요성을 절감해 청년훈련소 별과 합동훈련소를 개설하고, 7월 1일에 오노 학무국장이 담화를 발표해 일반의 노력을 당부
※ 오노 학무국장 담화 수록

■ **청년훈련소**
1927년경 조선 거주 일본인 재향군인회 등이 청년훈련소 마련
1929년 10월 1일 「청년훈련소규정」(조선총독부령 제89호)에 따라 설치. 중학교 이하 국민학교 수료 후 상급학교로 진학하지 않은 자 또는 국민학교 미수료자 대상. 16~17세 미만 ※ 나이를 제한한 이유는 4년간 훈련 이후 만 20세의 징병자에 해당되기 때문
총 800시간 교육 : 수신, 공민과, 교련(총 400시간. 각개교련, 부대교련, 진중근무, 기신호, 군사강화 등), 보통학, 직업학 등
1938년 3월 31일 청년훈련소규정 개정(조선총독부령 제54호)
1942년 징병제 실시 결정 후에는 청년훈련소 별과를 설치해 일본어 보급과 기초적인 군사훈련을 실시

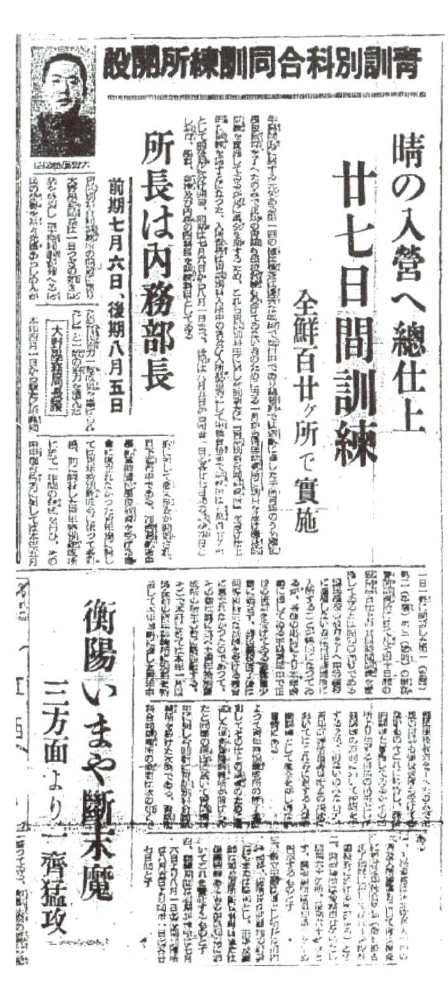

지면 : 2면 1단

제목 : 국민근로동원원호회(가칭) 설립, 8월 중에 활동 개시, 징용가족을 원호(國民勤勞動員援護會(假稱)設立, 8月中に活動開始, 徵用家族を援護)

주체·해당 지역 : 일본

■ 국민징용원호회

1943년 5월에 일본에 설립. 회장은 후생대신. 조선에서도 설립했으나 활동한 사례는 없음

1944년 9월 국민동원원호회로 개칭 : 1944년 5월 1일 각의결정 「피징용자등근로원호강화요강」에 근거.

재단법인 국민징용원호회를 확충 강화한 「국민동원원호회 설치운영규정」 등 결정

1944년 8월 23일

지면 : 2면 1단

제목 : 동원은 근로 즉 교육, 일반 노무동원과 혼동은 불가, 학도근로령 오늘 공포(動員は勤勞卽教育, 一般勞務動員との混同は不可, 學徒勤勞令けふ公布)

주체·해당 지역 : 일본

주요 기사 내용

※ 학도근로령 전문 수록

■ 학도근로령

칙령 제518호(8월 22일 공포, 8월 30일 시행)

대학·고등전문학교 2년 이상 이과계 학생 1천 명을 근로동원에서 제외

10월 30일 조선총독부, 「학도근로령 시행규칙」 공포·시행 (조선총독부령 제360호)

기존의 「국민근로보국협력령」에서 지정한 학생 동원의 대상과 내용을 대폭 확대·강화한 칙령

지면 : 2면 5단

제목 : 여자에게도 근로령 실시, 사용표준율을 결정(女子にも勤勞令實施, 使用標準率を決定)

주체·해당 지역 : 일본

- **여자정신근로령(칙령 제519호, 8월 22일 공포))**

만 12~40세 배우자 없는 여성의 근로동원 규정. 이 대상 범위에 들어가지 않더라도 '지원'도 가능

1943년 4월 21일 각의결정 「여자근로동원촉진」

9월 13일 차관회의 결정

10월 20일 일본에서 최초로 여자근로정신대 결성

1944년 1월 18일 각의결정 「긴급국민근로동원방책요강」

1944년 8월 26일

지면 : 3면 1단

제목 : 조선(*반도)에서의 여자정신대, 급속히 전력화에 매진, 기간은 1개년, 참가하지 않
는 경우 엄벌, 일문일답(半島での女子挺身隊, 急速に戰力化へ邁進, 期間は1ケ年, 參加し
ない場合は嚴罰, 一問一答)

주체·해당 지역 : 조선총독부(광공국장)

남자를 대신해 총후를 지키는 여성의 임무가 가중되는 가운데 정부가 결전비상조치(決戰非常措置)에 따라 여자정신대의 결성과 가입에 관한 법적 조치를 강구해 이번에 「여자정신근로령(女子挺身勤勞令)」을 공포하고 23일부로 시행에 들어갔는데, 이번에는 조선에서도 같은 날 시행하게 됨. 이에 25일 시오다(塩田) 광공국장(鑛工局長)이 조선에서 여자근로동원의 근본적인 취지와 이번 여자정신(女子挺身)의 근로화(勤勞化), 생산화(生産化), 전력화(戰力化)를 급속하게 시행할 필요가 있다면서 담화를 발표

여자정신근로령의 조선 실시에 대해 시오다(農商)국장133은 별도의 담화 후 기자와의 일문일답에서 다음과 같은 견해를 밝힘

문 : 여자정신근로령에서 규정한 여자정신대의 대상은?

답 : 「국민직업능력신고령」에 의해 국민등록에 신고할 자, 즉 내지에서는 만 12세 이상 40세 미만의 여자가 된다.

문 : 조선에서는 여자의 국민등록을 전면적으로 실시하지 않는 듯한데?

답 : 일본 본토(*내지)와 달리 특수한 사정이 있으므로 일반적으로 등록하지 않고, 12세 이상 40세 미만의 기능자로서 중등학교 정도의 광공계 학교 졸업자 또는 실력과 경험에 의해 광산 기술자, 전기 기술자, 전기통신 기술자, 기계 기술자, 항공 기술자, 조선(造船) 기술자, 화학 기술자, 요업(窯業) 기술자, 목공 기술자, 토목 기술자, 건축 기술자, 기상(氣像) 기술자 등으로서 현직에 있는 자, 또는 일찍이 일한 적이 있는 자만을 요신고자(要申告者)로 하고 있다.

문 : 정신대의 대상이 될 자는 얼마나 되는가?

답 : 현재 조선에 여자정신근로령을 실시해도 대상자는 극히 적은 범위에 지나지 않는다.

문 : 국민등록자 이외의 자라도 지망에 의하여 정신대에 참가할 수 있는가?

답 : 지원을 하는 때는 당연히 법령상 대원이 되는 것이다.

문 : 여자정신근로령과 국민근로보국협력령과의 관계는 어떠한가?

답 : 여자정신근로령의 대상이 되지 않는 자라도 14세 이상 25세 미만의 미혼인 여자는 「국민근로보국협력령」에 의하여 그 협력명령이 있으면 1년에 통산 60일 이내 근로에 복무할 의무가 있다.

문 : 지난 번 일본으로 송출한 여자정신대는 법령상 어떻게 취급되는가?

답 : 지난 번 일본으로 출동시킨 여자정신대는 관청의 지도장려에 의한 관(官)알선 방법이라서 법령상의 명령에 의한 것은 아니었다. 필요한 경우에 상당한 법적 조치를 하도록 되어 있다.

문 : 정신근로의 기간은?

답 : 관알선에 의한 여자정신대의 기간은 대개 2개년인데 본 령에 의한 기간은 1개년이다.

문 : 종사하는 일은?

답 : 총동원 물자의 생산, 수리, 배급, 보관 등 여자에게 적당한 총동원 업무이다.

문 : 국민등록자는 전부 그 대상이 되는가?

답 : 전부는 아니다. 「학도근로령」의 적용을 받는 자, 육해군 관아 또는 정부의 관리지정공장, 사업장의 종업원 및 법령에 의한 구금 중인 자 등은 당연 제외되는데 이 외에 현재 중요한 총동원 업무에 종사하고 있는 자, 가정생활의 중심이 된 자, 병약자, 불구자 등은 그 지망에 의한 경우 외에는 제외된다.

---

133 광공(鑛工)국장의 오기이다.

문 : 가정생활의 주축이 되는 자란 어떤 자를 가리키는가?

답 : 주축이 되는 자의 해석은 일반사회의 통념상 □□한 사람. 예를 들면, 모친이 사망하거나 또는 병으로 누워있어서 당사자가 모친을 대신해 모든 생계를 책임지고 있는 자를 가리킨다.

문 : 정신근로 중에 있는 자는 1개년의 기간이 되지 않으면 상당한 이유가 있더라도 절대로 해제가 되지 않는가?

답 : 그렇지 않다.

문 : 본 령에 의한 정신대에 까닭없이 참가하지 않는 경우는 어떻게 되는가?

답 : 처음에 정신근로영서(슈書)의 백지가 교부되는데 그것을 받고도 출동하지 않는 자에 대해서는 취직영서가 계속해서 교부되고 그래도 그 명령에 복종하지 않는 자는 국가총동원법에 의한 1년 이하의 징역 또는 천 원 이하의 벌금에 처하게 된다. 또한 필요에 의해서는 긴요도가 낮은 은행, 회사 등에 일하고 있는 자에게 여자정신대에 가입·출동하도록 명령하는 경우도 있다.

문 : 조선에서 본령을 곧 발동하는가?

답 : 조선은 일본과는 달라서 여러 가지 특수한 사정이 있으므로 지금 곧 발동은 하지 않을 방침이나 긴급한 전국을 감안해 필요한 경우에는 적당한 때에 이를 발동하도록 태세를 갖추어 두려는 것이다.

※ 시오다 광공국장의 담화 전문 수록

■ 8월 22일에 공포한 「여자정신근로령」 관련 기사

여자정신근로령을 공포하기 이전인 1944년 1월부터 이미 조선인은 '여자정신대'라는 이름으로 동원 중이었음

그러므로 이 법령은 이미 시행 중인 여자근로정신대 제도에 법적 근거와 강제력을 부여하기 위해 만든 법령

이 기사에서도 "그동안 정부 당국의 지도·장려에 따라 남자를 대신한 총후의 근로를 계속하기 위해 여자근로정신대가 조직되어 증산에 헌신해 왔는데, 이번의 조치는 여자근로정신대에 법적 근거를 부여"했다고 언급

■ 여자근로정신대 제도 연혁

1943년 4월 21일 각의결정 「여자근로동원촉진」

10월 20일 일본에서 최초로 여자근로정신대 결성

1944년 1월 18일 각의결정 「긴급국민근로동원방책요강」

8월 22일 「여자정신근로령」 공포. 동원 대상은 12세 이상 ~ 40세 미만의 미혼여성. 이 대상 범위에 들어가지 않더라도 '지원'도 가능

■ 조선여자근로정신대 동원 실태 : 일본의 3개소[134]

회사명	도쿄아사이토(東京麻絲)방적	미쓰비시(三菱)중공업	후지코시(不二越)강재
작업장	누마즈(沼津)공장	나고야(名古屋)항공기제작소 도토쿠(道德)공장 오에(大江)공장	도야마(富山)공장

---

134 그 외 국내 일본제철 및 인천육군조병창 등에서도 동원 사례 확인

회사명	도쿄아사이토(東京麻絲)방적	미쓰비시(三菱)중공업	후지코시(不二越)강재
소재지	시즈오카현(靜岡縣) 누마즈시(沼津市) 오카(大岡)	아이치현(愛知縣) 나고야시(名古屋市) 미나토구(港區) 오에정(大江町)	도야마현(富山縣) 도야마시(富山市)
동원 인원	약 300여 명으로 추정	* 272명(1945년 8월 현재) (1944년 6월 동원 시점 당시 300여 명으로 추정)	*1,089명 (1945년 5월말 현재)[135]
공탁자료	71명(3,183엔 28전)	기록 없음	485명(90,325엔 76전) * 남성 포함
출처	일본 후생성, 『조선인 노동자에 관한 조사결과』[136] 일본 법무성, 『노무자공탁금 자료』	『미군전략폭격조사단보고서』제16권 「三菱重工業會社」 고용분류표 (宋本文雄, 『司令部偵察機と富山』, 桂書房, 2006, 4쪽)	『不二越25年史』(不二越鋼材株式會社, 1953) 『노무자공탁금 자료』
참고 자료	「싸우는 半島女工, 東京麻絲○○工場 訪問記 - 內鮮一體로 能率倍加, 規律있는 日課 - ②裁縫과 家事까지 敎授」,《매일신보》 1944.3.16. 「戰時下朝鮮女性の勞務動員 - 東京麻絲紡績沼津工場の女子勤勞挺身隊を手がかりとして」(小池善之, 『靜岡近代史硏究』22, 1996)	『證言 從軍慰安婦, 女子勤勞挺身隊』(伊藤孝司, 風媒社, 1992) 『司令部偵察機と富山』(宋本文雄, 桂書房, 2006) 기사(「勝つ日までお化粧半納, 半島女子挺身隊」,《中部日本新聞》 1944.8.14	『후지코시 강제동원 소송기록』1~3(국사편찬위원회·한일역사공동연구위원회 한국측위원회 편, 2005)

〈그림 51〉 후지코시강재공장에서 소녀들의 선반기계 작업 모습(국사편찬위원회 소장)

〈그림 52〉 2006년 일본 법정에서 투쟁하는 피해자들 ('나고야 미쓰비시 조선여자근로정신대 소송을 지원하는 모임' 제공)

135 동원 당시 인원수는 더 많았을 것으로 추정
136 '1944년 300명 할당 302명 고용'이라는 기록 존재

〈그림 54〉 미쓰비시나고야항공기제작소로 동원된 박해옥의 단체 사진. 위압적인 사감의 모습(『조각난 그날의 기억』)

〈그림 53〉 매일신보 1944년 3월 16일자 도쿄아사이토 여자근로정신대 홍보 기사

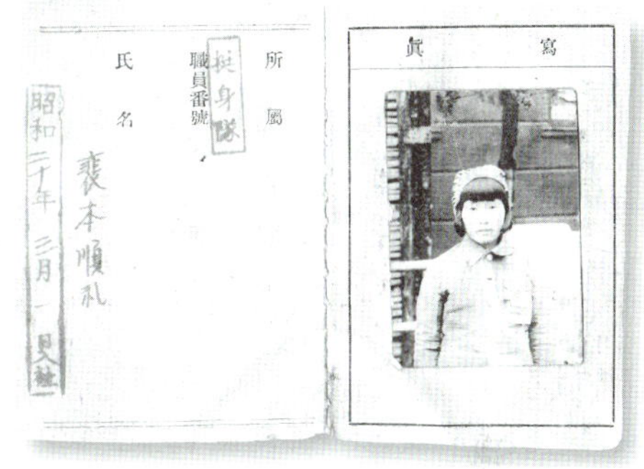

〈그림 55〉 후지코시강재로 동원된 배순례의 신분증(『조각난 그날의 기억』)

1944년 9월 3일

지면 : 1면 5단

제목 : 획기적인 증산을 기대하고 '농업요원'을 설치, 각 군의 위원회에서 전형(劃期的增産 期し '農業要員'을 設置, 各郡의 委員會에서 銓衡)

주체·해당 지역 : 조선총독부

■ 농업요원

1944년 9월에 마련한 「농업요원설치요강」에 근거한 제도. 식량증산을 위한 농업요원은 노무동원 송출대상자에서 제외하고 농업에 종사하게 함

「농업요원설치요강」에 따르면, 요원 지정의 범위는 순 농가의 농업경영자, 평균 수확보다 3할 이상을 증수한 농가와 그 가족, 농업증산실천원, 행정기관과 농장 등의 기술지도원이며, 전국에 설치된 농업요원은 약 165만 명 정도로 추정

당국은 농촌의 핵심 인력인 농업요원과 함께 농업실천원을 징용에서 제외하면서 농산물 생산 증강에 총력을 기울임

또한 총독부는 1944년 7월 농업생산책임제를 실시하면서, 촌락 혹은 애국반을 단위로 종래의 공동작업반과 달리 군대 조직으로 농업증산대를 결성했고

1945년 2월에는 증산에 관한 심의수립기관인 전시농업증산본부를 총독부와 각 도에 설치하고 전시비상조치로서 「농촌근로동원대책요강」을 결정하는 등 농촌 노동력의 강화와 농산물 확보에 노력을 기울임

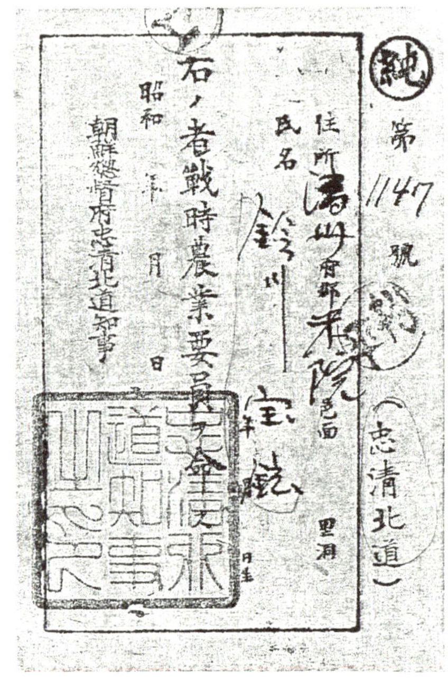

〈그림 56〉 전시농업요원 증명서(국무총리 소속 대일항쟁기 강제동원피해조사 및 국외강제동원희생자등지원위원회 소장 자료)

1944년 10월 15일

지면 : 1면 1단

제목 : 총독부, 근로동원본부를 각 도에 설치, 본부장에 정무총감(勤勞動員本部を本府各道に設置, 本部長に政務總監)[137]

주체·해당 지역 : 조선총독부

---

137 부서명과 업무 내용에서 '노무'를 '근로'로 대체했다.

지면 : 1면 1단

제목 : 광공국에 3과(鑛工局に3課)

주체·해당 지역 : 조선총독부

총독부는 노동력 증강의 중심이 전 국민 세력의 동원계획 여하에 있다고 생각해 오랫동안 해당 기구의 확충 강화를 연구 중이었는데, 이번에 광공국에 노무과를 폐하고 새로이 근로조정, 근로동원, 근로지도의 3과를 설치해, 합쳐서 총독부 칙임 사무관 1명을 여기에 배치해 근로 3과를 단일하게 구성하며, 동시에 각종의 기구를 개정, 근로행정의 획기적 강화를 이룸

이와 병행해 새로이 정무총감을 본부장으로 삼고 광공국장을 차장으로 한 총무, 지도의 2부 6과를 가지고 구성된 근로동원본부를 조선총독부 및 각 도에 설치하기로 내정(內定)했기에 이의 취지에 관하여 정무총감 담화를 발표

조선총독부, 10월 5일 「근로동원본부규정」 제정(조선총독부훈령 제92호). 10월 15일 각도에 설치

조선총독부, 조선총독부 사무분장 규정 개정(조선총독부훈령 제89호). 광공국 노무과를 광공국 근로동원과·근로조정과·근로지도과로 확대

※ 정무총감 담화 요지, 정보과 발표 내용, 근로동원본부 규정 수록

1944년 10월 18일

지면 : 1면 8단

제목 : 만 17세 이상에 방위소집의 영광, 17세 이하도 지원 가능, 11월부터 시행(滿17歲以上に防衛召集の榮光, 17歲以下の志願可能, 11月から施行)

주체·해당 지역 : 일본 육군성

1943년

12월 24일 '징병적령 1년 낮춰, 일본인(*내지인)만 내년도 실시(19세로 하향)'

1944년

2월 28일 '현역 지원은 17세 이상, 모이자! 젊은이, 당당한 검사'

【도쿄전화(東京電話)】징병의 대상이 될 남자의 나이 규정을 위해 육군성이 「병역법 시행규칙」을 개정 공포하게 되었음

※ 이 기사는 개정 내용 가운데 제50조의 개정에 해당 : '영 제21조 제4항 규정에 따라 징병종결처분을 거치지 않은 제2국민병을 본적 소재 연대구의 병적(兵籍)에 편입해 해당 연대구 사령관의 관할에 속하게 함'

■ 육군성, 병역법 시행규칙 개정 공포(육군성령 제45호)

시행규칙 개정은 본문 총 3개 조 7개 항과 부칙 총 4개 조의 개정. 시행규칙 부칙 제1조에 따라 11월 1일부터 시행

■ 제2국민병

1927년 4월 1일 기존의 징병령을 개정한 「병역법」(법률 제47조) 규정에 따른 병역의 종류 가운데 하나. 이 규정에 따르면, 병역의 종류는 상비병역(현역, 예비역), 후비병역, 보충병역(제1보충역, 제2보충역), 국민병역(제1국민병역, 제2국민병역)

병역법 제9조에 규정한 제2국민병역은 '호적법의 적용을 받는 자로서 상비병역, 후비병역, 보충병역과 제1국민병역에 있지 않은 나이 17세에서 40세까지의 자'에 해당

그러므로 이 개정은 징병적령의 하향을 의미하는 것이 아니라 제2국민병의 확충을 의미하며, 이 조치에 따라 10월 19일 조선에서도 17세 이상 남자를 제2국민병으로 병적 신고하도록 결정

지면 : 1면 2단

제목 : 군수회사법 시행, 관계 법령 28일 공포, 즉일 실시(軍需會社法施行, 關係法令28日公布, 即日實施)

주체·해당 지역 : 조선

주요 기사 내용

【도쿄전화(東京電話)】 군수회사법의 주요 요지 수록

민간군수공업의 직접 관리를 명시

요지 : 정부는 군수사업을 운영하는 기업을 지정해 해당 군수사업을 수행해야 함. 군수회사는 생산책임자와 생산담당자를 둬야 함. 생산책임자는 군수회사가 선임하고 생산책임자가 생산담당자를 임명. 생산책임자, 생산담당자 및 군수사업에 종사하는 자는 국가총동원법에 따라 징용된 것으로 간주함. 군수회사의 직원 또는 종업자가 생산책임자나 생산담당자의 지시에 따르지 않을 경우에 견책, 훈고 등 징계할 수 있음. 명령을 위반할 경우에 징역 또는 벌금을 처할 수 있으며, 징역과 벌금을 같이 부과할 수 있음

■ 군수회사법

1943년 10월 31일 제정 공포(법률 제108호). 시행령(12월 15일 칙령 제928호)에 따라 12월 17일 시행

■ 조선 적용

1944년 10월 28일 조선총독부 군수회사법 시행규칙 제정 시행(조선총독부령 제357호)

조선의 주무대신은 조선총독이었고, 두 차례(제1차 1944년 12월, 제2차 1945년 1월)에 걸쳐 99개 회사를 지정

지면 : 2면 1단

제목 : 노무조정령 개정안 5칙령안 요강(勞務調整令改正案 5勅令案要綱)

주체·해당 지역 : 일본

■ 연혁

1944년 11월 17일 노무조정령과 국민근로보국협력령 개정(칙령 제641호)

11월 21일 조선총독부, 노무조정령과 국민근로보국협력령 시행규칙 개정(조선총독부령 제387호), 11월 25일 시행

1944년 10월 31일

지면 : 1면 1단

제목 : 가미카제특별공격대 돌격을 계속, 대형 항공모함에 명중(神風特別攻擊隊突擊を績行, 大型空母に命中)

주체·해당 지역 : 필리핀(레이티만)

■ 가미카제특별공격대

구명 장치가 없는 장비를 이용한 자살특별공격대. 발음상 '신푸'이지만 '가미카제'로 부름. 비행기에 폭탄을 싣고 적의 군함에 돌진하는 자살공격을 하는 특별 부대. 1944년 8월 25일, 해군은 자살특공작전을 정식 작전으로 채택하고 10월 31일, 처음으로 레이테(Leite) 해전에서 가미카제특별공격대를 편성

가미카제특별공격대는 자살특별대 중 한 종류. 비행기 외에 사람이 작은 선박에 타고 돌진하는 신요(震洋), 마루레(マルレ), 가이텐(回天. 인간어뢰. 93식 어뢰를 개조해 머리 부분을 폭약으로 채우고 탑승원 혼자 조종. 적에게 접근하면 잠수함에서 발진해 몸으로 들이박는 특공 병기. 일단 발진하면 귀환할 수 없는 구조)도 자살특공대. 일명 인간어뢰나 잠수어뢰라 불렀다. 어뢰를 실은 배를 타고 적함에 돌격하거나, 모터보트에 폭탄을 고정해서 돌진하거나, 로켓을 분사하는 식으로 사람을 폭탄과 묶어서 쏘는 등등

해군 제1항공함대 사령관인 오니시 다키지로(大西瀧治郎) 중장이 자살특별공격대를 창안했다고 알려져 있지만, 실제로는 군사령 작전과에서 결정해 명칭까지 붙인 후 오니시에게 전달. 오니시는 이후 '일본 항공부대의 아버지'로 불림

자살특공대원들을 조달하는 방법은 다양해서 별도의 특공대원만을 양성하는 부대가 있었던 것이 아니라, 각 부대에서 차출하는 방식을 사용했다 해군에서는 해군소년비행병제도에 따라 운영되는 연습생들이 있었고, 해군특별지원병제도에 의해 1943년 8월에 동원된 지원병도 존재. 1944년 11월에 일본 해군으로 징병된 일반 군인들도 차출

육군에서도 해군과 같이 소년비행병제도 운영. 육군특별조종견습사제도나 항공기승원양성소에서 단기간 훈련을 받고 조종사가 된 청년, 학도지원병들도 특공대원의 후보 인력

지면 : 1면 7단

제목 : 중요국책 기획으로 종합계획국, 수상의 보좌기관 설치(重要國策企劃へ綜合計畫局, 首相の輔佐機關設置)

주체·해당 지역 : 일본

주요 기사 내용

관제 공포. 내각 직속의 중요국책 기획 부서

지면 : 2면 1단

제목 : 학도근로령 조선(*반도)에 동원 법제화, 근로 즉 교육이다(學徒勤勞令半島に動員法制化, 勤勞即ち教育だ)

주체·해당 지역 : 조선총독부

주요 기사 내용

※ 학무국장 담화 수록

- **학도근로령(칙령 제518호)**
1944년 8월 22일 공포, 8월 30일 시행
대학·고등전문학교 2년 이상 이과계 학생 1천 명을 근로동원에서 제외
10월 30일 조선총독부, 「학도근로령 시행규칙」 공포·시행(조선총독부령 제360호)
1945년 6월 14일 시행규칙을 개정(조선총독부령 제140호)해 학도근로령의 대상자를 졸업생에서 수료생으로 확대

※ 학도근로령 주요 내용
기존의 「국민근로보국협력령」에서 지정한 학생 동원의 대상과 내용을 대폭 확대·강화
학도근로동원의 내용과 방법을 명시한 명령. 학생과 교직원을 학도보국대로 편성하여 학도근로를 실시
노동력이 필요한 공장, 사업장이 문부대신과 지방장관에게 학도근로를 청구, 신청하면 이를 학교장에게 지시하여 학도보국대를 동원하도록 함

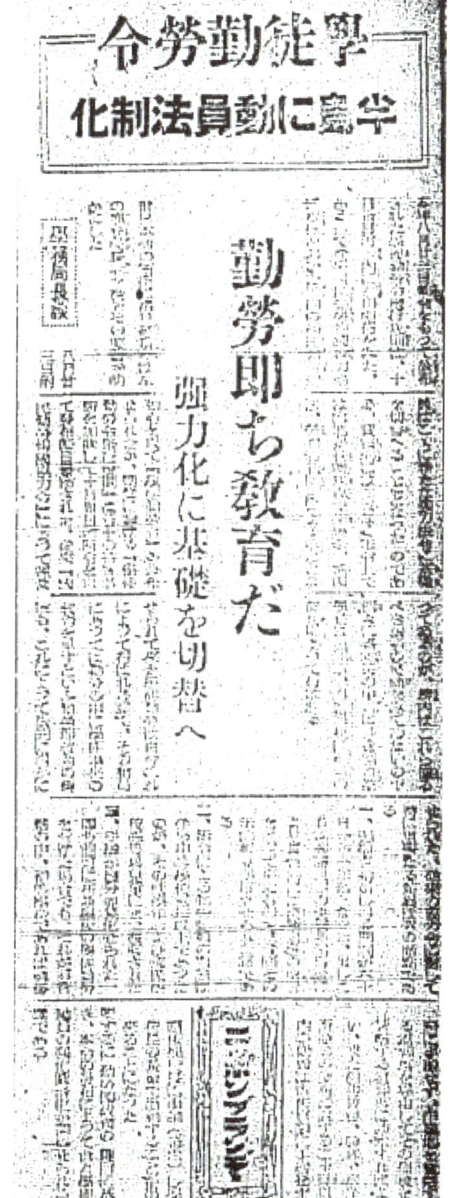

학도근로는 연속으로 1년간 시행할 수 있도록 함

※ 주요 특징

'학도동원은 곧 교육'임을 지도이념으로 명시

학생을 연속적으로 동원할 수 있는 기간을 2개월에서 1년으로 연장

동원 대상을 중등학교 저학년과 국민학교 고등과(高等科) 아동으로 확대

학교장과 교직원을 동원 대상에 포함시킨 점, 학도동원의 운영에 관한 절차를 대폭 간소화

1944년 11월 25일

지면 : 1면 11단

제목 : 60세까지 남자, 여자 40세까지 확대, 개정 근로 2개 칙령 오늘 시행(60歲までの男子, 女子40歲まで擴大, 改正勤勞2勅令けふ施行)

주체·해당 지역 : 조선

六十歲までの男子
女子四十まで擴大
改正勤勞二勅令　けふ施行

定例局長會議

주요 기사 내용

전력(戰力)의 수급 여하는 전국(戰局)에 큰 영향을 미치게 되므로 노동력이 부족해서는 안되므로 일본 정부가 국가총동원법에 근거한 노무조정령과 국민근로보국협력령을 개정 시행하게 되었음

개정의 요점은 노무의 배치와 통제의 일원화, 국민근로보국협력령의 사용 범위 확대 등

- **연혁**

1944년 11월 17일 일본에서 개정(칙령 제641호, 642호)

11월 21일 조선총독부, 「노무조정령」과 「국민근로보국협력령 시행규칙」 개정(조선총독부령 제387호), 11월 25일 시행

국민근로보국협력령 개정 내용 : 남자 14~60세 미만, 여자 14~40세 미만(배우자가 없는 여성)

1945년 3월 5일 「국민근로동원령」(칙령 제94호) 제정 공포로 폐지

1944년 12월 25일

지면 : 1면 1단

제목 : 조선(*반도)동포의 처우 구체화, 정치 처우에 조사회, 일반 개선 머지않아 실시로, 사회적 지위를 향상(半島同胞の處遇具體化, 政治處遇に調査會, 一般改善近く實施へ, 社會的地位を向上)

주체·해당 지역 : 일본 정부

관련 기사

1944년 12월 30일 '정치처우조사회 제1회 총회'

- **각의결정(1944년 12월 22일 「조선 및 대만동포에 대한 처우개선에 관한 건」)**

1. 내지 거주 조선동포에 대한 처우개선 요령 : 조선인의 일본도항제한제도 철폐 등 8개 항

2. 내지 거주 대만동포에 대한 처우개선 요령 : 1개 항

3. 조선 및 대만 내 처우개선

- **결정 배경**

1944년 7월 사이판 함락으로 일본의 절대국방권이 무너지자 일본 최고전쟁지도회의는 '인도네시아 독립 발표, 조선인과 대만인에게 황민화정책을 철저히 시행해 제국신민으로써 권리와 의무 부여, 독립운동의 철저한 탄압'을 내용으로 하는 지도요강 「앞으로 취해야 할 전쟁지도의 대강」을 정하고, 정부는 1944년 9월 7일 제85회 제국의회에서 지도요강의 내용을 담은 '고이소 성명'을 발표

11월 4일 각의에서 「조선 및 대만 거주민의 처우개선에 관한 건 취급방침안」을 결의하고, 조선과 대만에서 귀족원을 선임하기로 함

조선 및 대만거주민 정치처우조사회는 12월 29일부터 총 4회 총회를 개최해 논의한 결과, 1945년 3월 7일 각의에서 제한적이지만 식민지 참정권을 부여하기로 결정[138]

---

138 김종식 · 윤덕영 · 이태훈 지음, 『일제의 조선 참정권 정책과 친일세력의 참정권 청원운동』, 동북아역사재단, 2022, 145~164쪽

1944년 12월 24일[139] 일본 각의는 「조선 및 대만 거주민 정치처우조사회관제요강」을 결정하고 조선 및 대만거주민 정치처우조사회를 신설해 29일에 첫 회합을 개최. 조사회 회장은 고이소 총리
남사할린(*화태) 처우는 별도로 고려함[140]
※ 정보국 발표 「조선 및 대만 거주민 정치처우조사회관제요강」, 각의결정 「조선 및 대만 동포에 대한 처우개선에 관한 건」, 아베 총독 담화 수록

1945년 5월 2일[141]

지면 : 1면 3단

제목 : 해운총감부 설치, 군에서 일원적으로 지휘
운영(海運總監部を設置, 軍で一元的に指揮運營)

주체·해당 지역 : 일본 정부

■ 설치 배경

전국(戰局)의 악화로 인한 선박 감소에 따른 해상수송
력 저하에 대응하기 위해 1945년 4월 19일 최고전쟁
지도회의에서 「국가선박 및 항만일원운영실시요강」
을 결정

대본영 산하에 해운총감부를 설치하고 육군징용선(A
선)·해군징용선(B선) 및 지금까지 선박운영회가 담당
하던 국가사용선(C선)의 배선 업무를 해운총감부 아래
에 일원화하는 내용

이 결정에 따라 100톤 이상의 모든 선박은 해운총감
부가 관리하게 됨

---

141 경성일보 1945년 1월 ～ 4월은 자료를 찾을 수 없다.

■ **연혁**

1945년 5월 1일 설치하고 육군성 군수성 운수성 통신성 해운총국 선박운영회 등의 인원으로 구성(총감은 해군대장)

사령부는 히로시마 우지나(宇品)에 설치

8월 14일 해운총감부와 선박사령부 폐지에 따라 업무는 8월 15일부터 운수성 해운총국과 선박운영회로 이관

1945년 5월 13일

지면 : 1면 1단

제목 : 군사외교정치의 보도 선전, 정보국으로 통일, 대본영 보도부 편성, 작전 보도를 일원화(軍事外交政治の報道宣傳, 情報局に統一, 大本營報道部編成, 作戰報道を一元化)

주체·해당 지역 : 일본(대본영)

1945년 5월 22일

지면 : 1면 1단

제목 : 전시교육령 공포, 황국의 위기에 즈음해 생산방위에 정신, 학도의 결전태세 확립(戰時敎育令公布, 皇國の危機に際し生産防衛に挺身, 學徒の決戰態勢確立)

주체·해당 지역 : 일본

관련 기사

1945년

5월 23일 '국난 돌파를 향해 총 분기, 문부성, 전 학도에 훈령', '전시교육령 공포, 학도돌격의 대호령, 생산에 방위에 총궐기'

5월 24일 '임기 운영의 신 발휘, 전시교육령, 조선(*반도)에서도 머지않아 실시', '학도동원의 원호, 근로령으로 통일', '이공과의 학도 사용, 할당신청은 월말까지'

7월 1일 '반도학도대를 조직, 대장에 정무총감, 7월 하순까지 완료'

7월 27일 '동원학도의 취급에 대해'

8월 10일 '학도대 운영에 만전'

주요 기사 내용

전국(戰局)의 위급한 상황에서 청소년 학도의 분기를 촉구하고 그 사명을 유감없이 발휘하기 위해 20일 일본 각의에서 전시교육령을 결정하고 추밀원(*추부)의 심사를 거쳐 22일 '청소년학도에 내리는 칙유발포기념일'에 즈음해 재가를 얻이 공포하고 문부성이 발표

■ 「전시교육령」

1945년 5월 21일 공포(칙령 제320호)

학교마다 학도대를 설치하고 지역과 직장마다
연합대를 결성하는 내용. 조선에 적용

※ 조선 적용 : 1945년 7월 1일 시행규칙(조선총
독부령 제151호) 공포 시행

1945년 5월 24일

지면 : 1면 8단

제목 : 전시요원긴급요무령 실시(戰時要員緊急要務令實施)

주체·해당 지역 : 일본(후생성 군수성)

관련 기사

1945년

8월 11일 '전시요원 확보, 기동적 배치로, 긴급요무령을 발포(총독부)'

■ 「전시요원긴급요무령」

1945년 5월 24일 공포(후생군수성령 제1호)

국민근로동원령 제5조 근거

■ 국민근로동원령

제5조 후생대신(군수성 소관 기업의 근로관리에 관한 사항에 대해서는 군수대신) 또는 지방장관은 적의 습격 기타 긴급사
태 발생의 경우 종업자의 취업 확보를 위해 특별히 필요하다고 인정할 때는 다른 법령 규정에도 불구하고 사
업장의 사업주 또는 종업자에 대해 종업시간 연장 혹은 단축, 휴일, 지각, 조퇴, 결근 혹은 휴가 제한 또는 종
업자가 종사할 업무 기타 종업자의 사용 혹은 종업에 관한 사항에 대해 필요한 명령을 내릴 수 있다.

지면 : 1면 6단

제목 : 이달 말까지 완료, 국민의용대 지방 조직(本月末までに完了, 國民義勇隊地方組織)

주체·해당 지역 : 일본

관련 기사

1945년

5월 26일 '본사에서 좌담회, 탄생한 국민의용대' '1억 결사대의 태세, 국민의용대 조직의 의의'

5월 26일~6월 1일 '본사 주최 좌담회, 본사에서 좌담회, 탄생한 국민의용대(총 4회 연재)'

6월 2일~6월 4일 '국민의용대 이야기(총 3회 연재)'

6월 7일 '드디어 실질적 활동으로, 국민의용대 결성 거의 완료'

6월 11일 '의용병역법안'

6월 12일 '광영의 의용병역법(사설)'

6월 13일 '국민의용전투법이란'

6월 17일 '나가자 국민의용대(사설)', '전 조선(*반도) 황국 호지로 총궐기, 국민의용대조직요강 발표되다 - 지역과 직역의 양 조직, 화급한 상황에는 전투대로, 연맹 등은 해소 합류, 본부에 조선총사령부, 핵심적 활동을 기대, 전 직원 직임을 사수', '조선(*반도)의 국민의용대 - 애국반은 존속, 전투시는 군의 지휘 아래, 지금 이야말로 황국 호지'

6월 18일~6월 22일 '국민의용대에 부치다(寄)(총 4회 연재)'

6월 21일 '총독도 나도 일선으로'

6월 24일 '의용병역법을 상정'

6월 25일 '본토결전의 기초, 국민의용대의 법적조치 완료, 복역 기간은 1개년, 외지에는 특별 규정, 소집 대명자(待命者)에 통첩, 지역 직역 등을 관칭', '장차 필승의 근기'

6월 26일 '의용대 전투의 운영', '군 활동의 기초, 전 반도 의용병의 분기 요망'

6월 27일 '국민의용전투대교령 - 향당 직역 서로 연결해 침습의 적 격멸', '세기의 전쟁 일본의, 국민의용대의 노래 - 군보도부에서 선정', '부민 7월의 실천- 우리야말로 의용의 첨병'

7월 1일 '형태는 실정에 즉응 - 경성부에서는 구, 그 외는 읍면이 단위'

7월 3일 '일어나는 국민의용대 - 적격양(敵擊攘)으로 대진군'

7월 4일 '중대장에 정(町)회장, 지역의용대 8일에 결성'

7월 6일 '의용대 총사령부, 7일 결성식 거행'

7월 7일 '의용대 진발에 대한 총독 유고', '조선총사령부, 오늘 총독부에서 결성식'

7월 8일 '국민의용대조선총사령부 결성, 철벽진 이루다, 총사령에 엔도정무총감'

7월 9일 '결단코 이기자 의용대 - 봉대일 상회(常會)에 총감, 전 조선에 방송'

7월 13일 '실천력있는 청년 나서자, 의용대의 활동 - 도시는 직역대 중심'

7월 25일 '국민의용대 운영 - 전쟁 하나(一本)에 직결, 출근시 경비는 수익자 부담'

7월 29일 '의용대의 활동 방책, 매월 8일을 중심으로 지역과 직역(職域)에서 총훈련', '실천 행동이 생명, 자발적 정신에 철저하자 - 총사령 인사말'

8월 1일 '선박대에 전투대 편성하령(해군성)'

8월 3일 '목표는 단결의 강화, 국민의용대훈련요강 결정'

8월 4일 '국민의용병역 신청, 이윽고 접수를 개시 - 남자 15세 이상 60세까지'

8월 5일 '선박구난 전투대 편성하령(육군성)', '머지않아 근로정신대를 편성, 의용대의 본령 발휘'

8월 7일 '국민의용대원의 결의, 1억 일심 전승 완수로, 핵심은 맹세한 3항목 실천'

8월 8일 '의용대 최초의 대조봉대식'

8월 12일 '국민의용대 운영 내각에서 관장, 민간인도 순열에 등용'

■ 국민의용대[142]

일본 당국이 방공과 공습피해 복구 등에 전 국민을 동원하기 위해 만든 국민조직

1945년 3월 23일 각의결정 「국민의용대 조직에 관한 건」을 근거로 탄생(일본)

4월 30일 내무성, 「국민의용대조직에 관한 요강」 하달(일본)

6월 11일 임시의회에서 「의용병역법」 제정(일본)

6월 16일 총독부, 「국민의용대 조직 요강」 발표(조선)

6월 22일 「의용병역법」(법률 제39호)과 「의용병역법 시행령」(칙령 제385호) 공포. 현행 병역법에 따라 현역 소집 중인 사람과 육해군 학생을 제외한 남성 15~60세, 여성 17~40세에 해당하는 전원에게 의용병이라는 이름의 병역을 의무화하는 근거. 지원에 의한 의용병도 가능(일본)

6월 23일 「국민의용전투대 통솔령」 제정 공포(일본)

6월 24일 「국민의용전투대 교령」 제정 공포(일본)

7월 5일 「의용병역법 시행규칙」 공포(일본)

7월 7일 국민의용대 조선총사령부 결성(조선)

7월 8일 국민의용대 연합의용대 결성(조선)

本月末までに完了
國民義勇隊地方組織

---

142 만주국과 대만에도 유사한 명칭의 조직을 구성. 정혜경, 『1945년 국민의용대 제도 - 패배의 종착역에서』(도서출판 선인, 2019) 부록 참조

7월 23일 「철도의용전투대 편성하령」 시행 *일본

8월 1일 철도의용전투대 편성 완료, 선박의용전투대 발령(일본). 가라후토(樺太)철도연합의용전투대 편성(남사할린)

8월 3일 조선에서 의용대 첫 동원령

8월 5일 일본에서 선박의용전투대 편성 완료(해군 소속), 「선박구난전투대 편성하령」 시행(해군 소속)

8월 9일 지역의용대편성, 해군무관부 의용대 결성(이상 조선)

8월 12일 국민의용대 운영 방침 변경(일본)

8월 13일 「국민의용대 훈련요강」 발표(조선). 의용소집과 의용전투대 편성 발령(남사할린)

8월 21일 각의에서 국민의용대와 국민의용전투대 폐지 결정(일본)

9월 2일 국민의용대와 국민의용전투대 해산(일본)

10월 24일 의용병역법 폐지(일본)

1945년 6월 1일

지면 : 2면 7단

제목 : 만주국의 의용봉공대 제정(滿洲國の義勇奉公隊制定)

주체·해당 지역 : 만주국

■ **의용봉공대**

국민의용대와 동일한 성격

1942년 5월 27일 만주국 국무원회의, 「국민근로봉공제 창설 요강」 결정

7월 2일 「국민근로봉공자 선정요강」 결정. 이를 토대로 11월 18일 「만주국민근로봉공법」(만주국 칙령 제218호) 공포

만주국민근로봉공법 : 20~23세 이상 남자를 징병대상자로 지정하고 근로봉사대에 반드시 참가해 3년 동안 12개월간 복무하도록 의무화 ※ 1945년 3월 개정 : 연령을 20~30세로, 복무기간을 12개월에서 3년으로 연장

11월 18일 「국민근로봉공대편성령」(만주국 칙령 제219호) 공포 시행

■ **대만 사례**

1941년 전 도민을 대상으로 황민봉공대 결성 운영(대만 거주 일본인도 가입 필수)

1945년 6월 7일

지면 : 2면 1단

제목 : 대륙을 3개 부로 나누어 지하 지상 인적의 자전 체제, 대륙자원과학연구소 신설(大陸を3部に分け地下地上人的の自戰體制, 大陸資源科學研究所新設)

주체·해당 지역 : 만주국

지면 : 1면 1단

제목 : 자급자전태세 확립, 새로이 전국 8개 지방에 지방총감부를 창설, 행정협의회는 발전적 해소, 권한은 광범위하게 위양, 외부 국에 지방군수감리국(自給自戰態勢確立, 新に全國8地方へ地方總監府創設, 行協は發展的解消す, 權限は廣範に委讓, 外局に地方軍需監理局)

주체·해당 지역 : 일본

관련 기사

1945년

6월 11일 '지방총감부 관제'

지면 : 2면 8단

제목 : 교통국 제1선, 고인과 용인에게 현원징용. 어제 전 조선 15개소에서 영달식(交通局第1線, 顧傭人に現員徵用. きのう全鮮15ケ所で令達式)

주체·해당 지역 : 조선총독부(교통국)

관련 기사

1945년

8월 11일 '체신종사원에 현원징용, 어제 영달식'

군무원의 직종, 직급 종류

구분	세부 직종, 직급 등
고원(雇員)	사무, 기술, 통역, 수위(守衛), 기상술(氣象術), 석탄배급계, 포로감시원, 주방(厨手), 비행기정비수 등
용인(傭人)	공사(公仕), 잡사(雜仕), 급사(給仕), 군마수(軍馬手), 현장수(現場手), 운전수(運轉手), 필생(筆生), 도생(圖生), 자동차수(自動車手), 목공수(木工手), 봉공부(縫工夫), 정비수(整備手), 기관수(汽缶手), 선원(船員), 수도감시(水道監視), 징용운반공(徵用運搬工), 조병창용인(造兵廠傭人), 경방수(警防手), 제철공(蹄鉄工), 비행공수(飛行工手), 포로감시원, 대공(大工) 등
공원(工員)	시용(試傭), 견습공(見習工), 비행기공(飛行機工), 위생료공원(衛生料工員), 항공발동기(航空發動機), 피복위원공원(被服委員工員), 하조공(荷造工), 봉공(縫工), 자동차공(自動車工), 목공(木工), 자동차운전수(自動車運轉手), 정리공(整理工) 등
군부(軍夫)	육군 군부, 해군 군부, 특설건축, 징발 군부 등

지면 : 1면 5단

제목 : 긴급조치법안 중의원을 통과, 오늘 수정 성립, 시책의 발동 단행(緊急措置法案 衆議院を通過, けふ修正成立せん, 施策の發動斷行)

주체·해당 지역 : 일본

관련 기사

1945년

6월 13일 '전시긴급조치법안 성립'

6월 14일 '전시긴급조치법의 전모, 본토결전에 응기(應機) 발동'143

6월 22일 '전시긴급조치법 공포, 내외지를 통해 23일 실시'

6월 23일 '전시긴급조치법 오늘 실시', '조선(*반도)에 전시건설단, 긴급조치법 최초의 적용'

6월 24일 '제국 전역에 확대, 군사특별조치법의 적용 지역'

> ■「전시긴급조치법」(법률 제38호)
>
> 경제와 질서를 확립할 목적으로 제정. 군수생산과 운수통신의 유지 강화, 생활필수물자 확보, 방위와 질서유지, 세제의 적정화, 전재(戰災)의 선후 조치, 그 외 광범위한 사항에 관한 긴급조치를 현행법과 무관하게 시행하도록 하는 법으로 조선에도 적용
>
> 이를 통해 군수생산 증강, 공원(工員) 징계, 거주지 제한, 경작 명령, 토지 수용 등 효력이 광범위해 거의 모든 입헌적 수속을 백지로 만들 정도의 비상대권을 행사할 수 있음. 패배로 치닫는 전황 속에서 정치경제 질서를 마비하고 행정이 절박한 군사적 필요에 따라 자의적으로 실행할 수 있도록 함

지면 : 1면 8단

제목 : 육군에 임시육운국, 육상 소운송을 쇄신 강화(陸軍に臨時陸運局, 陸上小運送を刷新强化)

주체·해당 지역 : 일본(육군)

관련 기사

1945년

6월 15일 '육군에 임시육운국, 육상 소운송을 쇄신 강화'

---

143 6월 15일자 1면에도 동일한 기사 수록

지면 : 1면 1단

제목 : 전 조선(*반도) 황국 호지로 총궐기, 국민의용대조직요강 발표되다 – 지역과 직역의 양 조직, 화급시에는 전투대로, 연맹 등은 해소 합류, 본부에 조선총사령부, 핵심적 활동을 기대, 전 직원 직임을 사수(全半島皇國護持へ總蹶起, 國民義勇隊組織要綱發表さる－地域,職域の兩組織, 火急時には戰鬪隊へ, 聯盟等は解消合流, 本部に朝鮮總司令部, 核心的活動を期待, 全職員職任を死守)

주체·해당 지역 : 조선

주요 기사 내용

국민의 단결을 향상해 견고히 하고, 황국 호지(護持)의 대 정신 아래 열화의 기백과, 왕성한 전의를 발양해 필사(必死) 전력 증강을 기하는 국민의용대의 결성은 이미 일본 본토(*내지)에서는 거의 완결

조선도 16일 총독부에서 군관민 관계 수뇌자 회의에서 최후적 간담을 마친 결과 그 요강을 결정하고 정보과에서 조직요강을 발표

조선(*반도) 국민의용대의 조직과 기구는 내지와 연결을 긴밀히 하기 위해 구성은 같은 방향. 조직의 기구는 간소(簡素)를 방침으로 하고 있으며, 종래의 평면적인 운동방책으로는 소기의 실효를 거둘 수 없으므로 민의를 반영하면서 관제화의 폐를 피하고, 행정기구와 간접 병행, 철저한 행동체로서의 운영에 중점을 둠

조직에서는 지역, 직역의 두 개로 나누어, 직역에서는 별동대로서 학도, 통신, 수송, 의료관계자를 포괄해 특기대(特技隊)를 편성해, 이를 전투대로서 출동하는데 편하도록 하고, 기구는 총독부에 조선총사령부를 두어 각 도에 도사령부를 설치하며, 하부기구의 단위는 부, 읍, 면을 중추로 함. 의용대가 당면한 활동부서는 생산과 방위이며, 향토전장화에 대비해서 전기(戰技) 훈련도 실시해야 함

국민의용대의 결성에 따라 국민총력연맹, 일본부인회(日婦) 조선본부, 조선청년단은 발전적으로 해체해 의용대로 합류하고, 전 조선에 걸쳐 의용대 결성을 완료하는 것은 7월 상순이 될 예정
※ 정보과 발표 내용, 국민의용대조직요강, 나가야(長屋) 보도부장 담화, 정무총감 인사말 요지 수록

1945년 6월 21일

지면 : 1면 6단
제목 : 자수하면 벌하지 않는다. 징용기피를 단호히 막는다, 당국 담화 발표(自首せば罰せず. 徴用忌避を斷乎防遏, 當局談發表)
주체·해당 지역 : 조선총독부

관련 기사

1945년
6월 21일 '징용에 가족도 협력, 국민적 의무를 인식하자'
6월 22일 '징용기피방알 단속에 대해(사설)', '징용기피 악질자를 엄중히 처벌'
6월 25일 '징용기피방알 단속 취지 철저로'

1945년 6월 24일

지면 : 1면 10단
제목 : 주코쿠와 시코쿠에 군관구(中國四國に軍管區)
주체·해당 지역 : 일본

관련 기사

1940년
7월 13일(조간) '내지병비 대개혁을 단행, 4군관구를 설정, 8월 1일 시행'

1945년 6월 25일

지면 : 1면 1단
제목 : 본토결전의 기초, 국민의용대의 법적조치 완료, 복역 기간은 1개년, 외지에는 특별 규정, 소집 대명자(待命者)에 통첩, 지역 직역 등을 관칭(本土決戰の基礎, 國民義勇隊の法的措置完し, 服役期間は1ケ年, 外地には特別規定, 召集待命者に通牒, 地域職役等を冠稱)
주체·해당 지역 : 일본

6월 22일 제정한 「의용병역법」 및 시행령 제정(법률
제39호, 칙령 제385호) 관련 기사

이 법은 현행 병역법에 의해 현역 소집 중인 사람과
육해군 학생을 제외한 남성 15~60세, 여성 17~40
세에 해당하는 전원에게 의용병이라는 이름의 병역
을 의무화하는 근거

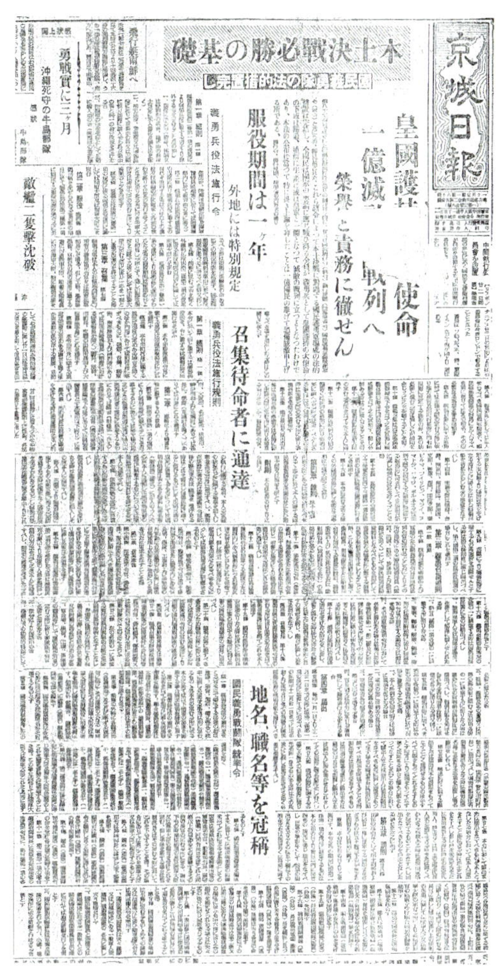

1945년 7월 1일

지면 : 1면 1단

제목 : 반도학도대를 조직, 대장에 정무총감, 7월 하순까지 완료(半島學徒隊を組織, 大將に
政務總監, 7月下旬まで完了)[144]

주체·해당 지역 : 조선총독부(학무국)

---

144 훈령과 시행규칙 제정

지면 : 1면 1단
제목 : 국민의용대 조선총사령부 결성, 철벽진 이루다(國民義勇隊朝鮮總司令部結成, 鐵壁陣成る)
주체·해당 지역 : 조선총독부

주요 기사 내용

국민의용대가 7일 대조봉대일(大詔奉戴日)을 중심으로 전 조선 곳곳에 웅장 활발한 진발(進發)을 이뤘는데

이를 통할 지도하는 국민의용대 조선총사령부의 결성식이 7일 오전 10시부터 총독부 제1회의실에서 아베(阿部) 총독, 고즈키(上月) 조선군관구사령관 대리를 시작으로 엔도(遠藤) 총사령, 와타나베(渡邊), 기요하라(清原) 양 차장 이하 고문, 참여 등 다수가 참석해 대성황으로 거행

총사령부 기구는 총사령 아래 차장 2명, 고문, 참여 약간 명과 함께 총사령부 운영의 중핵이 될 지도위원회를 설치하고, 하부 사무당국으로서 지도부를 설치. 지도부에서는 총무, 연락, 연성, 부인, 선전의 5개 반을 설치

국민의용대 조선사령부 총사령은 엔도 정무총감이 취임했는데 차장 이하 진용을 구성

※ 전체 명단 수록

■ **아베 노부유키(1875~1953. 阿部信行)**[145]

일본 육군 군인, 정치가

육군사관학교와 육군대학교를 졸업하고 육군대장으로 예편한 후 내각총리대신, 외무대신(겸직), 익찬정치회 총재, 귀족원 의원을 거쳐 1944년에 조선총독에 부임해 패전을 맞았다.

1945년 9월 9일 조선총독으로서 항복조인식에 출석한 후 9월 12일 해임되어 9월 19일 일본에 귀국한 후 A급전범 용의자로 체포되었으나 도쿄재판(극동국제군사재판) 개정 직전에 갑자기 기소예정자 명단에서 제외되어 수수께끼로 남았다.

이후 공직 추방자가 되었으나 1952년 해제되었다.

---

145 秦郁彦, 「阿部編隊帰投せず—ニコバル沖の体当り」, 『第二次大戦航空史話(中)』, 中央公論社 中公文庫, 1996, 273쪽; 上田正昭·津田秀夫·永原慶二·藤井松一·藤原彰, 『コンサイス日本人名辞典(第5版)』株式会

■ 엔도 류사쿠(遠藤柳作. 1886~1963)

사이타마현 출신으로 정치가이자 변호사

1945년 일본 패전 당시 정무총감을 지냈고, 1952년 일본 무사시노 은행을 설립했다. 엔도 정무총감은 1945년 8월 15일 조선의 독립운동가였던 여운형을 관저로 불러 치안유지 협조를 부탁한 인물이기도 하다.

1945년 7월 16일

지면 : 1면 1단

제목 : 설영의 총력 결집, 전시건설단령 발포(設營の總力結集, 戰時建設團令を發布)

주체·해당 지역 : 조선(정무총감 발표)

관련 기사

1945년

7월 17일 '전시건설단, 25일경 설립'

주요 기사 내용

1945년 3월 27일 일본에서 공포한 「전시건설단령」(칙령 제152호)의 조선 적용(7월 15일) 관련 기사

국가총동원법 제18조 규정에 근거해 전시건설단을 설치

※ 정무총감 담화 수록

■ 전시건설단의 임무

전시 중 토목건축사업의 종합적 통제와 운영을 도모. 군수대신의 명령에 따라, 또는 인가를 받아 행하도록 규정

임원(단장, 부단장)도 군수대신이 임명. 해외건설단도 운영해 점령지에서 시설 건설에 관여

1946년 1월 15일 「전시건설단령 폐지의 건」(칙령 제23호)에 따라 폐지

社 三省堂, 2009, 48쪽

지면 : 1면 1단
제목 : 경성 · 인천 · 평양 · 부산 소재 국민학교의 수업 정지, 총독부 학동 소개에 결단(京城仁川平壤釜山の國民校授業停止, 總督府學童疏開に斷)
주체·해당 지역 : 조선총독부

관련 기사

1945년

7월 28일 '인원소개촉진요강 결정, 무인고지는 집단 귀농', '익동에게는 이신 거주시에서, 소개시의 배급내책', '소개권장 기본자료에 잔류이유 조사(경성부)'

7월 31일 '공장을 선별해(間引) 소개(광공국)'

지면 : 2면 1단
제목 : 4개 도에 10월까지 2만 5천 호 건설, 소개주택, 희망자에게 대여(4道に10月迄に2萬5千戶建設つぞ疏開住宅, 希望者に貸與)
주체·해당 지역 : 조선총독부

관련 기사

1945년

7월 19일 '강원도에 소개수입대책본부'

지면 : 1면 4단
제목 : 근로통솔강화 칙령안 가결(勤勞統率强化勅令案可決)
주체·해당 지역 : 일본

주요 기사 내용

1945년 8월 1일 일본 정부, 「전시근로통솔의 쇄신강화에 관한 칙령안 요강」 결정
100인 이상의 응징사 또는 국민근로동원령 제4조 규정에 의한 지정요원을 동원한 공장 그 외 작업장, 주무 관청이 필요하다고 인정할 때에는 소규모 작업장이나 배급요원, 일용노동자에도 적용

1945년

8월 4일 '3개 칙령안 발표'

■ 「국민근로동원령」

제4조 전 조 제1항(※)의 종업자 이외의 종업자로 하여금 후생대신 혹은 지방장관이 지정하는 물자의 생산, 수리 혹은 배급, 운반, 통신 또는 토목건축에 관한 총동원업무 기타 총동원업무에 종사할 지방장관이 지정하는 것은 명령이 정하는 바에 따라 지방장관의 인가를 받지 않으면 지방장관이 정하는 업무에 종사하는 것을 그만둘 수 없다. 단 명령으로 정하는 경우에 있어서는 이에 구애받지 않는다.

※ 제3조 제1항

공장, 사업장 기타 장소(이하 사업장이라 함)로서 후생대신 혹은 지방장관(동경도에 있어서는 경치총감 이하 동일)이 지정하는 곳에서 사용될 종업자 또는 지방장관이 지정하는 범위의 종업자의 해고 및 퇴직은 명령이 정하는 바에 따라 지방장관이 인가하지 않으면 이를 시행할 수 없다.

■ 법령 및 기구 관련 기사 목록(1937. 7~1945. 8)

순서	시기	면	기사제목
1	19370707	석1	관방기구의 개혁-외사과를 부로 승격
2	19370707	석3	항공도시 평양의 자랑, 항공청년단 탄생
3	19370707	조2	보건위생성(가칭) 설치, 관계 각료 어제 협의(일본)
4	19370708	석1	신설기구 명칭은 보건사회성으로 내정(일본)
5	19370708	조2	지방행정 일신, 바바(馬場)내무상 말하다(일본)
6	19370709	석1	간이보험사무를 신설하는 성에 이관(일본)
7	19370710	석1	형무관연습소 독립 결정(일본)
8	19370710	석1	보험사무를 보험원에 통합(일본)
9	19370710	조2	보건사회성-기구요항 결정(일본)
10	19370711	석2	드디어 방공계 실현!
11	19370711	조5	수원방호단, 25일 발단식 거행
12	19370716	조7	철도국의 대량 증원
13	19370717	석1	총독부 외사부, 오늘 진용 강화를 실시
14	19370722	석2	중앙에 준해 각도에도 설치
15	19370722	석2	정보위원회 급히 설치
16	19370722	조5	장단방호단, 22일 결단식 거행
17	19370724	조7	경기도청에도 특설 방호단
18	19370725	조7	체신방호단
19	19370725	조7	철도국에 조사과, 기획 자원조사 정보 수집 등
20	19370804	조3	해주읍에 부제 실시, 내년도 예산에 요구
21	19370807	조2	북지사변(北支事變) 관계 법안 전부 원안대로 가결(일본)
22	19370818	조2	산업경제를 전시체제하로, 임시행정청을 설치, 의회에 제안(일본)
23	19370827	조2	조선총독부 지방관 관제 개정
24	19370901	석2	하늘의 위협에서 조선(*반도)의 자원을 보호한다, 자원방호계 승격
25	19370908	석4	임시자금조정법 시행으로 조선에도 위원회 설치
26	19370930	석6	광산과의 계관 증원
27	19370930	조5	대 중국 무역의 신장을 위해 특수기관을 설치(일본)
28	19370930	조7	조선인 관리의 초임급 인상
29	19371017	조5	진주읍의 부제 시행
30	19371021	석2	조선군사령부에 신문반을 편성
31	19371023	석2	조선(*반도) 교육계를 확립, 임시교육심의위원회
32	19371026	조5	남 조선산업의 참모본부, 중앙시험소를 개소
33	19371102	조2	육군 이동 발표(일본)
34	19371102	조2	대본영 설치는 이번 달 중순 예정(일본)
35	19371103	조2	거국일치 체제의 강화 확립으로(일본)

순서	시기	면	기사제목
36	19371103	조2	남경 대본영의 특색은 방공부 신설(중국)
37	19371104	석2	초등교원 2천 명, 교학 쇄신의 대증원(일본)
38	19371110	조2	국가총동원 훈령, 어제 결정 즉각 발령(일본)
39	19371112	조2	대본영 설치로 결정(일본)
40	19371113	조2	방공법 조선시행령 결정, 17일에 공포 실시
41	19371117	석1	신 군령에 따른 대본영 드디어 실현(일본)
42	19371117	조2	새로운 대본영 설치, 18일 관보로 공포
43	19371117	조6	바라고 바라던 읍제 실시, 신흥 영산포읍
44	19371118	조2	대본영령 오늘 공포(일본)
45	19371118	조3	민간위원도 포함해 농촌진흥운동을 심화, 17일의 농촌진흥위원회 내용
46	19371119	석1	대본영과 내각(일본)
47	19371119	석1	대본영령 공포(일본)
48	19371120	석2	국방사상보급부, 용산사단에 신설
49	19371120	석2	중앙방공위원회 위원 간사 임명
50	19371121	조2	칙어를 내리다, 대본영 설치에 관해 육해군 두 성이 발표(일본)
51	19371121	조2	어제 대본영을 설치, 육군성과 해군성의 보도부가 발표(일본)
52	19371202	석2	내년도 교원 증가, 적어도 2500명
53	19371205	조3	방공사무취급은 경찰직원이 담당
54	19371211	석2	대사관이 총영사관에 조선부를 설치(일본)
55	19371216	석2	경기도 면 이름을 정월부터 개정
56	19371217	조5	도항보호사무소, 15일 개소식 거행
57	19371220	석1	북중국(*북지)경제발전을 위해 중일합작기관 설치(일본)
58	19371225	조2	후생성으로 개칭(일본)
59	19371229	조2	조선광업경찰령
60	19380101	석11	전 지방을 통합(일본)
61	19380106	석1	후생성, 드디어 10일 정식으로 결정(일본)
62	19380107	석6	광산의 재해를 방지하고 시설의 합리화를 도모하라(일본)
63	19380107	조2	신설의 후생성 대신, 문부성 대신의 겸직으로 결정하다(일본)
64	19380108	석1	후생성의 인사, 10일 각의에서 결정(일본)
65	19380108	석4	비료배급령 실시
66	19380109	조7	방공과 도시계획, 두 개의 계를 합병
67	19380111	조2	기대되는 후생성 신설(일본)
68	19380112	조2	후생성, 드디어 개청(일본)
69	19380116	조2	조선에 지원병제도
70	19380117	석1	찬란한 지원병제도, 역사상 다시 없는 금자탑

순서	시기	면	기사제목
71	19380119	석1	전 조선에 청년훈련소를 확대
72	19380119	석1	교학관을 신설
73	19380119	석2	지원병을 수용할 육군예비훈련소
74	19380127	조2	시국대책위원회 설치 준비를 추진
75	19380128	석1	시국대책위원회 대강 성립
76	19380128	조2	중의원 본회의, 징병제도는 장래에 별개로 강구(일본)
77	19380128	조7	공립보통학교에 고등과, 2년제 4학급을 신설
78	19380130	조2	시국대책위원회, 신속히 위원 간사 임명
79	19380203	조2	지원병제도 칙령, 드디어 기원절 이전에 공포(일본)
80	19380203	조3	경성부청에 방공과
81	19380204	석1	국가총동원법 급히 제정할 필요(일본)
82	19380205	석1	청년훈련소 규칙을 개정
83	19380205	석1	4개 도에 산업부를 신설
84	19380217	조2	국가총동원법안에 추밀원(*추부)의 공기 험악(일본)
85	19380218	석1	국가총동원법안 일부 수정(일본)
86	19380218	석1	총독부(*본부) 각 국, 지방청을 통해 천 수 백 명의 대 증원
87	19380218	조2	개정조선교육령, 추밀원(*추부)심사위원회에서 가결(일본)
88	19380218	조2	지원병 제도(19일) 드디어 공포(일본)
89	19380219	석1	지원병 제도, 군사령관의 담화, 공포와 동시에 발표
90	19380219	석1	국가총동원법안 각의에서 결정(일본)
91	19380219	조2	총동원법 운용에 심의회를 설치(일본)
92	19380219	조2	평남 외 5개 도에 산업부 신설
93	19380223	석1	지원병령 23일에 공포(일본)
94	19380223	조2	지원병제도 어제 공포, 육군특별지원병령(일본)
95	19380224	석1	개정 조선교육령 가결(일본)
96	19380225	조2	이번 의회 개회 이래의 긴장, 총동원 법안을 상정(일본)
97	19380226	석1	총동원 법안 전도에 일단의 난항 예상(일본)
98	19380301	석1	국가총동원법안 위원회 개최-벽두에 외상이 설명(일본)
99	19380301	조2	총동원안 위원회 재개(일본)
100	19380301	조5	위태로운 '산업부 신설'
101	19380302	석2	군수성 설치 의향 표명(일본)
102	19380303	조2	총동원 법안에 대해 귀족원의 태도 신중(일본)
103	19380303	조2	총동원 법안에 한 가닥의 서광(일본)
104	19380303	조5	산업과에서 농무과를 분리(충북도)
105	19380308	조2	장래 선전성을 설치, 히로타 외무대신 언명(일본)
106	19380309	조2	총동원법을 외시에 석용(일본)

순서	시기	면	기사제목
107	19380310	조2	주식회사 매일신보사 설립에 관한 근고
108	19380311	석1	매일신보사 개조
109	19380311	석6	임시물자조정과, 식산국 내에 설치 내정
110	19380312	조2	국가총동원법의 운용기구 내용(일본)
111	19380312	조2	군수성 명칭은 불명이지만 연구는 하고 있다(일본)
112	19380315	석6	중요물자의 조정과 수출입 적정을 도모(일본)
113	19380316	석1	국가총동원법안 내일 중의원 통과(일본)
114	19380317	석1	산금회사법안을 만장일치로 가결
115	19380317	석1	총동원 법안 중의원을 무난하게 통과(일본)
116	19380317	조2	관리(官吏)제도를 개혁, (부대결의)대외공작을 확립하자(일본)
117	19380317	조2	총동원법안 최후의 위원회(일본)
118	19380317	조2	총동원 법안 가결, 중의원 본회의(일본)
119	19380318	석1	국가총동원법안 특별위원에 위탁(일본)
120	19380318	석1	중의원의원선거법 조선에 시행의 건(일본)
121	19380320	조2	귀족원 총동원위원회, 본 법 시행과 동시에 군수공업동원법 폐지(일본)
122	19380321	조2	칙령 문제로 육박, 귀족원 총동원위원회(일본)
123	19380324	석1	국가총동원법안 귀족원도 무수정 통과하자(일본)
124	19380325	석1	총동원 법안 원안대로 가결(일본)
125	19380325	조2	추가예산안 및 총동원법안 가결(일본)
126	19380329	조2	국민정신 총동원을 다시 구체적으로 추진(일본)
127	19380329	조2	각도에 산업부 설치
128	19380330	석1	국가총동원법 4월 조속히 공포(일본)
129	19380402	석1	개정 조선교육령 드디어 오늘 실시
130	19380406	조1	교육행정 다시 비약, 교학관을 총독부 본부에 설치, 도에 학무부 신설하는가
131	19380408	조7	송신망 확충에 '참모본부' 산금계, 체신국 전기과로 신설(총독부 체신국)
132	19380412	조1	총후보국강조주간 행사요강을 각도에 통달
133	19380415	석1	도 산업부의 신설 드디어 실현, 행정기구도 개혁
134	19380504	조1	광산노동자의 복음
135	19380505	석1	국가총동원법 드디어 발동, 군수공업법을 폐지(일본)
136	19380505	석1	관계 칙령 4일 공포(일본)
137	19380505	석1	동시에 심의회 설치, 위원 인선에 착수(일본)
138	19380505	석1	심의회 관제를 결정, 5일 공포 즉일 시행(일본)
139	19380505	석1	지원병 훈련소 경성제국대학 내에 임시 개설
140	19380506	석1	시국 중대의 가을, 총동원체제의 완비가 절대로 필요
141	19380506	조1	내지 외지의 각 위술지에 육군묘지 신설(일본)
142	19380507	조2	요망의 소리 높은 동아성 신설(일본)

순서	시기	면	기사제목
143	19380520	조1	식산국 내에 산금과 신설
144	19380521	석1	산금과 초대과장 기노(木野)씨 임명
145	19380524	조2	새로이 공사관 등을 두고 외무기구를 강화(일본)
146	19380525	조2	여러 정책을 재음미, 통제 주체를 확립, 전시체제 전개에 격령 기운(일본)
147	19380525	조2	기획원 제안으로 동아연구소 구체화(일본)
148	19380601	석1	경기, 평남, 경북에 학무부를 신설, 현재 심의 중
149	19380604	조1	비행집단사령부령, 4일 공포, 1일부터 시행(일본)
150	19380609	석2	가옥도 방공시대, 시계령규칙에 대 개정(일본)
151	19380613	석1	국민건강보험관계 칙령안, 20일경 공포(일본)
152	19380628	조2	근로보국대를 조직
153	19380629	조1	국가총동원법 제6조, 제21조 발동, 어제 각의에서 방침 결정(일본)
154	19380630	석1	철도국 기구 개혁, 공무과를 폐지하고 보선과 개량의 두 개 과를 신설
155	19380706	조2	전업 실업 대책 위원회를 설치
156	19380707	조5	사회과 독립, 인천부회 무사 가결
157	19380712	석1	조선에도 경제경찰, 약 3백 명의 경찰관 증원
158	19380721	조7	시국총동원과 신설, 경성부 비상시 대책 마련하다
159	19380722	석1	폭리취체령 드디어 발동
160	19380722	조1	경제경찰제도 창설비, 대장성에서 대 삭감
161	19380726	석1	내각 제도개혁을 포함한 행정기구 개정(일본)
162	19380728	조5	일본 본토(*내지)와 조선의 선원 사무
163	19380729	석1	중앙물가위원회 창설, 이번 달 중에 규정을 공포
164	19380729	석1	선만척식훈련소, 오늘 강원도 세포에 개소식을 거행
165	19380731	석1	교학관 제도 실현, 주임관 2명을 학무국에 배치
166	19380731	조5	세포의 이민훈련소, 낙성개소식 거행(28)
167	19380801	석1	총동원법 제21조의 칙령안을 심의(일본)
168	19380802	석2	대정회제로 전진
169	19380803	조2	경성부정회(가칭) 및 구역
170	19380807	조2	드디어 국민등록제 조선에 실시하기로 결정
171	19380808	석1	조선총독부 본부에 축산과를 신설
172	19380811	조1	총동원법 일부 발동의 2개 안을 심의에 올려 가결(일본)
173	19380812	조5	읍면장의 대우 개선, 강원도에서 드디어 실시
174	19380813	석1	내년 봄 졸업자의 사용 제한, 내외지 동시에 시행(일본)
175	19380815	석2	면에도 '부면장', 지방행정 제1선의 강화를 도모
176	19380817	조1	조선인의 일본(*내지) 도항 개혁
177	19380817	조2	실업구제 국민등록 일부 취급 기관을 설치할 것인가. 조선총독부 사회과에서 연구 중

순서	시기	면	기사제목
178	19380819	조1	총동원법 제6조 및 제21조 일부 발동(일본)
179	19380825	석1	조선방공훈련경보규칙 내일 공포 시행
180	19380828	조1	시국대책조사위 진용을 갖추다, 어제 관제를 공포
181	19380830	석1	시국대책조사위 자문안 오늘 발표
182	19380903	조5	다시 농진과를 신설
183	19380909	석4	학교졸업생 할당, 일본 본토(*내지)와 호응, 규칙 제정
184	19380910	석1	외무고문관제 정식으로 결정(일본)
185	19380911	석1	경제경찰령 및 석유규정을 실시
186	19380914	조2	학교졸업자사용제한 운용에 관한 통첩
187	19380916	조2	조선총독부 문서과의 기구를 확충 강화하기로 결정
188	19380917	조5	해주의 부 승격
189	19380922	조2	10월 1일을 기해 해주읍에 부제 실시, 동시에 12개 면에 읍제
190	19380928	조1	육군성 신문반을 정보부로 개칭
191	19380928	조1	대지원(對支院)의 설치는 내각의 조직적 강화, 실질적 전시내각제로(일본)
192	19380928	조2	조선의 경제경찰 드디어 다음달 개시
193	19380929	조2	임시물자조정과 및 연료과를 설치하기로 결정, 호즈미 식산국장 발표
194	19381001	조1	4상회의 협의 결과 대 중국기관타협안 채택(일본)
195	19381002	석1	4상회의에서 결정한 대지원 관제안(요지)(일본)
196	19381002	조1	대 중국기관 관제안 각료 이의없이 가결, 정식 결정은 7일 각의(일본)
197	19381003	석1	대중국 관계 사무 상당히 광범위하게 이관, 외무성에서 대지원으로(일본)
198	19381012	석1	대지원관제 결정 상당히 지연되지 않는다(일본)
199	19381012	조1	정부안을 중심으로 문관제도 개정안 협의(일본)
200	19381012	조1	조선인 특설부대 만주국군에 신설(만주국)
201	19381020	조1	대지원 드디어 실현, 외무성 육군성 해군성의 의견이 일치해 늦어도 11월 중순 경까지(일본)
202	19381103	석1	경제경찰법 5일 공포 실시
203	19381103	조2	기획부를 신설, 전시체제의 정비를 맡아
204	19381105	석2	조선군 보도부 설전부대를 편성
205	19381106	석1	경제경찰제도 공포는 9일
206	19381110	석1	조선경제경찰령 오늘 공포 즉일 실시
207	19381110	조1	조선(*반도) 경제경찰제의 중추 경기도 경제경찰과 드디어 활동 개시
208	19381111	석1	총동원법 제11조 발동은 필지불가결인가(일본)
209	19381111	석2	신흥 북선의 중심인 나진에 특별도제
210	19381112	석1	외무부 확충의 한편에 후생국 기획부를 신설
211	19381115	석1	총동원법 제6조 노동 2개 칙령안(일본)
212	19381116	석1	주만해군부 폐지, 해군무관부를 설치, 해군 당국 발표(일본)

순서	시기	면	기사제목
213	19381119	조2	확충 후 조선총독부의 신 기구
214	19381121	조1	의원제도 특별위원회를 부활, 제반의 대책을 강구(일본)
215	19381201	조1	흥아원관제 심사, 제1회 추밀원(*추부) 위원회(일본)
216	19381208	석1	흥아원관제안 오늘 추밀원 본회의에서 가결(일본)
217	19381209	석1	(육군성 발표) 항공교육의 일원 강화, 육군항공총감부 신설(일본)
218	19381209	석1	조선(*반도)에 국민등록령, 내무국 내년 5월부터 신고 개시
219	19381210	조2	육군항공총감부령 어제 공포되다(일본)
220	19381216	조1	흥아원 드디어 개설, 오늘 관제 공포, 인사 발령(일본)
221	19381217	석1	흥아원 개청, 야나기가와 장관 등 처 등청(일본)
222	19390113	조1	(육군성 발표)국가총동원체제에 즉응해 육군성 관제 일부 개정, 16일부터 실시(일본)
223	19390122	석2	6개 직업소개소를 국영으로 이관, '노동소개소'로 개칭
224	19390128	석2	지행합일을 기해 교학연구소 신설
225	19390203	석1	조선총독부 경무국 내에 드디어 방호과 신설
226	19390204	조2	6개 소개소를 국영 이관 7월 1일부터 실시
227	19390205	조2	반도방공진 완벽을 기하다 방호과 신설에 대해
228	19390218	조1	제국총영사관 개설, 해남도 공략 후 여러 공작 진척(일본)
229	19390222	조2	만지(滿支) 노동력의 조정, 북지(北支)에 노공협회 설립(일본)
230	19390301	조1	병역법 개정안 가결, 양원 본회의 최초의 성립 법안(일본)
231	19390302	조1	흥아원 연락부, 북경 외 3개소에 신설(일본)
232	19390304	석1	교학연구소 신설, 소학교 교원의 재교육
233	19390317	조1	총동원법 제11조, 다음 주 각의에서 결정하고 곧바로 발동(일본)
234	19390317	조1	구매력 억제에 강제저축을 실시, 총동원법 개정설도 유력(일본)
235	19390326	조1	조선지원병 실시 2개 칙령 27일 공포(일본)
236	19390331	조7	전국 제국대 의대에 부속 전문부 설치(일본)
237	19390401	조1	남지나해의 신난(新南)군도를 대만총독부 관하로 편입(일본)
238	19390407	석1	총동원법 제11조 발동 총독부시행규칙 공포
239	19390409	조1	총동원 제6조 종업자고입사용제한령 시행세칙 공포
240	19390412	석1	국민능력신고령 시행규칙 총독부 성안
241	19390413	석1	기능자양성령 드디어 5월 1일부터 실시(일본)
242	19390415	석1	국민 총병역제 실시, 만주국 정부 주지를 천명(만주국)
243	19390416	석1	국민정신총동원 조선연맹을 강화, 관민협력 적극적 운동으로
244	19390420	석2	인천관측소를 개조해 조선중앙기상대 신설
245	19390430	조7	기술자 총동원에 드디어 국민등록제(일본)
246	19390502	석1	인적통제의 최고 수단, 흥아근로봉사령(가칭), 드디어 이번 주 중에 마지막 조정(일본)

순서	시기	면	기사제목
247	19390511	석2	국민등록령 오늘 발포, 6월 1일부터 실시
248	19390516	석1	국민등록제 드디어 6월 1일부터 실시. 오늘 오다케(大竹) 내무국장 담화 발표
249	19390524	석1	외무부는 2과 제로(일본)
250	19390530	석2	총동원법에 대비 수상의 권한 강화, 육군성이 기획원에 대두(일본)
251	19390530	조2	국민등록제도 해설(상), 각자의 능력을 확실히 해 유서시에 대비
252	19390531	조2	국민등록제도 해설(하), 취지를 충분히 이해하고 정확하고 신속하게 신고
253	19390603	조2	중앙통제기관을 기획원에 설치, 물자수송협력위원회(가칭)
254	19390609	조1	상공성의 신 기구 9일 발표, 15일 공포, 즉일 실시(일본)
255	19390610	석1	전시노무자동원령(가칭) 14일 총동원심의회에 부의 결정(일본)
256	19390613	석1	후생성의 외부 국으로서 군사보호원(가칭)을 개설, 상병보호원과 임시군사후원부를 합체(일본)
257	19390613	조1	국민징용 외 1건 칙령안 완성(일본)
258	19390614	조2	공업사업장기능자양성령 실시에 대해
259	19390617	석1	노동행정체계 정비, 총동원 제7조 머지않아 발동(일본)
260	19390622	조7	량우회(糧友會) 조선지부, 독립기구로, 조선본부에 조직강화
261	19390623	석2	각도에 방호과를 신설, 조선(*반도)의 하늘을 지킨다. 경찰서에도 전임 계관을 배치
262	19390624	조1	조선(*반도)의 친족상속을 일본(*내지)과 마찬가지로 개정, 씨를 창설, 서양자 인정
263	19390627	조2	산업매진에 대응 식산국 개조 단행인가
264	19390628	석1	협화회와 협력, 미나미총독 국장회의에서 요망
265	19390628	석1	협화회의 통합적 기관, 중앙협화회 설치(일본)
266	19390628	조1	총동원 업무사업 설비령 발동, 어제 각의에서 정식 결정(일본)
267	19390629	조1	일본(*내지) 거주 80만 조선인(*반도인)의 연락기관 드디어 성립, 중앙협화회 어제 창립발회식(일본)
268	19390702	석1	경방단을 설립, 조선(*반도)방공의 신체제
269	19390705	조2	징용령 결정(일본)
270	19390708	조1	국민징용령 공포, 조선은 10월 1일부터
271	19390712	조2	드디어 광산국 설치, 식산국의 방침 결정, 내년도 예산에 소요경비를 요구
272	19390719	석6	재무국 기구개혁, 사계과를 분리해서 국으로 승격
273	19390720	석4	광주에 병사부 설치
274	19390722	조2	임시재해대책위원회를 설치, 한발 대책을 강구
275	19390724	조7	드디어 내년 4월을 기해 각도에 학무부를 신설
276	19390727	석1	총동원법 4개 조를 발동, 물동계획 더욱 완벽(일본)
277	19390727	석6	3백 60명의 기능자 양성 결정, 양성소 7개 처 선정
278	19390801	석2	총동원법 제6조 기조로 고입제한령 등을 실시(일본)
279	19390803	조1	조선(*반도) 거주 내지인 지도를

순서	시기	면	기사제목
280	19390803	조1	육군예비사관학교 신설(일본)
281	19390804	석1	외사부 신관제 공포, 외무 척무 두 개 과의 소관 사무 제정
282	19390804	조2	신설 외사부의 사명, 총독부 외무부 기구확충에 대해 마쓰자와부장 말하다
283	19390804	조2	외무부의 독립 실현
284	19390807	조5	경북에 이민훈련소, 곤란을 극복하고 설치
285	19390818	석1	부여신궁 조영위원회 및 사무국 설치
286	19390825	석2	경성중앙전신국 신설
287	19390908	조2	행정기구의 개혁, 정부 적극적으로 단행, 농림상공 및 체신 철도국은 폐지인가 (일본)
288	19390911	조1	기획부 신설 머지않아 실시
289	19390913	조1	국내기구를 쇄신하고 국방국가체제를 강화, 오늘 발표한 정강 정책(일본)
290	19390922	석1	방위령 시행 폐지, 어제 만주국 정부 발표(만주국)
291	19390922	석1	총동원법 업무 지휘 권한을 수상에 부여, 칙령안을 26일 각의에 부의(일본)
292	19390927	조1	국가총동원법등시행통할에 관한 칙령 공포
293	19390928	석1	국경취체법 시행령, 오늘 공포 10월 1일부터 실시
294	19390930	조2	조선(*반도)에도 국민징용령 10월 1일부터 실시
295	19391004	석1	무역성 설치를 협의(일본)
296	19391004	조1	준비위원회를 설치하고 드디어 무역성 신설에 매진, 어제 재개 각의에서 요항 결정, 내년부터 개설(일본)
297	19391005	석6	무역과를 신설한다는 이야기
298	19391007	석1	조선총독부에 물가부 신설
299	19391010	석6	물가부의 신설 기도, 국가총동원 발동에 호응해, 경비 39만원 요구
300	19391025	조1	예후비장교 현역 편입 칙령안을 각의에서 결정(일본)
301	19391027	석1	국가총동원법에 따른 가격등통제령 드디어 조선에서도 시행
302	19391029	조7	애국의 지극한 정성에 호응해 지원병훈련소 다시 3개소 증설
303	19391030	석1	총동원법을 계속 발동, 노무동태조사규칙(일본)
304	19391107	조1	조선미곡배급조정령 사정 변화로 심의 중지
305	19391107	조1	배급통제응급조치령 6일 공포, 즉일 실시
306	19391108	조1	조선인(*반도인)에게 가(家)를 창립해 성의 변경을 인정
307	19391109	석1	일본식(*내지식) 씨를 성으로 삼아 일본 고래의 가족제도의 미풍, 조선(*반도)에도 확립
308	19391109	조1	조선의 가족제도와 신제령-조선(*반도)통치에 획기
309	19391109	조2	신 제령과 그 의의
310	19391110	석1	조선인(*반도인)에게 가의 창립과 성변경의 자유를 부여, 내일 제령 공포, 1월 1일 실시
311	19391115	석1	기획부의 새로이 설치, 머지않아 각의에서 결정
312	19391116	석1	조선총독부에 조사과 신설

순서	시기	면	기사제목
313	19391121	조1	조선총독부(*본부)에 기획부 신설
314	19391122	조1	신설의 기획부 관제 25일 공포, 즉일 실시
315	19391123	조1	기획부관제안 추밀원(*추부) 본회의에 상정 가결(일본)
316	19391124	조7	부영직업소개소, 먼저 6개소를 국영으로
317	19391125	석1	기획부 관제, 오늘 각의에서 정식 결정
318	19391126	조1	기획부 초대 부장 니시오카 수석 사무관으로 결정
319	19391127	조1	청소년고입을 제한, 국가총동원법 제6조를 발동(일본)
320	19391130	석1	관리신분보장령 철폐(일본)
321	19391130	석1	조선총독부 기획부 관제 오늘 공포
322	19391130	조2	기획부의 신설
323	19391208	조1	나진청 설치 관제안 머지 않아 심의를 마칠 예정
324	19391209	조1	관리신분보장령 철폐 무기 연기(일본)
325	19391217	조2	총동원물자사용수용령 16일 공포(일본)
326	19391221	석1	전 조선 경제경찰진의 강력 재편제를 단행
327	19391221	석1	물가조정과의 기구
328	19391221	조1	현행 폭리취체령 개정, 신 성령 22일, 23일 중 공포
329	19391227	석1	법무과를 분리하고 형사 민사 양과 신설, 본부 법무국의 기구 확대
330	19391227	석1	조선총독부 법무국의 기구 확대, 법무과를 분리하고 형사와 민사의 두 개 과를 신설
331	19391228	석1	조선미곡배급조정령 오늘 발령
332	19391230	조1	금의 사용제한 강화, 산금령 개정, 29일 발포, 당일 시행
333	19400112	석1	전 조선 직업소개소 드디어 국영 이관을 실시
334	19400112	석2	청년훈련소를 증설
335	19400114	석3	경제경찰과 신설(신의주)
336	19400115	조3	과장 경시는 밖에서 이입, 총 세 100여의 대 세대, 평남경제경찰과 진용 착착 정비
337	19400115	조3	초대는 누구인가, 충남경제경찰과장
338	19400115	조8	경방단의 사명에 대해
339	19400116	조2	총동원시험연구령 공포
340	19400117	조7	조선(*반도)에도 총동원시험연구령 내리다
341	19400121	석2	직업소개소를 국영으로(경성부)
342	19400123	조2	조선직업소개소령 실시에 대해, 오다케(大竹) 내무국장 담화를 발표
343	19400202	석3	산업과를 분리하고, 독립된 1과를 증설(황해도)
344	19400202	조2	경제위원회를 설치, 물가기구 강화를 위한 방안을 마련(일본)
345	19400203	석2	경제경찰진을 강화, 경관 500여 명 증원
346	19400204	석6	조선총독부에 물가조정과

순서	시기	면	기사제목
347	19400204	조2	물가조정과 신설, 호즈미 식산국장 담
348	19400204	조2	경제경찰 확충, 미하시(三橋) 경무국장 말하다
349	19400212	조5	경경과 신설
350	19400213	석1	석탄징용령 발동은 보류(일본)
351	19400213	석3	물자의 수급을 조정, 평남도 산업과를 확충
352	19400213	석6	석탄징용령이란(상)
353	19400213	조1	석탄문제의 시작과 끝
354	19400213	조5	경경과 신설, 강원도의 인사이동
355	19400214	석4	석탄징용령이란(하)
356	19400216	석1	해운통제령 발포(일본)
357	19400216	석6	해운통제령 시행규칙, 15일자 발포
358	19400216	석6	해운통제의 강화, 민치에서 관치 통제로(일본)
359	19400216	조1	만주국에 징병제도, 내년 6월 1일부터 시행(만주국)
360	19400216	조7	방공평의원회
361	19400218	조5	해운통제법 좌담회 개최(일본)
362	19400220	조5	전선에 선두로(일본)
363	19400222	조7	방화진 완벽하게
364	19400227	석1	최초 경제경찰(*경경)과장회의
365	19400229	조1	국민체력관리법안, 정부가 드디어 귀족원에 제출(일본)
366	19400301	조1	민족우생법률안(일본)
367	19400301	조2	석유배급통제규칙(일본)
368	19400301	조2	석탄배급통제법(일본)
369	19400302	석2	마치 국민의 귀와 눈(일본)
370	19400302	조2	선원보험법, 조선에도 실시
371	19400310	석1	오사카에 한신(阪神)해군부 신설(일본)
372	19400313	조1	우생법안 상정, 어제 중의원 본회의(일본)
373	19400315	석6	상의(商議) 기구를 강화 활용
374	19400318	조2	중앙시험소 기구를 확충
375	19400326	조1	체력관리법안 가결, 25일의 중의원 본회의(일본)
376	19400330	조2	기술자고입제한령 개정(일본)
377	19400331	조2	대학 전문학교 규정 개정(일본)
378	19400402	석1	병기본부 창설, 전시편성을 강화(일본)
379	19400406	조1	만주 국병제도, 국무원 통과(만주국)
380	19400407	석4	자금조정법 표준을 개정, 군수 및 생산확충사업을 우선 취급, 4월 1일에 소급 실시(일본)
381	19400407	조2	경제경찰 진용 강화, 경무국 5백여 명을 증원

순서	시기	면	기사제목
382	19400408	조1	생산확충에 특별한 고려, 획기적인 조선사업령 개시, 조선 예산의 내용 검토 (4)
383	19400410	석4	해운법령 정비로 반강제배선을 폐지(일본)
384	19400413	조2	해운조합령의 구체적 방침 결정(일본)
385	19400413	조7	다시 범위를 넓혀(일본)
386	19400418	조2	경제통제협력회 조속 설치를 종용
387	19400420	조1	소년항공병을 현역병으로 취급, 육군지원병령 개정(일본)
388	19400423	석2	경성에 5개의 구
389	19400424	석4	해운사업령 시행(일본)
390	19400424	조1	마쓰에와 구마모토에 해군인사부 설치(일본)
391	19400427	석2	여급들만의(일본)
392	19400430	조2	일본해운협회(일본)
393	19400504	조1	육해군공장사업장 관리규칙 전문(일본)
394	19400509	조5	국병법 실시 전에 지도원 훈련(만주국)
395	19400515	조2	경제통제협력회, 전 조선적으로 드디어 결성
396	19400517	조2	경제통제협력회
397	19400519	조4	고등해원양성소
398	19400521	석1	물가통제요강, 오늘 발표
399	19400523	조1	졸업자사용제한 개정령 시행(일본)
400	19400523	조2	합동운송 설립위원회 개최
401	19400525	석2	5천여 바다의 아들에게 따뜻한 법의 손길, 선원보험법 드디어 실시(일본)
402	19400528	조5	경제통제협력회
403	19400530	조4	경제통제협력회, 44개 조합과 5백여 업자를 망라
404	19400604	조4	경제통제협력회
405	19400604	조5	경제통제협력회
406	19400604	조7	만주개척지원자훈련소를 머지않아 국영으로 이관
407	19400605	석2	방공으로 '바다의 반도'를 잇는다
408	19400605	조5	경남 방호과
409	19400606	조4	춘천경제협력회
410	19400606	조5	없애자 총후의 벌레, 평북의 경제경찰 40명을 증원
411	19400606	조7	경계하자 암거래의 간상(奸商)
412	19400606	조7	각도에 방호과 신설
413	19400609	조7	경제경찰 합의
414	19400612	조2	전 조선 해운 이원화, 각 소형기선을 일괄 통제
415	19400614	조2	임금통제안 최종으로(일본)
416	19400614	조2	해운통제령을 발동(일본)

순서	시기	면	기사제목
417	19400619	석4	광업진흥회사 제령 머지않아 공포
418	19400622	석1	남양국과 남방국 탄생(일본)
419	19400623	조2	조선(*반도) 해운통제 강화, 조선(造船)사업령 공포(일본)
420	19400628	석1	남양국 개설을 서둘다(일본)
421	19400629	조1	만적·선적 통합문제(일본)
422	19400630	석1	남방발전수행에 주관국을 신설, 척무성 극력 실현을 기하다(일본)
423	19400630	조7	방공연습의 통감부 진용 결정(일본)
424	19400702	석1	총동원 사무 확대에 따라, 기획부에 1개 과 신설
425	19400705	조2	민간주요 군수회사 병기공업회를 결성(일본)
426	19400705	조7	경방단 최초의 시련이다
427	19400710	석2	하늘의 보호 강화
428	19400710	조1	농림 상공 양성의 소관사무조정요강, 어제 각의에서 정식 결정(일본)
429	19400713	조1	일본 본토(*내지)병비대개혁을 단행(일본)
430	19400714	석1	조선군도 신체제 일본 본토(*내지)의 4군관구 설치와 함께, 나카무라 군사령관 훈화(조선군)
431	19400714	조5	군(郡)의 기구를 쇄신, 서무를 폐하고 권업진을 강화, 황해도 당국의 영단
432	19400718	석3	반도의 영화령
433	19400720	조3	방공위원회
434	19400721	조1	육군수의자재창 신설, 8월 1일부터 실시(일본)
435	19400726	석2	올바르게 밝게(일본)
436	19400726	조1	나남사단·경성사단 등 지명 호칭 개정, 육군관구표 개정, 오늘 공포(조선군)
437	19400726	조7	감화력을 만들어
438	19400727	석3	영화령과 위원회
439	19400728	석3	학예-신문화법령·조선영화령과 영화에 대해
440	19400801	조1	서부군사령부 탄생(일본)
441	19400801	조1	육군연료창 창설(일본)
442	19400801	조1	헌병대관구를 개정, 오늘 육군성령 공포, 즉일 실시(일본)
443	19400801	조2	먼저 지방 기구를 확립
444	19400801	조2	중앙수송조합 설치
445	19400801	조7	결성 2주년, 방공협회 창립기념(일본)
446	19400802	석1	군관구제도 오늘부터 실시, 철벽 불패의 국방체계 정비하자(일본)
447	19400802	조1	육군항공통신학교 설치(일본)
448	19400803	조1	1930(*소화 5년) 이전 징집 제2보충역도 신상이동을 신고(일본)
449	19400804	석1	대만군 보도부 신설(일본)
450	19400804	조7	먼저 지키는 공정가
451	19400807	조2	종업원고입제한령 개정 강화를 단행(일본)

순서	시기	면	기사제목
452	19400809	석4	소운송령 부칙
453	19400810	조2	조선해운조합령 심의진척 머지않아 공포
454	19400811	조1	총력전연구소 신설(일본)
455	19400814	조1	총력전연구소 설치, 16일 각의에 부의(일본)
456	19400815	석4	경제계의 신체제-최고통제기관 설치(일본)
457	19400817	조2	반도조선사업령, 9월말 실시인가?
458	19400817	조2	해운통제 고도화, 관리국의 기구 확충(일본)
459	19400820	조2	임시미곡배급통제규칙
460	19400821	조2	조선(*반도) 해운통제기구
461	19400822	조1	1부현 1연대구 제도, 내년 4월 1일부터 시행(일본)
462	19400823	조2	새 쌀 조달기에 대처, 배급규칙단속요강
463	19400825	조7	체신국에 방공계
464	19400828	조5	부산에 해원양성소
465	19400829	석2	경성의 구제(區制), 1구 15만명 평균으로 6구, 빨라야 금년 말 실시
466	19400830	석4	수송력 확보에 버스 통제 강화
467	19400903	조2	청소년고입제한 1일부터 실시(일본)
468	19400913	조1	총력연구소 1일 개설(일본)
469	19400915	조1	할당 제한을 강화(일본)
470	19400916	조1	사무재편성에 관해 각 외지 당국에 통달(일본)
471	19400917	석4	일반행정관계상 조선총독부 광산국의 설치
472	19400917	조4	읍 행정 발전에 구회를 설치, 춘천에서 1일부터 실시
473	19400918	석1	국민징용령 및 직업능력신고제 개정(일본)
474	19400918	조5	일본여행협회 부산반 결성
475	19400919	석4	정부, 선주와 선원을 하나로 해운보국단 결성(일본)
476	19400920	석1	청년행동대(가칭) 창설, 추진반의 소장 중에서
477	19400920	석2	정동강화, 신체제 이념을 주입
478	19400920	석4	농지국가통제법령(상)
479	19400920	조1	조선총독부(*본부) 사무 재편성, 국과 폐합 실시
480	19400920	조2	조선(*반도) 경제일원화로 상공회의소 재편성
481	19400921	조1	국민체력칙령안 어제 정식 결정
482	19400922	석1	기술원과 별개로 과학원(가칭)을 설치, 27일 각의에 부의를 결정(일본)
483	19400922	석4	농지국가통제법령(일본)
484	19400925	조5	가정방호를 지도
485	19400926	조4	애국반원도 일어난다! 방공훈련시 가정방호조합으로
486	19400927	조4	방공에 만전
487	19400927	조4	시급히 서류 제출하라

순서	시기	면	기사제목
488	19401001	석1	국민문화연구소 개조 확충
489	19401001	조2	국민징용령 개정 요점(일본)
490	19401001	조2	종업원이동방지 칙령 요강안 결정(일본)
491	19401006	석4	해운통제협의회(일본)
492	19401007	조1	조선상업조합령
493	19401008	석2	보국정신을 철저, 행정기구를 일원화(일본)
494	19401015	석1	조선(*반도) 신체제 완성, 명칭은 국민총력연맹
495	19401015	석4	남양위임통치령에 위체관리법 시행인가?(일본)
496	19401016	조1	정보국관제 결정(일본)
497	19401016	조2	해운강력기관 설치에 해사회(海事會)를 확충 개조
498	19401016	조2	훈련부를 설치
499	19401016	조2	조선(*반도)신체제 즉응 국민총력과 신설
500	19401017	조2	지방철도관리국 설치, 12월로 연기
501	19401019	석1	회계통제자금운용 두 가지 령의 실시
502	19401019	조1	지대가임(地代家賃)통제령(일본)
503	19401020	석4	선원급여통제령 20일 실시(일본)
504	19401020	석4	임금통제령 개정 칙령안 조문 정리(일본)
505	19401020	조2	회사경리통제령(일본)
506	19401023	조2	항만행정체신 이관
507	19401023	조2	회사경리통제령(일본)
508	19401024	조2	국민징용령 및 직업능력신고령 개정, 조선총독부 당국 담화 발표
509	19401025	조1	지방철도국 설치
510	19401025	조2	조선가격등통제령 개정시행규칙 발포
511	19401025	조4	충북도의 신체제
512	19401026	석2	부청의 신체제
513	19401027	조4	청소년고입제한령 강습
514	19401027	조5	평양부의 기구개혁
515	19401029	석4	조선총독부 노무과 설치, 내년도 예산 요구
516	19401029	조2	광산산금사무조정에 광산국 설치 구체화
517	19401030	조1	국토계획위원회 규정(일본)
518	19401030	조7	잠자는 자원을 일으켜 대 반석의 기지로
519	19401030	조7	총동원과를 폐지하고 국민총력과를 신설(경성부)
520	19401101	석1	조선총독부에 후생국, 내년도부터 실현
521	19401101	석1	학무국에 훈련과
522	19401102	석1	실적을 기준으로, 기준 초과는 허가제
523	19401102	조1	각 지방체신국 12월 1일 개설

순서	시기	면	기사제목
524	19401103	석7	국민총력과 신설, 경성부 신체제 이루다
525	19401103	조2	해원급여령 일원화, 해상노무특성에 중점(일본)
526	19401104	조2	광산국 신설, 특히 광산도로
527	19401104	조2	전 조선 각 군(郡)에 여성 촉탁
528	19401105	석2	부산지방철도국은 7부 21과
529	19401105	석4	회사경리통제령 오늘부터 실시(일본)
530	19401105	조4	어떤 사람에게 어떤 경우에
531	19401106	석4	선철주물규칙 개정, 신설확장 요 허가
532	19401107	석7	국병법(國兵法) 선전(만주국)
533	19401107	조2	해원 급여 일원화(일본)
534	19401107	조4	업무 분배 균등화, 사무분장규정 제정
535	19401108	석4	회사경리통제령 해설(1)
536	19401109	석4	회사경리통제령 해설(2)
537	19401109	조1	노무자 확보를 촉구, 오는 20일부터 실시, 후생성 종업자이동방지령 공포(일본)
538	19401109	조1	근로신체제확립요강 결정(일본)
539	19401109	조2	선원징용령 실시(일본)
540	19401110	석4	회사경리통제령 해설(3)
541	19401110	조2	철도국 새로이 편성, 지방철도국 편성
542	19401112	석1	회사경리통제령, 총독부 운용방침 발표
543	19401113	석4	회사경리통제령 해설(4)
544	19401113	조2	해사회 선원훈련소 20일 제1회 입소식
545	19401113	조2	선원사용등 통제령 25일 공포 실시
546	19401114	석1	회사경리통제령, 개편하지 않고 신중히 운용
547	19401114	석4	회사경리통제령 해설(5)
548	19401114	조1	남양국 신설 이유, 외무성 발표(일본)
549	19401115	석4	조선석탄증산시설 장려금 제도를 창설
550	19401115	석4	회사경리통제령 해설(6)
551	19401115	조1	해군항공대 신설(일본)
552	19401116	석4	회사경리통제령 해설(7)
553	19401116	석5	내무과에 국민총력계를 신설
554	19401116	석5	신체제는 사무 쇄신에서, 평남 학무기구 일신
555	19401117	석4	회사경리통제령 해설(8)
556	19401119	석4	회사경리통제령 해설(9)
557	19401119	석7	회사경리통제령 좌담회
558	19401120	석4	선원사용등통제령, 조선은 25일 실시

순서	시기	면	기사제목
559	19401120	석4	회사경리통제령 해설(10)
560	19401121	석4	회사경리통제령 해설(11)
561	19401121	석7	인가를 받자, 청소년고입의 주의
562	19401121	석7	내일의 시대를 짊어질 당당한 청년연성, 훈련과를 조선총독부에 설치
563	19401121	조4	신고기간은 다음달 14일까지
564	19401122	석1	지방체신국의 설치, 드디어 30일부터 실현
565	19401122	석4	회사경리통제령 해설(완)
566	19401122	조1	은행등자금운용령 시행규칙 공포(일본)
567	19401123	석5	부제 실시의 전제, 성진읍 30평 증축
568	19401123	석7	대륙항공강화에 새로운 지도기관(일본)
569	19401124	조2	은행등 자운령 규칙(일본)
570	19401126	조4	회사경리통제령 간담회
571	19401127	석1	총동원법 개정안, 정부 오는 의회에 제출(일본)
572	19401127	석4	종업자이동방지령 중 사업, 종업자 지정 임박(일본)
573	19401127	조2	조선광업령 개정
574	19401129	석4	신운송합동회사의 설립 완료, 18개 회사
575	19401130	석1	정보국 관제 결정(일본 내각정보국)
576	19401130	조2	치중병학교령 제정, 육군의 군비 강화되다(일본)
577	19401201	석2	약진반도를 담당할 4지방 체신국
578	19401202	조7	경사스러운 3지방 철도국, 어제 성대히 개국식
579	19401204	석2	전 조선 33개소에 우편소 신설
580	19401207	조2	전 조선 세무기관 총동원 아래 본격적 신 발족
581	19401207	조7	생생한 훈련으로 화재를 예방
582	19401208	석1	학무행정기구 확충, 의무교육수행에 매진
583	19401210	조2	노동수첩법안, 드디어 의회에 제출하는가(일본)
584	19401210	조4	충북의 군(郡)기구 일부 개정하는가
585	19401212	조2	경리통제령의 규정, 실질적으로 수정(일본)
586	19401212	조2	허가운용방침요지(일본)
587	19401212	조7	퇴직금 제한 없다에 중역 크게 웃다(일본)
588	19401213	석4	경리통제령 완화로 조선(*반도)의 재계는 호감
589	19401213	조2	경리통제령의 완화
590	19401214	조2	허가사무처리에 대장성에 경리부(일본)
591	19401214	조7	13개 도에 방호과
592	19401215	석2	경성대화숙 오늘 발회식
593	19401215	조1	신문지 게재 제한 칙령안 요강(일본)
594	19401218	조2	관청사무의 재편성(일본)

순서	시기	면	기사제목
595	19401218	조4	산업·경제 두 부문 기구를 일원화(일본)
596	19401219	석2	회사경리통제령 범위를 확대(일본)
597	19401221	석1	오늘 각의에서 결정, 농상 2개 성의 관제 개정안(일본)
598	19401222	조2	주택문제해결에 차지차가조정령 공포(일본)
599	19401222	조4	총력운동의 강화로 군의 기구 개혁, 권업과 신설
600	19401224	석4	조선회사경리통제령 운용방침 일부 추가
601	19401225	석1	관계신체제 조사회(가칭) 창설(일본)
602	19401225	조1	국민학교령 요강 결정(일본)
603	19401226	조1	행정기구 개혁(일본)
604	19401227	석4	은행 등 자금운용령 시행규칙 오늘 공포(일본)
605	19401227	조5	토지개량과 신설
606	19401229	조5	대동항지구와 시의 식량 보급지, 1가(街) 10개 촌 병합(일본)
607	19401230	조1	남양무역조정 성령(省令)(일본)
608	19401231	조2	경관을 총력운동으로, 교양 향상에 기구 재편을 기도
609	19410105	조5	진남포부에 시국과 신설
610	19410109	석1	총독부 직원 증원
611	19410109	조4	확장하는 사업에 토지과 신설
612	19410109	조5	21번째 부(府)(일본)
613	19410110	석2	대망의 동부경찰서 4월 개서
614	19410110	조1	후생성에 직업국(일본)
615	19410112	석1	신문지등 게재제한령
616	19410112	조4	총후 일본의 전위다
617	19410114	석2	가정방호조합 애국반에 포섭
618	19410114	석2	후생국에 5과
619	19410114	조4	부에 총력과 신설
620	19410114	조5	경북 방호과 금월중 설치
621	19410114	조7	조선총독부(*본부)에 과 통합
622	19410114	조7	애국반+방호조합
623	19410115	조7	사건으로 각 서(署) 총궐기, 방범협회를 해소하고 지도방위계
624	19410116	조4	신 기구에 매진
625	19410118	조4	가정방호조합도 재출발, 매 정(町)에 활기찬 훈련
626	19410121	석2	대망의 각도 방호과, 내일 일제히 개설
627	19410121	조7	방호과 신설에 대해
628	19410123	석1	후비병역제 폐지(일본)
629	19410123	조5	각도 방호과 일제히 업무 개시, 시국하 담당할 중책
630	19410123	조7	국민개병을 강화, 예후비(豫後備) 1권에, 병역법 개정안의 주안(일본)

순서	시기	면	기사제목
631	19410124	석4	각도 방호과 신설에 따른 이동
632	19410124	조2	신체제에 즉응해 공장령 드디어 실시(일본)
633	19410126	석1	자금적정운용에 산업예산을 정비(일본)
634	19410128	조4	가정방호조합의 지도훈련 개시
635	19410130	조3	방호과장 착임
636	19410130	조5	가정방호조합이 애국반에 해소
637	19410131	조1	총동원법 개정안, 1일 중의원본회의 상정, 법안 조문(일본)
638	19410131	조1	국방보안법안, 어제 중의원 본회의 상정(일본)
639	19410131	조1	그선(*반도)의 징병제, 징메를 고미에 인T
640	19410204	석1	미곡응급조치법 개정안, 드디어 의회 제출
641	19410204	석1	총동원법을 심의(일본)
642	19410206	조1	국방보안위원회(일본)
643	19410206	조4	종업자이동방지령 강습
644	19410206	조4	종업자이동방지의 설명
645	19410209	석1	총동원·국방보안법(일본)
646	19410209	석1	국민노무수첩법, 조선(*반도)에도 적용
647	19410211	조1	조선(*반도)에서도 실시하는 노무수첩법
648	19410211	조7	오로지 맹훈련
649	19410212	조2	사상범예방구금제도 공포에 대하여
650	19410213	석2	애국반 지도자에게 신중, 쓸데없는 언동
651	19410213	조1	경제경찰진을 강화
652	19410213	조2	사상범예방구금령
653	19410214	조2	임시농지가격통제령, 조선에서도 시행
654	19410219	석1	조선지원병 제도, 해군도 장래 고려
655	19410220	석1	방호과장 회의
656	19410221	석1	국민저축조합법, 조선(*반도)에서도 실시 결정
657	19410222	석1	노무과 신설, 4월초에는 드디어 실현
658	19410222	조1	국민학교령 드디어 공포(일본)
659	19410222	조2	농지활용과 생산확충에 임시농지관리령 실시(일본)
660	19410228	석1	국방보안법 오늘 성립, 귀족원·정부 원안 가결(일본)
661	19410305	조1	조선(*반도)에 상업조합령, 각의결정
662	19410309	조1	철강단체령(가칭) 제정(일본)
663	19410309	조4	2구장제 확충
664	19410311	석1	조선상업조합령 공포, 배급기구를 정비, 상업의 재조직화 도모
665	19410311	석4	조선상업조합령, 내용의 해설
666	19410311	조1	보호교노소 개소식, 사상범예방구금령에 의거

순서	시기	면	기사제목
667	19410311	조2	상업조합령 공포
668	19410311	조2	조선상업조합령 공포의 목적을 역설, 호즈미 식산국장 담화 발표
669	19410311	조5	가정방호조합 발전적 해소
670	19410312	조2	보호교도소 개청
671	19410314	석1	조선노무협회 설립
672	19410315	석1	내무국에 노무과 신설, 초대과장에 하야시(林) 사회과장
673	19410315	석1	노무행정의 약진, 조타키(上瀧)내무국장 담화
674	19410316	조7	국방항공단 발단식(일본)
675	19410317	조1	선·만척식 합병, 올 6월 실현 가능(일본)
676	19410317	조5	항공 조선(*반도)의 진보, 젊은 제군들에게 기대
677	19410320	석1	총동법 개정법, 벌칙규정 20일부터 적용(일본)
678	19410320	조2	총동원법 개정 실시(일본)
679	19410321	조2	권업과 전면적으로 기구를 개혁
680	19410321	조2	조선위원 규정을 결정
681	19410323	조1	광범 25개 조에 달하는 국가총동원법 개정, 국민생활에 관계 많아, 22일 실시 (일본)
682	19410326	석4	철강통제령에 조선(*반도)도 포함
683	19410326	조5	경제보국으로 거보(일본)
684	19410327	석4	석탄통제회 설립 구체화(일본)
685	19410327	조3	일본 본토(*내지)와 다른 전보규칙
686	19410328	조3	국철 중앙기구 쇄신, 과 폐합 신설 단행
687	19410402	석4	만척 기구개혁(일본)
688	19410402	석4	만선척식 합병, 오늘 가조인식(일본)
689	19410409	조1	육군기갑본부 신설, 기계화 약진을 도모, 육군기갑본부령(일본)
690	19410411	조1	통신병감 신설, 육군교육총감부령 개정 공포(일본)
691	19410412	조2	항공국 기구 개혁, 민간항공 진흥을 목표로(일본)
692	19410427	석2	전 조선 주요 도시에 경제경찰상담소, 다른 도읍도 순회
693	19410429	석1	화병감부 신설(일본)
694	19410502	석1	사무분장규정 개정 요강
695	19410502	석1	기획원의 기구 개조(일본)
696	19410502	석1	구장, 정총대의 유급, 조속히 실현하자, 내무국 준비에 착수
697	19410504	조3	만척 선척 합병, 6월 1일에 정식 조인(일본)
698	19410509	조1	조선총독부 행정기구 전면적 개편을 단행, 올 여름 8월경 실현하자
699	19410514	석1	획기적인 강화 확충, 총독부 관제개정의 내용, 후생국 광산부를 신설 기획부의 직제 개정
700	19410606	조5	평양대화숙 도장에 무상으로 건물을 공여

순서	시기	면	기사제목
701	19410607	조1	국민우생법 일부 실시, 시행령 규칙 오늘 공포(일본)
702	19410608	조2	심사회를 설치, 우생법 본격적으로 실시(일본)
703	19410611	석2	노무협회를 신설하고 노동력 활용에 만전, 각도에 지부 월말까지 탄생
704	19410614	석1	대망의 조선주택영단령, 내일 공포 4개년 2만 호 건설, 오노정무총감 담화
705	19410614	조7	주택영단령 오늘 공포
706	19410615	석1	지하자원의 대 갱광 총독부 기구개혁 2개 부국의 신설, 법제국과 절충 진행
707	19410615	조3	유능력자에 허가, 조선광업령 획기적 개정
708	19410616	조1	선원자에 대해 허가자로부터 보상금, 조선광업령 개정
709	19410618	조2	광업 선원주의의 수정
710	19410618	조3	개정 조선광업령, 시행규칙의 기초 진척
711	19410620	조3	철강통제회 조선지부 설치 결정
712	19410621	조1	대만에 지원병제도 20일 각의에서 결정(일본)
713	19410622	조1	석탄통제회 요강 완성(일본)
714	19410628	조1	금치훈장제도 개정의 요점, 무훈발군자에 대해 정신적 우대를 고려, 종신 연금에서 일시 하사금으로(일본)
715	19410628	조1	금치훈장제도의 획기적 개정(일본)
716	19410629	석1	조선노무협회 탄생, 오늘 창립총회를 개최
717	19410629	조2	금치훈장제도 개정(일본)
718	19410702	조5	인천에도 부영법 실시로, 진흥회에서 당국에 진정
719	19410703	석1	천황폐하 친히 참석해 오늘 어전회의 개최, 중요국책 결정(일본)
720	19410705	석2	젊은 생산확충 전사의 훈련소를 설치
721	19410713	조1	육군 2개 학교를 신설, 기갑정비 과학의 2개교, 근대과학전에 대응, 육군기갑정비학교령, 육군과학학교령(일본 육군)
722	19410718	석3	조선해사회를 해소, 해사보국단을 설립, 회장에 체신국장
723	19410719	조4	조선광업령 시행규칙 개정, 18일 관보로 발포
724	19410723	조2	공장 광산 노무자 개정 임금통제령, 후생성에서 23일 공포(일본)
725	19410724	석4	개정 조선광업령 23일 발포 즉일 실시
726	19410730	석1	육군병사사무 확충, 병무부령 제정 오늘 공포(일본)
727	19410731	조1	칙령안 2건을 가결, 금속류회수와 중요산업단체, 어제 총동원심의회 총회(일본)
728	19410801	조1	해군시설본부 설치(일본)
729	19410805	조3	경성부에는 구제, 전 조선 20부에 부조역을 신설, 내년초부터 실시하는가
730	19410809	조3	조선군사령부에 병무부를 신설
731	19410810	조1	어제부터 전 조선에서 일제히 노무기술통계조사, 노무동원 임금규정의 기초자료
732	19410814	석2	조선광업령 개정에 대해
733	19410815	조3	해사보국단을 결성

순서	시기	면	기사제목
734	19410819	석1	각 도 내무부에 조정과를 신설, 사무간소와 통제를 기한다
735	19410824	석1	여론지도에 신 발족, 조선군 보도부 기구 강화
736	19410830	석1	노무긴급대책 각의결정, 8개 항목 실시안 완성, 근로총동원체제의 급속한 정비(일본)
737	19410830	조1	금속회수령 오늘 공포(일본)
738	19410906	조1	내무행정의 임전체제 정비, 방공국과 국토국을 새로이 창설
739	19410912	조1	방위총사령부 신설, 방위부대를 총지휘(일본)
740	19410912	조1	노무동원체제 완성, 관계 4개 칙령안 요강을 가결(일본)
741	19410913	조3	1만 2천여 명으로 해사보국단 결성
742	19410916	조2	개로는 황민의 길, 노무동원 태세로 기지반도 총궐기, 4개 칙령안 연내에 공포
743	19410926	조1	해군항공창 창설, 어제 칙령 공포, 10월 1일부터 실시(일본)
744	19411001	석2	국민노무수첩법, 내년 1월에는 실시(일본)
745	19411001	조2	금속류회수령 총독부시행규칙을 발포
746	19411001	조2	항만운송사업통제령, 30일 시행규칙을 공포
747	19411001	조2	노무자이동방지, 국민수첩법 오늘부터 실시
748	19411002	조2	금속류회수령 시행규칙내용
749	19411011	조1	후생국과 광산부 드디어 실현하기로 결정
750	19411016	조1	임시징병검사 실시, 대학 전문학교 졸업을 앞당겨(일본)
751	19411017	조2	청장년 징용을 실시, 무위도식자의 징용 단행(일본)
752	19411022	조1	조선(*반도)에도 청장년등록, 16세 이상 40세 미만 남자 11월 1일부터 실시
753	19411025	조1	광산부에 대신해 관계3과를 신설, 칙임사무관을 두고, 후생국은 원안대로 통과 실현
754	19411030	석1	조선국민저축조합령 내일 공포
755	19411112	조1	진해 등 '요항부'를 '경비부'로 개칭. 경비사령장관을 설치(조선군)
756	19411113	석1	조선총독부 관제 중 개정의 건 전원일치 가결, 오늘 추밀원 본회의
757	19411115	조1	제2국민병(1931년 이후)을 소집, 병역법시행령 대 개정(일본)
758	19411119	조1	조선총독부의 기구개혁 완성, 식산국 기획부를 개조, 후생국 사정국 2개국 신설
759	19411119	조간	영단의 신기구
760	19411120	석1	기구개혁에 따른 총독부(*본부) 대 이동
761	19411122	조1	국민근로보국협력령 오늘 공포(일본)
762	19411123	석2	전 조선(*반도)를 들어 노무즉응의 틀로, 근로보국대 금월 중 결성
763	19411123	조3	남자 14세 이상으로 근로 출동대를 편성(일본)
764	19411123	조1	국민개로 칙령(일본)
765	19411125	조2	국민근로보국협력령 내외지 동시에 시행
766	19411127	석1	총독관방에 정보과를 신설, 전 조선(*반도)의 여론 지도
767	19411130	조2	국민근로보국협력령 시행규칙은 오는 1일 공포

순서	시기	면	기사제목
768	19411206	조1	해무원의 실현 머지않아, 각의결정(일본)
769	19411207	조1	새로운 노무조정령, 8일 공포, 1월 10일 실시(일본)
770	19411216	조2	국민징용령 일부 개정, 오늘 공포(일본)
771	19411218	조2	방공법 시행령 시행규칙 어제 공포
772	19411219	조2	해무원 관제 19일에 공포 실시(일본)
773	19411220	조2	해무원 어제 창설(일본)
774	19411221	석1	방공법 조선시행령 오늘부터 실시
775	19411221	석2	한 사람 한 사람이 방위업무
776	19411224	석2	행정관은 지방주사, 기술관은 지방기사, 내년 봄부터 관리 명칭 통제
777	19411227	석1	조선임시보안령 내일 공포, 정보부 발표
778	19411230	석1	도쿄에 포로정보국 오늘 관제를 공포(일본)
779	19420111	조2	노무조정령 발포, 어제 내외지 동시에 실시(일본)
780	19420124	석2	체력관리령 조선(*반도)도 실시
781	19420130	조1	기술원 내일 개청, 오늘 관제 공포(일본)
782	19420213	조2	일본 과학 및 기술의 국제 수준으로 올림, 기술원의 사명(일본)
783	19420225	조1	노무자관리령 오늘 공포 즉일 시행(일본)
784	19420308	석1	육군특설부대 신설, 어제 관제 공포, 즉일 실시(일본)
785	19420310	석1	소년포병제 올해부터 실시(일본)
786	19420402	석1	사법보호를 강화, 1개 과를 신설, 정보과 발표
787	19420402	조1	지방해군인사부, 나가노 고베 후쿠오카에 신설(일본)
788	19420416	석1	비행사단을 창설, 육군의 비약태세 완성(일본)
789	19420418	석1	선박방공감시령(일본)
790	19420510	조1	조선(*반도) 징병제의 실시
791	19420514	조2	남방관리육성소, 쇼난시(昭南市)에 개설(일본)
792	19420520	석2	항공군사령부를 설치, 근대전에 따라, 공군력 더욱 강화(일본 육군)
793	19420523	석1	대동아전에 직접 협력, 미영인 포로 감시에 조선(*반도) 청년 수 천 명 채용
794	19420606	석1	해운통제령 대 개정 오늘 공포, 합병 등에 명령권(일본)
795	19420616	석1	기업정비령 오늘 공포
796	19420627	조1	흥남훈련소(가칭) 창설(일본)
797	19420715	조1	해군무관 관계표(官階表) 개정(일본 해군)
798	19420717	조1	진해만 요새사령부를 부산요새사령부로 개칭(조선군)
799	19420718	석1	조선(*반도)청년을 해군군속으로 채용
800	19420729	조1	행정간소화실시안 발표(일본)
801	19420730	조3	징병제실시에 앞서 호적의 정리
802	19420805	조2	전국 해행사(偕行社)를 통합(일본)
803	19420822	석1	조선 행정간소화안 발표, 후생국과 기획부를 폐지

순서	시기	면	기사제목
804	19420822	조1	획기적 학제개혁안 완성, 각의결정(일본)
805	19420823	조1	포로수용소 조선 등 7개소에 증설(일본)
806	19420825	조2	행정기구중점 재편 청신총리의 전개로, 9월 중순 총독부(*본부) 대이동을 단행
807	19420827	석1	병참기지 조선(*반도)의 신발족, 감원인사와 기구개혁, 9월 중순 전모 발표
808	19420827	석1	남방요원을 대 증원, 육군임시직원제 개정(일본)
809	19420830	조2	감원총수 17만여, 관계태세 완료, 행정간소화를 전부 종료(일본)
810	19420902	조1	대동아성 창설 정식 결정, 척무성과 흥아원 외 3국 폐지, 대동아성 설치요강(일본)
811	19420910	조1	조선에도 포로수용소, 경성 인천에 개설, 건설 방면 노무에 사역
812	19420912	조1	대동아성 관제안 각의결정, 대동아지역의 여러 행정을 통리, 내외지 행정일원화(일본)
813	19420916	석1	징병제 시행에 대응, 준비위원회 기구 확충, 정보과 발표, 징병제시행준비위원회 규정
814	19420919	석1	도쿄사무소를 확충
815	19420926	조2	육군방위소집규칙 발령, 10월 1일부터 시행, 국민의 총력을 최고도로 활용(일본 육군성)
816	19420927	조2	조선기류령의 공포, 26일 부속 법령과 함께
817	19421001	석1	조선의 병역법은 일본 본토(*내지) 그 자체로, 기류제도는 급속 실현
818	19421001	조1	징병제도 실시의 전제, 조선청년특별연성령 공포
819	19421003	석1	전시해운관리령시행규칙 오늘 공포
820	19421010	조1	육군병기행정본부를 창설(일본)
821	19421015	조3	조선기류령 시행, 오늘부터 시작, 기류 서류의 주의
822	19421023	조2	해운국책에 일보 전진, 조선치적선으로 징용령, 각 항 입항을 기점으로 모두 공출
823	19421026	조1	조선청년특별연성령 시행규칙 공포
824	19421026	조1	국민근로봉공국 만주국 오늘 관제 공포(만주국)
825	19421101	석1	행정 간소화 새로운 성을 설치, 칙령 90여, 각령 2건(일본)
826	19421101	조1	철도국도 기구 개혁, 총무와 정비 양과 신설 10과제로
827	19421101	조1	총독부 기구 개정 단행, 새로운 총무국을 신설, 후생국 기획부는 폐지, 오늘 공포 즉일 실시
828	19421101	조1	획기적 행정기구개혁 완성, 대동아성 설치, 척무성은 폐지, 관계 칙령 오늘 공포 실시(일본)
829	19421101	조1	조선총독부 기구 개정 단행, 새로운 총무국을 신설
830	19421101	조1	철도국도 기구 개혁
831	19421101	조2	총독부 기구의 신발족
832	19421101	조2	총독부의 기구 개혁, 총무국 신설의 의의 크다
833	19421202	조1	제2지원병훈련소를 개설

순서	시기	면	기사제목
834	19421206	석1	대망의 의무교육제도 1946(*21)년도부터 실시
835	19421210	석1	조선농지개발영단령 공포
836	19430101	조2	조선(*반도)의 전력통제를 각의결정, 조선전기주식회사를 설립
837	19430107	석1	증권거래소(*취인소) 기구 개혁 방침 결정, 조선주식취인소(가칭) 창립, 현 '조선취인소'는 개조 통합(일본)
838	19430121	조1	생산증강근로긴급대책 완성, 국민징용제를 쇄신 강화, 동원 대상을 전 국민으로 확충(일본)
839	19430123	석1	유사시를 고려해 경찰예비원제를 창설, 전 조선 청년을 선발 임명
840	19430128	조1	해군항공전력 강화로, 연합항공총대를 편성해 종단적으로 일관 통할한다(일본)
841	19430202	조1	획기적 조선(*반도)의 연성요항 완성, 황도수련원을 설치
842	19430216	조1	육군에 군수수송통제부를 설치(일본)
843	19430220	조1	획기적 조선(*반도)학제 개혁 4월 실시, 요강을 발표
844	19430221	조1	병역법 개정안 성립(일본)
845	19430302	조3	어젯밤 전 조선에서 일제히 호적조사
846	19430308	조1	사범교육령 공포, 4월 1일 시행(일본)
847	19430311	조1	조선교육령 개정령
848	19430318	조1	전시행정특례법 등 오늘 공포, 내각고문제도와 함께 전시경제협의회 설치(일본)
849	19430330	조1	전력사업의 재편성, 조선전력관리령 공포
850	19430331	조1	5부제를 4부제로 새로이 심의실 설치, 정보국 기구개조 결정(일본)
851	19430427	석1	직접 전력의 증강으로 전시학도체육훈련실시요강 완성(일본)
852	19430513	석1	해군특별지원병제 신설, 대만에도 실시(일본)
853	19430521	석1	생산전력 증강에 획기적인 노무관리, 오늘 총독부(*본부)에서 협의 머지 않아 전 조선에 시행
854	19430530	조3	인적자원의 확보로, 평강요양소 준공식
855	19430531	조4	반도의 결핵예방요양시설
856	19430603	석1	일용노무자를 결집, 대일본노무보국회 창립(일본)
857	19430609	조1	경성부 구제 드디어 내일부터 실시
858	19430612	조1	생산의 긴급성으로 임기즉응의 체제, 공장법 전시특례안 결정(일본)
859	19430617	조2	새로이 부면장제 실시, 읍면행정의 쇄신강화에 나서다
860	19430622	조2	노동관계법령 개정, 근로관리에 대해 사업주의 태도 주목(일본)
861	19430624	조2	결전 조선(*반도)를 축성, 조선산업설비영단 설립
862	19430626	조1	노무직권이양 결정, 7월 20일 시행
863	19430626	조1	학도전시동원체제확립요강 발표(일본)
864	19430627	조1	중앙지도본부 설치, 학도동원에 만전의 태세
865	19430701	조2	조선증권취인소령공포, 8월 업무 개시

순서	시기	면	기사제목
866	19430705	조1	학도 이제는 하늘의 결전에 일어나, 육군특별조종견습사관제 신설(일본)
867	19430723	석1	각도에 노무관 설치, 근로관리를 쇄신 강화, 머지않아 통첩
868	19430727	석2	학도전시동원체제확립요강, 총력을 전력 증강으로(일본)
869	19430729	조1	해군특별지원병령 공포, 시행규칙도 발표(일본)
870	19430731	조2	개정 징용령 8월 1일 실시(일본)
871	19430801	조1	위대한 광영 오늘 징병제 실시
872	19430803	석1	군 병무부를 획기적 강화, 각 도에 병사부 신설
873	19430803	석1	보도부를 분리 독립
874	19430803	석2	보도부 변천의 궤적
875	19430805	조3	요점은 직역혼의 연성, 사봉대를 말하다
876	19430809	조1	조선식량관리령 공포
877	19430810	조1	사장징용 머지않아 실시, 오늘 응징사복무규율 공포(일본)
878	19430812	조1	직장과 불리 일체, 사봉대의 조직
879	19430814	조2	징용의 강력 추진, 국민징용원호회 발족
880	19430820	석1	공장사업주를 징용, 오늘 징용영서 전달식 거행
881	19430821	조1	과학연구의 총력 전쟁수행에 응집, 긴급정비방책요강 완성(일본)
882	19430825	조1	식량행정의 대전환, 검사과 식량부 신설, 총독부의 관제 개정
883	19430826	조1	행정 말단의 전력화 읍면제를 전면적 쇄신
884	19430826	조3	보좌역에 부면장, 강화하는 읍면행정
885	19430911	조2	조선 각 도에 식량부 신설
886	19430914	석1	국가관리를 확립, 조선식량영단 설립, 제1회위원회 개최
887	19430914	석1	석탄 적정배급 강화, 수급통제의 새로운신 규칙 발포
888	19430916	석1	구협의회(가칭) 설치, 다나카 총감, 비상증산을 강조, 면 구장의 부락 상주
889	19430923	조1	문부성 교육동원태세 발표, 이공과 학교는 확충, 법문과 교육을 정지(일본)
890	19430923	조2	획기적 근로동원체제 완성, 남성의 취업을 제한 금지, 일할 수 있는 모든 여자를 동원, 여자근로정신대 결성(일본)
891	19430924	조1	대만에 대망의 징병제, 1945년부터 실시(일본)
892	19430929	조1	기획원 상공성 폐지 군수성을 설치(일본)
893	19430929	조2	농림국에 검사과 신설, 식량부 관제 결정
894	19430930	석1	군수성 설치의 의의(일본)
895	19430930	조1	조선(*반도)에도 응징사 징용의 국가성 명확화, 국민징용부조규칙 발표, 사장의 징용도 실시
896	19430930	조1	새로운 병종에 선박병, 병역법 개정(일본)
897	19431003	조1	철도 체신 2개 성 폐지, 운수통신성을 신설, 농림성 기구를 개정하고 새로이 농상성을 신설, 11월 1일 일제히 발족(일본)
898	19431007	석1	유한자 여자의 징용, 다나카 정무총감이 강조
899	19431009	조1	군수성 이관에 만전, 3성 설치 요강을 발표(일본)

순서	시기	면	기사제목
900	19431009	조1	전쟁에 조선(*반도)노무를 응집, 노무강화대책요강 결정, 여자노무의 활용
901	19431010	조1	과학동원의 강화로 재단법인 조선연구소 설립, 기구의 운영 대강을 발표
902	19431016	조2	하늘로 학도청소년의 동원, 항공예비원 양성, 총독부의 긴급시책 완성, 훈련실시요강
903	19431020	조1	조선(*반도)행정기구개혁 완성, 운수일원화로 교통국, 광공 농상 2개국 신설
904	19431020	조1	조선(*반도)학생도 전열로, 육군특별지원병 임시 채용
905	19431020	조2	지방행정의 획기적 강화 완성, 지방장관 권한 확대, 중앙청 사무의 위양(일본)
906	19431022	석1	중앙연성도장(가칭) 신설, 고이소 총독이 통리
907	19431023	조2	군수회사 법안 성격, 기업의 국가성 앙양(일본)
908	19431101	석1	방공총본부를 창설, 방공국은 발전적 해소
909	19431101	조1	결전행정의 칙령안 가결, 각 관제 일제 공포 즉일 실시, 항공병기총국에 총감, 군수성 1총국 8국의 기구(일본)
910	19431102	조1	3개 성 일제히 발족(일본)
911	19431102	조1	각 성 분과규정 결정(일본)
912	19431113	조1	육군성령 개정 공포, 특별지원병 채용 사항을 삽입(일본)
913	19431127	조1	2천 2백 92명, 총독부 직원의 감축 결정하다
914	19431201	조1	총독부 새로운 기구 오늘 실시, 3개국을 신설, 5개국을 폐지
915	19431203	조2	직업능력신고령 개정, 남자에 한해 5세 인상, 국민등록은 45세까지(일본)
916	19431215	조1	육군특별간부후보생제도 신설, 1년반으로 하사관(일본)
917	19431224	조1	징병 적령 1년 낮춰(일본)
918	19440106	조1	국민징용령 머지 않아 발동, 출동기간은 2개년(일본)
919	19440119	2	군수회사법 드디어 실질적 활동으로, 150개 회사를 지정(일본)
920	19440119	석1	긴급국민학도근로동원방책 결정, 국민등록제도 확립(일본)
921	19440131	조2	국민근로보국협력령의 해설, 징용과는 완전 별개
922	19440202	조3	조선(*반도) 방공에 철통의 진, 공습에 대비해 방위총본부 설치
923	19440208	석1	국민징용령 발동, 중요 광산 공장에 현원징용을 단행(일본)
924	19440208	조1	응징사에 전진훈 7개조(일본)
925	19440210	조1	4월부터 여자청년연성소 개설
926	19440211	조2	국민등록을 일원화, 직업능력신고령 개정(일본)
927	19440215	조2	민형사의 2심제, 1법률 5제령 제정 개정
928	19440216	석1	일본 본토(*내지)와 병행해서 군수회사법 실시, 신년도부터 권한은 총독에
929	19440216	조1	국민학교령 등 전시특례 공포
930	19440218	조2	군수회사법과 조선(사설)
931	19440219	석1	개정직업능력신고령, 조선은 5월 1일 시행
932	19440224	석1	신년도부터 실시, 광공생산에 책임제, 군수회사법 실시(일본)
933	19440228	조2	현역지원은 17세 이상, 모이자 젊은이(일본)

순서	시기	면	기사제목
934	19440301	석1	군령부도 2차장제(일본)
935	19440301	조2	조선구호령 제정, 모자보건법과 의료보험법을 포함
936	19440304	조2	드디어 조선 내에 군수회사법, 제1차로 중점산업
937	19440307	조3	지금은 훌륭한 군속, 무학여고생도들
938	19440308	석1	광공생산책임제, 전력 임산에도 적용, 광산에 대한 군수회사법 내지에 선행 실시
939	19440308	조2	결전비상조치요강에 기초한 학도동원실시요강
940	19440309	석1	4월부터 중요 공장 사업장에 관리령을 시행, 산업기동체제를 확립
941	19440312	1	생산책임제 3개 요강, 4월 1일을 기해 실시, 조선군수생산책임제도요강
942	19440312	3	책임제의 조선군수생산 성능
943	19440314	1	공장사업장 관리령 시행, 운용에는 각도 공무관
944	19440319	1	학도의 군사교육 강화
945	19440322	2	광부노무부조규칙 개정, 부조료 인상 확대, 권한은 도지사에 위양
946	19440324	1	조선농업종합연구소 신설, 농사시험장을 통합
947	19440331	1	남녀 각종 중등학교에 최초로 학도동원령(일본)
948	19440401	1	조선인 문관에게도 근무 가봉 지급
949	19440402	1	학도동원기준 결정, 적성배치에 만전을 기하다(일본 문부성)
950	19440405	3	조선(*반도)에 일정 연령층 남자의 징용, 여자징용 하지 않는다
951	19440408	1	공장 광산종업원에 제2차 현원징용
952	19440409	2	경성에 경제전문, 평양(공전) 대구(농전) 신설, 2개 사범학교 승격을 공표
953	19440416	1	심의실 학도동원본부 설치, 문부성 결전 즉응의 태세 강화(일본)
954	19440422	1	2개소의 지원자훈련소 개편, 군무예비훈련소를 설치
955	19440428	1	총독부와 각 도에 학도동원본부, 학교별동원기준 결정, 조선총독부학도동원본부규정
956	19440502	3	국민등록을 일원화, 직업능력신고령을 개정(일본)
957	19440506	2	업학일체의 이념으로, 학도근로동원실시요령
958	19440507	1	채용 직후에 오장, 특별갑종간부후보생제도를 신설(일본)
959	19440517	3	학교를 공장화, 비상조치요강에 따른 학교공장화 실시요강, 군수생산에 책임을 가지고(일본 문부성)
960	19440607	2	여자정신대를 근로협력으로
961	19440610	2	경무관 간부를 증원, 학무와 재무에도 새로운 관제
962	19440620	1	일반징용 8월부터 실시, 국가적 책무도 중대(일본)
963	19440621	2	각 도에 수송보안과, 경기 경남 평남 경북에 병사과, 도경찰부 기구 개혁
964	19440627	1	학도근로동원출동요강 결정, 전공학과를 고려해 각 직역에 배치, 7월 1일부터 실시, 수입측(受入側)의 조치요강
965	19440702	1	청년훈련소별과합동훈련소 개설, 27일간 훈련
966	19440708	2	국민근로동원원호회(가칭) 설립(일본)

순서	시기	면	기사제목
967	19440709	1	총독부, 도부군도에 직원 증원
968	19440716	2	법제국안을 용인, 군수회사법 머지 않아 공포(일본)
969	19440729	1	육군소년병 특별간부후보생 모집 시작(일본 육군)
970	19440730	3	특간 제2기생 8월 10일부터 접수(일본)
971	19440730	3	공습하 근로대책요강 결정(일본)
972	19440731	2	훈지체의 3육, 꿈의 도장 고등해원양성소
973	19440802	2	전 조선의 교통국 공장에 현원징용을 단행, 어제 영달식을 거행
974	19440811	2	청소년이여 특간으로(상) 학력 등 불필요
975	19440812	2	청소년이여 특간으로(중) 자격제한은 연령 뿐
976	19440812	4	유유아수첩제를 실시, 제2국민의 보건에 만전책(일본)
977	19440813	2	청소년이여 특간으로(완) 인물 본위가 채용의 안목
978	19440813	2	근로동원원호회(가칭) 국고보조는 5백만원으로 내정, 머지않아 각의를 거쳐 설립(일본)
979	19440819	2	국민근로동원원호회 드디어 이달 중 설립, 정무총감을 회장으로 9월 초 활동 개시, 별거수당 지급, 기본 보급은 차액 보조
980	19440821	1	조선의사령 오늘 공포, 개업은 허가가 필요, 전문과명 표방에도 허가
981	19440823	2	동원은 근로 즉 교육, 학도근로령 오늘 공포
982	19440823	2	여자에게도 근로령 실시, 사용표준율을 결정
983	19440826	3	조선(*반도)에서의 여자정신대
984	19440827	2	일본 본토(*내지)송출노무자는 징용과 관알선으로 한정, 조선 내에서는 자유 모집을 인정, 9월부터 실시
985	19440827	3	조선군 보도대를 편성
986	19440901	2	응징사의 징계, 징계조치요령을 통첩(일본)
987	19440903	1	획기적인 증산을 기대하고 농업요원을 설치
988	19440906	2	전 일본의 과학 기술, 육해군에 반영 주입, 기술운용위원회 설치(일본)
989	19440923	1	지방방위본부 설치, 기동성 있는 종합방위력 발휘(일본)
990	19441015	1	조선총독부, 근로동원본부를 각 도에 설치
991	19441015	1	광공국에 3과
992	19441018	1	만 17세 이상에 방위소집의 영광, 17세 이하도 지원 가능(일본)
993	19441019	1	조선(*반도)동포처우안 구체화로, 주임대우 읍면장을 무제한으로 증가
994	19441022	1	군수회사법 이 달 중에 시행 전망(일본)
995	19441025	1	군수회사법 시행, 관계 법령 28일 공포(일본)
996	19441025	2	노무조정령 개정안 5개 칙령안 요강(일본)
997	19441029	1	군수회사법 시행규칙 등 공포, 11월 중에 제1차 지정(일본)
998	19441101	1	중요국책 기획으로 종합계획국(일본)
999	19441101	2	학도근로령 조선(*반도)에 동원 법제화
1000	19441110	1	여자에게 현원징용, 정신대도 1개년 연장(일본)

순서	시기	면	기사제목
1001	19441123	1	농상국을 개조하고 생활물자과 신설, 광공국 토목과를 건설과로 개칭, 토건공사를 촉진
1002	19441125	1	60세까지 남자, 여자 40세까지 확대(일본)
1003	19441206	1	군수회사 제1차 지정 55개 사, 항공공업도 포함(일본)
1004	19441209	1	군수회사법의 정신(사설)
1005	19441225	1	조선(*반도)동포의 처우 구체화, 정치처우에 조사회
1006	19450502	1	해군총사령부 창설, 전체 작전부대를 한 손에 장악(일본)
1007	19450502	1	해운총감부 설치(일본)
1008	19450510	1	방위소집을 간소화, 17세 청년에게도 영예(일본)
1009	19450513	1	군사외교정치의 보도 선전, 정보국으로 통일(일본)
1010	19450516	1	전재부흥부(가칭) 설치(일본)
1011	19450518	2	광주에 체신관리부 개설
1012	19450519	1	운통성을 운수성으로, 통신원을 체신원으로 개조(일본)
1013	19450520	1	금융국을 신설, 대장성의 기구개혁(일본)
1014	19450522	1	전시교육령 공포(일본)
1015	19450522	1	정보국 재편성, 다음 달 1일부터 새로이 발족
1016	19450523	1	의용대도 머지않아 제정, 결전 조선(*반도)의 대비 만전(조선총독부 정무총감)
1017	19450523	2	전시교육령 공포, 학도돌격의 대호령, 생산에 방위에 총궐기
1018	19450524	1	임기 운영의 새로운 발휘, 전시교육령(일본)
1019	19450524	1	문관임용 징계에 전시특례 제정, 오늘 공포하고 즉일 실시(일본)
1020	19450524	1	전시요원긴급요무령 실시(일본)
1021	19450525	1	이달 말까지 완료, 국민의용대 지방 조직(일본)
1022	19450526	1	1억 결사대의 태세, 국민의용대 조직의 의의(일본)
1023	19450526	2	본사에서 좌담회, 탄생한 국민의용대
1024	19450530	1	국민의용대에 기대한다, 본사주최 좌담회2
1025	19450531	1	국민의용대에 기대한다, 본사주최 좌담회3
1026	19450601	1	국민의용대에 기대한다, 본사주최 좌담회4
1027	19450601	2	만주국의 의용봉공대 제정(만주국)
1028	19450602	1	국민의용대 이야기(1)-애국심의 발로
1029	19450603	1	국민의용대 이야기(2)
1030	19450604	1	국민의용대 이야기(3)
1031	19450607	1	드디어 실질적 활동으로, 국민의용대 결성 거의 완료
1032	19450607	2	대륙을 3개 부로 나누어 지하 지상 인적의 자전체제, 대륙자원과학연구소 신설(일본)
1033	19450611	1	의용병역법안(일본)
1034	19450611	1	자급자전태세 확립, 새로이 전국 8개 지방에 지방총감부 창설

순서	시기	면	기사제목
1035	19450611	2	지방총감부 관제
1036	19450611	2	교통국 제1선, 고인과 용인에게 현원징용
1037	19450612	1	사설-광영의 의용병역법
1038	19450612	1	긴급조치법안 중의원을 통과(일본)
1039	19450613	1	국민의용전투법이란
1040	19450613	1	전시긴급조치법안 성립(일본)
1041	19450614	1	전시긴급조치법의 전모, 본토결전에 응기(應機) 발동
1042	19450614	1	육군에 임시육운국(일본)
1043	19450615	1	육군에 임시육운국, 유사수운송을 새신 강하(일본)
1044	19450615	1	전시긴급조치법의 전모(일본)
1045	19450617	1	사설-나가자 국민의용대
1046	19450617	1	전 조선(*반도) 황국호지로 총궐기, 국민의용대 조직요강 발표
1047	19450617	2	조선(*반도)의 국민의용대-애국반은 존속, 전투시는 군의 지휘 아래, 지금이야말로 황국 호지
1048	19450618	1	국민의용대에 전하다(薈하다)
1049	19450620	1	국민의용대에 전하다(薈하다)
1050	19450621	1	국민의용대에 전하다(薈하다)
1051	19450621	1	자수하면 벌하지 않는다. 징용 기피를 단호히 막는다
1052	19450621	2	안양경찰서 개소식
1053	19450621	2	총독도 나도 일선으로
1054	19450622	1	국민의용대에 전하다(薈하다)
1055	19450622	1	전시긴급조치법 공포, 내외지를 통해 23일 실시
1056	19450623	1	전시긴급조치법 오늘 실시
1057	19450624	1	의용병역법을 상정(일본)
1058	19450624	1	주코쿠와 시코쿠에 군관구(일본)
1059	19450625	1	장차 필승의 근기
1060	19450625	1	본토결전의 기초, 국민의용대의 법적조치 완료(일본)
1061	19450626	1	군 활동의 기초, 전 반도 의용병의 분기 요망
1062	19450626	1	의용대 전투의 운영
1063	19450627	1	국민의용전투대교령-향당 직역 서로 연결해 침습의 적 격멸(일본)
1064	19450627	2	부민 7월의 실천- 우리야말로 의용의 첨병
1065	19450627	2	세기의 전쟁 일본의, 국민의용대의 노래-군보도부에서 선정
1066	19450629	2	국민의용대, 용산구에서 협의회
1067	19450630	1	경일(京日) 국민의용대, 29일 결성식 개최
1068	19450640	1	근본정신의 강력 실천
1069	19450701	1	국민의용대의 결의 모집

순서	시기	면	기사제목
1070	19450701	1	반도학도대를 조직, 대장에 정무총감
1071	19450701	2	형태는 실정에 즉응(卽應)-경성부에서는 구, 그 외는 읍면이 단위
1072	19450703	2	일어나는 국민의용대-적 격양(敵擊攘)으로 대 진군. 각 도에도 중순까지 결성
1073	19450704	2	국민의용대 지도자의 소리
1074	19450704	2	중대장에 정(町)회장, 지역의용대 8일에 결성
1075	19450705	1	총독의 권한 실질적 확충, 전시행정특례 제정
1076	19450706	1	의용대 총사령부, 7일 결성식 거행
1077	19450707	1	애국의 지성(至誠)을 응집, 의용대 진발에 대한 총독 유고-생산, 방위에 총력
1078	19450707	1	조선총사령부, 오늘 총독부에서 결성식
1079	19450707	2	의용대조직의 결전 표명대회
1080	19450708	1	고사(告辭)-아베 총독
1081	19450708	1	도사령부 결성식
1082	19450708	1	도청 직역대 결성
1083	19450708	1	민 열성의 결정체
1084	19450708	1	사설-대원의 비원(悲願)
1085	19450708	1	조선총독부 의용대 결성식
1086	19450708	1	국민의용대 조선총사령부 결성
1087	19450708	2	국민의용대원의 결의-모집
1088	19450708	2	승기(勝機)는 지금 결연히 일어나, 의용대결성에 즈음해 아베총독 방송
1089	19450708	2	의용대에 힘을 다하자
1090	19450708	2	의용대조직결의 표명대회
1091	19450709	2	80노구도 따르다
1092	19450709	2	결단코 이기자 의용대-봉대일 상회(常會)에 총감, 전 조선에 방송
1093	19450709	2	적 격양을 향한 백만 부민-구연합의용대 당당 진발
1094	19450709	2	조선국민의용대 일람표
1095	19450709	2	총력 황토를 방위
1096	19450710	1	사설-의용대의 지도자
1097	19450710	2	경성부연합의용대 역원 결의하다
1098	19450710	2	직역과 특기의 병렬 조직
1099	19450711	1	진해해병단 입단식
1100	19450711	2	국민의용대원의 결의-모집
1101	19450712	2	어제부터 개점-국민의용대 조선총사령부
1102	19450713	1	문부성에 학도동원국(일본)
1103	19450713	2	실천력 있는 청년 나서자, 의용대의 활동-도시는 직역대 중심
1104	19450714	1	국민의용대원의 결의-모집
1105	19450714	2	교통의용대를 결성-특기대, 직역의용대도 동시에

순서	시기	면	기사제목
1106	19450714	2	총독부의용대 훈련요강 결정
1107	19450715	1	국민의용대원의 결의-모집
1108	19450716	1	설영의 총력 결집, 전시건설단령 발포(일본)
1109	19450717	2	의용대 지도자의 목소리-인천
1110	19450717	2	의용대, 차장에게 듣다(하)-정신훈련이 근기, 실천력을 발휘, 독자의 전투태세, 군관민 일체
1111	19450717	2	의용대에 전임직원
1112	19450718	1	육군유수업무부 출장소, 각 군관구에(일본)
1113	19450718	1	경성·인천·평양·부산 소재 국민학교 수업 정지(일본)
1114	19450718	2	전재와 보호법(일본)
1115	19450719	2	강원도에 소개수입대책본부
1116	19450719	2	운영대 운영을 익히다
1117	19450719	2	정 총대가 중대장을 전임
1118	19450719	2	4개 도에 10월까지 2만 5천 호 건설
1119	19450720	2	사고(社告)-국민의용대원 결의 모집
1120	19450721	2	서둘러 직역의용대 결성, 30일까지 서류를 제출하면 지역 편입
1121	19450721	2	총독부 의용대 첫 훈련
1122	19450725	1	첫 의용전투대 철도에 편성하령, 작전수송을 철저 강화, 체신 등도 머지않아 편성(일본)
1123	19450725	2	구체방안을 평정(評定), 의용대총사령부 제1회 지도위원회(일본)
1124	19450725	2	국민의용대 결의 입선 발표
1125	19450725	2	국민의용대 운영-전쟁 하나(一本)에 직결. 출근시 경비는 수익자 부담
1126	19450727	2	의용전투대 지도원 양성
1127	19450729	1	**원(員)을 추가(일본)
1128	19450729	1	실천행동이 생명, 자발적 정신에 철저하자-총사령 인사말
1129	19450729	1	의용대의 활동 방책, 매월 8일을 중심으로 지역·직역(地·職域)에서 총훈련(일본)
1130	19450729	1	평양과 순천에 지방운수국, 교통국, 다음 달 처음으로 획기적 기구 개혁
1131	19450730	2	대장의 지휘로 봉대식, 매월 8일과 의용대실시요강
1132	19450731	2	도의용 소운반대 본부를 설치
1133	19450801	1	선박대에 전투대 편성하령(일본)
1134	19450801	2	징병제 공포 2주년, 격적의 결의 새로운 의용대 전열로 거향 일치
1135	19450802	2	의용대여 과감히 행동
1136	19450803	1	국민의용대원 근로출동요령(일본)
1137	19450803	1	목표는 단결의 강화, 국민의용대훈련요강 결정
1138	19450803	1	직역전투대야말로 최후적 근로조직
1139	19450803	1	근로통솔강화 칙령안 가결(일본)

순서	시기	면	기사제목
1140	19450804	1	3개 칙령안 발표, 근로통솔강화 칙령안 등 3건(일본)
1141	19450804	1	국민의용병역 신청, 이윽고 접수를 개시-남자 15세 이상 60세까지(일본)
1142	19450805	1	선박구난 전투대 편성하령(일본)
1143	19450805	2	대일의 봉독식
1144	19450805	2	머지않아 근로정신대를 편성, 의용대의 본령 발휘
1145	19450805	2	익히는 투혼과 실력, 남녀청년을 훈련-실시 요강
1146	19450805	2	첫 의용대호를 헌납
1147	19450807	1	국민의용대원의 결의, 1억이 한 마음으로 전승 완수로, 핵심은 맹세한 3항목 실천(일본)
1148	19450807	2	첫 의용대 사열, 7일 8일 각 구별로
1149	19450808	1	국민의용대원의 결의
1150	19450808	1	사설-의용대 최초의 대조봉대식
1151	19450808	1	공장관리규정을 제정, 지사가 지휘 감독, 조선(造船) 규정은 폐지, 15일부터 시행(일본)
1152	19450808	2	의용대 사열, 덕수궁광장에서
1153	19450808	2	의용대 최초의 대조봉재식-우리 총력을 뇌발(雷發)
1154	19450808	2	의용대 간부의 군대 교육
1155	19450809	2	의용대 사열 제2일
1156	19450809	2	의용대 조서 봉대식
1157	19450809	2	의용대의 전투훈련, 향군(鄕軍)은 지역대에 협력(일본)
1158	19450809	2	의용대의 포부
1159	19450810	2	의용대의 근로 출동, 직역대는 별개로(일본)
1160	19450810	2	의용대의 포부
1161	19450810	2	학도대 운영에 만전
1162	19450811	2	전시요원 확보, 기동적 배치로, 긴급요무령을 발포(일본)
1163	19450812	1	국민의용대 운영 내각에서 관장, 민간인도 순열에 등용(일본)
1164	19450813	2	이 사태는 당연, 의용대여 지금이야말로

참고문헌

『경성일보』

『매일신보』

조선총독부, 『朝鮮總督府施政三十年史』, 1941

內務省 警保局, 「社會運動の狀況」(1942年)

朝鮮勞務協會, 『朝鮮勞務』3-4, 1943년 9월

国民総力朝鮮聯盟, 『国民徴用の解説』, 1944

小暮泰用, 「復命書」(1944.7.31)

思想對策係, 「半島人問題」(1944년 8월)

조선총독부 경무국, 「소화19년 상반기 국민징용 등 노무사범 취체상황표」, 독립기념관
　　소장 자료

히로시마(廣島) 형무소 수형기록(廣刑甲收 제332호. 소화 19년 3월 26일 판결선고. 소화
　　19년 3월 27일 判決確定錄事. 작성자 히로시마형무소장 津田哲郎)

고등법원검사국, 『고등검찰요보』 제8호, 1944년 10월

고등법원검사국, 『고등검찰요보』 제10호, 1944년 12월

고등법원검사국, 『고등검찰요보』 제12호, 1945년 2월

大蔵省管理局, 『日本人の海外活動に関する歴史的調査』朝鮮編 第9分册, 1947

「第2編 第6章 戰時勞務動員諸製作とその違法措置」, 法政大學 大原社會問題硏究所, 『日
　　本勞働年鑑 特輯版 太平洋戰爭下の勞働者狀態』, 1964

국가기록원 소장 『구일본해군조선인군속관련자료(2009)』

內閣官房行政改革推進本部事務局, 「戰前の官吏制度等について」, 資料4(chrome-
　　extension：//efaidnbmnnnibpcajpcglclefindmkaj/https：//warp.ndl.go.jp/info：ndljp/
　　pid/12251721/www.gyoukaku.go.jp/senmon/dai13/siryou4.pdf)

https：//www.digital.archives.go.jp/DAS/meta/Detail_F0000000000000014183；https：//
　　dl.ndl.go.jp/pid/787970/1/272

아시아역사자료센터 소장 자료

한국역사정보통합시스템(www.koreanhistory.or.kr) 수록 자료

장달수 작성 「매일신보 경성일보 관련 간략 연표(1881~1945)」, 비공개 자료

J.B.コーヘン,『戰時戰後の日本經濟』, 岩波書店, 1952

勞働行政史刊行會,『勞働行政史』下, 1961

勞働運動史料委員會 編,『日本勞働運動史料』第9권, 1965

吉田淸治.『朝鮮人慰安婦と日本人』, 新人物往來社, 1977

戰前期官僚制度研究會 編, 秦郁彦 著,『戰前期官僚制の制度・組織・人事』, 東京大學出
    版會, 1981

水野直樹,『戰時期植民地統治資料』第7권, 柏書房, 1998

한국학술정보,『일제하전시체제정책사료총서』제21권, 2000

행정자치부 정부기록보존소,『일제문서해제-경무편』, 2000

수요역사연구회,『식민지 조선과 매일신보-1910년대』, 신서원, 2002

김영희,『일제시대 농촌통제정책 연구』, 경인문화사, 2003

이상의,『일제하 조선의 노동정책 연구』, 혜안, 2006

정혜경,『조선인 강제연행 강제노동 I : 일본편』, 도서출판 선인, 2006

국무총리 소속 일제강점하강제동원피해진상규명위원회,『내 몸에 새겨진 8월』, 2008

재일한인역사자료관,『재일한인역사자료관 도록-사진으로 보는 재일코리안 100년』,
    2008

대통령 소속 친일반민족행위진상규명위원회,『친일반민족행위진상규명보고서』제4-12
    권, 2009

上田正昭・津田秀夫・永原慶二・藤井松一・藤原彰,『コンサイス日本人名辞典(第5版)』,
    株式会社 三省堂, 2009

이붕언 지음, 윤상인 옮김,『재일동포 1세, 기억의 저편』, 동아시아, 2009

李相哲,『朝鮮における日本人經營新聞の歷史(1881~1945)』, 角川學藝出版, 2009

이노세 나오키 지음, 박연정 옮김,『쇼와 16년 여름의 패전』, 추수밭, 2010

국무총리 소속 대일항쟁기 강제동원피해조사 및 국외강제동원희생자 등 지원위원회,『조
    각난 그날의 기억』, 2012

도노무라 마사루(外村大) 지음・김철 옮김,『조선인 강제연행』, 뿌리와이파리, 2012

수요역사연구회,『제국 일본의 하늘과 방공, 동원1』, 도서출판 선인, 2012

히구치 유이치 지음, 정혜경 외 옮김,『협화회: 일제하 재일조선인 통제 조직』, 도서출판
    선인, 2012

요시다 유타카 지음, 최혜주 번역, 『아시아태평양전쟁』, 어문학사, 2013

정혜경, 『징용 공출 강제연행 강제동원』, 도서출판 선인, 2013

국무총리 소속 대일항쟁기강제동원피해조사 및 국외강제동원희생자 등 지원위원회, 『위원회 활동결과보고서』, 2016

가토 요코 지음, 윤현명·이승혁 옮김, 『그럼에도 일본은 전쟁을 선택했다』, 서해문집, 2018

정혜경, 『일제강점기 조선인 강제동원 연표』, 도서출판 선인, 2018

김봉식, 『고노에 후미마로』, 살림, 2019

佐佐木 啓, 『「産業戰士」の時代 ― 戰時期日本の勞働力動員と支配秩序』, 大月書店, 2019

정혜경, 『1945년 국민의용대 제도-패배의 종착역에서』, 도서출판 선인, 2019

정혜경·허광무·조건·이상호, 『반대를 론하다-'반일종족주의'의 역사부정을 넘어』, 도서출판 선인, 2019

마쓰다 도시히코 지음, 이종민·이형식·김현 옮김, 『일본의 조선식민지 지배와 경찰』, 경인문화사, 2020

上杉和央, 『軍港都市の150年-橫須賀·吳·佐世保·舞鶴』, 吉川弘文館, 2021

정혜경, 『항일과 친일의 재일코리안운동』, 도서출판 선인, 2021

허광무·정혜경·김미정, 『일제의 전시조선인 노동력 동원』, 동북아역사재단, 2021

김봉식·박수현, 『전시 동원체제와 전쟁협력-총동원 계획과 관제운동』, 동북아역사재단, 2022

김종식·윤덕영·이태훈 지음, 『일제의 조선 참정권 정책과 친일세력의 참정권 청원운동』, 동북아역사재단, 2022

오일환·정혜경·허광무·김종구 편역, 『전시동원 기구와 제도(1)-총동원체제 관련 주요 법령 및 각의결정 등』, 동북아역사재단, 2022

허광무·오일환·정혜경·김종구 편역, 『전시동원 기구와 제도(2)-군인·군무원, 노무, 여성, 학생동원 관련 주요 법령 및 각의결정 등』, 동북아역사재단, 2023

정혜경·오일환·허광무·김종구 편역, 『전시동원 기구와 제도(3)-군인·군무원, 노무(여성, 학생)동원 기구 및 조직 관련 주요 법령』, 동북아역사재단, 2024

허수열, 「조선인 노동력의 강제동원의 실태」, 차기벽 엮음, 『일제의 한국식민통치』, 정음사, 1985

森山茂德,「現地新聞と總督政治−京城日報について −」,『近代日本と植民地』7, 岩波書店, 1993

김창록,「식민지 피지배기 법제의 기초」,『법제연구』제8호, 1995

守屋敬彦,「朝鮮人强制連行における募集・官斡旋・徵用方式の一貫性」,『道都大學紀要』제14호, 1995

秦郁彦,「阿部編隊帰投せず―ニコバル沖の体当り」,『第二次大戦航空史話(中)』, 中央公論社 中公文庫, 1996

정긍식,「일제의 식민정책과 식민지 조선의 법제」,『법제연구』제14호, 1998

안자코 유카 편,「해제」,『朝鮮勞務』총 4권, 綠陰書房(복각판), 2000

한긍희,「일제하 전시체제기 지방행정 강화 정책−읍면행정을 중심으로」,『국사관논총』88, 2000

서현주,「조선말 일제하 서울의 하부 행정제도 연구−町・洞제와 총대를 중심으로」, 서울대학교 국사학과 박사학위논문, 2002

김민영,「식민지시대 노무동원 노동자의 송출과 철도・연락선」,『한일민족문제연구』제4호, 2003

佐佐木 啓,「戰時期における徵用制度の展開過程」, 早稻田大學 修士論文, 2003

김영미,「일제시기~한국전쟁기 주민 동원・통제 연구 −서울지역 町・洞會조직의 변화를 중심으로」, 서울대학교 국사학과 박사학위논문, 2005

佐佐木 啓,「徵用制度下の勞資關係問題」,『大原社會問題研究所雜誌』第568號, 法政大學, 2006

안자코 유카,「조선총독부의 총동원체제(1937~1945) 형성 정책」, 고려대학교 사학과 박사학위논문, 2006

김윤미,「근로보국대 제도의 수립과 운용(1938~1941)」, 부경대학교 석사학위논문, 2007

하종문,「2007년도 일제강점하강제동원피해진상규명위원회 연구용역 보고서−전시기 일본 본토지역 노무동원정책에 관한 기초 연구」, 국무총리 소속 일제강점하강제동원피해진상규명위원회, 2007

정혜경,「국민징용령과 조선인 인력동원의 성격−노무자와 군속의 틀을 넘어」,『한국민족운동사연구』제56호, 2008

김윤미,「총동원체제와 근로보국대를 통한 '국민개로'−조선에서 시행된 근로보국대의 초기 운용을 중심으로(1938~1941)」,『한일민족문제연구』제14호, 2008

표영수, 「일제강점기 조선인 지원병제도 연구」, 숭실대학교 대학원 사학과 박사학위논문, 2008

곤도 노부오, 「히로시마 해군시설부 조선인징용공 폭동사건 판결문」, 『한일민족문제연구』 제25호, 2013

정혜경, 「일제말기 경북지역 출신 강제동원 노무자들의 저항」, 『한일민족문제연구』 제25호, 2013

조건, 「전시 총동원체제기 조선 주둔 일본군의 조선인 통제와 동원」, 동국대학교 대학원 사학과 박사학위논문, 2015

조건, 「일제강점 말기 '조선 주둔 일본군' 상주사단의 韓人 병력동원 양상과 특징」, 『한국독립운동사연구』 제51호, 2015

鵜養幸雄, 「公務員制度の中の服務紀律というDNA」, 『政策科學』24-4, 2017

심재욱, 「전시체제기 시바우라 해군시설보급부의 조선인 군속 동원」, 『한국민족운동사연구』 제97호, 2018

심재욱, 「태평양전쟁기 일본 특설해군설영대의 조선인 군속 동원」, 『한국민족운동사연구』 제106호, 2021

허광무, 「일제말기 국민징용령에 따른 조선인 노무동원의 시기와 실태」, 『한일민족문제연구』 제44호, 2023

연합뉴스 2013년 12월 24일자 「日정부, 조선인 군인 군속 '명부 증발' 은폐·방치」
https://cafe.naver.com/gangje/4089

ㄱ

56, 82, 83, 112, 125, 141, 147, 211,
282
고다마 히데오(兒玉秀雄) 24
고등검찰요보 71
고등관 47, 48, 49, 152, 169, 170
고등관관등봉급령 47
고등법원 검사국 71
고등해원양성소 37, 196, 203
고용보험 197
고원(雇員) 47, 48, 49, 50, 143
고이소 구니아키(小磯國昭) 총독 78, 83,
224, 270, 271, 275, 284, 291, 306,
320, 348
고인 355
고적조사과 166
고쿠라(小倉) 192
공장법 220, 221, 282, 283
공장사업장관리령 54
공장사업장기능자양성령 55, 153
공장시간제한령 155
공장취업시간제한령 54, 146, 155
관동군 51, 52, 140, 236
관동주국가총동원령 55
관동주(關東州) 55, 163, 171, 172, 206
관리국 74
관리복무기율 47
관선국(管船局) 125
관알선 34, 35, 76, 336
관폐대사(官幣大社) 170
광공국 36, 37, 39, 42, 86, 161, 205,

209, 305, 306, 311, 341, 362
광공국 38
광공부 39, 40, 312
광산과 42, 243
광산국 42, 159, 161, 205
광산부 42, 86, 145, 161, 205, 230
광주 45, 164, 165, 290
광주사관구 165
광주진위대 165
교무과 166
교통국 37, 196, 305, 306, 308, 312,
355
교학관 128
교학연구소 150
교학연수소 166
구레(吳)해군시설부 73, 74
구마모토 194
구역소 40
구제(區制) 193, 194
국가총동원 36, 39, 50, 53
국가총동원법 33, 34, 35, 52, 53, 55,
57, 58, 77, 78, 80, 84, 108, 109,
116, 117, 128, 129, 131, 132, 134,
136, 144, 146, 151, 153, 157, 159,
160, 164, 171, 172, 175, 180, 183,
187, 188, 195, 199, 204, 214, 240,
246, 247, 252, 337, 343, 346, 361
국가총동원법안준비위원회 33, 53
국경취체법 시행령 172
국민교육과 166

국민근로 312, 314

국민근로동원령 54, 66, 121, 246, 296,
    303, 347, 351, 362, 363

국민근로동원부조규칙 296, 303

국민근로동원서 149, 222

국민근로동원원호회 334

국민근로보국협력령 32, 54, 63, 64, 66,
    121, 244, 245, 334, 336, 344, 345,
    346, 347

국민근로봉공법 269

국민근로봉공제 354

국민근로편성대령 269

국민노무수첩 241

국민노무수첩법 222

국민동원 39

국민동원원호회 295, 334

국민등록 39, 130, 173

국민등록제 155

국민신문(國民新聞) 29

국민우생법 190, 191, 230

국민의용대 37, 208, 352, 353, 354,
    357, 358, 360

국민의용대 조선총사령부 353, 360

국민정신총동원연맹 120

국민정신총동원운동 55, 84, 115, 154,
    208

국민정신총동원 조선연맹 154, 208

국민정신 총력연맹 60, 208

국민직업능력신고령 32, 54, 59, 64,
    129, 130, 131, 132, 149, 155, 158,

160, 206, 239, 242, 245, 246, 312,
    321, 336

국민직업지도소 59, 149, 222

국민징용 34, 35, 37, 39, 58, 59, 61,
    72, 78, 156, 160, 296, 303, 312,
    314, 325, 332

국민징용령 32, 54, 58, 59, 60, 61, 62,
    63, 64, 66, 67, 69, 70, 71, 73, 74,
    75, 76, 77, 78, 80, 156, 157, 159,
    163, 164, 173, 174, 206, 207, 239,
    247, 256, 257, 283, 288, 293, 295,
    297, 303, 309, 312, 318, 319, 320,
    321, 325, 332

국민징용부조규칙 283, 295, 296, 303

국민징용원호회 294, 295, 296, 334

국민체력법 190

국민총력 39

국민총력과 36, 37, 208

국민총력연맹 115, 207, 208

국민총력 조선연맹 154, 294

국민학교 214, 215, 333, 346, 362

국민학교령 215, 226

국방보안법 109, 214, 221

국세원(國勢院) 51

국토국 239

군관구 200, 201, 358

군 노무자 41

군무국 57, 112, 254

군무국장 51

군무부 83

나고야(名古屋)항공기제작소 67

나남 201, 290

나진 145

나카지마(中島)비행기 67

난징(南京) 82, 84, 85

난창(南昌) 84

남만(南滿) 192

남방 35, 51, 256

남방관리육성소 253

남방국 199

남사할린 35

남양 62, 69, 163

남양국 147, 199, 213, 262

남양군도 55, 75, 77, 117, 188, 199, 206

남양주 171, 172

남양청(南洋廳) 55

내각고유(內閣告諭) 30

내각심의회 52

내각자원국(內閣資源局) 51, 52, 53

내각정보국 107

내각정보부 125, 154

내각조사국 52

내각총리대신 30, 32, 47, 57, 85, 95, 102, 140, 147, 171, 172

내각훈령 30, 56

내무계 40

내무과 40, 209, 218

내무국 37, 78, 101, 150, 166, 209, 226, 243

내무국 사회과 39, 153

내무국 외사부 145, 242

내무국장 44

내무부 39, 40, 116, 166, 218

내무성 45, 67, 74, 84, 149, 154, 162, 163, 222, 239

내선협화회 162

내선협회 162

노동자모집취제규칙 43, 149

노동자재해보상보험 197

노동재해보험 197

노무강화대책요강 303, 326

노무계 37, 40, 209, 210, 227

노무과 37, 38, 39, 44, 46, 78, 209, 210, 226, 227, 228, 242, 243, 260, 312, 341

노무과장 44

노무긴급대책요강 63, 242, 245, 247

노무동원 34, 40, 42, 59, 63, 70, 72, 76, 77, 79, 80, 149, 158, 214, 245, 334

노무동태조사규칙 176

노무병사계 40

노무조정령 54, 64, 66, 146, 180, 207, 245, 246, 300, 301, 344, 346, 347

농림국 34

농림성 177

농무성 124

농상국 37, 305, 306, 312

농상국 농상과 36, 38